〈移動社会〉のなかのイスラーム

モロッコのベルベル系商業民の生活と信仰をめぐる人類学

齋藤　剛

地域研究ライブラリ 2

昭和堂

〈移動社会〉のなかのイスラーム

モロッコのベルベル系商業民の生活と信仰をめぐる人類学

齋藤　剛

目次

序章　移動とイスラームへの視座

「人生は旅であると同時に、どこでも住めば都でもある。かりにこのカルチャーを人間移動のカルチャーと呼ぼうか。このカルチャーをになう社会は一面、はなはだ過酷な社会である。個人がはだかの個人として生きてゆかなければならないし、人びとはたえず異質的なものとの接触を強いられる。この地域の数千年の歴史自体が、旧世界の交通の十字路という地理的条件と、遊牧民・定住民・山岳民・海上民など、異質的な生態系・生活体系の錯綜した混在という条件などに制約されて、きわめて過酷なものであった。アッシリア帝国の昔から人間の強制移住が行われ、遊牧民や異民族による侵入・征服・支配は数しれない。自由な人間移動のカルチャーは、そういう高価な代償を支払って得られたものである」。

（三木亘「人間移動のカルチャー」『三木亘著作選　悪としての世界史——中東をめぐって[*1]』二〇一三年、一〇四頁）

はじめに

本書は、モロッコ南西部スース地方を故郷とするベルベル系シュルーフ人、より具体的にはシュルーフの中の一部族インドゥッザルの人びとの「生活」と「信仰」にかかわる人類学的研究である。

彼らは、今日出稼ぎなどを通じて故郷を出てモロッコや海外の諸都市へと生活圏を拡大している。本書が「生活」という時に念頭においているのは、このような広範な生活空間の形成とそれを支えている彼らの社会関係の構築である。他方で、「信仰」という概念をめぐっては既に膨大な議論の蓄積が宗教学や人類学などにあることは、論をまたない。これに対して本書において「信仰」という時に主眼を置いているのは、人類学的イスラーム研究や中東研究において「聖者信仰」という用語で論じられてきた「信仰現象」である。

だが、本書の内容にかかわるこうした説明からは、「〈移動社会〉のなかのイスラーム」というメイン・タイトルの込めた筆者の意図などは理解しにくいかもしれない。なによりもまず、〈移動社会〉というキーワードは、聞き慣れないものである。そして、この〈移動社会〉とイスラームを繋ぐ「のなかに」という表現が、わかりにくさを一層助長しているかもしれない。イスラームは、宗教学的見地からすると、キリスト教や仏教と並ぶ「世界宗教」の一つと考えられ、特定の社会に限定されるような宗教ではないからだ。そこで、まずこれらの語について説明を施すことによって、本書の意図を明らかにしてゆきたい。

問題意識の一端にあるのは、「移民」としての北アフリカ・中東出身者への近年の関心の高まりである。グローバル化の進展、いわゆる「アラブの春」をはじめとした中東における政治的・社会的大変動を背景とした中東諸国の「不安定化」と欧州への問題の波及。とくに二一世紀に入ってから激化するそのような動向を踏まえた「マグレブ系移民」への関心の高まりに対する違和感。本書のメイン・タイトルの前半において〈移動社会〉というキーワードを用いた意図の一つは、関心のもち方を再考するための手掛かりを、北アフリカに生きる人々から得ることができるのではないかと筆者が考えていることに由来する。

以下、第一節、第二節では、〈移動社会〉という語を用いる意図を明らかにするために、この語と関連するグローバリゼーション、移民、移動などを取り上げ、それらの特徴と問題点を浮き彫りにする。その上で、第三節で、イスラームにかかわる本書の研究の視座を明らかにしてゆく。

第一節　〈移動社会〉という問題設定

1　グローバリゼーション、移民／難民、中東・北アフリカ

今日、世界情勢を理解する上でのキーワードとして、グローバリゼーション、グローバル化、グローバリティーなどの語が広く受け入れられるようになり、私たちの世界の見方を枠づけるようになったと言っても過言ではないだろう。

一般にグローバリゼーションは、人、モノ、情報の移動の飛躍的増加に着目し、それが世界の成り立ちを変化させているという認識を根底に有している。だが、このようなキーワードが頻繁に用いられるようになったのはさほど遠い昔のことではなく、一九八〇年代半ばから一九九〇年代以降のことである［伊豫谷 二〇〇二：三二―三三］。第二次世界大戦後の世界的な政治・経済構造が東西対立によって成立しているという認識がソ連崩壊によって崩れて以降、新たな時代状況をとらえるキーワードとして浮上してきたのである。

冷戦の終焉によって世界秩序が流動化した状態にあるという認識もそこには含み込まれている。その意味では、近代社会の安定性が危機に瀕しているという認識に基づく「液状化」という語がキーワードとして、浮上してきたこととグローバリゼーションへの関心は表裏一体をなしている［バウマン 二〇〇一；伊豫谷 二〇〇二］。

筆者が調査地としているモロッコを含めた中東に目を転ずるならば、二〇一〇年末にチュニジアから波及的に中東諸国に広がった、いわゆる「アラブの春」の波が、その後、リビア、シリアをはじめとした国に混迷をもたらし、大量の難民が生み出されるという問題が生じている。中東からの欧州への「移民」、難民の流入は、人道的問題としても、今後の世界情勢を左右する問題としても解決が求められる喫緊の課題となっている。

ただし、たとえばフランスには北アフリカや中東出身者のみならず、アジア系、アフリカ系、さらには東欧や南欧系の移民も数多く存在するのにもかかわらず、これまでフランスにおける「移民問題」においてとくに耳目を集めやすいのが、北アフリカ、中東系の人々であった点は注意を要する。政治学者ブルーベイカーが指摘するように、民族や民族問題を扱った学術雑誌『民族・人種研究』(*Ethnic and Racial Studies*)誌上において、ヨーロッパにおけるムスリム(イスラーム教徒)に関する研究が急増していることも、ヨーロッパにおける「移民問題」を扱う際にムスリムを好んで対象にするという「偏向」を示唆している一例とみることができよう［ブルーベイカー 二〇一六：二八九］*2。

「ムスリム系移民」への関心は、スカーフ論争に象徴的に示される政教分離や信教の自由にかかわる問題［Bowen 2007, 2010］、フランスをはじめとしたヨーロッパにおける排外主義の潮流の顕在化［中野ほか編 二〇一五］、「郊外」への「移民」の排除［森 二〇一六］、さらには排外主義と、宗教的表象を文化的本質ととらえる「新人種主義」との連動などといった諸問題とも深くかかわっている［Silverstein 2005；森 二〇一六：七］。二〇〇〇年代に入ってからは、「マグレブ系移民」の暴動(二〇〇五年)［竹沢 二〇〇七］、スカーフ論争に端を発する通称「ブルカ禁止法」の施行、フランス南部の避暑地ニース海岸におけるブルキニ着用の禁止(二〇一六年)など、「ムスリム系移民」と関連する諸問題は一層深刻なものとなっている。ヨーロッパにおける「移民」その中でもとくに「ムスリム系移民」とかかわる諸問題は、国民国家がもつ矛盾や問題がさまざまな形で噴出した問題であるといえる［竹沢 二〇一一］。

フランスをはじめ欧州が直面している今日的問題の数々が、「ムスリム系移民」とかかわりの中で顕在化している。だが、だからといって問題を短期的視点に絞り込んでとらえて良いということにはならない。よく知られているように、フランスには、一九世紀に今日のアルジェリア領域を海外初の領土として併合して後、チュニジア、モロッコなどの北アフリカ地域一帯を植民地支配下に置いて、労働力として強制的、半強制的に北アフリカの住民を徴用してきた負の過去があるからである［堀内 一九九三］。移動、「移民」、難民をめぐる問題は、ヨーロッパと中東諸国とのかかわりにおいては、植民地支配の歴史の刻印を忘却できるものではない。

中東・北アフリカの人々のことを念頭に置きつつグローバル化と「移民」の関係を振り返ってみたとき、近年の議論における問題関心のあり方の特長がいくつか浮かび上がってくる。まず、グローバリゼーションへの関心は、とくに一九九〇年代以降顕著となり、それは世界情勢と連動したものであったこと、第二に、人、モノ、情報の移動への関心は、グローバル化を脅威と受け止めるにせよ、あるいは肯定的に受け止めるにせよ、国境と国民の帰属によって特徴づけられる国民国家との関連で成立していること、第三に、グローバル化と国家が交錯するところで生じる問題の一つとして浮かび上がってくるのが「移民・難民問題」であること、第四にヨーロッパ――その中でもとくにフランス――に目を転ずるならば、「移民問題」は、とくにイスラームとムスリムにかかわる問題として主題化される傾向があるということ、第五に、「移民問題」を二〇〇〇年代、あるいはグローバル化の画期となると考えられる一九九〇年代以降という「短期的」視座でとらえるべきものではなく、それは植民地主義の問題が今日に受け継がれたものとして把握し、理解すべきものであること、などである。

グローバリゼーション論の多くが西洋中心主義的な視点に立っていることは、これまでにも指摘されていることであるが［上杉二〇〇九、二〇一一、二〇一四；床呂二〇一〇；三尾・床呂二〇一二］、今日のヨーロッパにおける「移民問題」もまた、それがEU域内の安定を脅かす要素として喫緊の課題となっている点にも留意をすべきである［Bernes et al. (eds.) 2018］。つまり、中東、北アフリカ出身の「移民／難民」が問題化されるのは、ヨーロッパとの関係において、あるいは「ヨーロッパ内問題」としてであって、中東、北アフリカにおける人々の生活などへの関心は等閑に付されてしまっているといえる。これに加えて、人類学者堀内が指摘するように、そもそも人は歴史を通じて移動と離合集散を繰り返してきたという当たり前の事実もまた、ここでは等閑に付されてしまっている［堀内二〇一四、二〇一五］。

2　移民、移動、他者化

中東、北アフリカとのかかわりにおける「移民」への関心は、北アフリカ、中東に生きる人々が等閑に付されがちであるという点とあわせて、留意すべき問題点がある。それは、「移民」という対象の把握の仕方にかかわる問題である。ヨーロッパにおける「ムスリム系移民」への関心は、たしかに、現地に生きる「ムスリム系移民」が直面する問題を明らかにするためにも重要な課題であることは論をまたないであろう。だが同時に、対象をアプリオリに「ムスリム」、「移民」、あるいは「ムスリム系移民」として括り出して差異化することは、彼らの生活する実態からかけ離れた「他者化」を構造化してしまう危険性をはらんでいる。こうした問題に近年の移民研究が無自覚であるということでは決してないが、しかし「他者化」の力学の強固さから距離をとり、むしろ「ムスリム」、「移民」として人をとらえようとする認識自体から、私たちを解き放つような道を模索することも必要であると思われる。

こうした点において、参考になるのが伊豫谷の移民研究に対する理解である。伊豫谷によれば、移民研究、移動への関心に内在する問題は「人の移動はあくまでも一時的で例外的な出来事であり、移動そのものは正常からの逸脱ととらえられてきた」点にある［伊豫谷 二〇〇七：三］。言い換えるならば、移動、移民に対する視線は、「安定した一定の領域、固定した場を正常な位置として想定」し、移動を「一時的で例外的な出来事」ととらえてきたのである［伊豫谷 二〇〇七：三—四］。そして、「移動する人を例外として観察」してきたことを問題化している。

伊豫谷は、このように移動あるいは「移民」を「異常」としてとらえる視線、さらにはそのような視線が拠って立つ「場」の問題性を、「移民」、移動から逆照射し、その問題を明るみに出そうとするのである。ここで想定されている「場所」とは、より具体的には、国民国家のことであり、移動者としては、国家による管理、統制、排除の対象とされる「移民」が第一に念頭に置かれている。国境によって地理的に枠づけられた国土の領有を前提とし、国民として多様な出自、属性を有する人々を同一化しようとする領域国家、国民国家に内在する暴力性を問題視するのである。近代世界の成立を振り返るときに、欧米社会の歴史的展開を中心に議論が組み立てられていることからも、このことはうかがえる。

本書も、移動を「異常」ととらえる見方から距離をとり、むしろ移動を常態とする世界を生きるベルベル系シュルーフの姿から、彼らの日常生活と信仰の一端を描き出そうとするものである。その意味で、本書の見方は、伊豫谷たちの移動への関心とも部分的には重なる。

ただし、移動は、移民にのみかかわるものではなく、より広範な人々を含み込みうるものである。筆者は伊豫谷の問題意識に賛同するものであるが、対象をとくに移民に絞っている点については、再考の余地があると考えている。

3 「中東発のグローバリゼーション」？

ところで、西洋中心主義的なグローバリゼーション論――床呂の表現では「大文字のグローバリゼーション」――を批判し、西洋を基点とはしないグローバリゼーションのあり方の一つとして床呂は、「プライマリー・グローバリゼーション」というモデルを提唱している〔床呂 二〇一〇；三尾・床呂 二〇一二〕。これは、「近代以前（プレモダン）から存在し、必ずしも欧米を中心としないような種類のグローバリゼーション、ないしその次元を指すもの」である〔床呂二〇一〇：一一二〕。西洋中心主義的なグローバリゼーション論では、グローバル化の開始期を古いところでは一五世紀に設定する「近代世界システム論」などがあるが、それ以前に形成されていた中東、インド洋、東南アジアなどを股にかけた広大な交易ネットワークに着目し、これを「プライマリー・グローバリゼーション」としてとらえ直すのである。床呂の立論を支えているのは、イスラーム普及後の中東、インド洋、東南アジア、東アフリカを繋ぐ商業ネットワークを明らかにしたイスラーム史学者の家島彦一による緻密な実証的研究や、J・アブー＝ルゴドによる「一三世紀世界システム」論である〔家島 一九九一；アブー＝ルゴド 二〇一四〕。

ただし、注意をしなければいけないのは、この「プライマリー・グローバリゼーション」は、「西欧を中心とした大文字のグローバリゼーションにやがて統合・吸収される歴史上の前（準備）段階というイメージには還元しきれない広がりを有」するものとしてとらえられており、かつ「現在においても大文字のグローバリゼーションや西欧を中心とした世界システムとは別個の次元と独自の速度で進行し持続しつづける、もう一つのグローバリゼーションとして想定」されていることである〔床呂 二〇一〇：一一五〕。

この床呂の議論とも重なる問題意識に基づいているのが、人類学者堀内が提示した「先発・本流のグローバリズム」論である。堀内も床呂と同じく家島などの議論を参照しつつ、西洋を中心としたグローバリゼーションとは異なり、中東を一つの「ハブ」とした三大陸間の人々のダイナミックな動きが展開してきた事実に注目している〔堀内二〇一〇：九―一〇〕。

だが、「プライマリー・グローバリゼーション」にせよ、「先発グローバリズム」にせよ、これらの発想は、中東を一つのハブとしたグローバル化が西洋に先行して進んでいたという見方をとっている。西洋中心主義を批判するという意義はあり、また歴史的にも中東を中心としたダイナミックな人、モノ、情報の交流があったことは事実であるが、この事実を、西洋中心主義を批判するために援用することは、中東やイスラーム圏が西洋に優越していたという裏返しの世界認識を生み出すことにならないだろうか。

堀内自身、「先発グローバリズム」という発想に内在する問題点に自覚的であり、後にこの発想を自ら退けている〔堀内二〇一四：八一―八二〕。その理由として堀内は、たとえば「イスラム世界の人々のつながり方は、…中略…グローバリゼーションの言説が意味しようとするものとはおよそかけ離れた性格」であるととらえていることを挙げている。そして、「それ（イスラム世界の人々のつながり方、引用者付記）を単に広域にわたる人や物や情報の流れがあるという理由だけで「グローバリゼーション」と呼ぶのは、グローバリゼーションという言説の孕む特異な性格をイスラム世界の人々に当てはめてしまう危険性を自ら引き寄せることになる」〔堀内二〇一四：八一〕と警鐘を鳴らす。

このように「先発グローバリズム」ひいては「プライマリー・グローバリゼーション」という発想を堀内が批判するのは、そもそもグローバリゼーションというものが、「巨大な言説のかたまりであり、それに基づいて政治的、経済的、軍事的、イデオロギー的な力が発動される」とみなすからである〔堀内二〇一四：六九〕。人類学者湖中は、『文化人類学』誌上における特集「『グローバリゼーション』を越えて」の序文において、湖中および床呂を含めた特集寄稿者が到達した共通認識として「グローバリゼーションという概念それ自体、ヨーロッパ的普遍主義を強化する権力の修辞学にほかならない。もし、そうであるならば、人類学は、そのような言説を真に受けてそこから出発するのではなく、むしろ、そうした言説とはいったん距離を置いた場所から出発し、少なくとも、そうした言説の磁場には絡め取られない地平を目指すべきではないか」［湖中 二〇一〇：五〇］と述べているが、筆者も堀内、湖中たちの見解に賛同する。

4 「別の種類の世界のつながり方」と〈移動社会〉

すでに述べたように、グローバリゼーション論が西洋中心主義的な視点に立脚した言説であるとするならば、それを乗り越えるために、西洋とは異なる地を中心としたグローバリゼーションの存在を指摘することは、西洋中心主義を裏返した反西洋中心主義という形でグローバリゼーションという言説そのものを受容し、再生産することにつながる。本来、西洋批判のために人は生活をしているわけではなく、自分たちの生活のために移動をし、ネットワークを形成している。この単純な事実に立ち戻って、生活というものを構想することはできないだろうか。

そのための一助として、「イスラム世界の人々のつながり方」が、グローバリゼーションの言説とはかけ離れた性格を有しているとみなすことは可能だろうか。堀内は、家島彦一、家島と共同研究を行った三木亘のイスラム世界の理解を参照しつつ、「別の種類の世界のつながり方」を模索している。そこで、ここでは家島、三木の議論、および彼らが共同研究を進めていた頃の「イスラームの都市性」研究の特質の一端を把握しておきたい。

家島の研究は、イスラームの普及期（七世紀）から一七世紀後半までの間の中東、インド洋、地中海沿岸、内陸アジア、東南アジア、東アジアにおける陸上交易と海上交易の結節点とネットワークの遷移について、文書史料などをもとに実証的に明らかにした研究である。

三木の議論も、家島同様、有史以来人々が離合集散を繰り返してきた中東を中心としたユーラシア大陸、インド亜大陸、アフリカ大陸を股にかけた陸上交易、海上交易のネットワークに関心の目を向けている。その点では両者が視野に収めている地域の広がりは同様のものである。ただし、三木の議論は、中東を中心とした地域の生態学的環境の多様性を前提としつつ、各地の環境に適合する形で生活を営み、多様な生業を育んできた人々が有機的に結びつくことで、広範な地域の生活ネットワークが形成されてきたという認識に立脚している［三木 一九九八］。同時に、三木は、イスラーム化以前から、このような生態学的環境の多様性に適合する形で、各地で生活を営む人々が有機的に結びつき、日常生活を支える超地域的なネットワークを育んできたことに注目している。この点に注目するならば、三木の議論は、イスラーム化以降の時代に焦点を定めた家島の議論よりも、さらに通時的な射程の広いものであると言える。

イスラーム化以前から、今日わたしたちが中東と呼び慣わしている地域を中心として、人々は長距離の移動を繰り返しつつ、生活圏を形成してきたという事実、そこに三木は立脚している［三木 二〇一三a：一〇三―一〇四］。そして、三木は、中東を中心とした地域でのイスラームをはじめとした一神教の成立と普及は、この中東を中心とした広大な地域における人々の生活の仕方に適合的であったからだ、という見方に立つ。一見すると自然環境としての「風土」との関係から宗教を論じた哲学者和辻哲郎の議論にも近いようにみえるが［和辻 一九七九］、三木は、多様な生態学的条件を背景とした、さまざまな人々の離合集散を対象としてとらえているという点で、特定の風土にとらわれることのない人間と環境および人間同士の関係の柔軟性を基礎に据えてイスラームをとらえているという点が大きく異なる。

すでに記したようにグローバリゼーションの視角において、人、モノ、情報の移動は、国境、国家との関係において、主題化されていた。それは、伊豫谷が明確に指摘したように、移動を「異常」ととらえる定住者の視点に基づくものであった。ここには、移動者と定住者を差異化する二項対立的な発想も含み込まれていることに注意をしておきたい。

これに対して、三木たちの発想は移動が常態であり、基本であるという立場をとっている点で、グローバリゼーション的な移動の理解とは異質なものなのである。さらに、三木たちは、移動者がしばしば移動先に長期滞在したり、定着をするという点にも注意を払っている。

「東はインド洋・中央アジアから西は地中海・アフリカ内奥に至るまで、またいまではその外にむかっても開いて、遊牧民はもとより都市民から農民に至るまで、個人でまた集団で、無造作にはるか遠隔の地に移動して、ひょいと気のむいた土地に住みついたりする。しかもそのことはまた、任意の土地にその土地独特のくらしのありようや、お国じまんまでがあることを、べつに妨げるものではない」［三木 二〇一三a：一〇四］。

現地に通い続けた三木、家島をはじめ、堀内、床呂たちは、広範な地域での人々の移動が生活の基盤にあったのが、決して過去の出来事ではなく、今日にも形を変えて継承されているという認識を共有している。このような中東における人びとのモビリティの重要性への認識は、海外の研究者によっても共有されている［Eickelman and Piscatori (eds.) 1990］。アイケルマンたちは、旅がムスリム世界に特有の現象ではないと述べながらも、「ムスリムの宗教的伝統のうちにある社会的行為の特殊な形式として旅」の説明を試みている［Eickelman and Piscatori 1990: 3-5］。

こうした移動を常態／基態とするという理解とあわせて、三木、家島をはじめ日本国内の中東研究者が総力をあげて推進した大型研究プロジェクト「イスラームの都市性」（代表：板垣雄三、一九八八―一九九一年）において提示されたいくつかの理解も、三木、家島のみならず、中東人類学、中東民族誌学を牽引してきた大塚、堀内をはじめとした研究者によって共有されてきた。

それは、多様な属性、生業、民族、宗教の人々が移動と離合集散を繰り返すなかで、互いに意思疎通を図っていこうとする社会では、遊牧、農業などの生業の多様性とあわせて商取引にも通じる交渉や取引の感覚を身につけていること、人・モノ・情報が集積する結節点となる「都市的環境」がいわゆる都市のみならず辺境の村落にも見出されること、そして「個人が基本の社会」［板垣ほか 一九八四：二二八］であり、個人が集団に優先するという理解などが挙げられる。

大塚は、「社会的結節点としての都市」を実体論的に把握された「都市」と分析上区別する必要があることを指摘し、とくに前者を「都市」というよりも人・モノ・情報の移動――大塚の用語では「交通」――によって特徴づけられた「原理」としてとらえている［大塚 二〇〇〇a：九五―九六］。このような「原理」としての「都市的環境」に既存の中東研究が注目するのは、中東諸社会が移動を繰り返す多様な人々の遭遇によって生まれる人的、情報的、技術的交流の活力によって駆動されてきた点を重視するからである。

ところで、大塚は、中東地域の研究に関連して、「属人」と「属地」という概念についての理解も提示している［大塚 一九九九］。「属地」的な地域とは「地理的空間的な地域、まさに地図の上にパッと面としておけるような地域」であるのに対して、「属人」的地域とは、「地図の上に明確に境界線を引いたり、面としてつぶしていったりすることはできない」ようなものであるといえる。それは、言い換えるならば「脱空間的な地域」である［大塚 一九九九：一七四］。

大塚は、この属地、属人という二つの視点から地域をとらえる見方を提唱した上で、イスラーム、中東、アラブなどについて注意深い議論を展開し、一義的に地域をとらえることはできないことを明らかにしている。そして「グローバル化のただなかにおいて、ネットワークをひとつの『地域』とみなす発想があってもよいのではないだろうか」と別の論考で述べている［大塚 二〇〇三a：八二］。これまでみてきた三木たちの議論に大塚の議論を重ねあわせると、属地的発想から現地のこと、あるいは現地の人のことを把握しようとしたのではなく、属人的発想に基づいて理解を深めようとしたのだということがわかる。

そのような発想を三木たちが採るに至ったのには、大きく二つの、相互に密接に連関した理由があると筆者は考える。一つは、属地的発想は、対象把握の一つの方法としてあり得る発想法ではあるが、一枚岩的な理解となってしまうという問題点が挙げられる。中東という地域の把握の仕方は、中東地域内の多様性を捨象しつつ、たとえば西洋という地域との差異や対立を際立たせるのに有効である。それは、極端に言うならば、「諸文明の衝突」をめぐる政治学者ハンチントンの議論のように対立や衝突を本質化する理解へと至りかねない上に、中東と呼ばれる地域の錯綜した実態を等閑に付すことにもつながる。

もう一つは、個人が「規格外」の個性を有していると三木たちが理解していることが挙げられると思う。抽象化、匿名化して個人をとらえることは、圧倒的存在感をもつ人々の特徴を消してしまうが、それが現実理解の矮小化につながるととらえているのではないか。

しばしば言われることであるが、地図を用いた理解が「俯瞰的」に対象となる空間把握であるのに対して、個人の視点に立った「虫瞰的」な空間把握は、水平的に空間を見ることを特徴とする。個人を見るときの、三木たちの視点は、この「虫瞰的」な視点に立って理解を深めようとするものである。こうした三木たちの関心のあり方は、彼ら独自のものではない。というのも、家島たちは、旅行記、巡礼記など個人的な移動の経験を綴った文書に着目しているからである［三木 二〇一三a；家島 一九八三；一九九五―一九九六、二〇〇三、二〇一七］。旅行記は、固有名に基づくもの、個人的経験の集積である。とくに、家島は一三世紀の大旅行者イブン・バットゥータを通じて、超地域的に旅を続ける人の姿を描き出しているが、家島はイブン・バットゥータを例外的な人物とはとらえておらず、むしろイスラーム世界に生きる人にとって、それはごく自然な姿であったのではないかととらえている点には注意を払うべきである。

個人が屹立している社会として中東をとらえるという三木、家島たちの視点は、中東人類学においても複数の研究者によって共有されている。それはたとえば、モロッコをフィールドとした研究においては、第三章で後述する部族論と個人間の「二者間関係論（dyadic bonds）」の論争のような形で展開してきている。

これまでのところで、グローバル化や国民国家との連関の中で移民、移動をとらえる際に生まれてくる問題点を明らかにした上で、中東に生きる人々の視点から移動をとらえようとする既存の研究の特質を明らかにしてきた。

筆者は、本書における議論を通じて〈移動社会〉という用語を、一つの分析概念として鍛え上げることを意図しているわけではない。むしろ〈移動社会〉という用語は、本書を「開く」ための端緒である。すでに明らかなように、モロッコを対象とした本書は、グローバリゼーションという言説からは一定の距離をとりつつ、三木の「人間移動のカルチャー」という視座を継承して、「移動を常態とする社会」「移動を一つの生活原理とする社会」としてモロッコをとらえていくという立場に立つ。

第二節　モロッコにおける人の移動のダイナミズム

モロッコには、ベルベル人、アラブ人、黒人、それに少数ではあるがユダヤ人が住んでいる。その中でも本書は、ベルベル系の言語集団シュルーフを対象としている。モロッコの総人口約三三〇〇万人（二〇一四年）のうちの四〇％から六〇％をベルベル人が占めると考えられている。モロッコには三つのベルベル系言語集団があり、それぞれモロッコ北部のリーフ山地、中部のオート・アトラス山脈、南部のスース地方などを故郷としている。その中でもスース地方などを故郷とし、ベルベル系の言語タシュリヒートを母語とするシュルーフが、本書が対象としている言語集団である。

スース地方は、モロッコを東西に走る標高二〜三〇〇〇メートル級の峻険なアトラス山脈によって、首都ラバトやモロッコ第一の経済都市カサブランカがあるモロッコ中西部の海岸地帯や中部の大平原地帯から隔てられている。こうした地理的特性もあり、かつてフランス植民地行政府は、伝統的な王権の支配地域であり、かつ土壌が肥沃で小麦生産に適したモロッコ中部を「有益なモロッコ（le Maroc utile）」と呼んだのに対して、峻険な山脈によって阻まれた後背地スース地方などを「無益なモロッコ（le Maroc inutile）」と呼んだ。植民地支配期に形成された政治的・経済的中心は、モロッコ独立後も継承されてきており、今日のモロッコの国家体制においても、スース地方は「辺境」に位置づけられる。*3

だが、スース地方が「辺境」として位置づけられるのは、ラバトやカサブランカが政治的・経済的中心となって以降のことである。というのも、八世紀にモロッコ初のイスラーム王朝が建設されて以降、歴代のイスラーム王朝はフェズ、マラケシュ、メクネスなど、いずれもモロッコ中央部の、ただし海岸部ではなく内陸部の諸都市を王都に定めてきたのだが、その背景には、サハラ砂漠を縦断する内陸交易ルートの掌握があったからである［私市 二〇〇四；Abun-Nasr 1987］。さらに、王朝のみならず、モロッコ中世期以降にモロッコ各地で台頭したスーフィー教団もまた、交易ルートの掌握によって勢力基盤を確固たるものとしてきた。*4

このような内陸部のダイナミズムは、モロッコとサハラ砂漠以南を結ぶ内陸縦断交易ルートとあわせて、マシュリク（東方イスラーム世界）へと通ずる東方ルートの存在によっても活発化された。これらのルートを活用して、多種多様な目的をもった人々の超地域的な往来が実現され、さまざまな形式の交流が進んでいたことの事例を挙げるのには枚挙にいとまがないが、たとえば、アラブ遠征軍のモロッコへの到来はいうまでもなく、モロッコ初のイスラーム王朝を建設したイドリース一世もまた、アッバース朝統治下のバグダードでの政権争いに破れてモロッコまで落ち延びてきた人物である。

宗教知識人のレベルでも、学問研鑽が「遊学」の上に成立していたので、チュニジアのカイラワーン、アルジェリアのトレムセン、エジプトのカイロ、シリアのダマスカス、アラビア半島のメッカ、メディナなどが学問研鑽の地として、早くからモロッコ出身者をひきつけていた。ムラービト朝（一一—一二世紀）の樹立を果たしたベルベル系の法学者イブン・トゥーマルトも東方イスラーム世界での学問研鑽を積んで後、モロッコへと帰還し、宗教改革運動を開始した。

少なくとも一二世紀の段階で、政治・経済上のみならず社会的・文化的な側面からみても東方イスラーム世界との緊密なネットワークは形成されていたと考えられ、遊学を主体とする宗教知識人たちがメッカ巡礼に際して東方イスラーム世界で学問の研鑽を積み、新たに得た知識をモロッコに持ち帰ったという意味でも、また逆に、マグレブおよびアンダルス地方に花開いたスーフィズムの伝統を東方イスラーム世界に輸出する媒体となった［Cornell 1998］という意味でも、地域間交流は進められていた。

さらに、傑出した政治的エリートや、宗教的エリートの次元だけでなく、一般のムスリムの次元でも超地域的な移動は、少なくとも一二世紀後半の段階では恒常的な現象となっていたことが、マグレブ出身者によって大量に産出されるようになった「メッカ巡礼記（*rihla*）」の存在からうかがい知ることができる［家島 一九八三］。また、巡礼はしばしば商取引を伴ったものでもあったので、学問研鑽、巡礼、そして商行為は相互に密接に関連して超地域的なネットワークを活性化させることとなった。

これらに加えて、ベルベル人の民族関係を考える上で重要なのは、一一世紀から一三世紀にかけて、アラビア半島のイエメンを起源とするアラブ系遊牧民マアーキルが到来したことである。八世紀初頭のアラブ遠征軍の到来によってモロッコ北部の海岸部では限定的な形でアラブ化が進み、またイドリース一世の流着によって預言者の血統がモロッコに導入されていたが、マアーキルの到来は、モロッコ内陸部にまで広がる広範なアラブ化をもたらしたからである。*5

スース地方も内陸交易ルートの中継地として栄えただけでなく、一一世紀以降、伝統的なイスラーム学校（*madrasa*）が部族の支援を受けてスース地方内で建設されて、先に挙げたイブン・トゥーマルトをはじめとした多数のウラマーが輩出されるようになったばかりでなく、政治的にみても、ムワッヒド朝（一二―一三世紀）やサアド朝（一六―一七世紀）という王朝揺籃の地となったほか、現在のモロッコ国王の出身家系であるアラウィー家と覇権を争ったイリーグ教団、モロッコのスーフィー教団の諸流派に多大な影響を与えたジャズーリー（一二五八年没）、さらに一七世紀には、モロッコ全土に教団網を整備して強大な影響力を保持したナースィリー教団などを輩出している。その一方でモロッコの他地域からの影響もある。たとえば、一八世紀末にはフェズを中心に勃興し、北アフリカから西アフリカにその影響力が広がったティジャーニー教団、一九世紀にはモロッコ北部で創設され、北アフリカから東地中海世界にまで広がるダルカーウィー教団などの影響力もスース地方に及んだ。スース地方はこれらの教団のモロッコ南部で波及するための拠点ともなっている。[*6] スース地方において聖者、学者、スーフィー（*ṣūfī*）は、相互に密接に連関しながら地域社会の知のネットワークを形成するのと同時に、地域を越える広範なネットワークへと人々を連結させてもいたといえる。

フランスによる植民地経済の影響がモロッコでも波及しはじめると、スース地方出身の一般住民の中から、モロッコ北部の諸都市へ出稼ぎに出る者が出始め、やがてフランス側の労働力の徴用などの動きもあって、多くのスース地方出身者が、モロッコ国内の諸都市だけでなく、フランスなど海外にも出稼ぎに赴くようになる。その動きは二〇世紀後半に入ると欧州のみならず湾岸の産油国やリビア、さらには北米大陸などにまで拡大している［堀内 一九八九a、一九九三］。

以上の諸点を踏まえるならば、シュルーフの故郷は、歴史的に交易、巡礼、学問研鑽、遊牧などをはじめとしたさまざまな理由で人々が離合集散を繰り返す場であったばかりでなく、政治的・経済的な要所であり、かつ、イスラームにおいて重要なイルム（宗教的知識、*'ilm*）の担い手たるウラマー（*'ulamā'*）が住民の手によって育まれ、他地域のウラマーや学生が知を求めて流入してきたのと同時に、知を率先して発信する地域でもあったことがわかる。そして、この地域を故郷とするシュルーフもまたスース地方から外的世界へと移動を繰り返す流動的な生活を送ってきたのである。つまり、彼らの生活、そして故郷は、住民の高い移動性と超地域的な社会的ネットワーク形成、さらに故郷の開放性によって特徴づけられる。出稼ぎと聖者信仰は、このような多様な形態での移動や広域ネットワークの形成の歴史との連続性の中に位置づけて理解されるべきものである。

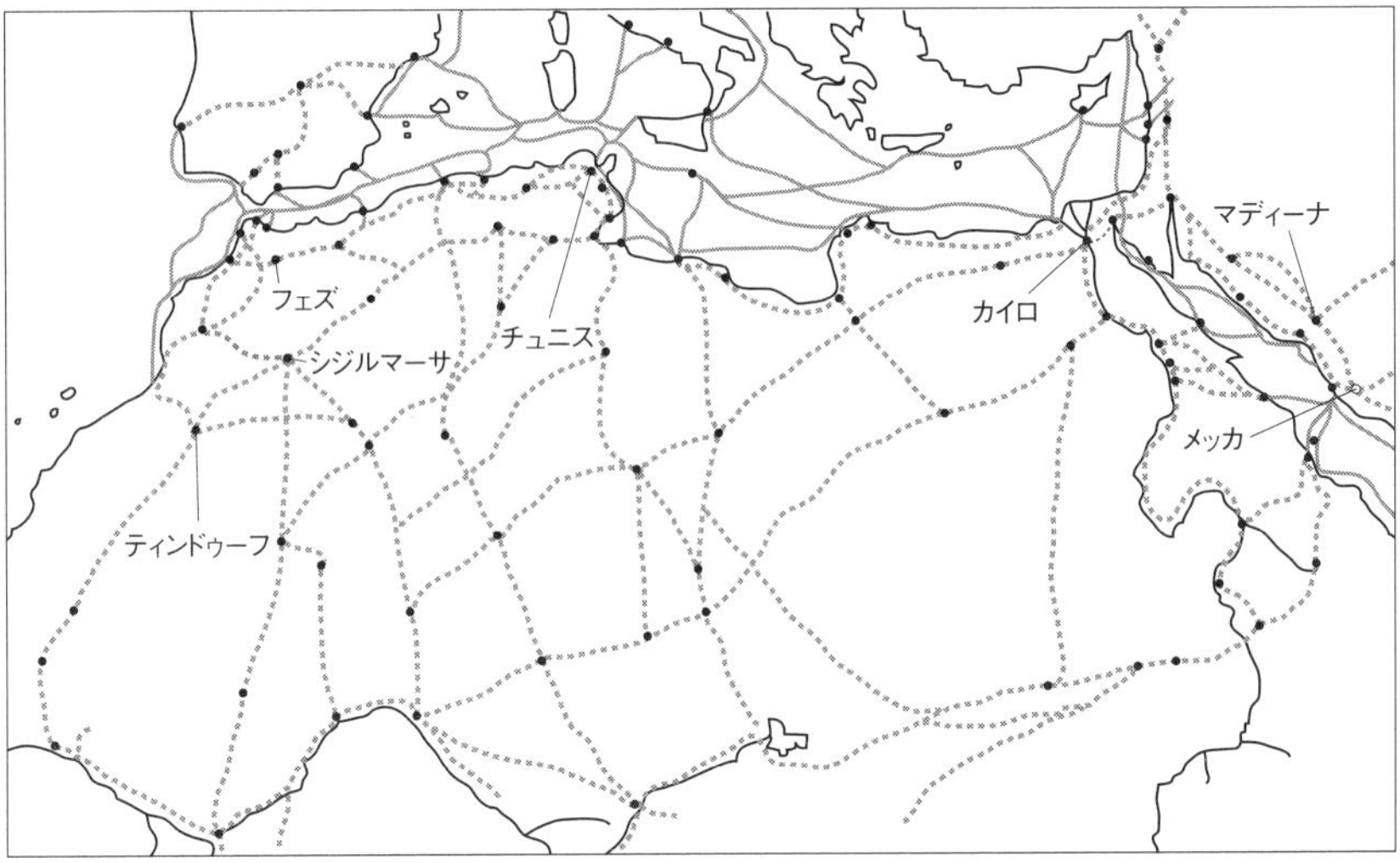

地図１　アフリカ大陸北部のメッカ巡礼ルート／交易ルート（出典:［家島 1983:210］をもとに編集）

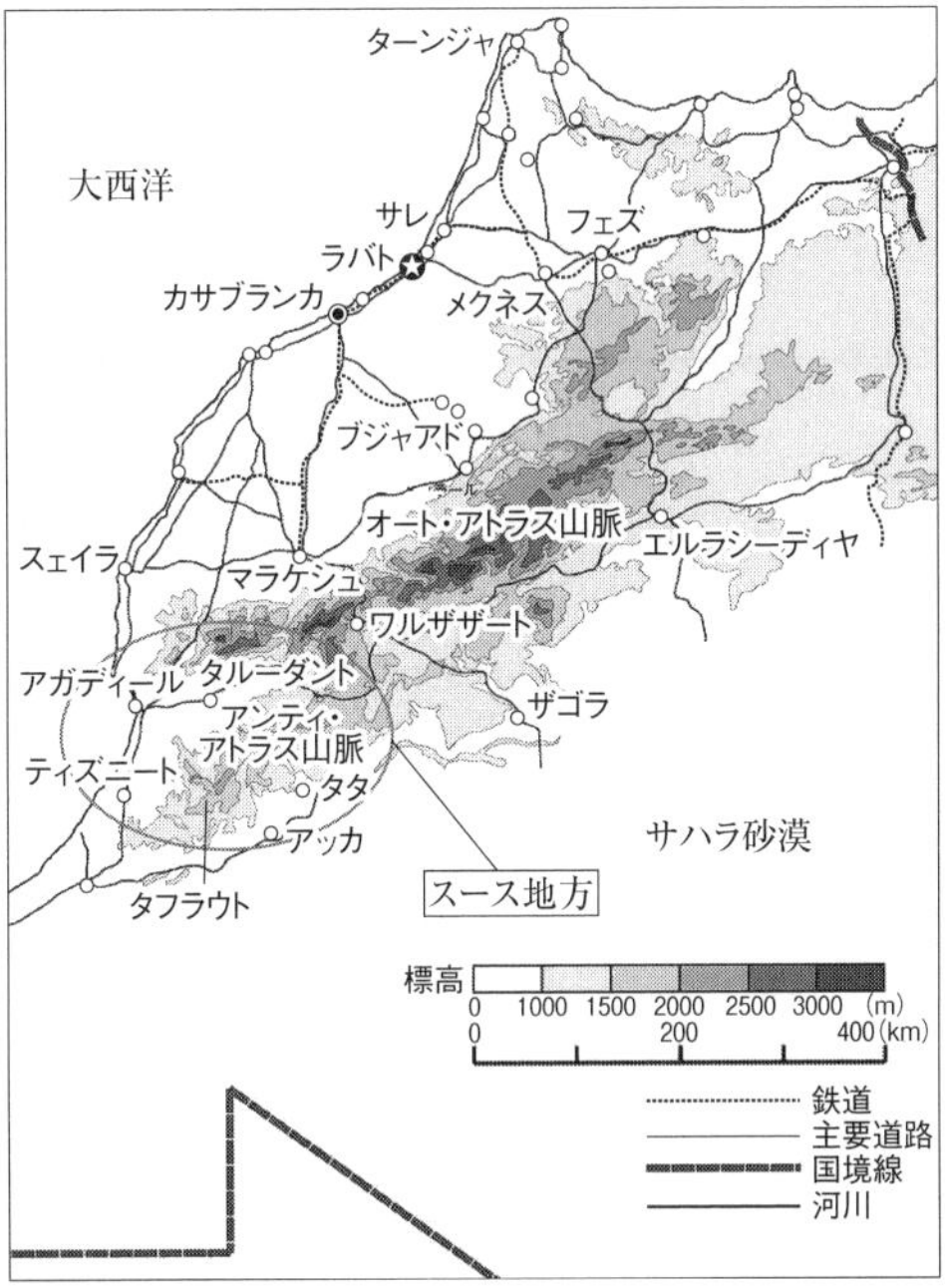

地図２　モロッコ主要部とスース地方の位置関係

（Carte générale du Marocをもとに筆者作成）

第三節　イスラームのとらえ方

次にイスラームのとらえ方について確認しておこう。特定の民族に限定されず、人類全体を対象としたイスラームは、「普遍宗教」「世界宗教」とも形容される。ただし、聖書批判の伝統をもつ西洋近代科学においては、特定の歴史的、社会的条件のもとで宗教について考察するという見方が一般的であり、人類学における宗教研究もその例外ではない。イスラームの普遍性を前提とした神学的議論と、社会的・歴史的現象としてイスラームをとらえる視点を明確に区別することを提唱した一人が、エル＝ゼインである［el-Zein 1977］。その認識は人類学者アイケルマンなどによって強調され、社会的・歴史的現象としてイスラームをとらえるという視点は、特定のローカルな文脈でイスラームを研究することとして再定式化された［Eickelman 1982］。こうした理解は、今日、人類学的イスラーム研究などにおいても基本的前提となっており、地域ごとに「多様なイスラーム」の展開があるという認識にもつながっていく［アイケルマン 一九八八：二四四―二四五；赤堀 二〇〇三：一九二；大塚 一九八九a、一九九〇、二〇〇〇a；鷹木 二〇〇〇a：一〇―二二；Eickelman 1976: 1-13, 1982；Ferchiou (ed.) 1996；el-Zein 1977］。

その代表的な現象として注目を集めたのが、「イスラームの民間信仰」［大塚 二〇〇〇b：五〇―五一、二〇一五：七六―七八］とも形容される聖者信仰である。聖者とは、その篤信行為などのゆえに、アッラーから特別な恩寵（*baraka*）を与えられ、一般のムスリムには不可能な奇蹟（*karāma*）を起こすことができると考えられる人物のことを指す［大塚 一九八九a：七九］。聖者信仰なる用語で一般に知られた宗教現象は、聖者と目された人物を中心にして展開することを第一の特徴とする。ただし、一般に聖者と目された人はすでに死亡していることが多いため、実際には彼を埋葬した廟（*ḍarīḥ*）や墓などを中心にして、治療や御利益を求める参詣客が集い、祈願、供犠、治療、さらにはモロッコでは一般にムーセム（*mūsem*［dr.］）の名で知られた「聖者祭」が繰り広げられることを第二の特徴とする。そしてこれらの儀礼や行事にかかわるのが、聖者の末裔や、墓守、聖者と特別な関係を有すると考えられる教団、部族、そして一般の参詣客などである。イスラーム中世期には「イスラーム世界」の各地に廟が建設されるほどに、この信仰現象は人々の生活の中に根付いていた。各地に存在する廟を中心として地域ごとに固有の特色を有したものとして、また宗教的エリートではなく「民衆」のイスラームの一様態を示す格好の事例として聖者信仰は人類学者などの関心を集めてきた。*7

マグリブ諸国やその中のモロッコについて言うならば、植民地支配期、独立以降を通じて仏系人類学者、植民地行政官、英米系人類学者、現地人研究者の手によって多数の研究が蓄積されてきており［Berque 1967 ; Boubrik 1999 ; Chlyeh 1998 ; Depont and Coppolani 1897 ; Dermenghem 1954 ; Doutté 1900 ; Drague 1951 ; Drouin 1975 ; Eickelman 1976 ; Gellner 1969 ; Lévi-Provençal 1991（1922）; Marcus 1985 ; Morsy 1972 ; Reysoo 1991 ; Rinn 1884］、モロッコは中東諸社会の中でも聖者信仰の「伝統」が豊かな地域ととらえられることもある［赤堀 二〇〇五ａ：七 ; Trimingham 1971: 177-180］。

このような理解に対して、本書の第一の論点は「民衆イスラーム（popular Islam）」という枠組みを相対化することにある。そのための手掛かりは、聖者信仰にかかわる既存の分析枠組みの再検討にあるが、あらかじめ議論を先取りしておくと、問題点の一つは、この分析枠組みがイスラーム的知識を一つの核としていたことにある。

人類学的イスラーム研究は、すでに述べたように、神学的な議論から距離をとって、社会的・歴史的現象としてイスラームをとらえる。しかし、イスラームが聖典クルアーン（コーラン）を核とする教義や厳格な戒律／法を有している宗教であることから、人類学的イスラーム研究は、「知識」や規範をめぐる議論を軸にして発展を遂げてきた。イスラームにおける知、規範を論ずる上で浮かび上がってくるのは、当然のことながら、法、規範の維持にかかわるイスラーム的知識人としてのウラマーと、アッラーとの合一を目指して修行に専念するスーフィーである。そして、イスラームの歴史的展開に寄与し、相補的な関係にあると考えられてきたウラマーとスーフィー［東長 一九九六：

六〇―六二］との関係のなかで、聖者という存在についても理解が深められてきた。*8　このようなイスラーム的知識を中心とした理解のあり方を相対化すること、これが本書における理論的視座にかかわる問題である。

人類学や宗教学においては「宗教」、「聖」、さらには「儀礼」などの諸概念の再検討が進められているが［アサド二〇〇四；磯前、アサド編二〇〇六；磯前、山本編二〇一一；磯前二〇一二；杉本二〇〇一；関二〇一二；竹沢二〇〇六；深澤二〇〇六；藤原二〇〇五］、本書における「民衆イスラーム論」や聖者信仰という問題設定の再検討も、広義にはそのような潮流のうちに位置づけられうるものであると考えている。ただし、本書は聖者信仰という概念の「系譜」を辿るのではなく、むしろ民族誌的事例から、聖者信仰という研究主題の「規格化」を問い直そうとするものである。

本書が意図する第二の論点は、人々の日常的な社会関係や社会生活との連続性のうちに聖者信仰をとらえ直すことである。第一節、第二節でも言及をしてきたように、中東、モロッコ、さらにはシュルーフたちの生活は移動を基礎として歴史的に成立をしてきている。人々の日常生活が流動性、可変性に基づいて成立しているという認識に立って、聖者信仰なるものをもう一度とらえ直すことを試みるのである。

このように考えるのは、既存の聖者信仰研究において、閉鎖的なミクロな共同体における聖者と参詣客の相互交渉や参詣、儀礼などに関心が注がれてきたからである。その結果、ゲルナー、アイケルマン、クラパンザーノをはじめとする研究者によって良質な民族誌が多数産出されてきたが、その一方で、聖者や聖者の末裔と交渉に入る一般住民の生活自体が広域的なものでありうること、人々の社会関係のみならず、聖者との関係も流動的でありうることなどが、等閑に付されてきたと考えるからである。

もっとも、植民地権力［Eickelman 1976］、国家的な政策や宗教的環境［Eickelman 1976；Scheele 2007；Spadola 2014；鷹木二〇〇〇；外川二〇〇九］、権威主義体制との連関［Hammoudi 1997］、観光化［Kapchan 2007, 2008；堀内一九八九a］、新中間層の台頭［Haenni and Voix 2007］、トランスサハラ交易への関与［Scheele 2012］、教団組織の制度的変化［Gilsenan 1973］など、ナショナル、グローバルなレベルでの社会的・経済的・政治的状況を視野に収めた研究も蓄積されている。

これに対して本書が扱いたいのは、必ずしも積極的に聖者信仰にかかわるわけでもないような一般の人々をも含み込んだ形で、かつ、彼らの移動を通じて形成されている生活空間と社会関係の広がりの中で聖者信仰をとらえ直すという視点である。つまり、ミクロな視点をとるにせよ、マクロな視点をとるにせよ、聖者信仰に主体的、積極的にかかわる人々を対象として進められてきた研究の流れに対して、本書は、人は一体どういうときに聖者なるものや廟へと誘われるのか、そしてその逆に、どういうときに人は聖者から離れていくのかという問いから、聖者信仰を問い直してゆこうとするのである。既存の聖者信仰研究は、参詣に人が赴くことを自明の前提として議論を展開してきたが、聖者との関係は必ずしも永続的なものでも、固定的なものでもないという自明の事実に立ち返ってみるのである。聖者との関係の取り方は、個々人ごとに異なるのであり、そのような個々人の事情や解釈、彼らが置かれた状況のなかで、聖者との関係がいかにして構築されていくのか、あるいは組み替えられていくのか、解体されていくのかを問うてみようとするのである。

第四節　本書の構成

以上のような問題意識に基づく本書は、以下のような構成をとる。

第一章では、民衆的なイスラームにかかわる既存の理論を批判的に検討した上で、聖者概念の再定義を試みる。

第二章では、ベルベル人という民族のとらえ方をめぐって議論を展開する。ベルベル人の中から、独立後の北アフリカ諸国における言語権や教育権を希求し、自らが北アフリカの先住民であると自認した動きが一九九〇年代以降になってモロッコでは顕在化している。アマズィグ運動という名で知られるこの運動における言語観、民族観を明らかにしつつ、一般住民との乖離を浮き彫りにすることが目的の一つとなる。

第三章では、ベルベル人の中でもモロッコ南部を故郷とし、タシュリヒートを母語とする言語集団シュルーフに焦点を定め、彼らの中の一部族インドゥッザルの事例をもとに、故郷における村落生活と、故郷と都市のつながり方の諸相を明らかにしてゆく。本章での議論は、ベルベル人の出稼ぎ先たる都市での生活や社会関係を取り扱った第四章と対をなすものであり、両章での議論から、大塚が述べるように個人的ネットワークと部族的紐帯の双方を視野に収めて［大塚 一九九二b］、ベルベル系シュルーフの日常的な社会関係構築の諸相を明らかにすることを目指す。このような議論を展開するのは、聖者信仰をとらえる上で、信仰を支える一般の参詣客の生活圏の広がりのみならず、彼らの日常的な社会関係構築の方法との関連の中で理解を深める必要があると考えるからである。

第五章では、モロッコ南西部で広く知られる「大聖者」ベン・ヤアコーブの末裔たちがスース地方に広く受容されるに至ったプロセスを明らかにする。また、ベン・ヤアコーブの正当性を基礎づける根拠が、スース地方内の他の「大聖者」とのつながりにあることを明らかにする。これらの議論は、ベン・ヤアコーブは他の聖者とのネットワークのうちに絡めとられており、その聖者間のネットワークがベン・ヤアコーブの正当性を支える根拠の一つとなるのと同時に、聖者を媒介とした地域的固有性の形成の一助ともなっていることを明らかにする。地域住民の聖者とのかかわりは、廟に埋葬された聖者にのみ限定されるものではなく、聖者のネットワークの広がりへと住民を接続させるものである。こうした点から、聖者信仰を特定の廟を中心とした閉鎖的な空間の中で把握することの問題点も浮かび上がらせていく。

第六章では、インドゥッザルがかかわる地域の聖者とのかかわり諸相を、廟参詣から明らかにする。第五章における議論が、聖者とその末裔の側から見た住民とのかかわりを主としていたのに対して、本章では、住民の側から聖者とのかかわりをみていくことに主眼を置き、参詣を通じた部族と聖者の関係や、住民にとって参詣とは一体どのような現象なのかを明らかにしてゆく。

第七章では、インドゥッザル出身のハーッジが受けたフキーによる治療儀礼を取り上げる。第五章、第六章の議論は、聖者と部族のかかわりを扱ったものであるが、これに対して、本章は、ハーッジとその家族に焦点を定める。つまり、聖者信仰をめぐる五章以降の議論は、マクロな視点からミクロな視点へと焦点を絞り込む形で構成されている。

追記

現地語の表記については、正則アラビア語（フスハー）は、『岩波イスラーム辞典』の方式に従った。アラビア語モロッコ方言（ダーリジャ）、およびタシュリヒート語の表記については、アラビア文字を用いた現地での表記をもとにしている。なお、現地語のうちアラビア語モロッコ方言の用語には［dr.］、タシュリヒート語の用語には［ta.］という略号を付した。正則アラビア語には、とくに略号は付していない。

第一章　生活からの聖者信仰への視座

はじめに

本章では、聖者信仰とかかわる分析枠組みの批判的検討などを通じて本書の理論的視座を明らかにする。第一節では聖者信仰とかかわる分析枠組み「民衆イスラーム論」を批判的に検討し、その問題点を明らかにする。第二節では、聖者信仰における中心的行為の一つと考えられる廟参詣（*ziyāra*）を取り上げ、日常的にムスリムが行う宗教的行為との対比の中で参詣について再考する。第三節では、聖者概念の再定義を、祈願（*du'ā*）とのかかわりから試みる。

第一節　民衆イスラーム論の再検討

1　聖者信仰とかかわる分析枠組み

聖者信仰とかかわる分析枠組みについては、これまでに、少なくとも植民地支配期のフランスによるイスラーム研究以降、さまざまなものが提案されてきた。鷹木の簡潔にして要を得た要約を参考にするならば、既存の枠組みは、二項対立的なものと、二項対立的な枠組みからは距離をとり枠組みの要素を複数化させたものに大別できる［鷹木二〇〇〇a：一〇—一二］。

二項対立的な枠組みとしては、フランスの植民地人類学者E・ドゥテの「正統なイスラーム（l'islam de l'orthodoxie）」／「聖者崇拝（le culte des saints）」の対比［Doutté 1900］、社会人類学者E・ゲルナーの「都市」／「地方」の区分に「学者」／「聖者」を対応させた議論などが挙げられるほか*9 [Gellner 1969, 1981]、レドフィールドの「大伝統／小伝統（great tradition／little tradition）」論を援用してイスラームの「単一性（unity）」と「多様性（variety）」という二元性をみようとしたG・フォン・グリュネバウムの枠組みと［Grunebaum 1955；赤堀 二〇〇三：一九三―一九四；レドフィールド 一九六〇］、人類学者グリックによるその継承などがある［Gulick 1976: 163-197；鷹木 二〇〇〇a：一〇］。

このような二項対立とは一線を画した複数化された枠組みとして、J・ベルクの「三層論」（「土地固有の聖なるもの」「イスラーム文化」「秘境＝聖者信仰や教団の宗教」）［Berque 1967］、モロッコにおける部族、教団、学者や都市などの社会的・政治的環境の異なりに着目して、聖者、教団、王権の関係を把握すべくC・ギアーツが提示した「ザーウィヤ複合（zawiya complex）」、「マフゼン複合（makhzen complex）」、「サイイド複合（sayyid complex）」に基づく複合論［Geertz 1968: 49-54］などがある。こうした分類枠組み以外にも、トリミンガムによるハーンカー型、タリーカ型、ターイファ型などの分類もある［Trimingham 1971；堀内 一九八三b：一〇二―一〇三］や、スーフィズム研究、イスラーム学の見地から組み立てられた「神秘主義」、「道徳」、「民間信仰」の三極からなる「スーフィズムの三極構造論」がある［東長 二〇〇九、二〇一三］。

これに対して鷹木は自分の事例を分析するための枠組みについては、「あくまでも分析のための便宜的指標であって、それらに宗教現象を還元することを目的とするものではない」とあらかじめ断った上で、「現地での参与観察や聞き取り調査の過程と結果から、帰納的に設定されたもの」として分析枠組みを提示している点が、それまでの類型論とは異なる点である［鷹木 二〇〇〇a：一六］。この分析枠組みは、都市などにおいては異なる構成要素を設定する余地を残した、限定的な枠組みでもある。さて、鷹木が提示したのは、「モスクを中心とするイスラーム」、「イスラームの聖者信仰」、そして「ムスリムの習俗的信仰」（あるいは「ジン（イスラームの精霊）・天津・邪視・呪術・迷信・祖先崇拝などをめぐるムスリムの習俗的信仰」）の三つの項から成り立つものである［鷹木 二〇〇〇a：一六―二一］。この三つの項はそれぞれ、学者、聖者（およびその末裔）、一般の民衆を担い手としており、かつそれぞれの場で主題化される知の形態も、活動内容も異なるものとして想定されている。

鷹木は「便宜的指標」としてこの分析概念を出しているほか、調査地であるセダダ村の状況に適合的なものとなるように分析概念を設定しているという点には、十分に注意を払う必要はある。ただ、これまでに挙げた分類枠組みの大半が、聖者信仰が分類の一角をなし、ウラマーや教義などとの対比のうちに把握されていたのと同様に、鷹木による新たな枠組みも、先に挙げたような意図は異なるとはいえ、イスラーム的知識および知識の担い手を重視していること、聖者信仰を一つの独立した項としていること、その担い手として聖者および聖者の末裔を想定していることなどの諸点において、これまでの研究の項の立て方を踏襲しているとみることもできる。

もう一つの留意点は、ローカルのとらえ方にかかわるものである。既存の分析枠組みにおいては、鷹木の分析枠組みに至るまで、聖者信仰の担い手の広がりを地方に限定してとらえる発想が繰り返しとられ続けてきている。「聖者信仰の担い手は、ほぼ村人や村出身の人々を中心とし、広くとらえても村近隣の地域、ジェリード地方の人々に限られている。したがってその点ではこの信仰は、機能する空間的範囲から、村落的または地域的イスラームとして特徴付けられるものである」［鷹木 二〇〇〇a：一九］と述べているように、限定された地域を対象として聖者信仰をとらえているのである。[*10]

これまでのところでは、知の担い手を中心に分類が構想されていること、地域的に限定したものとして聖者信仰を把握することとの問題点を指摘した。以上の点を踏まえて、次に、民衆イスラーム論という、鷹木とはまた異なる理論について、さらに踏み込んで議論をしてゆきたいと考えている。鷹木の分析枠組みは、他の分類枠組みとは異なって「セダダ村」に限定された枠組みとして設定されていたが、それ以外の枠組みはいずれもより一般化された枠組みとして提出されており、かつ、聖者、および知識人などを絡める形で枠組みが形成されていた。そうしたなかで、理論的な展開がもっともなされていると筆者が考えるのが、次に取り上げる民衆イスラーム論である。

2　民衆イスラーム論

社会人類学者大塚和夫は、「民衆イスラーム」についての社会人類学的考察［大塚 一九八〇］を踏まえて一九八九年に「民衆イスラーム論」という分析枠組みを提出している［大塚 一九八九ａ］。これは、ヴァールデンブルクらによって提唱された「民衆イスラーム」という概念を知識社会学／知識人類学の観点から組み換えた分析枠組みである。本節では、この大塚が提出した民衆イスラーム論を批判的に検討することにより、その限界と可能性を見定めることを試みる。

発表から四半世紀余りの歳月が経過した二〇一八年現在に、なぜ今更ながらに民衆イスラーム論を検討に付すのか。その意義は、少なくとも以下の五点に求められる。第一に、日本国内における人類学的イスラーム研究、人類学的中東研究を牽引してきた第一人者である大塚が提起した複数の分析枠組みの中でも民衆イスラーム論は最初期のものにあたるが、そこで提示された問題意識は晩年の研究視角にまでつながるものである。さらに、後に提出された他の分析概念は、民衆イスラーム論の欠を補ったり、補完したりするという側面を併せもちつつ構想されたものである。つまり、民衆イスラーム論の再検討は、大塚が構想した理論や理論的視座を総体として問い直す試みとなる可能性を秘めている。だが、大塚が提起した分析枠組みにどのような問題が伏在しているのか、なにを継承すべきなのかという批判的な検討は、これまでなされてこなかった。

こうした問題とは別に、民衆イスラームという語それ自体については、批判的検討が付されることがないままに簡便な言葉として用いられている状況がある［赤堀編 二〇〇八］。それゆえ、第二の論点として、果たして民衆イスラームという問題の切り取り方が妥当であるのかどうか、問い直す必要がある。*11

第三に、民衆イスラームは民衆の生活全般を覆う信仰生活の全体を指すものであると広義にはとらえられつつも、実際に関心が寄せられるのは、「聖者信仰」や「スーフィズム」、邪視や呪術をはじめとした「民間信仰」の三者である［赤堀 二〇〇四、二〇〇八ａ、二〇〇八ｃ］。しかし、この三者に民衆イスラームを「表象／代表」させる根拠は、さほど明確ではない。加えて、後述するように、ここでの民衆イスラームの語法は、大塚が提唱した民衆イスラーム論とは大きな隔たりも内包しているとも考えられる。こうした用語の継承に伴う意味や意図の変化も問われるべきと、筆者は考える。

第四に、今日的な現象の理解に民衆イスラーム論の再検討は資するのではないか、という見通しが挙げられる。二〇一〇年末にチュニジアで起きた一市民の焼身自殺を契機としたデモの波及により、二〇一一年以降、中東諸国において大規模な政治変動が生じた。「アラブの春」とも形容されるこの大規模な社会的・政治的変動の勃発を前にした地域研究者などの間では、こうした事態が全く予見できなかったという反省の弁が挙がった［臼杵 二〇一一］。だが、多年にわたって当該地域の研究をしてきた者が現地にかかわる十分な知識に不足していたとは思われない。それゆえ、むしろ問題となるのは、対象へのアプローチの仕方、認識の仕方であると思われる。

たとえば、「民主化」をはじめとしたさまざまな要求を掲げた人々のことを「民衆」、「大衆」、「市民」などの「集合的主体」として把握する傾向があるが、こうした「民衆」、「大衆」、「市民」などといった集合的主体を基礎にしてとらえる発想の再検討が今求められているのではないだろうか。「民衆」という概念を根幹に据えた「民衆イスラーム論」の批判的検討は、このような問いへの検討を深め、新たな視座へと至る補助線としての役割を果たしうるのではないか。

だが、いかなる点において、民衆イスラーム論の再検討はこのような「今日的」な問題への補助線としての役割を果たしうるのであろうか。留意すべきなのは、大塚が民衆イスラーム論という分析枠組みを提起するに至った背景には、大塚自身のフィールドワーク体験がある点である。サーダート大統領暗殺事件に象徴的に示されるようなイスラーム主義運動の高まりをエジプトで一九八〇年代に直接体感した経験が基となって［大塚 二〇〇四：二―四］、新たに台頭してきたイスラーム主義の潮流をも視野におさめた枠組みとして民衆イスラーム論は構想された。つまり、民衆イスラーム論は、現実の課題と乖離した空論ではない。

また、近代的な学校教育の普及と読み書き能力の上昇が帰結した近代的な知識人の広範な誕生と政治化した宗教言説の形成を念頭において構想された民衆イスラーム論は、「民衆」の政治化をも対象としている点で、「アラブの春」で生じた社会的・政治的現象を先取りした問題意識に基づいているといえる。今日の中東情勢に対する理解を深める上でも参考に値すると筆者が考えるのは、民衆イスラーム論が今日的な問題にもつながるフィールドでの直接経験に基づいた理論だからである。以上が第五点目の問題意識である。

3 民衆イスラーム論の変遷

さて、大塚による民衆イスラーム論は、知識人と民衆を対極におき、両者の関係を知識の多寡、知識の伝達継承を通じて理解しようとする「漸進的」な図式として、提唱された［大塚 一九八九a：一五三］。このような図式を提唱する背景には、イスラーム的知識、知識の保持者、知識の伝達がムスリムの社会・宗教生活において不可欠な要素を構成すると想定されたからである。

この民衆イスラーム論を構想する上で批判的に参考にされたのが、ヴァールデンブルクによって提唱された分析枠組みである。それは、当初「公式イスラーム（official Islam）」と「民衆イスラーム」という二項によって成り立った枠組みであったが、ヴァールデンブルク本人がその問題点を指摘し、後に「規範的イスラーム（normative Islam）」「民衆イスラーム」という二項に置き換えて、修正を図っている［Waardenburg 1978］。大塚は、後者の枠組みをさらに批判し、「知識人イスラーム」と「民衆イスラーム」という二極――二項ではない――からなる分析枠組みを構想したのである。

「公式イスラーム／民衆イスラーム」において、「公式」という用語が修正を迫られたのは、「宗教的権威を正当化する『公式的』な社会制度をもたないイスラームにおいて、『公式的』イスラームを論じること自体に根本的な問題がある」［大塚 一九八九a：一四〇］ためであるが、次の「規範的イスラーム」について大塚は、「ムスリムがクルアーンを神の啓示の書として受け入れ、かつ現世における社会・宗教生活を全面的に神による規定を基に組織化しようと努めることをその特徴としている」という観点から、規範としてのシャリーア（イスラーム法）の重要性を指摘し、ムスリムが「すべからくイスラーム的規範を志向するといえる」［大塚 一九八九a：一四二―一四三］と述べ、「規範」という用語を「民衆」に対置することの不適切さを指摘した。そして、「規範」に代えて、イスラーム的知識が社会的にも重要な意味をもつムスリムの生活を分析するための枠組みとして、知識論的観点から、新たに「知識人」を「民衆」に対置させることを提唱したのである。大塚の議論の新しさは、それまでの民衆イスラーム論が「公式」「規範」など規範を対置させていたのに対して、「知識人」を対置させた点にある。

4　多様な目配り

ところで、一見すると単純明快に見える民衆イスラーム論であるが、民衆イスラーム論成立の背景には、先に挙げたような既存の民衆イスラーム論の問題点のみならず、他にもさまざまな問題意識と目配りがその背景にある。

まず注目すべきなのは、それが対象分析のための理論にとどまらない点である。その特徴の一端は、隣接学問との関係の中で人類学の独自性を明確に打ち出すことにあったからである。大塚が意識していたのは神学的なイスラーム理解とは異なる、経験科学、社会科学としての人類学的なイスラーム理解の提出である。それゆえ、「普遍宗教」として一般に理解されているイスラームを、人類学者エル・ゼインやアイケルマンなどの議論を踏まえつつ社会的・歴史現象としてとらえ直し、個別地域の文脈の中で把握しようとする姿勢が示されていくことになる。それは、一九八〇年代末から一九九〇年代初頭に大塚をはじめとした中東人類学者がしばしば用いた「小文字のイスラーム（islam-s）」、「ローカルなイスラーム（local islam）」といった切り口でイスラームを理解しようとする動きに対応するものであった。歴史を紡ぎ出す具体的な人に注目をしていることが、知識人と民衆を対置させた民衆イスラーム論には現れているとも言えよう。

さらに隣接学問への配慮は、文献を重視した歴史学的研究に対し、現地調査を重視する人類学の独自性を明確に打ち出そうとする姿勢としても顕在化することとなった。それは、知識人によって著された文字テキストを一次資料／史料として参照する歴史学者とは異なり、むしろ「文字を用いる生活から縁遠い『民衆』」［大塚 一九八九a：一五七］への関心を抱く人類学者のアプローチの差異に配慮したものである。

これに加えて挙げられるのが、その着想の一端をグリュネバウム、ヴァールデンブルクなどによる枠組みから得つつも民衆イスラーム論は、それらの二項対立的な図式を乗り越える理論となることを目指していた点が挙げられる。大塚は「公式／民衆」「規範／対抗」、さらに神学的議論における「正統／異端」などといった二項対立的な分類枠組みに批判的であり、新たに設定をされた民衆イスラームと知識人イスラームは、「項」ではなく「極」としてとらえていた。それは、二項対立的な枠組みであるというよりもむしろ「漸進的」な図式として想定されていたということであるが［大塚 一九八九a：一五三］、このように知識人と民衆を相対立する存在として固定するのではなく、両者の間ではさまざまなレベルで知識を保有する者が存在することが想定されていたのである。

第四の特徴は、公式や規範に代えて新たに「知識」が鍵概念として選択されたことからもうかがえるように、新たな民衆イスラーム論は、ヴァールデンブルクのそれとは異なり、知識社会学や知識人類学における知識論を援用している点である。大塚によれば、知識の伝達・継承、知識の多寡などに基づいて知識人との対比で民衆をとらえる利点は以下の三点にある。

第一に、イスラーム的知識の形成に着目することによって、従来、排他的関係にあると考えられていたウラマーと、聖者やスーフィーをめぐる対立的な二分法を乗り越えることが可能になること、第二に、ウラマー、聖者、スーフィーなど、これまで中東歴史学や人類学が主に対象とし、知識の主要な担い手と想定されがちであった人々のみならず、世俗的学校教育の普及を背景として登場してきたイスラーム主義者をも視野におさめた議論が可能になること、第三に、イスラーム的知識の多寡に注目をし、とくに文字コミュニケーションと口頭コミュニケーションの異同や民衆の生活とそれらの関係を主題化しうることである［大塚 一九八九a：一五三―一五九、一九九一、二〇〇二］。

先に、大塚は知識人と民衆を二極に位置づけた漸進的図式として民衆イスラーム論を構想していると述べた。その際の知識人および民衆という二極への分極を特徴づける指標となるのは、知識の多寡、識字能力、コミュニケーション形態である。こうした指標からも推察されるように、知識人の反対の極に置かれた民衆の究極の知のあり方は、文字の読み書き能力を有さない人々である。大塚が、文字コミュニケーションとあわせて口頭コミュニケーションに注目する際に、身体コミュニケーションにも着目をするのは、それゆえいわれのないことではない。

5　民衆イスラーム論の問題点

以上のように民衆イスラーム論は、知識の担い手としてのウラマー、スーフィー、聖者のみならず、イスラーム主義者に代表される世俗的知識人に着目をし、イスラーム的知識の獲得、伝達・継承といった観点から、人々の活動や営為を解明するための枠組みである。そして、知の伝達に関心を寄せる民衆イスラーム論は、教育、知の継承を保証する学的制度などに関心を払うことによっても特徴づけられる［大塚 一九八九a：一五三―一五四］。しかし、イスラーム的知識に関心を寄せるこの理論には、その理論構成の核をなす知識の①担い手、②内容といった側面について、以下のような問題点を伏在させている。

①知識の担い手

知識の多寡を一つの指標とし、その伝達・継承に関心を寄せることによって「文字とは無縁な民衆の生活のなかにおける『イスラーム的現象』の解明をも行おうとする」民衆イスラーム論は［大塚 一九八九a：一三六］、しかし、知識の多寡を主軸に据えたがゆえに、「民衆」以上に知識人へと焦点が定められた枠組みとしてその相貌を露わにすることとなった。つまり、この分析枠組みにおいて焦点が定められているのはあくまでも知識人の側であり、「民衆」

は知識を受動的に受け取る存在へと矮小化されている。さらに、「民衆」と名づけられた人々の側からの知識人への対応や応答、あるいは「民衆」による知識の運用といった局面は等閑に付されている。

そもそも民衆イスラームは、常に対概念を伴って理解されてきた。だが、二つの項ないしは極からなるヴァールデンブルク以降の枠組みの変遷を振り返ってみるならば、そこで変更されているのは、民衆に相対する対概念の方のみである。言い換えるならば、民衆なるものが、さまざまな変遷を遂げてきた対概念の残余として常に位置づけられてきた可能性がある。この点については、たとえば大塚自身がヴァールデンブルクを批判して以下のように述べているのが示唆的である。

「ヴァールデンブルグは、規範的イスラームにおける思想や行動パターンの伝承の問題の重要性にふれ、規範的な宗教知識の継承のための社会制度さらにはそれを担う宗教人のあり方を論じる。しかしながら、民衆イスラームに関しては、その継承過程の重要性を指摘こそするが、具体的な例をあげて綿密に議論を展開しはしない。いわば、規範的イスラームの議論ではふれなかった残余の部分に、民衆イスラーム的な現象が存在している、と暗示しているのにとどまるのである」〔大塚 一九八九a：一四二〕。

だが、ヴァールデンブルクの議論にもその萌芽が認められるイスラーム的知識の伝達・継承への関心を先鋭化させた新たな民衆イスラーム論は、知識の「与え手」、「担い手」を代表する人物類型としてウラマーなどを理論的に措定するが故に、「民衆」を知識の「受け手」に固定する発想をより一層強化してしまうという帰結をもたらす。

すでに述べたように、民衆イスラーム論は、それまで知識人の代表的類型ととらえられていたウラマーのみならず、ウラマーに対立する存在として考えられることの多かったスーフィーや聖者をも「知識人」として同一次元でとらえるという視点を提示したばかりでなく、新たに「世俗的な知識人」としてイスラーム主義者をも視野に収めることに成功した分析枠組みである。イスラーム的知識の保有・伝達・継承を軸にして、それまで同じ地平にある知識の担い手として彼らをとらえることができなかったことからするならば、その理論的独創性は高く評価されるべきものである。

だが、新たにイスラーム主義者をも視野に収めることが可能になったとはいえ、そこで想定されているのは、伝統的なイスラーム教育機関とは関係の切れた「世俗的な高等教育機関」で知識と文字の読み書き能力を高度に習得した者であった。つまり、民衆イスラーム論は、その射程に収めるイスラーム的知識の担い手の範囲をそれまでの議論に比べて拡大することを可能にする一方で、イスラーム的知識を担うエリート層に照準した立論であるという傾向性を温存させたといえる。

そもそも、ウラマー、スーフィー／聖者、そしてイスラーム主義者など「知識の担い手」として対等に取り上げることを可能にしたのは、彼らと対照性をなす「人物類型」として民衆を想定したからである。民衆を知識の受け手として想定すること抜きには、この立論は成り立ち得なかったはずだからである。民衆イスラーム論とは、その名称が喚起するイメージとは裏腹に、知識の担い手として、世俗的であるとないとを問わず、宗教的エリートの視点、知識人の視点に基づいた分析枠組みなのである。この理論においては「民衆」とは、知識人として括り出された者の残余であり、「知識人」の視点からみた「民衆」である。イスラーム的知識は「民衆」に与えられ（伝達）、「民衆」によって受け取られる（受容）ものでこそあれ、「民衆」が作り、発信するものではなかったのである。

理論的に知識の受け手として民衆を措定することは、以下のような一文にも端的に示されている。

「民衆は、自分で直接聖なる書を読むことができない。そこで、彼らがムスリムとして正しい生き方を学ぼうとしたならば、ふつうは、周囲の宗教指導者の口から出てくるイスラームの教えに全面的に従い、それをひたすら守りつづけるしかなくなる。すなわち民衆は、文字を通してではなく、口頭のコミュニケーションを通してイスラームを知るのであり、彼らにとってイスラームとは身近な宗教指導者の肉声を通して具体的に表現されたものなのである」〔大塚 一九八九a：一五七〕。

フィールドワークをなによりも重視し、人々の日常的な営みに注意深いまなざしを向け続けた「現場主義」の大塚が、「民衆」の主体的活動や、「民衆」と「知識人」の相互交渉過程や、「民衆」側からの「知識人」への働きかけなどを、度外視していたということはありえない。だが、分析枠組みの定立にあたっては、「民衆」の生活実態へのきめ細かな関心とは裏腹に、「民衆」は、あくまでも「知識人」に対して受動的立場にあるものとして描かれざるを得なかった。それは、大塚自身の問題であるというよりもむしろ、分析枠組みを設定すること、類型を設定することに関連して生じる問題であると考えられる。ここでの問題点の一つは、分析枠組みの設定に際して、イスラーム的知識にのみ焦点を定めたことに由来すると筆者は考えている。

②知識の内容

すでに触れたように、民衆イスラーム論が前提とするのは、ムスリムはクルアーンやハディースに由来するイスラーム法（シャリーア）を規範としてすべからく志向するものだという発想である。この視点からするならば、対象化されるべき知識は、イスラーム的知識ということになる。そしてここでいうイスラーム的知識を構成するのは、知識の主要な担い手としてウラマー、スーフィー／聖者、およびシャリーアを重視するイスラーム主義者であることからすると、イルムとマアリファであると考えられる。

しかしながら、イルムとマアリファへの着目とは、裏を返すならば、イスラーム的知識に焦点を定めるあまり、日常的な知のあり方があらかじめ議論の対象から捨象されてしまっていることを意味する。[*12]「住民の視点」に立って一般の住民が自らの信仰や生活をどのように解釈し、組織立てているのか検討する上では、イスラーム的知識にのみ関心を定めるのではなく、むしろ知のとらえ方を拡大していくことが求められよう。

だが、注意すべきなのは、知の多元性という発想そのものは、マアリファとイルムというイスラームにおける二つの知を扱っている段階ですでに現れている点である。さらに、イスラーム主義者の知の習得過程を主題として対象化している時点で、イスラーム的知識に限定されない知として世俗的知識が、その視座のうちに含み込まれていることを意味する。たとえば、後者について参考になるのは、東長の以下のような見識である。

東長は、クルアーンとスンナ（預言者の慣行）に帰ることを主張しているとされるイスラーム主義者の知的活動は、「複雑で厖大なイスラム学の知の伝統のなかから、上記の二者（クルアーンとスンナ、筆者注）を除いた部分を捨象することを意味」し、「ここで捨象される部分こそ、イスラム学の大半を占めている」と述べている［東長 一九九九：二一五］。このような「長年の伝統に裏打ちされたイスラム学の大半を否定もしくは無視することは、別の知の体系のもとで育った者にのみ可能なわざであったといえる」［東長 一九九九：二一五］。つまり、イスラーム主義者の提示する知は、宗教的知には限定されない世俗知の摂取を前提として成立するものである。東長による以上のような議論を参考にして民衆イスラーム論を再考するならば、民衆イスラーム論はイスラーム的知識に焦点化してはいるものの、そこにはすでにイスラーム的知識とは異なる世俗的知識までもが対象として暗黙のうちに組み込まれているということになろう。

しかしながら、ここで問題とされている知識の多くが、学校という制度を通じて習得・伝達される知識であるという点には注意を払う必要がある。

イスラーム的知識に限定されない知のあり方にも対象が及ぶとはいえ、それはあくまでも、イスラーム的知識の生成を促す触媒、補助線、参照軸として対象化されたものである。軸足は、あくまでもイスラーム的知識に置かれている。

仮に民衆の生活そのものを対象とした場合には、そこにはイスラーム的知識や学校教育によって得られる知識とは異なる多様な知識が並存・競合・混交している状況が存在することは自明である。そして大塚は別の論考では多様な知の形態について詳細な議論を展開してもいる［大塚 二〇〇七］。しかしながら、民衆イスラーム論における知識の扱いは、イスラーム的知識に準拠しているがゆえに、そうした多様な知に視界を開くことが論理的に妨げられている。

では、こうした視界の限定を指摘する批判は、ないものねだりの不当な要求なのであろうか。知識論視点に基づいて構成された分析概念なのだから、イスラーム的知識のみに視野が限定されているのは仕方がないとみなすことで事足れりとしてよいのであろうか。あるいは、分析枠組みとしての民衆イスラーム論は首尾一貫しており、すでに論理的整合性、一貫性が認められるのだから、その「外部」の事態として民衆の多様な知に眼を向ける必要はないと判断を下すことで議論を閉じてよいのであろうか。

筆者には、そのようには思われない。というのも、ここにはさらなる問題が潜在していると考えられるからである。多様な知識を駆使して人々が生活を営んでいることを、仮に自明と認めつつも、イスラーム的知識のみに準拠して構成された理論は、「イスラーム中心主義」とでも言いうる発想に基づいているといえる。そこでは、必ずしもイスラームとは結びつかないであろう多様な民俗知、生活知、日常知は、あらかじめ思考の対象から排除されているがゆえに、イスラーム的知識を相対化する道はあらかじめ閉ざされてしまっている。

それはイスラーム的知識を特別視する発想であるのみならず、多様なアイデンティティを保持した存在としてもとらえうる人々を、ムスリムとして一元的に把握することにもつながる。つまり、民衆イスラーム論に基づいてイスラームや人々――より具体的にはムスリム民衆――を研究しようとするパースペクティヴは、単に民衆を受動的存在へと貶めるだけでなく、人々を一元的にムスリムとして差異化し、規定し、そしてその差異を固定化することにもつながっている。そこにあるのは、知識を核として、自己と他者を差異化しようとする志向性だと言ってもよい。

こうした志向性は、たとえば大塚が加わった地域間研究プロジェクトにおける最大の成果と大塚がみなす「属人」的特性をも軽視することにつながる［大塚 一九九九］。特定の土地との結びつきよりもむしろ、多様な属性や背景を有した人々が互いに状況や機会に応じて柔軟に関係を切り結んでいくという社会の流動性や可変性、多様性に眼を向けた議論は、人々が特定のアイデンティティや帰属意識に拘泥することのない側面にも視界が開かれた議論へと展開するものであるが、イスラーム的知識のみに準拠して人々をムスリムとして一元的に規定する発想は、そうした錯綜した現実への理解の扉を閉ざすばかりでなく、平板な現実理解を生み出す危険性さえをも伴うものである。

民衆が受動的立場に押しとどめられていることについても、前節で眼を通した知識の担い手に再度注目して、さらなる問題点を指摘しておこう。民衆イスラーム論においては、イルムやマアリファなどの知識の担い手とみなされた人々はウラマー、スーフィー、聖者、さらには世俗的知識人と多元化してとらえられているのに対して、民衆は、あくまでも「残余」としてとらえられ、その内実や多様性は問われることなく、一枚岩な存在として理論的に措定されてしまっていたのであった。

しかし、仮に「民衆」と名づけられている人々が、イスラーム的知識のみならず多様な知を援用していることに眼が向けられ、理論化が進められたならば、このような理解は修正を余儀なくされるはずである。それは、知識の受け手としてのみ措定されていた民衆が日常生活の中で活用する多様な知を視野に収めることで、イスラーム的知識を絶対視する視点が相対化されるということである。

ここで生起するのは、一枚岩としての民衆をとらえることの放棄であるのみならず、知識人として類型化されたウラマーや、スーフィー、聖者、世俗的な知識人のみが知識を保有し、伝達しうるという想定の放棄でもある。こうした視点の放棄は、民衆が知を形成しているという視座の確保にもつながりうる。ここに至って、民衆を標榜しているのにもかかわらず民衆からの視点が等閑に付されていた民衆イスラーム論は、民衆からの視点を手に入れることが可能になる。また知識の伝達・継承という問題は一方向的なものではなく、双方向的なもの、あるいは多方向的なものとしてとらえる道筋が整えられることになる。

6　民衆イスラーム論のさらなる展開

これまでの議論から、民衆イスラーム論を構成する要諦ともいえる知識の担い手、知識の内容などから民衆イスラーム論を批判的に再検討し、そこに内在する問題点をある程度明らかにしてきた。ところで大塚は民衆イスラーム論の提出後、ヨーロッパ列強による植民地支配を一つの契機とした「近代」におけるイスラームの特質を理解するために、英国の社会人類学者E・ゲルナーの所論を援用して「P的イスラーム」と「C的イスラーム」という、もう一つの理論的枠組みを提起している［大塚 一九九二：一〇四―一〇七、一九九四：七八―八一、一九九五、二〇〇〇a：二四一―二五五］。

ここでいう「P的イスラーム」は、厳格な一神論、ピューリタニズム、聖典と読み書き能力の強調、平等主義、霊的仲介者の欠如、儀礼的放縦の制限、そして中庸と覚醒した態度、情緒よりも規則遵守を強調する点などによって特徴づけられるものである［大塚 二〇〇〇a：二四二］。これに対して「C的イスラーム」は現世・来世におけるハイアラーキー志向、司祭・儀礼的職能者・諸精霊の活動、知覚可能な象徴・イメージへの宗教の具象化、儀礼・神秘的行為の盛況、特定の個性への忠誠などによって特徴づけられる［大塚 二〇〇〇a：二四二］。大塚の見解に従うならば、「P的イスラーム」は、一八世紀にアラビア半島で生起したワッハーブ運動にまで遡れるイスラーム主義の特質を端的に表している。アラビア半島を席巻したこの宗教改革運動は、墓廟の参詣を伴った聖者信仰を苛烈に批判したことで知られるが、彼らが批判・否定した聖者信仰は、ワッハーブ運動を嚆矢とするイスラーム主義が広範に普及する以前の中世イスラーム社会に広く一般的にみられた信仰形態であった。

民衆イスラーム論が収められた『異文化としてのイスラーム』の刊行以降、大塚の問題意識は、一貫して民衆イスラーム論における人物類型として挙げられたウラマー、スーフィー／聖者、イスラーム主義者をはじめとする世俗的知識人や、知を伝達する社会的制度としての伝統的イスラーム教育や世俗的学校教育に向けられ続けてきた。

このように問題関心が一貫しているなかで新たな分析枠組みと概念が導入されたという事実は、それが、民衆イスラーム論の修正を企図して提起されたことを意味しうる。では、どういう点について修正が図られたのか。さらに、新たに提起されたこの理論にはいかなる問題があるのか。仮に問題があるとして、それは民衆イスラーム論に通底する問題なのか、あるいは異なる問題なのか。以上のような諸点について、検討を進めていこう。

①さらなる展開としての「P的イスラーム／C的イスラーム」論

そもそも大塚が民衆イスラーム論を提起した背景には、本章の冒頭でも触れたように、エジプトでのサーダート大統領暗殺事件に象徴されるイスラーム主義の顕在化があると考えられる。実際、大塚はその主著『異文化としてのイスラーム』の中で、エジプトにおける一九世紀から二〇世紀にかけての世俗的な学校教育の普及にともなう世俗的知識人の台頭と「イスラーム的知」の変容を主題とし、それとの関連を念頭において「民衆イスラーム論」を構想していた。つまり、民衆イスラーム論は、見かけ上は歴史性や時間性が捨象された無時間モデルのように見えるのだが、実際は、特定の時代や社会的文脈を強く意識しつつ練り上げられたものであり、決して没歴史的、没文脈的な理論ではないということである。

民衆イスラーム論の利点の一つに文字コミュニケーションと口頭コミュニケーションの双方を視野に収めて知識論を展開できることが指摘されていたことからもうかがえるように、ここで問題とされている歴史的・社会的文脈とは、広義には、識字率が比較的限定された社会的環境と、学校教育の普及に伴う識字率の上昇が認められるような状況を両極に据えている。つまり、民衆イスラーム論がターゲットとしている歴史的・社会的文脈とは、「前近代」から「近代」への以降という大局的な局面である。

しかしながら、以上のような問題意識に基づいているとは想定されるものの、理論としては、このような歴史的変化や時間性は、明瞭な形では明らかにされていない。そのため、一見すると無時間モデルに見えるという問題が生じる。これに対して新たに提出された「P的イスラーム／C的イスラーム」は、マクロなレベルでの歴史的変化をモデル化してとらえる姿勢をより鮮明にしたものであり、「前近代」から「近代」の移行という局面におけるイスラームの的知の変容の特性を、浮き彫りにすることにその眼目はある。それは、「〈前近代〉と〈近代〉におけるイスラームの形態の変化を説明するもの、すなわち『歴史的』モデル」（傍点引用者）なのである［大塚二〇〇〇a：二四三］。つまり、ゲルナーによる「振り子理論（pendulum swing theory）」を援用して、一九九〇年代に入って新たに提起された「P的イスラーム／C的イスラーム」論と、民衆イスラーム論は、双方ともムスリム諸社会が直面した「近代」という時代と、「前近代」との対比を意識しつつ構想されたものであるといえる。

さらに、理論の中には明示されていないものの、大塚は『近代・イスラームの人類学』において、「近代」を一枚岩的にはとらえてはおらず、地域ごとに、また学問分野や問題関心の立て方にしたがって多様であり得ることに対しても注意を払っているほか、自身のフィールドワークの経験を基にエジプト、サウディアラビア、スーダンなどを中心としたフィールド環境の個別の地域的文脈に対して注意深い配慮を払い続けている［大塚二〇〇〇a］。こうした理論の外にこぼれ落ちる問題関心を考慮に入れるならば、「P的イスラーム／C的イスラーム」論は、西洋との遭遇というインパクトの下でムスリム諸社会に生きる人々が経験することになった根源的な社会の変化を地域、歴史の多様性にも視野を収めながら明らかにしようとして提出された分析枠組みであったといえる。たとえば、大塚は自身の問題意識を以下のように明確に述べている。

「イスラーム世界が『近代的なるもの』に直面した場合でも、歴史的・地域的背景などから異なった適応・対応・抵抗のあり方が生まれるのである。この問題は、イスラームという大きな概念を主語にした議論では論じつくせない。まずは、それぞれの地域で生きてきた、そして現在われわれの同時代人として生きているムスリムたちのさまざまな近代化、そしてさまざまな世俗化のあり方をさぐる必要がある」［大塚二〇〇四：一八九―一九〇］。

「このような『地道な実証作業』を通して、イスラームと近代の複雑に絡み合った関係を解明するための、いくつかの補助線が明らかになってくる」［大塚二〇〇四：一九〇］。

だが、「P的イスラーム／C的イスラーム」論の特質は、このような歴史的文脈化にとどまるものではない。「P的イスラーム／C的イスラーム」論は、民衆概念そのものを後景に退かせているからである。つまり、民衆イスラーム論における問題点として先に指摘した民衆を受動的な立場にあるものとして矮小化する視点も、ここでは後景に退く結果となっているのである。

それでは、「民衆」概念が明示されなくなるなか、人物類型はいかなるものとして、イメージされるようになったのであろうか。参考になるのは、「世俗的知識」との関連での「俗人」や「平信徒」のとらえ方である。大塚は「俗人」「平信徒」の宗教的権威の上昇への関心を以下のように記している。

「secular や laic の原義は『現世』とともに、非聖職者・平信徒、さらに宗教教育に反対する者などといった意味ももつ。したがって『世俗化』には、伝統的宗教教育によって養成されてきた聖職者・宗教指導者の権威の衰退という側面もある。これはいわば『俗人』や『平信徒』」の位置にあった者たちの政治的権力、社会的・文化的重要度、さらには『宗教的』権威すらが高まってくることを意味する」［大塚 二〇〇四：一八二］。

ここでは、「民衆」という概念が後景に退き、代わりに「平信徒」「俗人」という言葉が用いられるようになっている。このような用語の変更とあわせて重要なのは、一般民を受動的存在に置くことになる理論的帰結を退け、むしろ「ムスリム同胞団」という組織の形成について議論を展開しながら「平信徒」の知識人化という側面を前面に押し出していることである［大塚 二〇〇八］。この点において「P的イスラーム／C的イスラーム」論は、民衆イスラーム論に内在する問題点を修正しようとしたものであると言える。つまり、具体的な歴史的文脈により位置づけて現象を理解しようとする姿勢と「平信徒」の宗教的権威の上昇、それを支える「平信徒の知識人化」といった諸側面にP的イスラームは配慮した立論となっているのである。赤堀もまたこうした「近代」における「民衆ならざる『大衆』」あるいは「ムスリム大衆」の出現に着目している［赤堀二〇一〇：八二―八三］。

②「P的イスラーム／C的イスラーム」論の問題点

だが、このような利点や修正が認められる「P的イスラーム／C的イスラーム」論は、たとえば聖者信仰や「民衆」との関係では、問題はないのであろうか。ここでは大塚によって提出されたモデルを、それぞれのモデルに示されたようなイスラームを希求する思考／志向性としてとらえ直したい。「P的イスラーム」を希求する思考／志向性を「P的思考」、「C的イスラーム」を希求する思考／志向性を「C的思考」と再定義する。

さて、「P的思考」に注目をしたならば、そこには看過することのできない特徴が少なくとも二つあることがわかる。第一の問題点は、「P的思考」は、自社会が抱える問題を浮き彫りにすべく社会内部を分割して理解しようとする「意志」によって特徴づけられる。「近代」という時代状況に着目するならば、それは、西洋的な「境界的思考」［堀内二〇〇五］を現地の人が内在化させたものであったとも考えられる。

第二に、分析概念として「P的イスラーム」と「C的イスラーム」という対立概念を設定することは、その結果として、両概念があたかも同一水準に存在する対立項であるかのような印象を読者に与えることになる。しかしながら、「P的イスラーム」を「P的思考」と置き換え、より現実に引き寄せてみるならば、このような類型化、差異化は、イスラーム主義者など「P的思考」側から端を発したものであり、それが翻って「C的思考」側の人々によっても内面化されていった側面が見えてくる［アイケルマン 一九八八：二七三］。つまり、すでに言及したように、「P的イスラーム」と「C的イスラーム」は分析カテゴリーとしては「等価」なものとして設定されているが、実際の局面においては非等価的なものである可能性が高い。分析概念としての「P的イスラーム」「C的イスラーム」は、このような非対称性、「P的思考」側からの「C的思考」への「呼びかけ」の権力性や暴力性を覆い隠してしまうのである。*13

言い換えるならば、近代・西欧の刻印を受けたものとしての「P的思考」は、自他をめぐる差異を固定化し、「他者」

としての「C的思考」やその代表例としての聖者信仰を「無知（*jahl*）」、「ハラーム（*harām*）」、「呪術（*siḥr*）」など否定的な価値を付与されたカテゴリーに分類し、批判の対象へと貶める権力的機制を伴っているといえる。

翻って研究の世界において「C的イスラーム」（およびその代表例としての聖者信仰）として括り出された現象は、これまで厳格な一神教というイメージで語られたり「原理主義」と短絡的に結びつけて語られたりするイスラーム像を相対化し、「多様なイスラーム」のあり方を明示するための格好の事例として選好され続けてきたのであった［赤堀二〇〇八c：二〇三―二〇九；鷹木二〇〇〇a：六；大塚一九八五、一九八九a、一九九〇；Crapanzano 1973；Dermenghem 1954；Doutté 1900；Eickelman 1976；Geertz 1968］。

聖者信仰に対する「P的思考」および研究者の評価は相反するものとなっているのだが、聖者信仰を肯定的にとらえるにせよ、否定的にとらえるにせよ、両者は聖者信仰を一つの対象として本質化してとらえるという姿勢を共有している。つまり、聖者信仰は、「呼びかけ」る者としてのイスラーム主義者と研究者から二重に本質化されてきたのである。

このような聖者信仰を語るに足る特殊な主題として切り取る「境界的」発想には、二つの問題点がある。

第一に、「移民」や「民族」を本質化してとらえる言説と同様の問題がそこには含みこまれ、フィールドにおける「現実」が覆い隠されてしまうという問題が挙げられる。たしかに、イスラーム主義者の立場からするならば、聖者信仰は批判すべき対象となる可能性があり、翻って聖者信仰を率先して実践している人の立場からみても、両者の差異が意識化されている側面は現実にあるであろう［アイケルマン一九八八：二七三］。両者の差異を本質化する視点に立つならば、聖者信仰を忌避する人が、生涯にわたって聖者信仰を忌避しつづけるかのような印象が与えられるであろう。しかしながら、現実の生活の場においては、聖者信仰を忌避する者が状況に応じて聖者信仰へと向かうこともある。そうした現実の複雑な状況は決して看過されるべきではない。それにもかかわらず、聖者信仰の「本質化」は、それが肯定的評価に由来するものであれ、否定的評価に由来するものであれ、生活の現場における人々の「C的思考」と「P的思考」の間を行き交う「ゆらぎ」を後景に退かせてしまう可能性を帯びている。

第二に、既存の研究において聖者信仰は研究対象としてアプリオリに「本質化」されてきたため、生活の中における聖者信仰の位置づけはこれまでの趨勢において問われることはなかった。つまり聖者信仰はあくまでも廟参詣などに訪れる人々と聖者の末裔が織りなす社会的な「小宇宙」の中でのみ描かれ続け、その「小宇宙」の外にいる人々にとって、聖者信仰が一体どういう意味をもちうるのかが問われることはなかったのである。

以上のような問題を踏まえて検討されてしかるべきなのは、たとえば聖者信仰とイスラーム主義を相互に排他的な概念としてとらえる分類そのものが無効となる生活の現場において聖者が占める位置である。本書はこの点を明らかにすることを主眼としているのだが、そのための準備作業として、次節においては「聖者信仰」における中心的行事とも言える参詣について問い直すこととしたい。その上で、第三節において「信仰生活の全体図」に聖者を位置づけ直し、聖者なるものの再定義を試みることで本書の理論的視座を明らかにしてゆく。

第二節　廟参詣再考

1　イスラームにおける巡礼と参詣

最初にイスラームにおける巡礼と参詣の相違について、確認をしておこう。

イスラームには、ハーッジ（*hājj*）という名で知られる聖地メッカへの巡礼が、宗教的義務として存在することがよく知られている。ハーッジは、イスラームにおける基本的な宗教的義務行為として知られる信仰告白（*shahāda*）、礼拝（*salāt*）、断食（*sawm*）、喜捨（*zakāt*）と並ぶ五行の一つとされており、イスラーム暦（ヒジュラ暦）第一二月（*zū al-ḥijja*）の一〇日頃にメッカを中心に開催される［大塚 一九八九ａ；後藤 一九九九；坂本 二〇〇〇］。

他方で、聖地メッカへの巡礼とは別に、ムスリムが歴史的に住み慣わしてきた地域には聖者と目される人の廟が多数建設されており、願掛けをはじめとしたさまざまな目的のために人々が訪れる一種の宗教的センターとなっている。ここで筆者が対象にしたいのは、こうした、アラビア語ではズィヤーラ（*ziyāra*）と呼ばれる聖者廟への参詣である。聖者廟への参詣は、スンナ派、シーア派のそれぞれに広くみられるが、本書が対象とするのは、スンナ派の廟参詣であり、その中でもモロッコにおける事例に焦点を定めている。

さて、参詣は巡礼とは異なるものとして一般に理解されている。このような差異は、たとえば、参詣が巡礼のようにムスリムに課された宗教的義務ではないこと、また開催地はムスリム世界の各地に広がっていること[*14]、メッカ巡礼には衣装や頭髪をはじめとしたさまざまな事柄に規定があるのに対して、参詣にはそのような明確な規定が存在しないことなどに明瞭に表れている。

イスラームにおけるこのような巡礼と参詣の区別をめぐっては、それがもっぱら知識人層の間での認識であったのに対して、庶民はむしろ両者を混同していた可能性はないのではないかとの疑問も呈せられようが、この点に関して歴史学者大稔哲也は、多年にわたるカイロ市の「死者の街」を対象としたイスラーム中世期の文書史料研究を踏まえて「ムスリムの民衆はハーッジを粗型としてズィヤーラを実践していたとは言えようが、両者を混同していたことを示す史料は未だ発見されていない。むしろ、庶民であっても両者を区別し、ハーッジを行った者を地域社会内で特別扱いしてきた実態が浮かび上がってくるのである」と指摘し、巡礼と参詣を「ムスリム社会においては、ズィヤーラという語が、訪問・参詣行為一般を指し、その対象は友人・家族から聖者や聖廟に至る、日常的・広範囲の含意を伴う一般的語彙であるのに対し、メッカの聖域をめぐる行為は、『ハーッジ』と特別の語彙を与えられ、他の参詣行為と峻別されて特権的な位置を与えられてきた」と述べ［大稔 二〇一〇：六八］、ムスリム世界においては、知識人、庶民を問わず、巡礼と参詣を区別する認識がイスラーム中世期のエジプトにおいては広がっていたことを明らかにしている。

ただし、このような差異が意識される一方で、モロッコ南西部において最も名高い聖者スィディ・アフマド・ウ・ムーサー廟を七度訪れた者は、巡礼を敢行したのに匹敵するだけの功徳を得られると考えられているという報告［Lakhsassi 2002: 14-18］も存在し、庶民のレベルでは、巡礼を行いたいがさまざまな事情でそれを完遂することができない人々のための代替としてローカルな社会の中で廟が機能をしていた側面も指摘されている。*15

この点に着目するならば、ムスリムの世界的なネットワークの編成にメッカ巡礼が重要な機会を提供していたのに対して、各地の廟参詣は多様かつローカルなネットワーク形成の機会となっていたのみならず、場合によってはメッカ巡礼を補完する意味合いを有していたとみることもできよう。ただし、このような補完的な機能を地方の聖者廟が有していたとしても、そのことは直ちに、庶民が巡礼と参詣を混同していたことを示唆するわけではないという点にも注意を払っておく必要がある。というのも、先のスィディ・アフマド・ウ・ムーサー廟の場合のように、巡礼に匹敵するだけの功徳を得られるという認識は、廟参詣が巡礼そのものであると理解されているということを意味するわけではないからである。また、七度参詣をする必要があるという認識は、そもそも巡礼と参詣が対等な位置づけにはないことを暗に意味している。さらに、ラクサースィーが報告しているように、そもそも、巡礼とスィディ・アフマド・ウ・ムーサー（廟）への七度の参詣を同列にとらえようとする理解が論争の争点となることもある［ibid.］。このことは、両者を異なる水準にある行為として峻別しようとする見解が存在することを意味する。また、スィディ・アフマド・ウ・ムーサー廟は、モロッコ南西部最大の聖者廟であり、巡礼に匹敵する参詣という理解がどの廟に対してもなされているものではない点にも注意を払う必要がある。

以上のような巡礼と参詣の異同を踏まえて、次にイスラームにおける参詣の特徴を把握するために、礼拝、祈願に注目して検討する。

2　廟とモスク

さて、参詣の対象となるのは、ムスリム世界の各地に存在する廟であり、人々は廟に参詣し、さまざまな祈願を行う。今しがた巡礼と参詣の異同を確認したが、廟参詣の特質を把握するために、最初に注目しておきたいのが、廟とモスク、およびそれらの場で主に行われる祈願と礼拝における行為規範の相違である。モロッコをフィールドとして多年にわたって研究を積み重ねてきた人類学者堀内によれば、それらは対照的な特徴を有している［堀内 一九九九］。まず、ムスリムにとって最も基礎的かつ重要な宗教的行為と考えられる礼拝をめぐっては、礼拝開始前のお浄めから始まって、礼拝の時刻、礼拝の際の所作、祈る方向、礼拝で唱えるべき文句、礼拝後の所作に至るまで、さまざまな行為規範が存在する。これに対して、廟への参詣は決められた時刻、唱えるべき文句、取るべき所作などに対して、礼拝ほどの厳格な規定はなく、事前に儀礼的に清浄な状態に入る必要は必ずしもない。*16

このような行為規範の相違が認められるモスクと廟内部の様子も相異なるものである。一般にアラビア語ではマスジド（*masjid*、平伏する場の意）という名で知られるモスクの内部には、メッカの方向を示すミフラーブ（*miḥrāb*）と呼ばれる窪みがあることを特徴とし、空間内には、絨毯や筵が敷き詰められ、壁にクルアーンの章句、時計などがかけられたりしているほかは、目立ったものはない。また、礼拝をする前にお浄めをしなければならないが、大きなモスクの場合には、そのための泉水がモスクの中庭にあることもある。このほか礼拝の時刻がきたことを告げるアザーンのための尖塔が、大きなモスクの場合には付設されている。

これに対して廟は、アラビア語でダリーフという名で知られている。モロッコの場合、筆者が見た限りにおいては、廟の屋根は、通常、ドーム状、四角錐、円錐の形状をとっていて、一目で他の建物との違いが識別できるようになっている。廟には「聖者」と目された人物が埋葬されており、その場所の上には、木、石などでできた箱が設置されている。こうした箱にはキスワ（*kiswa*）と呼ばれる覆い布がかけられていて、廟内には、絨毯や筵が敷かれ、壁面にはクルアーンの章句を記した額縁や、時計、国王の写真などが飾られているのが一般的である。このほか、賽銭箱が置かれていることも多い。なお、棺はときとして鉄製の柵で囲われていて近づけないようにされていることもある。

廟は大きなものの場合、モロッコのイスラーム諸王朝の国王や、北アフリカ世界を超えて広がり、トランスナショナルなネットワークを有するに至っているスーフィー教団の創始者を埋葬したものなど国家レベルないしは国家を超えるレベルで広く知られた人物を埋葬したものから、地方の村落レベルでしかその存在が知られていないような小さな廟、場合によっては来歴も知られていない廟や、打ち捨てられた廟まで存在する。モロッコでは、このような廟が山岳部、平野部、砂漠周辺部、オアシス地帯、あるいは都市、地方を問わず各地に存在している。ただし、一般的傾向としては、都市やその近郊に大規模な廟が多くみられるということはできる。

なお、廟とモスクは別の建物として建設をされていることが多いが、全国的に名の知られた聖者の廟などの場合には、廟とモスクが併設をされていたり、廟とモスクが一体化していることもある。人類学者堀内は、この点に注意を払い、仮に同一空間が廟、モスクとしての機能を兼ね備えていたとしても、壁や仕切り板などが用いられることによって、廟としての機能とモスクとしての空間使用のあり方が混同されないように意識されていると指摘している［堀内 一九九九：三四四―三四五］。

インドゥッザルの故郷にあるスィディ・ムハンマド・ウ・アリー廟（筆者撮影）

この点について、ここで少し検討を加えよう。たとえば世界遺産としても著名な都市フェズの旧市街の中心に位置するムーレイ・イドリース二世――モロッコ最初のイスラーム王朝イドリース朝の第二代国王にしてフェズの建設者――の遺体が埋葬されている建物は、そのままモスクとして活用されており、金曜礼拝もそこで実施されている。この廟の場合、メッカを示すミフラーブがある壁面に向かって左側隅の方に棺が置かれているが、礼拝をしている人の様子をみていると、ミフラーブがある壁面に対してやや左斜めに体を向けて礼拝をしているので、方角としては、ちょうど棺が置かれている方を向いて礼拝をしているような格好となる。少なくとも、筆者が見た限りでは、とくに仕切りが立てられることがないままに、個人的な礼拝を行う者がいた。こうした様子をみていると、同一空間が廟、モスクとして用いられているとしても、空間の利用に際して、必ずしも一貫して厳格な態度で臨んでいるわけではないという様がみてとれる。

また、棺に触れ、祈願を行うために女性の参詣客も入ってくるが、廟が併設されていない通常のモスクであれば、女性は衝立などで仕切られたモスク内の一区画で礼拝をするので、男性と女性が混在することはない。ムーレイ・イドリース廟においても、礼拝の時刻がきたことを告げるアザーンの後に執り行われる礼拝では、男性と女性は異なる部屋で礼拝を行うことになっているが、その時刻以外には、男性、女性は同一の部屋に混在している。つまり、この段階では、この空間は、モスクとしてはとらえられていないということになる。

堀内は、廟およびモスクとしての空間利用のあり方において、仕切り板の使用による空間分割に着目をしたが、女性参詣客や集団でのモスク礼拝時刻以外の個人礼拝者の礼拝のあり方は、時刻に応じた空間利用の違い、空間分割の違いという側面を浮き彫りにしよう。こうした例は、廟とモスクという二つの側面を有した建物を状況に応じて柔軟に使い分けている住民の宗教生活のあり方を示しているともいえよう。

3　参詣の方法

廟への参詣客は、家族連れで訪れる者、友人と連れ立ってくる者、一人でやってくる者、あるいはスーフィー教団のメンバーや、近隣の住民と連れ立ってくる者などさまざまであり、訪れる時間も時期も思い思いに決定される。そして参詣客は、廟の付近で販売されている蠟燭やバラ水などを購入したり、あるいはそれらを持参して廟を訪れる。

廟に入るにあたっては、「タスリーム（*taslīm*）」（「降参」の意）、「ビスミッラー（*bismillāh*）」（「アッラーの御名において」の意）などと言いながらさするようにして戸に触れたり、あるいは戸に接吻をする者がいる。廟の扉が閉まっているのを押し開いて入る際に、戸の鉄輪状の取っ手をあたかもノックをするかのように何回か打ちつけて廟に入る者もいる。そして、廟に絨毯が敷き詰められている場合には、靴を脱ぐが、地面に敷き詰められたタイルがむき出しのままであったりする場合には、土足のまま部屋に入る者もいる。廟内に入った参詣客は、しばしば手で棺に触れたり、棺に接吻をしながら、棺の周囲を廻ったり、あるいは持参したバラ水を棺にかけながら廻ったりする。そして棺の近くに座って（あるいは立ったまま）、棺の方を向いて、祈願をする。場合によっては、棺に手を触れながら祈ったり、棺にかかっている布をはぐって中に潜り込み、少しでも棺に近づこうとする者もいる。また、クルアーンの章句を唱える者もいる。祈願をした後には、そのまま廟内で壁にもたれかかって一人でのんびりと時間を過ごす者、他の参詣客と話を交わす者もいれば、すぐに廟を後にする者もいる。また、先に記したように廟への参詣客には、男性も女性もいる。

さて、このような参詣行為においては、人々はしばしば自らが有しているさまざまな願い事がかなうように祈ることが、これまでにも多く報告されている。その主立った内容としては、子授け、良縁、病気の快癒などであり、さらに就職や学業成就をはじめ、個々人がかかえる諸問題が対象となる。

4 「廟＝人家」論

第二項で確認をしたような空間の分離と行為規範の差異の存在は、礼拝と参詣に対する当事者の意識の相違とも無関係ではなかろう。堀内は、この点を踏まえて、「日常生活においてもっとも神聖な行為である礼拝を意識的に避ける空間を、われわれは聖なる空間と呼んでよいものだろうか」［堀内 一九九九：三四五］と問いかけ、廟について、これを「人の家」ととらえるという斬新な理解を提示している。本書ではこの議論を「廟＝人家」論と呼ぶ。

「では廟とはいったいいかなる空間なのか。私見ではあるが、それを人の家と考えるべきなのではないだろうか。モスクを典型とする礼拝のための場所は、ムスリムであれば何人なりとも出入り自由なはずである。しかしそれが他人の家ならば、勝手に入り込んでそこで礼拝しても良いということにはならない。その家の人やそこに招かれた人が礼拝するのは自由だが、通りがかりの誰でもが勝手に上がり込んで礼拝することはないだろう。つまりそこは神と向き合うための特別な場所＝神聖な場所と考えるべきではない」〔堀内 一九九九：三四五〕。

廟を人家になぞらえて理解しようとする堀内は、さらに、廟に埋葬された人物のとらえ方についても、これを「現世」的な側面から理解すべきであるとする独自の視点を提示している。

「つまるところ、廟の主との関係がいかなる文脈で捉えられるにせよ、それはどこまでも人間同士の事象として理解すべきと思う。ジン[*17]を媒介とする病気治療さえも、それは『超自然的』な存在との交渉ではなく、触知可能なきわめて地上的かつ人間的な世界内部の出来事であるだろう」〔堀内 一九九九：三四六〕。

これまでの研究において聖者と呼ばれてきた存在は、日常生活とは切り離された特殊な宗教的文脈において把握をされ、その宗教的側面が強調される傾向にあった。これに対し堀内は、むしろ日常生活のただ中において廟に埋葬された人物をとらえ、参詣客と廟主の関係を人間同士の事象として理解すべきと主張するのである。

筆者は、日常生活との連関の中で参詣行動を把握しようとする堀内の見解に賛同するものである。ただし、「廟＝人家」論の行論と、廟に埋葬された人物と参詣者の関係を論ずる上での根拠については、異なる見解を有している。

第一に、「廟＝人家」論を展開するのにあたって堀内はモスクと廟を比較し、モスクがムスリムであれば、誰にでも開かれた空間であるのに対して、「人の家」としての廟は、そこに勝手に上がり込んで礼拝をしてもいいということにはならない、と指摘していた。この点について、筆者は、モスクが一般のムスリムに開放されているのと同様に、廟もまたムスリムに開放された場であることをまずは度外視してはならないと考える。すなわち、少なくともモロッコにおいて、廟を訪れる者はムスリムである限り原理的には入室を拒まれないのであり、誰もが廟に入り、入室した結果として個人が望むのであればそこで礼拝をすることも可能なのである。

第二に、「廟＝人家」論を展開する上で比較対象とされるべきであったのは、廟とモスクにおける礼拝行動の位置づけの相違ではなく、廟と人家における「客人」の受け入れと、客人を受け入れた際の「人家における」礼拝の位置づけであろうという点が挙げられる。とくに、日常生活の延長線上にあるものとして廟における行為を把握しようとするのであれば、人家における家主と客人のとる関係は、最初に注目すべき点であるとすらいえる。そして、人家における家主と客人が相対する場面として最も重要なのが、饗応であり、饗応における共食である[*18]。

5　饗応、共食、祈願

モロッコ、そしてとりわけ筆者が長年交流をしているモロッコ南西部ベルベル社会では、人々はさまざまな機会をとらえて、家族、親族、友人や知人、同業者、同郷者をはじめとした人々を招き歓待しあうのが一般的である[*19]。

こうした歓待の機会としては、イスラームにおける二大宗教祭礼とされる犠牲祭（*ʿīd al-aḍḥā*）――メッカ巡礼の終了を祝う儀礼と断食明けの祭り（*ʿīd al-fiṭr*）のほか、結婚式、子供誕生に際して開かれるお七夜（*subūʿa*）、巡礼者の帰還、交通事故などの災厄から逃れられた場合などがある。

客を歓待する上では、客間の中央に据えられた円卓などに御馳走が用意される。招待客とホストの家族などが、円卓を囲みながら、談笑のうちに共食をするという形をとる。なお、家族と客人の関係の深さにもよるが、通常は同性同士での共食となる。この共食が終了し、席を立つ際に、招待にあずかった人は、最後に全員で祈願を行うのが一般的である。祈願の内容は、その場で即興で決められるものであり、家族の安寧を祈願する場合もあれば、礼拝の最後で用いられる祈願の文句をそのまま全員で唱和して終わるというように、簡潔な場合もある。共食と祈願は一セットになっているのが原則である。

なお、このような饗応の際に礼拝の時刻がくれば、客は客間で礼拝を先に済ませてしまうこともあるし、場合によっては近所のモスクへ他の客人や家主と礼拝に赴くこともあるなど、その時々の状況に応じて、柔軟な対応をとる。先に廟を人家としてとらえる上での礼拝についての理解を問題として挙げたが、廟における礼拝は、この人家において客を饗応している際の礼拝のようにとらえればよいのではないだろうか。

ところで、そもそも人々が廟に参詣に赴くのは、病気治療、子授け、良縁などの実現、すなわち現世利益の獲得のためであることが多いが、ここで注目をしたいのは、祈願を目的とした廟参詣にしばしば動物の供犠と共食が伴うという点である。つまり、人家における客人の饗応においても、廟参詣における参詣者と聖者の邂逅においても、祈願と共食が家主と客人、聖者と参詣客をつなぐ共通の要素となっているのである。

本来、祈願は願いを有した個人が単独で実施可能なものである。しかしながら日常生活における祈願は、後ほど見るように、必ずしも願い事を有している本人が単独で行うばかりでなく、友人や知人、家族などを巻き込んで、共に祈ってもらうという形をとることがしばしばある。かりに廟参詣における祈願を、自分が常日頃個人的に願っていることの実現のために、聖者に共に祈ってもらうことであるととらえるならば、廟参詣における祈願は、日常生活における他者との祈願と重なりあう部分をもった行為であるということになる。すなわち、饗応における祈願も、また廟参詣における祈願も、他者――客人および聖者――を介在させることで成立しているといえる。

以上の点からうかがえるのは、廟を「人家」とみなし、日常生活との連続性のうちにとらえようとする上では、廟における祈願や共食と、人家における客の饗応としての共食と祈願の相同的関係に目を向けるのと同時に、祈願の社会生活における広がりをまず視野に収めておく必要があるということである。次項では、この点を踏まえて祈願の特徴を確認しておこう。

6　礼拝と祈願

礼拝と廟参詣の相違についてはすでに確認をしたが、ここでは、礼拝と祈願一般について両者の相違点を最初に振り返っておこう。そもそもアッラーの讃美のために行われる礼拝に対して、祈願は、個人が自分の願いを表明できる機会である。礼拝は、すでに指摘したように、その準備段階にあたる浄めに始まって、礼拝の終了を示す所作まで、あらかじめ定められた身体動作を厳格に守らなくてはならない。

これに対し祈願には、礼拝に課せられているようなさまざまな行為規範が課せられていない。たとえば礼拝を行う際には必ず体を清めることが求められるが、祈願に際してはその必要がないため、いつでも気軽に行うことができる。第二に、礼拝の終了後ただちに実践されることも多いが、それ以外にも個人が行いたいと考えるときに随時祈願をして構わない。第三に、祈る言葉も自由度が高く、願いの内容は自分自身だけでなく身の回りの者や自分の出身部族、あるいは国、世界中のムスリムの幸福にさえおよぶ。

こうしてみるならば、宗教的義務として課せられた礼拝の厳格さは、そのまま礼拝における身体動作や文言にまで明確に刻印されているのに対し、義務ではない祈願は、身体動作などにおいてもより高い自由度を獲得している様子が明らかにみてとれる。

以上のような祈願に見出される一般的特徴に加え注目に値するのは、人々が問題を抱えている場合に、しばしば友人や知人に「(私たちと)一緒に祈ってくれ(*du'ī ma'-nā*)」と依頼をすることがあるという事実と、アッラーによってとくに祈願が聞き届けられるムスリムが存在すると考えられていることである。祈願がよく聞き届けられる人としては、たとえば私の知人でもそのように考えられている人が数名いる。日常的に礼拝を遵守し、かつ人を助け、慎み深く生活を送っているような人物である。この知人たちは、世間一般で広く聖者と目されているわけではない。しかしながら、その家族や知人などは、彼らの祈願がよく聞き届けられているということを、日常の体験を通じて事実としてよく知っていると主張する。

もっとも、彼らのような祈願がよく聞き届けられる人物の所在は、通常はそれほどよくわからないものである。それでもそうした人物がいるということは、少なくとも受け入れられている。そのような理解を踏まえて、たとえば、第二章以降登場するインドゥッザルの男性ハーッジは、饗応の際などに多くの人に祈願をしてもらうことについて、「祈願をしてくれる人が多ければ多いほど、その中で祈願を聞き届けてもらえる人がいる可能性が高い」と述べてくれたことがある。言い換えるならば、他者による祈願は、祈ってもらう人の祈願を強化する働きがあるとみなされているのであろう。祈願が聞き届けてもらえる人物が身の回りに存在するというリアリティは、廟に赴き、そこに埋葬された特定の人物のところで祈願をしようとする姿勢にも通底するものである。

もう一つ注目に値するのは、自分が願う状態――妊娠、結婚、出産、健康、就職、学業成就など――に達している人物に接し、彼らの体に触れることで、彼らが伴っている御利益にあずかれるとも考えられていることである［齋藤二〇一〇a］。この場合には言葉を通じて自分の願いを表明することよりもむしろ、自分の願う状態をすでに獲得し、体現している人物との身体的な接触が、願望の実現を引き寄せると考えられていると言えよう。

これらの二点が含意しているのは、祈願の成就をより効果的なものとするためには、自分自身の手になる祈願とあわせて、「他者」の介在が重要な契機とみなされているということである。ここでの他者の介在は、祈願が聞き届けられる人物に共に祈ってもらうという祈願の共同性、祈願が体現した状態にある人物との接触という身体的次元における近接性によって表現されている。アッラーへの祈願は、祈願者個人とアッラーとの直接的関係においてすでに成立し得るものである。しかし、他者の介在が日常生活において重視されているという事実は、祈願が、単なる個人的な願望の表明にとどまらない、社会性の高い行為となりうることをも示唆しよう。その意味で、祈願は社会性を立ち上げるための重要な契機の一つでもある。

モロッコでは、「食事と塩を共にする」者は兄弟のような特別な関係になると表現されることがある。現実にはそこまで強固な関係が共食を通じて形成されるわけでは必ずしもないとしても、少なくともこうした慣用表現が広く知られているという事実は、共食が生み出す共同性を重視する発想がモロッコ社会において一定の範囲で受容されていることを意味する。そのような共食と祈願が一対となって実施される機会が社会生活の中で一般的にみられるという素地の上に廟参詣が成立しているという点を、軽視してはならないだろう。

本節では、モロッコにおける廟参詣を対象として、廟とモスクの空間分割のあり方、廟参詣と日常生活における饗応と祈願の相同性などにとくに注目をして、廟参詣が日常生活における祈願と共食と親和性をもった行為であることを確認してきた。

既存の人類学的研究における聖者信仰への関心は、聖典に記されたイスラーム的知識の解釈や伝達に主体的にかかわる知識人の活動と役割に注目をする「大伝統」と、知識人よりもむしろ直接的なコミュニケーションを通じて人々に宗教的なメッセージを伝達する聖者などの役割に注目をする「小伝統」の対比や、あるいはイスラームという宗教的知識が高度に洗練された宗教における知識人の高踏的な宗教解釈よりも、民衆の柔軟な宗教解釈と実践に関心を寄せる「民間信仰」への関心を前提としてきた。そうした前提に基づく人類学的聖者信仰研究は、イスラームをめぐるややもすれば硬直したイメージを打破するのに資する、多くのすぐれた民族誌の産出をもたらした。しかしながら、聖者信仰を民衆の宗教的実践の特異なあり方として注目し続けてきたことによって、聖者信仰が人々のローカルな宗教実践をあたかも「表象／代表」するものであるかのようになり、一つの研究領野とさえなりつつある状況は、人々のローカルな宗教生活を探求する上で、新たなステレオタイプを生み出す危険性があるという点には注意を払う必要があろう。第一節で論じたように、聖者信仰を民衆的なイスラームのあり方を示す格好の材料とみなし、廟参詣を人々の日常生活から切り取って描きだすことは、むしろ聖者の忌避や否定も含めた聖者とみなされる人々との多様なかかわり方を軽視することにもなる。本節において日常生活の中での祈願との連続性のうちに廟参詣をとらえようと試みたのは、以上のような問題意識に基づくものであった。

第三節　信仰生活の全体図の中の聖者

これまでの議論を踏まえて、本節では、聖者概念の再定義にむけた議論の展開を試みる。

そもそも人が廟に参詣し、祈願をするのは、自分や関係者の生涯に問題があると考え、その解決と円満な人生を送ることを願ってであろう。だとするならば、聖者の社会的位置づけを見定める上で参考になるのは、生活問題が生じた際に、いかなる人の助けを借りて問題解決が図られているのかという点である。

以上のような理解に基づいて、以下、社会・宗教生活において問題が生じた場合に、解決の助けとなる人々を列挙してみよう。

1　信仰生活の全体図

人が生活を送る際にはさまざまな問題が発生する。自力で解決できればよいが、他者の助けを借りなくてはならないことも往々にしてある。他者の助けを必要とする問題は無数にあり、なおかつ人によっても偏差があるであろう。筆者が現地で見聞した代表的な問題としては①仕事、②結婚、③出産、④養育、⑤教育、⑥健康、⑦もめごとの調整、⑧近所付き合い、⑨葬儀に代表される社会関係などが挙げられる。第七章で取り上げる治療儀礼にかかわったハーッジの家族そして彼らの親族などがこれらの問題を解決するためにかかわりをもってくる人々についてリストアップしてみると、それは以下のようなものである。

①出産：医師や助産婦、看護婦、親族の女性。

②養育：家族や親族、友人、知人。
③教育：寺子屋で教えるフキー、初等教育から中等教育を担う教師、大学教員、都市部においては塾の教師、伝統的イスラーム学校で教育を受ける場合には、フキーやアーリム。
④仕事：家族、親族、パトロン、雇われ人、問屋、弁護士、代書屋。
⑤結婚：家族、親族、公証人、代書屋、役人。
⑥健康：医師、薬剤師、香料商。
⑦もめ事の仲裁・調停：隣人、知人、街区代表、村落代表、部族長、役人、弁護士。
⑧近所付き合い：近隣住民、街区代表、村落代表、部族長、役人、弁護士。
⑨葬儀：役人、導師、墓守、フキー、家族、親族、友人、知人。

以上が問題解決にかかわる主だった人物群である。ここであらかじめ確認をしておきたいのは、これらの助力者は問題が顕在化してから必要とされ、当事者と関係を有することになるという点である。つまり、当事者は助力者と恒常的な関係を有するわけではなく、あくまでも当事者が抱える問題に従って状況的、一時的に関係を構築するのであり、問題解決後には当事者の生活の中でこれらの助力者は後景に退いてしまうということである。

この点を確認した上で、次に聖者が助力者の間にどのように位置づけられるのかを検討する。

通常、人が聖者のもとを訪れるのは、病気治療、子授け、良縁、就職、学業成就、家族や親族などの安寧、商売繁盛、招福などを願ってのことである。

これらの中でも病気治療、子授けなどは、すでに複数の病院などにかかりつけて効力がない場合に、最終的に聖者のもとを訪れることが多い。それに対して、良縁や就職、学業成就、家内安全、商売繁盛、招福などは、未来に対する漠然として希望を伴ったものであり、参詣時に参詣者の生活を現実的に脅かしている問題ではない。参詣目的には、大まかに以上のような差異が存在するものの、両者はいずれも祈願という形態をとる点が、助力者一般とは異なる側面として指摘できよう。

つまり、聖者と医師たちは、当事者の問題を解決する助力者として同列の水準に位置づけられる。聖者は当事者の生活上の関心に従って当事者側から関係を構築する対象なのであり、その関係は一般の助力者と同様、暫定的、状況的なものとならざるを得ない。聖者が生活の中で状況的に主題化され、前景化するという指摘は、聖者信仰を本質化してとらえようとする視点を退ける。つまり、仮にイスラーム主義者が聖者信仰を批判し、そして廟参詣を忌避する人が一見すると増えているように見えつつも、なぜ聖者信仰が人々の生活の中に息づいているのか、という疑問に対する一定の回答を、この視点は提起してくれるのである。

ただし、両者の間には際立った差異が一点存在する。それは、一般的な助力者として病気治療などに携わった医師たちとは異なり、聖者と目される人物はアッラーと人を媒介する役割を担うという点である。

それでは、人々の生活一般にみられる助力者との連続性を有しつつ、なおかつアッラーとの媒介者という特殊性を帯びた聖者には、具体的にどのような人々が含まれるのであろうか。

2　多様な媒介者

ここで留意すべきなのは、そもそも聖者は分析概念であるということである。この聖者という用語をめぐっては、多様な現地語に対する分析概念としてキリスト教的価値観が含まれた“saint”概念や、日本語の「聖者」という用語を使用することの問題という「二重の問題過程」［大稔 一九九五：二四二］が問われてきた［赤堀 二〇〇五a：三―五、二〇〇五b：二四―三四；大稔 一九九五：二四一；ターナー 一九九四：八七―一二二；堀内 一九九九］。しかし、本書では、こうした問題には直接立ち入らないで、大塚が述べるように「記述の便法」として「聖者」という語を用いつつ、むしろ現地における諸カテゴリーに着目して［大塚 一九八九b：三七六］、その意味内容を問うことで聖者概念の再定義を試みる。この概念には、現地の用語でシャリーフ、シャイフ、アーリム、フキー、ワリー、スィディなどといった多様な呼称で知られる人々が対応する［Dermenghem 1982（1954）: 24-25 ; Doutté 1900: 27-52 ; al-Hāshimī and Horiuchi 2001: 54-56 ; 堀内 一九九一：八六―八九］。以下、これらの呼称についてその概要を記し、その特性を検討に付す。

①シャリーフ：預言者ムハンマドの末裔に対する尊称である。

②シャイフ：元来シャイフとは、長老を意味する用語であり、部族長やスーフィー教団の長などもシャイフと呼ばれる。本稿との関連で重要なのはスーフィー教団の長としてのシャイフである。後者は、修行や師からの聖性の伝達を通じて「秘儀的知識（*maʿarifa / ʿilm al-bāṭin*）」を獲得したと考えられている。

③アーリム：「知識（*ʿilm*）を有する者」を意味する。ここでいう知識は、しばしば先の「秘儀的知識」と対置させられて宗教諸学をめぐる知識を指すものととらえられる［鷹木 二〇〇〇b］。仮にスーフィーの有する知識を「秘儀的知識」とするならば、アーリムが保有する知識は、「顕示的知識（*ʿilm al-ẓāhir*）」ととらえることが可能である。宗教諸学の継承・伝達という性格上、アーリムはマドラサと深くかかわった存在でもある。なお、アーリムの複数形はウラマーである。

④フキー：正則アラビア語における「ファキーフ」のアラビア語モロッコ方言である。一般に「ファキーフ」は、「イスラーム法学」すなわち「フィクフ（*fiqh*）」に通じていることから「イスラーム法学者」という訳語が与えられる。しかしながら、アラビア語モロッコ方言における「フキー」はイスラーム法学に精通しているという側面のみならず、村落や都市部におけるモスクを預かったり、「寺子屋（*kuttāb*）」で子供たちに正則アラビア語やクルアーンを教える「宗教教師」としての役割もあわせもつ。さらにフキーは、住民の希望に応じて護符の作成や代書をするほか、葬儀に際してのクルアーン読誦者、薬草などに関する知識を背景とした病の治療、日常的な問題への助言も行うなど、多面的な役割を果たす。

⑤ワリー：クルアーン、ハディースを典拠として、イスラーム学の伝統において「聖者」に該当する語として長らく用いられてきた用語である。東長によれば、イスラーム学の文脈においてワリーは「信仰心と神への畏れをもち、つねに神を想起する人」と説明をされる［東長 二〇〇八：一八］。そこには神秘的な要素は含まれておらず、むしろ「敬虔主義の発露」という側面が見出される［ibid.］。スンナ派の神学論においては、ワリーが奇蹟を行うことは自明視されている［東長 二〇〇八：一九］。

現象面に注目をするならば、廟に埋葬された人物を形容する際に、もっとも頻繁に用いられるのがこのワリーである。これに対して、少なくとも現地滞在中に筆者が得た印象では存命中の人物に対して「ワリー」という呼称を用いることは一部の例外を除き、きわめて稀であった。なお、ワリーと呼ばれる人には先のシャリーフ、シャイフ、一般のスーフィー、フキー、アーリムのいずれもが含まれうる。

⑥スィディ：正則アラビア語において「主人」を意味する「サイイド」に「私の」を意味する人称代名詞非分離形が付加された連結語「サイイディー」（私の主人）が語源となり、それがアラビア語モロッコ方言の発音に馴化したものである。日常会話においては一般的な尊称として用いられる。しかしながら、ワリーと並んで廟に埋葬された人物を形容する際にもっとも広範に用いられる用語もまたスィディである。

ここで注目すべきなのは、ワリーがイスラーム学に根拠を有し、「敬虔主義の発露」といった側面を有しているのに対して、スィディはイスラーム学において多年にわたって議論をされてきた専門的な用語では全くなく、信仰心や敬虔さとも必ずしも結びつかない用語であるということである。むしろこの呼称によって表明されるのは当該人物に対する人々の敬意のみであり、具体的な意味内容は空白であると言ってさえよい。[*20]

以上のように媒介者としての聖者にはシャリーフ、シャイフ、アーリム、フキー、ワリー、サイイドなど多様な属性をもった人々が含まれる。次に、これらの人物群の特徴を相互関係に注意しながら明らかにしてゆこう。

特徴の第一点目として、シャリーフは血統を通じて生得的にその地位を得るのに対して、シャイフ、アーリム、フキーなどの社会的地位は獲得的なものである点が際立っている。

第二に、シャイフ、アーリム、フキーの三者の地位は獲得的であるという点において共通しているが、シャイフのそれは「秘儀的知識」の獲得、アーリムとフキーは「顕示的知識」の獲得を特徴としているという違いがある。

第三に、イスラーム学の文脈においては「信仰心と神への畏れをもち、つねに神を想起する人」として定義されるワリーは、この三者のいずれをも含むことができる、より広範な概念であるといえる。事実、歴史的にワリーとみなされてきた人々の中には、シャリーフ、ウラマー、スーフィーが多数含まれている。

ただし、シャリーフ、アーリム、フキーは存命中の人物に対しても、死者に対しても用いられるのに対して、ワリーという用語が存命中の人物に対して用いられる例は、筆者の知る限りでは、モロッコにおいては稀である。これが第四点目の特徴である。

第五に、血統を基準としているシャリーフは特定の場との結びつきがないのだが、シャイフはザーウィヤ、アーリムとフキーは教育機関（マドラサ、クッターブ）と深く結びついている。これに対して、先に記したようにすでに死亡していることが多いワリーは、廟との結びつきがより明確である。もっとも存命中にすでにワリーとみなされている人物もごく少数だが存在する。彼らの場合、アーリムやシャイフのように特定の場との明確な結びつきがあるわけではなく、個々のワリーごとに場との結びつき方は異なる。なお、シャリーフにせよ、シャイフ、アーリム、フキーにせよ、すでに死亡している場合には彼らにも廟が建設されている例は枚挙に暇がない。

第六に、ワリーという語がシャリーフ、シャイフ、アーリム、フキーを包含しうる広範な概念でありつつも、イスラーム学的な根拠を有しているがゆえに、「信仰心」と「神への畏れ」という定義条件を外すことができないのに対して、スィディは、そのような定義条件に該当しない人々をも聖者へと含みこむことを可能にする、より包括的な概念であるといえる。

ここから着目すべき点として浮かび上がってくるのは、イスラーム学的な根拠が必ずしもないようにみえるスィディ概念のあり方であろう。すでに記したようにスィディにおいては、信仰心、敬虔主義が必ずしも求められてはいなかった。さらに言うならば、イスラーム神学の議論においてワリーは奇蹟と結びつけられて議論をされてきたが、スィディは、そのような神学的奇蹟論の後ろ盾をも必ずしも有していない。このようにスィディは、イスラーム学的見地から十分に理論化されていないのにもかかわらず、一般の人々からは参詣の対象を指す用語として長らく用いられてきたのである。

もっとも、ここで注意を払っておくべきなのは、スィディが、シャリーフ、シャイフ、アーリム、フキー、ワリーなどなんらかの形でイスラーム学と関連づけられうる人々を包含しうる用語であるという点である。つまり、スィディは必ずしもイスラーム学に明確な理論的根拠を有さないとしても、イスラーム的理解から完全に切り離された概念では全くないということである。むしろ、イスラーム学との多様な結びつきを基盤としながら、イスラーム学に根拠をもち得ない人々——霊媒や国家的英雄、あるいは異人など——をも取り込む柔軟な概念としてスィディはあるといえよう。

ムスリムの側からするならば、聖者なるものがイスラーム的根拠を有するのは半ば自明のことであり、むしろ問題となるのは、自分たちが抱えている問題を果たして彼／彼女が解決してくれるのかどうか、ということであろう。そうであるからこそ、ムスリムの中でも顕示的知識（イルム）や秘儀的知識（マアリファ）に精通しているアーリムやシャイフ、あるいはシャリーフなどを核に据えつつも、イスラームとは直接関係のない人をも包含できるスィディ概念が、神との媒介者としての聖者を指す概念として選好されているのであろう。この点に留意しながら、次に、聖者概念を再検討してゆく。

3　聖者概念の再検討

聖者をめぐってはこれまでにも複数の研究者によって定義がなされてきた。たとえば大塚は、聖者を「アッラーから特別な祝福の力（バラカ）を授けられ、そのため常人には不可能な奇蹟（カラーマ）を行いうる（と民衆に信じられている）人物」と定義した上で、「民衆は彼の奇蹟をひきおこしうる神秘力に救いを求めて聖廟に参詣するのである」と述べている［大塚　一九八九a：七九］。またスーフィズム研究の第一人者である東長は聖者を「理想的人格を具現し、超越的真実在に起因する特別な力によって、人々に恩恵を与えると信じられる人物」と定義している［東長　二〇〇八：一六］。

両者の定義には若干の異同がみられるが、その最大の相違は、後者が聖者を「理想的人格を具現」するものととらえているのに対して前者はそうではない点、翻って前者が「奇蹟」の実践を強調しているのに対して後者はそうではない点である。

以上のような差異に留意しつつ、両定義の構成要件を抽出してみよう。それは、①「理想的人格」の体現、②神による「祝福」の授与、③その証左としての「奇蹟」、④人々への「恩恵」の授与という四つの要素である。それらの中で骨子となるのは、神と人の媒介者としての側面（「神から祝福を与えられ」「人々に恩恵を与えると信じられている」）であり、①「理想的人格」、および③「奇蹟」は、媒介者としての聖者の地位を保証するいわば「補助的」な論拠とみなせよう。以下、この「理想的人格」と「奇蹟」を検討に付す。

第一に、「理想的人格」について検討を進めてゆく上で参考になるのが、東長による聖者の分類である。東長は聖者の具体的な内訳として①タリーカの祖やスーフィー、②預言者の血筋を引く人々、③預言者の教友や偉大な学者、歴史上の偉人といった、なんらかの意味でイスラーム史上、偉人と考えられる人々、④イスラーム以前の預言者、⑤狂人や異教徒の聖者、古代信仰や昔の英雄など、イスラームの通常の価値観から逸脱する人々を挙げている［東長　二〇〇八：三二］。

この説明からするならば、聖者にはイスラーム的な文脈に位置づけられる人物群（①—④）が存在することとあわせて、イスラーム的な文脈に位置づけることが困難な人々（⑤）までもが含みこまれていることが明らかである。[*21] 既存の研究はこうした人々の存在に着目をし、ときには聖者が理想的ですらなく、素性もわからない人物や、非イスラーム的ともいえる人物が参詣の対象となる場合さえあることを明らかにしてきた［赤堀 一九九五：堀内 一九九九］。「民衆的」な信仰現象として聖者をとらえようとするなら、このイスラーム的観点から説明ができない第⑤の人物群、すなわち必ずしも「理想的人格」を体現していない人々が、一般人による参詣の対象となりうる点が重要な意味をもってこよう。

次に、奇蹟を取り上げる。東長は奇蹟をあえて定義条件に組み込んでいないが、その背景には、スンナ派神学の教義において奇蹟が広く承認されてきたという認識がある［東長 二〇〇八：一九］。しかしながら、東長は「民衆にとって奇蹟を起こしてくれる存在はすべて、出自などを問うことなく、聖者として尊崇されていたといってよいであろう」と述べていることからもうかがえるように、定義に際して奇蹟について言及していないとしても、奇蹟が度外視されていたということでは決してない［東長 二〇〇八：三二］。

実際のところ、大塚が奇蹟を聖者の定義条件として重視したのと同様に、奇蹟はこれまで多くの研究者によって注目されてきた現象である［Geertz 1968；Gellner 1969；私市 一九九六、二〇〇五］。ただし、奇蹟が重要なのは、あくまでも当該人物がアッラーからバラカを与えられていることの証左として、である。奇蹟は、聖者を他の一般のムスリムと差異化し、際立たせるための条件としてはじめて意義を有するといえる。

この点からするならば、重要なのは、なぜ特定の人々が奇蹟を有すると信じられなければならなかったのかということであろう。そして、その回答の一端は、大塚や東長がすでに指摘しているように、民衆が「奇蹟をひきおこしうる神秘力に救いを求めて」のことであったり［大塚 一九八九a：七九］、あるいは聖者が「人々に恩恵を与える」と信じられてのことであろう［東長 二〇〇八：一六］。

しかしながら、こうした視点には若干の注意が必要となる。第一に、バラカについてであるが、バラカは聖者が排他的、独占的に保有し、人に授与するものでは必ずしもない。筆者が現地で聞いた例では、たとえば大学での学期末試験で良い成績をおさめた学生を見かけた他学生が、「あなたのバラカをください（*'āṭinī barakat-k* [dr.]）」といいつつ優秀な学生の体に触れることがある。つまり、バラカの伝達は、聖者ではない一般のムスリムにも可能な現象なのである。この点からするとバラカの授与は、聖者を一般のムスリムと分かつ決定的な要因とはならないことがうかがえる。あくまでも両者の差異は相対的なものにすぎない。

第二に、民衆側からの対応として描き出されているのが、「神秘力」への「救い」とされている点である。本章第二節で指摘したように、人々が廟参詣をする背景にあるのは、彼らが抱えるさまざまな問題の解決である。そして彼らは、個別の問題に対する具体的な解決を願って、廟において祈願する。だとするならば、重要なのは、単なる「神秘力」の与え手ではなく、参詣者が抱える問題を解決すべく実施する祈願になんらかの効果があると信じられている点であろう。こうした理解を踏まえて、最後に祈願を主軸として聖者概念の再定義を行ってゆく。

おわりに――祈願と聖者の再定義

祈願は、礼拝とならんで人々が日常的に行う代表的な「宗教的」行為の一つであり、それはなにも廟に限られた特殊な行為ではない。日常的に人々が行う祈願は、所作としては両手の手の平を上に向けて両前腕を体の前に水平に差し出したり、あるいは両手の手の平を顔の前にもってきて行われることが多い。この種の祈願は、礼拝のようにその実施に際して特殊な儀礼的手続きが必要とされるわけでもないため、礼拝の前後のみならず、共食の後、あるいは個人的に任意の時間に行われることが多い。

ところが既存の聖者信仰研究の多くは、廟参詣の際の参詣方法や願掛け、願掛けに際してなされる供物の提供、願掛けの証しとして廟の窓などに錠前や布切れを残していくこと、祈願成就に際して実施される供犠の実施など特殊な行為が付随することを論拠の一つとして、日常的な祈願と廟参詣における祈願を区別し、とくに廟参詣における祈願に注目して研究を進めてきた。しかし、廟参詣における祈願と一般的な祈願の線引きはさほど簡単なものでもない。その理由としてはさしあたり、以下の三点が挙げられる。

第一の論拠は、日常生活における祈願が実際のところ、必ずしも個人で行われなくてもよいという点にかかわる。先に祈願は個人的に行うことが多いと記したが、実際には人の助けを借りて行われることもしばしばある。その端的な例として挙げられるのが人の家に招待された際の共食である。筆者が調査に従事してきたベルベル系シュルーフは、イスラームにおける宗教上の大祭である犠牲祭や断食明けの祭りをはじめとしたさまざまな機会をとらえて客を招き、食事でもてなすことが多い。そうした折に、招かれた客人は共食終了後、皆で祈願をする。通常、祈願をする者は客の中の一人がつとめ、他の会衆は祈願者の祈りに「アーミーン」と唱和をする。このような祈願を共同で行う姿勢は、聖者による祈願の「仲介」を願う人々の姿勢と通底するものであろう。

第二に、共同での祈願が、個人で行う祈願以上に効果的であるとみなされる背景には、「応えられる祈願（*du'ā mustajāb*）」という観念の広範な受容がある。アッラーに祈願をする上で重要なのは、言うまでもなく自分の祈願が聞き届けられることである。しかしながら、祈願が聞き届けられるか否かはあくまでもアッラーの裁量に委ねられているのであり、自分の祈願が聞き届けられるという保証は必ずしもない。ところが、少なくともシュルーフは、礼拝やその他の宗教的規範を遵守する篤信者が神に祈願をした場合に、一般の人以上にその願いが聞き届けられるという考えを有している。そして、そのような人物に一緒に祈願をしてもらうことによって自分の祈願が神に聞き届けられる保証が高まると考えられているのである。たとえばシュルーフの故郷スース地方で著名な聖者スィディ・アル＝ハーッジ・ハビーブのもとで研鑽を積んだことがある一人のフキーは、人がいかにして聖者となることができるのかという筆者の問いに対して、人は誰でも日々の礼拝を時刻通りにきちんと守りさえすれば、ハーッジ・ハビーブの境位に達することができると答えてくれたことがある。

ただし、原理的には誰が「祈願に応えてもらえる人」なのかはわからないため、重要な祈願事項がある際には、できる限り多くの人に祈願をしてもらった方が良いとも考えられている。そうした機会の一つが先の共食なのである。なお、こうした人物が聖者とみなされることもあるが、そうでない場合もしばしばある。こうした「祈願に応えてもらえる人」の存在は、聖者と一般人の境界がさほど明瞭なものではなく、むしろ聖者は一般人の「祈願に応えてもらえる人」の延長にある存在としてとらえられることを示唆する。

第三点目として、廟参詣における儀礼的行為は、先に記したように聖者信仰に特殊なものとみなされてきた。しかしながら、モスクと廟にみられる空間的特徴の差異、両者における儀礼的行為の差異に着目して堀内が論じたように、廟参詣は、モスクに特徴的にみられる儀礼的所作の欠如によって特徴づけられる。そこでの行為はむしろ、一般の世帯への客人としての訪問との連関において理解されるべきものである。

筆者自身の経験もこうした理解を傍証するものである。現地滞在中、筆者はスース地方にあるタアッラートという村で開催された「聖者祭」に参加したことがある。スース地方各地にあるマドラサのアーリム、フキー、そしてトルバ（学生）が参加をするこの「聖者祭」で筆者は、同じくスース地方内のインズッガーンという場所にあるマドラサからやって来た人たちのもとで寝泊まりをしていた。日中、フキーを尋ねて一般の人々が三々五々やってくるのだが、彼らはフキーのいる部屋に入り込むのにあたってまず靴を脱ぎ、そしてフキーの手に接吻をし、それから頭、肩にも接吻をした上で傍らに座って、祈願を懇請する。願いの内容を聞いたフキーは、手のひらを上向けにして体の前に差し出し、祈願を開始する。祈願を願い出た客人も同じように両手を体の前に差し出して、フキーの祈願の合間合間にアーミーンと唱和を入れる。部屋に同座していた学生や他の客人も同じような身体行動をとりつつ、一緒にアーミーンと唱和をしていた。そして、祈願が終わると客は自身の右手に紙幣を握り込んで同席者に見えないようにしながらフキーに謝礼として渡すのである。こうした行動は、廟参詣において、靴を脱ぎ、箱に接吻をし、箱の傍らに座って祈願をし、いくばくかの供物として小銭を廟に備えられた賽銭箱に入れたりした上で、廟をあとにする参詣客の様子と酷似している。つまり、廟における参詣行動は、必ずしも廟に特殊なものではなく、存命中のフキーなどに祈願を頼む際にも行われている一般的な行動ともみなせるであろう。

以上のような点からするならば、聖者と一般の祈願者の間には絶対的な差異は存在せず、むしろ両者は連続性のうちにとらえられうることが示唆されよう。それでは、この点を受けて、どのように聖者を再定義したらよいのであろうか。筆者は、ここで暫定的に「祈願の効力があると信じられている人」という最小限の定義を聖者に与えておきたいと考えている。もちろん、彼/彼女は、ムスリムであったり、あるいは理想的人格を体現している方が望ましいが、そうである必要は必ずしもなく、さらには奇蹟や恩恵も当然のことながらそれを行うことができたり、有している方が良いのであるが、それらがないと聖者とはみなされないということでも必ずしもない。「祈願の効力があると信じられている人」という定義はこれらの諸点を否定するものではない。しかしながら、この新たな定義は、それらの諸点がなくては聖者とはみなせないという見解を退けるものであるのと同時に、聖者と一般民を差異化しようとする姿勢よりは、むしろ両者の連続性に重点を置いたものである。聖者をめぐるこの新たな定義に基づき、第五章以降において聖者にかかわる議論を展開してゆく。

第二章　ベルベル人と民族的差異

――アマズィグ運動と「境界的思考」

はじめに

本章では、ベルベルという民族のとらえ方を検討する。中東における民族問題を考える上では、ヨーロッパ列強による植民地支配以前には、そもそも民族という発想は中東諸社会において特権的な位置を占めていなかったことや、「郷土（*watan*）」という地縁的紐帯や言語などの文化的紐帯に基づく民族意識が高揚してくるのが一九世紀以降のことである点などは、すでによく知られている［臼杵 二〇一一；鈴木 一九九三；山内 一九九三］。

このような政治化した民族意識とは異なる次元で看過できないのは、後述するようにアラブという概念が多義的なものであり、広義の意味では「生活の場でアラビア語」を話す人を包含する概念であるという点である。つまり、アラブにはベルベル人や、ユダヤ人なども含み込むことができるのである。このような民族間の境界が必ずしも明確ではなく、むしろ複数の民族への多元的帰属を前提とし、相手との関係の中で、暫定的に特定の民族が一つの指標として浮かび上がってくる、というのがこれまでの研究の中で明らかにされてきた中東諸社会の特質の一つである［板垣・川床編 一九八二］。

ベルベル人についても、同様の柔軟性が認められることを本章の議論から明らかにしてゆきたい。それと平行して、フランスによる植民地支配以降に展開された民族政策によって、モロッコなどではアラブとベルベルの差異を固定してとらえる認識が生み出されてきたこと、そしてその認識はモロッコ独立後に、一部のベルベル人に継承され、アマズィグ運動という名の新たな先住民運動、民族運動が顕在化するようになったことを明らかにしてゆく［齋藤 二〇〇六、二〇一八］。アマズィグ運動の特質を浮き彫りにすることで、住民の生活から乖離した民族理解の一端を提示することが、本章の目的となる。

第一節　ベルベルとアラブ

ベルベル（Berber〔英〕、Berbère〔仏〕）という呼称で呼び習わされてきた人々は、モロッコのみならず北アフリカから西アフリカ一円にかけて広く分布している。きわめて広範囲の地域に分布するベルベル人には、アルジェリアのシャーウィヤ（Shāwiya）、カビール（Kabyle）、ムザブ（Mzab）、モロッコのシュルーフ、アマズィグ（Amazigh）、リヤーファ（Riyāfa）、主にニジェールに居住するトゥアレグ（Tuareg）などが含まれる。人口は、正確な数字は不明だが、モロッコ総人口三〇〇〇万人のうちの四〇〜六〇%、アルジェリアでは二〇%弱、チュニジアでは一%弱ほどで、全体では千数百万人に達すると考えられる。彼らは「ベルベル語」を母語としているとされるが、地域間で言語にはかなりの差があるほか、現在ではベルベル語以外の言語を併用する人々も多い。北アフリカではアラブ人との混血が進んでいる一方で、南に下るにつれてアラブ人だけでなく黒人との混血も進んでいる。

宗教はイスラームであり、大部分の者がスンナ派に属する一方で、チュニジアのジェルバ島民、アルジェリアのオーレス山地に分布するムザブなどはハワーリジュ派[*22]の中のイバード派に属する。

ベルベルの起源に関しては考古学の成果などをもとにして研究が進められているが、現在でも不明な点が多い。少なくとも紀元前七〇〇〇年頃、新石器時代にはその足跡が北アフリカに認められている〔Brett and Fentress 1996: 12〕が、その後ベルベルは、フェニキア人、ローマ、ヴァンダル、アラブ、オスマン帝国、フランスなど、常に外部からの影響にさらされてきた。その中でも現在に至るまでベルベルの人々に大きな影響を与え続けているのが、アラブおよびイスラームである。北アフリカにイスラームがはじめてもたらされたのは七世紀後半のことであるが、その後、ベルベルのイスラーム化は徐々に進み、ベルベルの人々の間にイスラームが完全に根付いたのは一二世紀のことと考えられる。

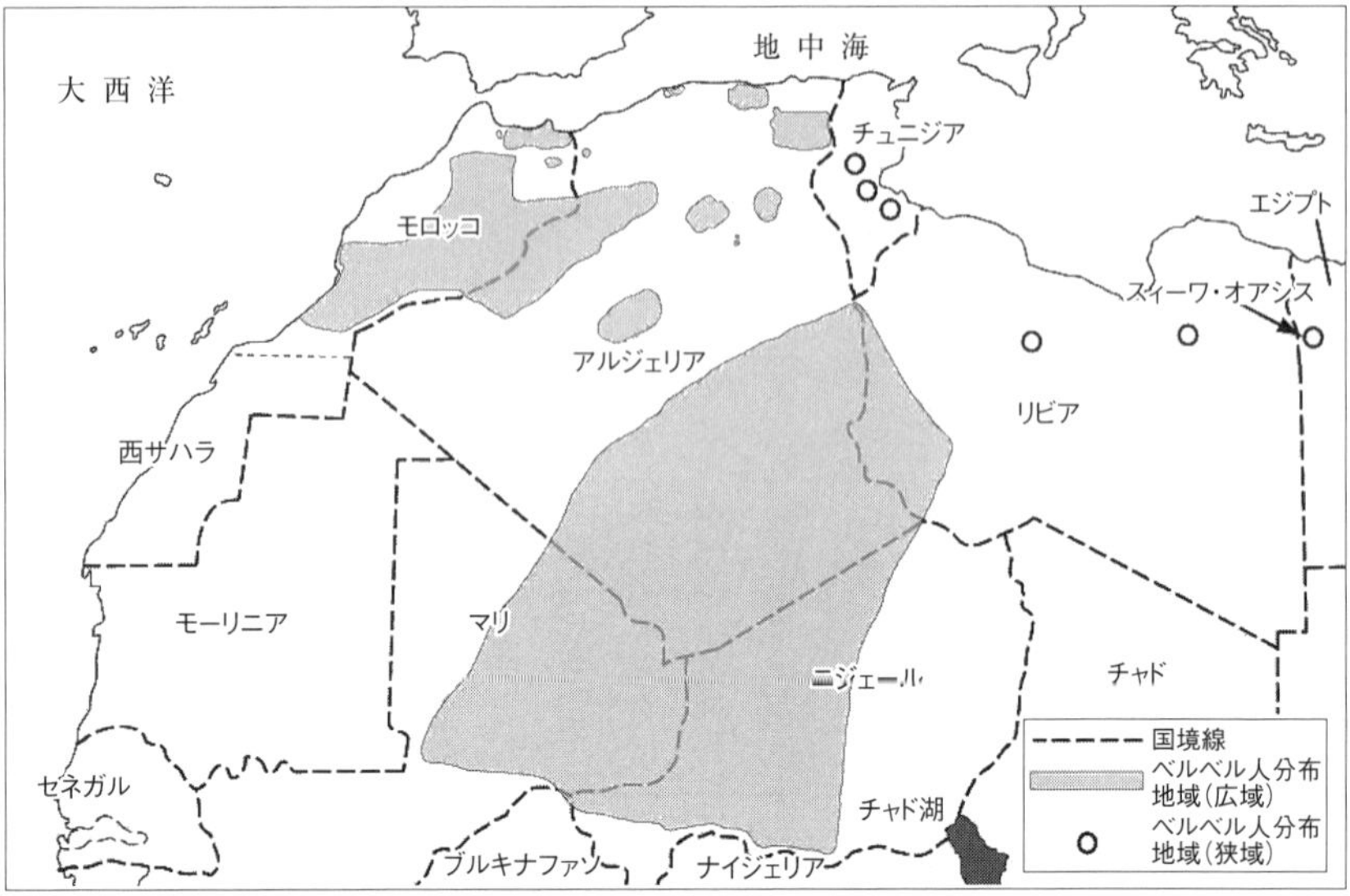

地図3　ベルベル人分布図（[Brett and Fentress 1996] をもとに筆者作成）

生業および栽培作物や家畜の種類は、地域の生態学的条件に応じて多様である。一般に、平野部で定着農耕、山岳部においては果樹栽培農耕や半農半牧、移牧、オアシス地帯で果樹栽培農耕、砂漠・ステップ地帯では遊牧などの生業形態がとられている。

とりわけ北アフリカのベルベルは、部族を一つの単位とし、独自の慣習法を伝統的に保有していたことで知られている。

ベルベル語は独自の文字をもたない話し言葉として長らくの間知られてきたが、ベルベル語の表記には、これまでアラビア文字などが用いられてきた。しかし、トゥアレグの地域にはリビア文字（古代リビア語）と類縁関係があると考えられるティフィナグ（*tifinagh*）と呼ばれる独自の文字が古くから存在し、岩やブレスレット、その他のものに刻み付けられるなどして用いられてきた。とくに二〇世紀後半に入ってからこのティフィナグをベルベル固有の文字としてより広く用いようとするアマズィグ運動の動きが広がり、ティフィナグはアマズィグ人の文字として「復権」している。

今日のモロッコのベルベル人については、その使用言語と出身地域に従って三つのグループに区分される。すなわち、モロッコ北部リーフ山地を故郷とし、タリフィートを母語とするリヤーファ、モロッコ中央部オート・アトラス山脈中央部からモワイヤン・アトラス山脈を故郷とし、タマズィグトを母語とするアマズィグ、最後に、本書が主たる対象とするシュルーフである。

以上のように要約・解説されうるベルベル人であるが［齋藤 二〇〇二a］、広大な地域にまたがって分散する彼らは、その長い歴史を通じて統一的な政治的統合体を形成したことも、また近代以前には、固有の「民族」としての意識を共有してきたことも、さらにはこれらの地域にまたがって居住する彼らが「標準ベルベル語」あるいは「統一ベルベル語」とでもいうべき共通語によって相互に理解可能な状態にあったこともなかった。同時に、その身体的特徴、地域、言語[*23]、慣習も多様化しており、宗教も含めて[*24]、包括的にベルベル人を定義することは、実際のところ困難である。そのため「ベルベル人とは誰か」という定義の問題をめぐって早くから議論が展開されることとなった。

以上のようにベルベル人という呼称は、この用語によって括られる人々の地域的な広がりや一体感の欠如、共通言語の不在などをはじめとする定義条件の不在によって特徴づけられている。そのため、「ベルベル人とは誰か」という問いに対して有効な解答を与えるのは事実上、きわめて難しい［Bougchiche 1997: 21］。このような定義の困難さゆえに、現在では苦肉の策として、彼らが話す諸言語間の言語学上の類似性を基に彼らをベルベル人として定義する唯一の条件としてみなすのが研究者の一般的見解となっている[*25]。

かろうじて言語学的な類似性によってのみつなぎとめられた「ベルベル人」という呼称。すでに明らかなように彼らの多様性に満ちた実態に即してみるならば、彼らを「ベルベル人」として一括することには事実上かなり無理がある様子がみてとれる。それにもかかわらず、彼らを一つの民族としてとらえる発想が広がった背景には、フランスによる植民地支配期の民族政策が大きな役割を果たしている。この点については第二、三節で詳述することとし、その前にアラブ人についても簡単な説明を付しておきたい。

アラブの定義に際しては、この語に多義的な意味が込められていることに注意を払わなくてはならない[*26]［大塚一九九八b］。大塚は、アラブという語が、都市民や農民との対比の中で遊牧民を意味する側面、アラビア半島出身者を指す側面、「アラブ連盟」や「アラブ・ナショナリズム」などのような政治的場面においてとくに顕在化するアラブ民族（ネーション、傍点原著者）などの意味合いが含みこまれていることを指摘している。これらの多義性とあわせて、さらにアラブと自称する人々の身体的特徴が多様であること、必ずしもアラビア半島出身者でなくてもアラブとしての自己意識を有している者がいることなどといった点にも留意している。さらに、アラブはイスラームという宗教と親和的に結びつけられて語られることがあるが、実際のところアラブの中にはキリスト教徒も含み込まれることがあるため、アラブとイスラームを短絡的に結びつけることも誤りである[*27]。以上のような諸点を明らかにした上で、大塚は、最大公約数的な定義としてアラブを「生活の場でアラビア語を用いている人々」と規定している［大塚一九九八b：一六］。

この定義に従うならば、ベルベル語を母語としつつも、アラビア語を生活言語として用いているベルベル人はアラブ人でもあるということになる。事実、生活の現場においては、ベルベル人が、ヨーロッパの人々との対比などにおいて自らをアラブとみなすこともある。つまり、アラブとベルベルは必ずしも絶対的な対立概念ではなく、あくまでも当事者がおかれた文脈に依存した対比的概念としての側面をもちうるものである。

これに対して、アラブとベルベルを全く異なる民族としてとらえる発想は、植民地支配期にはアラブとベルベルを異なる民族として実体化し、固定する民族政策が採られることに由来する。そこで、次節では、その民族政策の形成過程をみてゆくこととしたい。

第二節　フランスによる植民地支配と民族政策

一般に民族としてのベルベル、およびアラブ／ベルベルという民族区分を歴史的に振り返る場合に、フランスによる植民地支配期の分割統治政策と、その代名詞として一九一四年、一九三〇年に発布されたベルベル勅令について言及されることが多い［堀内 二〇〇五；宮治 一九九七：二八〇］。本節ではこのアラブ／ベルベルという硬直した民族区分およびそのような民族観を体現したベルベル勅令が結実するまでの過程を、①アルジェリアでの植民地支配が進行する過程で生成してきたフランス人のベルベル観、②モロッコでの学術・調査活動において醸成されてきたベルベル観、③政治的なベルベルの囲い込みという三点に注目して検討してゆく。

フランスによる植民地支配は、一八三〇年に始まるアルジェリアの直接統治を皮切りとして、チュニジア保護領化（一八八三―一九五六年）、仏領ポリネシア（一八八一年―）、仏領インドシナ連邦編成（一八八七年）、仏領西アフリカ（一八九五―一九五八年）、マダガスカル（一八九六―一九六〇年）、仏領赤道アフリカ（一九一〇―一九五八年）など、その海外領土を順次拡大していった。モロッコは一九一二年に保護領化され、以後一九五六年まで事実上の植民地支配下におかれることとなった。

一九世紀後半にフランスが有していた膨大な海外領土での植民地経営は、現地に駐在する行政官吏や軍人の海外領土間での転任を基盤としていた。これにより、各地での統治の経験を積んだ者がその統治技術を別の領土に移植することが可能になったわけである。とくにモロッコには、多くの行政官僚がアルジェリアから転任していることもこの傾向に拍車をかけた。そのようなモロッコへの統治技術の複製・移転の最たる例として挙げられるのが、モロッコに間接統治を導入し、モロッコ保護領化の基盤を築いた初代総督リヨテである。彼は、一八八〇―一八八二年にアルジェリアで服務した後、一八九四年から仏領インドシナに転任、同地の総督ガリエニの下で間接統治の術を学んでいる。さらにマダガスカルに転任したガリエニに従い、同地の平定に大きな功績をあげ、一九一二年からモロッコ初代総督の地位についたのである。

リヨテ個人の経歴にも刻印されているアルジェリアでのフランスの植民地経験は、その後のモロッコにおけるアラブ人観、ベルベル人観およびベルベル政策に多大なる影響をもたらすものであった。アルジェリアにおける直接統治に基づく植民地支配は、現地の実力者アブド・アル＝カーディルによって率いられた現地住民による頑強な抵抗運動を生み出すこととなったのだが、これによってアラブ人は好戦的であるというイメージが植民地行政官の間で流布することとなった。翻って同じムスリムであるのにもかかわらずアブド・アル＝カーディルの抵抗運動に参加しないムスリムを「発見」した植民地政府側は、その後の調査を通じて彼らがアラブ人とは異なるベルベルという民族に属し、もともとキリスト教徒であったこと、それゆえにベルベル人こそが北アフリカの正当な住民であること、あるいはベルベル人はアラブ人よりも文明化しやすく、また統治に対しても従順であることなど、さまざまな見解を生み出して、カビールをアラブ人から差異化するいわゆる「カビール神話」を形成した［Ageron 1979 ; Lorcin 1999 ; 平野 二〇〇二 : 一七八―一七九］。

このようなベルベル人をキリスト教徒の末裔、すなわちフランス人と同根の子孫とみなす視点は、キリスト教宣教活動とも結びついたものであった。たとえばアルジェ大司教のラヴィジェリは、『神の国』などを著したことで知られる聖アウグスティヌスがベルベル人であったことから、ベルベル人を聖アウグスティヌスが生きていた時代のベルベル人のようにキリスト教へと回帰させることを求めたのである［平野 二〇〇二 : 一七八―一七九 ; 竹沢 二〇〇一 : 七五―七六］。アラブによって無理矢理イスラーム教徒にされたベルベル人を再びキリスト教世界へと誘うこと、フランスの兄弟分にも等しいベルベル人たちにフランスが到達した科学技術などの文明を伝えること、そのような文明化の使命に裏打ちされた特異なベルベル観が植民地支配を正当化するイデオロギーとしての効果をもつに至ったのである。

以上のようなイデオロギーとベルベル観がアルジェリアにおいて醸成される一方で、アルジェリアからモロッコに統治政策およびイデオロギーが移植されるのに先んじて、モロッコでは植民地支配を開始するための準備として学術調査が進められていた。すでに一八八〇年代には、言語学、社会学、地質学・地理学の専門家による調査が開始されていたほか、一九〇三年にはモロッコへの「平和裏の進出（la pénétration pacifique）」を成功させるために、現地社会の社会、宗教、諸制度、経済状況を検討することを目的として「モロッコ学術調査隊（la Mission scientifique au Maroc）」が編成されたのである［Lafuente 1999: 42］。調査地は、当初ターンジャ、ラバト―メクネス―フェズ間、ラバト―マラケシュ間など伝統的王権の直接的な勢力範囲と想定された地域およびその周辺の部族勢力に向けられた限定的なものであったが、その後保護領化が開始され、平定地域が拡大するにつれて調査地も順次拡大してゆく。さらに、一九〇五年にはベルベル研究のための学術雑誌『アルシーヴ・ベルベル』が刊行され、その後のベルベル研究の支柱としての役割を担うようになった。

行政に先んずる学術調査においては、アルジェリアで蓄積された学問的知識を参照にしつつ、現地におけるアラブとベルベルの区分をめぐって、とくに慣習法、宗教などに関する調査が進められていたのだが、一九一四年の第一次ベルベル勅令発布と軌を一にして、ベルベル人調査実施のための質問表が各軍管区に回覧され、ベルベル人の慣習・法およびイスラーム到来以前の伝統的な宗教のあり方に関する研究が、政策的な配慮によって跡づけられて進められていくこととなる［Lafuente 1999: 55-57］。

そもそもベルベル人の慣習法への政策者の関心の背後には、彼らが「イスラーム化された」民族である以上、彼らは「本来」イスラーム法（シャリーア）の下で暮らしていたのではなく、伝統的な慣習法に従って暮らしていたはずだ、という推測があった。しかしながら、調査を進めてゆく過程で明らかになってきたのは、たしかにベルベル人はアーモンドの管理や水利権などをはじめとする社会生活上の取り決めに関する慣習法を有しているが、それは必ずしもイスラーム法とは全く無縁のものではないという事実であった。さらに慣習法は部族ごとに異なる上に、部族ごとにどのような問題にイスラーム法が明確に活用されているのかという点も異なることが調査の過程から次第に明らかになっていた。つまり、一口に慣習法と言っても、まずイスラーム法との境界は全く明確ではなく、さらに慣習法の内実もまた多様だったのである。

ところがベルベル人とアラブ人を分かつ上での鍵の一つと考えられた慣習法の実態に即する限り、アラブ／ベルベルという区分が成立しないことが学術的に明らかにされていったのだが、そのような動きとは裏腹に、土地・不動産問題の法的処遇における所有者認定という現実的な問題と絡んで、ベルベル人を土地と結びつけてとらえる領域的・固定的なベルベル人観が次第に行政体系の中に浸透してゆく［Lafuente 1999: 65-66］。一九二四年にはこうした定義は行政管理の報告書にも明確に形をとって現れることとなり、さらに一九二八年には「ベルベル的慣習」をもつ部族がはじめて「条例（arreté）」にリストアップされ、その後漸次追加されていった［ibid.］。かくして一九三〇年のベルベル勅令発布直前には、「ベルベル的慣習」をもつとされる部族の大半が「特定」されることとなった。問題は、ここでいう「ベルベル的慣習」の具体的内容が特定されることも、実態の多様性に即して定義されることもなく、具体的な内容の検証を抜きにして、イスラーム法とは異なる固有の慣習法をもつベルベル部族としてそれぞれ特定の領域に分布するものとして実体的に把握されていた点である。つまり分割統治にあっては、イスラーム法と慣習法を、アラブとベルベルの弁別基準としてとらえていたのだが、実際には、慣習法の内実よりも、先に挙げた土地との結びつきに基づくベルベル人の定義が優先され、領域的な理解が固定化することとなったのである。かくしてモロッコにおける分割統治は、モロッコ全土をアラブ人居住区域とベルベル人居住区域に恣意的に区別し、前者にイスラーム法を、後者に慣習法を摘要するという方針を基盤とし、一九一四年ならびに一九三〇年に発布された「ベルベル勅令」に結実してゆくこととなる［Brown 1972］。

フランスの領域的思考法は、アラブ人居住区域／ベルベル人居住区域にとどまるものではなく、これに植民地以前期から存在する王権の支配がおよぶ地域（マフザン）と、王権の支配がおよばず多数の部族が乱立する地域（スィーバ）

という地域分類を恣意的に策定した。重要なのは、モロッコ保護領化に際して、フランスは王権の補助をする介添え役として自らを任じたことである。つまり、フランスにとっては王権に叛旗を翻す部族勢力の力が存続する方が、王権を支援する自らの立場上有利であり、かつ王権の力が必要以上に強大化しないためにも反対勢力の存在は必要不可欠だったのである。それゆえにこそフランスは、モロッコ中南部、マラケシュからスース地方北部のベルベル系諸部族に多大なる影響力を有するグラーウィーなど「スィーバ地域」の有力者を積極的に支援し、その分割統治政策を遂行していったのであった。

第三節　国家統合とアマズィグ運動

1　独立以降の国家統合政策とアマズィグ運動の形成

モロッコは一九五六年の独立以降、植民地支配によって温存された部族地域、さらにはフランス領、スペイン領に分断されていた地域を含めた国家統合を進めることを最大の課題としていた。その柱となったのが、モロッコ化(Marocanization)である。各地で割拠していた部族への帰属意識を解消し、国民意識を醸成すること、さらにはアラブ人、ベルベル人、サハラ以南アフリカ人をはじめとする多民族・多言語状況を束ねあげるためのアラビア語教育が推進されたほか、部族の解体を実効的に推し進めるために、地方行政レベルでは、部族の境界を分断する形での区画整備が進められ、さらには中央省庁から派遣されたヨソ者を地方行政官吏として登用することによって旧来の部族長を地方行政の場から実質的に締め出すなどさまざまな政策が取られることとなった［堀内 一九八八、一九九一：一二二］。

以上のような国家政策の進展や社会変化の中でのアラビア語化とそれにともなうベルベル語の「衰退」、ベルベル人の伝統的な社会基盤であった部族の解体などに危機感を抱いた一部のベルベル系エリートが中心となってベルベル文化を保存するための運動が展開されることとなった。その嚆矢となったのは、一九六七年の「モロッコ文化交流協会（l'Association marocain pour l'échange et la culture, AMAREC）」の設立である［Wa'azī 2000］。同協会の設立以降、モロッコでは現在まで数多くのアソシエーションが設立されているが、その多くは、世俗的な学校教育を受けた近代的知識人が主導するものである。とりわけモロッコ北部のリーフ地方、南部のスース地方に活動拠点をおき、詩、民謡、ことわざの発掘、民俗音楽の復興などを活動の主体とするアソシエーションが多い。またその多くが言語と関連する活動であったことからもうかがえるように、言語および文字の問題は、文芸復興とあわせてアマズィグ運動における最重要課題となってきた。

実際のところ、モロッコではアマズィグ運動は独立以降一九八〇年代まで政策的に制限されてきた。しかしながら規制は一九八〇年代以降次第に緩和されはじめ、ラジオでのベルベル語放送が開始された後、一九九四年には、同年八月に前国王ハサン二世がベルベル語教育をめぐる構想を発表したことを受けて、タリフィート、タマズィグト、タシュリヒートによるテレビ・ニュースの放映が短時間ではあるが開始されることとなった。

アマズィグ運動のさらなる画期は、現国王ムハンマド六世（在位：一九九九年―）が二〇〇一年七月三〇日に発布した勅令で、モロッコにおけるアイデンティティの複数性、すなわちベルベル性の存在をはじめて公認したことによって訪れた。アマズィグ運動への制限はこれ以降緩和されることとなり、あわせて王立アマズィグ学院（Institut Royal pour la Culture Amazighe Marocaine, IRCAM）の設立も認可された。*28 二〇〇三年には初等教育レベルでベルベル語の授業を三一七校（モロッコ全国の小学校の五パーセント）で試験的に導入する計画が発表されるなど政府主導のベルベル政策はさらに進展をみせている。

2　アマズィグ運動における言語観

運動が国家によっても受け入れられるようになった結果、二〇〇〇年代に入ってから急ピッチで進められたのが、学校でのアマズィグ語教育の開始のために「標準アマズィグ語」を策定することであった。

王立アマズィグ学院は、標準アマズィグ語の語彙や教科書策定、教員養成プログラム作成担当部門をはじめとした七つの教育、研究部門から成り立っており、アマズィグ語の策定やアマズィグ語教育をめぐる実質的問題を一手に引き受けている。

そもそもベルベル語は、すでに記したように、長らくの間話し言葉として継承されてきており、個々の地域において多様化している。たとえばモロッコ内でベルベル人がとくに集住する地域としてモロッコ北部のリーフ山地、モロッコ中部のアトラス山脈、モロッコ南部のスース地方などがあるが、それぞれの地域ごとにタリフィート、タマズィグト、タシュリヒートの名で知られたベルベル語系の言語が用いられている。これらの言語は、各地域内においてもさらなる多様性を有しており、地域に分散している多数の部族ごとに固有の語彙や発音が保持されているのが実状である。

しかしながら、話し言葉としての多様性を教育の現場に持ち込むことは事実上不可能である。そのため二〇〇三年に実験的に開始されたアマズィグ語教育では、初等教育一年次においてこそ三言語の教育が個別に実施されるものの、年次が進むごとに各言語の共通語彙のみから構成された「標準アマズィグ語」へと教育内容は漸次移行される。このため、最終的には各地方に固有の語彙の多くは、「標準アマズィグ語」にふさわしくないものとして排除されてゆくこととなる。さらに「標準語」の基礎語彙として不可欠な単語が三言語に不在の場合には、トゥアレグなど国外のベルベル人が用いている語彙を流用するという措置がとられている。*29

このように「標準アマズィグ語」は、王立アマズィグ学院に所属する語彙編纂委員を中心として二〇〇〇年代以降になって創出されるようになったのだが、そこには少なくとも四つの特徴をみてとることができる。第一に、国王の承認の下に設立された学院がアマズィグ語の選定に排他的に関与しているという事実は、「アマズィグ語」の成立が住民の意志によってではなく、政府および一部のエリート主導の下で創出されていることを明瞭な形で示している。第二に、アマズィグ語が三言語に共有された語彙を基盤としつつも、特定の地方に固有の語彙や国外のベルベル人の語彙を付加するなどの「学術的操作」の結果として、アマズィグ語は個々の生活言語とは異質なものになっている点である。第三に、語彙策定は、北アフリカから西アフリカ一帯を故郷とするアマズィグ人に適用可能な超国家的「標準語」ではなく、あくまでもモロッコという国家によって枠づけられたものであるということである。言い換えるならば、モロッコにおけるアマズィグ運動が希求する「アマズィグ語」は、彼らのイデオロギーが提示する「北アフリカ全域に分布するアマズィグ人」に対して適用可能なものではなく、モロッコという国家の存在によって規格化され、枠づけられた限りにおいてのアマズィグ人であるということである。[*30] 第四点目は、三言語の中から語彙を選択せざるを得ない場合に、個々の言語から均等に語彙が抽出できるわけではなく、運動に深く関与している特定の言語集団話者に有利なように語彙が選択されていることと関係する。運動の中核をなすメンバーの多くはタシュリヒート話者であるが、このことは結果として標準アマズィグ語が、シュルーフ出身エリートの「ヘゲモニー」下にあって生起しつつあること、三言語の間に序列を生み出しかねないことを意味してもいる。

これらの特徴に加えてもう一つ注目すべきなのは、可能な限りアラビア語の単語や宗教的用語を排し、「純粋」かつ「民主主義的」「科学的」観点からアマズィグ固有の語彙のみを抽出した言語創出が試みられている点である。[*31] そこにはアラビア語およびイスラームの影響を排することで純粋なアイデンティティ、言語を希求しようとする「世俗的」「西洋的」な諸概念の受容を是とした、民族を本質主義的観点から差異化しようとする意識が見出される。

第四節　アマズィグ運動と住民の乖離

1　多言語環境の故郷

前節で明らかにしたように、標準アマズィグ語の策定は、現地における話し言葉をベースにした日常生活の実態とはかけ離れたところで進んだ国家レベルでの言語創出の動きである。「アラブの春」の影響下にあって、アマズィグ語の公用語化が認められるに至っているが、本節では、運動のイスラーム観や言語観の検討を通じて、運動と一般住民の乖離について記しておきたい。ここで看過することができないのは、そもそも彼らの故郷が複数の言語が並存する社会として成立していたという事実である。

シュルーフの言語状況の第一の特徴は、タシュリヒートが学校教育などを通じて学習される制度的な言語ではなく、家庭の中で大切に子供に伝えられてきた話し言葉であるという点にある［堀内里 二〇〇〇：三三］。第二の特徴は、スース地方の村落においては、タシュリヒートを使用する比率がもちろん圧倒的に高いのだが、その一方で、日常生活の中に部分的ながらもアラビア語も入り込んでいることが挙げられる。

こうした状況が生み出される背景には、イスラームの存在がある。ムスリムにとっては一般に、社会生活を営んでいく上でクルアーンおよびクルアーンの注釈書をはじめとする法学書などに記された規定に従うことはきわめて重要であるが、これらの書物はアラビア語で記されている。そのため、シュルーフ社会においては、モスクの建設と並んで、アラビア語およびクルアーンの習得に専念するための学問センターの建設がイスラーム共同体の維持のために必要不可欠であった。礼拝を先導したり、人々が抱えるさまざまな問題に対して解決策を授けたり、あるいは子供たちにアラビア語やイスラームの初歩を教えることのできるフキーやウラマーを養成するマドラサは、スース地方の各地に多数建設されてきた。つまり、シュルーフが生きる世界は、どれほど辺鄙に見える山地にあったとしてもアラビア語の存在をあらかじめ前提とした社会だったのである。

フランスによる植民地支配遂行過程におけるアラブ人とベルベル人の恣意的な分断は民族間の差異を固定化するものであったが、現実のシュルーフ社会においては、たとえば多くのベルベル系シュルーフの伝統的宗教知識人が、彼らの母語であるタシュリヒートのみならずアラビア語に習熟しており、さまざまな宗教的テクストをアラビア語で書き残しているばかりか、アラビア語で書き記された古典的な宗教的テクストの教えを地元住民に伝え知らせるべくタシュリヒートに翻訳したり、あるいはアラブ人に対してアラビア語で講義を施すことが常態としてあったのである。

2 バザール型社会に生きる

伝統的な宗教的知識人などを中心とした宗教的側面におけるシュルーフの活動とは別に、ベルベルとアラブの差異を絶対化する発想は、彼らの社会生活においても適合的なものではないと考えられる。シュルーフは商業・経済活動へと積極的に介入し、生活領域を拡大しているが、複数の言語の並存を尊重する姿勢は、彼らが拡大した生活領域における社会のあり方とも関連するものだからである（第三、四章で詳述）。堀内はこの社会のあり方を「バザール型社会」という枠組みでとらえている［堀内 二〇〇五：二六―三二］。

堀内が設定した「バザール型社会」とは、さまざまな民族・階級・職業の人々が入り乱れる中東的な社会のあり方を論じる上での枠組みの一つであり、その特徴は、端的にいうならば多様な人、モノ、情報が氾濫した社会であるという点にある。「バザール型社会」としての都市には絶えず後背地や他の都市、あるいは遠方の国から人々が流入しては去っていく流動的な社会でもある。このような社会ではモノの価値も情報も人も不断に変化し続け、それゆえにこそ価値を測る指標そのものも、その場その場の状況や文脈に依存せざるを得ないだけでなく、取引にかかわる個人間の関係も同様に状況に応じて柔軟に変化してゆくものとならざるを得ない［Geertz, C. 1979；堀内 二〇〇五：二六―三二］。

それゆえ、第四章で詳しく論ずるが、たとえばアラブ／ベルベルという「民族」的区分に過度に依存して他者を固定的にとらえるような姿勢は、商取引相手の出自を正確に見定めたり、人間関係の幅を拡大していく上での戦略上、必ずしも生産的な結果を生むものとはならない。裏を返すならば、「バザール型社会」を生きる者にとっては、個々人を見定めるための指標が多様化していればいるほど判断材料が増えてよいということになる。彼らは、多層的な集団的アイデンティティの多層性を最大限に活用することが有意な社会的環境に生きているのである。

それゆえにこそアラブ／ベルベルという「民族」的区分は必ずしも絶対的・固定的な基準とはなり得ず、むしろほかの指標との関係のうちに同列に位置づけられることとなる。そして人々は、一見すると「民族」などとは同列の基準ではないかのように見える、「嘘をつくか否か」、「信頼に足るか」などの指標を持ち込み、「アラブ／ベルベル」、「都市／農民」などの比較基準や区分を宙吊りにする。

シュルーフを含めた「バザール型社会」を生きる市井の人にとっては、眼前にある錯綜した社会状況に柔軟に対応しつつ、信頼に足る人々との人間関係を構築・維持することこそが最大の関心となるのだが、民族を絶対的な指標として固定化しようとするアマズィグ運動を主導する人々の発想は、そうした彼らの生きる社会および彼らの社会・人間観に必ずしも馴染むものではないのである。

3　故郷と女性からの乖離

最後に、民族間の差異を強調する運動が対象としているのは、故郷の人々、文字の読み書きができない女性ではなく、むしろ都市に在住する次世代の人々であるという点について触れておこう。

ここでいう都市在住者が多くの場合高学歴者をさし、学校教育を受けていない人々は対象外とされる。この点について、長年運動を牽引し、王立アマズィグ学院初代院長にも就任したシャフィーク氏は、就学率が著しく上昇している現状を踏まえ、アマズィグ運動が対象とするのは次世代の未来であり、学校教育を受けていないこれまでの世代は自分たちの関心外にあると筆者に対し明確に述べてくれた。*32

こうした視点を敷衍するならば、さまざまな理由から教育を受けられず読み書き能力を有さない出稼ぎ者や故郷／都市の女性も、運動の関心の中心に置かれないことになろう。しかし、タシュリヒートなどの継承において実質的に最も重要な役割を担ってきたのは家庭であり、かつ母親であったことを念頭におくならば［堀内里 二〇〇〇：二三］、アマズィグ語の解体を危惧する運動が、母親や故郷を運動の対象外におくことは、皮肉な結末といわざるを得ない。

すでに明らかなようにアマズィグ運動の志向性は、個々の家庭やその延長線上にある親族、同郷者を基盤とした社会関係よりもむしろ、学校という特殊な空間における教育や、汎アラブ主義への批判、言語権や教育権とかかわる政策への提言に代表される「公共的」空間への関心に向かっている。

しかしながら、たとえばシュルーフの部族インドゥッザル出身の女性ハーッジャ（一九四九年生）などにとってタシュリヒートは、故郷を共有する具体的な人のつながりのただ中にあってはじめて意味をもちうるものである。夫ハーッジと結婚後二年を経て、正則アラビア語、ダーリジャ（アラビア語モロッコ方言）双方を知らぬままに一九六七年に出稼ぎ先の都市ラバトに移住したハーッジャは、テレビや夫の手ほどきなどによりダーリジャの基礎的な会話能力を習得するようになったが、以後も家庭内や日常的に相互訪問をする親族、同郷者とはもっぱらタシュリヒートのみで会話をしてきている。そうしたハーッジャは、二〇〇七年時にテレビで新たに実施されていた「アマズィグ語放送（canal amazigh）」を見た後で、放送や教育に対して質問をする筆者に以下のように語ってくれた。

「テレビでやってるアマズィグ語が学校で教えられたとしても、私たちのタシュヒリートを変えることはできないよ。それにテレビで使ってるような言葉でしゃべったら、故郷の人に笑われちゃうよ。私たちはね、故郷に帰ったときに子供たちが故郷の人に笑われないようにと思って、いつも家の中でタシュリヒートで話をして子供を育ててきたんだよ」。

「故郷のタシュリヒートはこれまでだってずっと変わることなんかなかったし、これからだって他の言葉に変わることとなんてありえないよ。少なくとも私たちの部族のタシュリヒートが変わることなんかないね。そもそも新しい単語が入ろうものなら、村の人が馬鹿にして笑いものにするよ。支離滅裂なタシュリヒートが村人に受け入れられるはずがないでしょ」。

「私たちはね、都市にずっと住んでいるけど、みんな故郷の言葉を大切にしてきているんだよ。それで、もちろん部族ごとに言葉が違ったりするかもしれないけど、タフラウトにはタフラウトの言葉があって、それはそれで美しいものだと思うよ。単語は違うけど理解することも可能だしね。だけどね、それはタフラウトの言葉だと思って聞くから相手の言っていることがわかるんだよ。いろんな地域の言葉をまぜこぜにされたらわからないねえ[*33]」。

もちろん、現実には故郷におけるタシュリヒートにもアラビア語モロッコ方言はおろかフランス語の単語も数多く取り込まれているのが今日的な状況であり、故郷におけるタシュリヒートは、ハーッジャが述べるように「不変」なものではない。しかしながら、そこにおける変化は、あくまでも村落と具体的なかかわりがある人々のつながりの中で村落にもたらされた情報を通じて生じた変化であることは注目に値する。

さらに、先に記したハーッジャの見解において筆者が注目をしたいのは、彼女たちにとってタシュリヒートが故郷を媒介とした具体的な社会関係と密接に結びついたものとして想起されていること、翻って「純粋」な言語の生成を目指す運動が、ハーッジャのようなタシュリヒート話者の立場からするならば、日常生活の文脈から切り離された「まぜこぜ（*khaldn* [ta.]）」と映じる言語を創出する結果となっていること、あるいは、彼女たちの言語環境はタシュリヒート内部における差異と多様性を前提としていることである。言い換えるならば、ハーッジャたちのように出稼ぎを通じて都市に在住をするようになった人々は、親族関係などの社会関係を媒介として都市と故郷を連続的にとらえる生活空間の中に生き、かつタシュリヒート一つをとっても内的な多様性を前提とした言語的世界を常態として受容しているということになる。

こうした言語的多様性について、運動を主導する人々は新たに標準語を創出することが、そのような話し言葉の多様性を否定するものではないことをしばしば強調する。加えて、質問する筆者の質問に対して、回答してくれた運動主導者の一人は、日本においても明治時代に近代化とともに標準語としての日本語が生成されてきた経緯やあるいはフランス語やドイツ語の歴史的生成などを指摘し、社会的に周辺化をされた自分たちが標準語を希求することは、なんら否定されるべき行為ではないと述べた。

しかしながら、これまでのところで明らかにしてきたように、標準語の創出は、必ずしも言語の創出にとどまらない効果を有したものであることも忘れてはならない。それは制度の変更、民族としての意識の変更、故郷とのかかわりや故郷をめぐる認識の変更､多民族との関係をも本質化しかねない根本的な認識論的変更を促すものだからである。仮に標準語の創出がオリエンタリズム的な民族観や認識論を駆動される原動力として機能する可能性があるのだとしたならば、「西洋化」「民主化」などを希求されるべき目標として設定することは、必ずしも彼らにとって望ましい未来を招来するものではないと考えられる。そして、むしろエリートがさほど注意を払わず「日々の暮らしに追われ、経済的問題の解決に奔走することで精一杯」とみなしている一般住民の多様性を前提とした生活のあり方は、このような問題を乗り越える可能性を秘めていると筆者は考える。

おわりに

北アフリカにおいてベルベル人がまとまって居住しているモロッコでは、自国内における多文化主義、多言語主義を推し進める政策が打ち出されている。政策面でのベルベル性の容認は、隣国アルジェリアにおける「ベルベル問題」の影響を鑑み、国内における「ガス抜き」をするという意味もあるであろうし、また西洋諸国などに向けて、「民主国家」として自国をアピールするための方途の一つと見えなくもない。しかしながらその背後には、反植民地闘争期に、ナショナリズムと連動して醸成されてきた新たな「ネーション」(民族/国家/国民)意識を巧みに引き継ぎつつ、独立以降、部族解体などによって推し進めてきたベルベル人の「国民化」や国家統合が一定の成果をおさめ、ベルベル人がかつてのような政治的脅威にもはやなり得ないという判断に基づくものといえなくもない。

本章では、植民地支配期の民族観を継承しつつ、独立後の政治状況下で新たに顕在化してきたアマズィグ運動の民族観や言語観の特質を、シュルーフの故郷における言語状況や一般住民の言語理解と対比させることで明らかにしてきた。

本書冒頭における問題意識に引きつけていうならば、アマズィグという民族概念のみを排他的に選択すること、アラブとベルベルの差異を固定化することは、序章で言及したムスリム、「移民」として人を一元的に把握する姿勢にも連なるものである。本章で明らかにしようとしたのは、このような一元的な理解が、中東に生きる人の現実に必ずしもそぐわないことであるが、より具体的な議論は、続く第三章、四章で行っていく。

第三章　情報と人的ネットワークの結節点としての故郷

はじめに

本章では、スース地方東部の山岳地域を故郷とするベルベル系の部族インドゥッザル（Indouzzal）を事例として、彼らの故郷とのかかわりを検討していく。最初に問題となるのは、故郷のとらえ方である。既存の人類学的ベルベル研究、聖者信仰研究においては、ベルベル人が居住する地方社会は、都市とは異なる空間として措定されていた［Gellner 1969, 1981 ; Hart 1981］。第一節では、このような故郷を異空間ととらえる発想に基づく部族論と、それを批判してローゼンなどが提唱した「二者間関係（dyadic bonds）」論の間の論争を跡づける。出稼ぎを通じて故郷を大きく越え出た広域的なネットワークを形成しているシュルーフの実情に即するならば、二者間関係論に見出されるような理解が重要であることを再確認する。

第二節では、村落生活と出稼ぎの概要を紹介し、第三節では、故郷にあるマドラサを復興させようとする動きについて報告し、故郷と都市を跨ぐその運動の特質を明らかにする。第四節では、本章一節から三節までの議論を踏まえて、故郷を情報と人的ネットワークの結節点としてとらえる視点を提示する。

第一節　属地的発想と部族論の連動をめぐって

都市と地方を別空間とみなす認識の出発点の一つはフランス植民地時代の「アラブ」と「ベルベル」の分割統治政

策と、当時の部族研究［Berque 1955 ; Montagne 1973, 1989（1930）］にあるが、その新たな契機は、モロッコ独立（一九五六年）後に山岳部や砂漠地帯で人類学調査を実施したE・ゲルナーなどの研究者によって与えられたといってよいだろう。彼らはエヴァンズ・プリチャードに代表される英国社会人類学の影響を受けて、分節リネージ体系論に依拠しつつ部族の社会構造や政治システムの解明に関心を注いだ［Gellner 1969 ; Hart 1981 ; Jamous 1981］。

しかし一九七〇年代以降、C・ギアーツの主導下に地方都市で調査に従事した一連の研究者たちはそうした部族に特化した研究を退け、モロッコにおける社会関係が部族、民族、宗教、宗派、宗教教団、職業、社会階層などに幅広くかかわりつつ、それらの差異を超えて形成される点を重視した。そこでは、社会を構成する最も基本的な原理は部族のような特定集団への単一的な帰属ではなく、複数の集団への帰属を背景とした個人間の関係にあるととらえられ、社会は個人による社会的諸カテゴリーの援用によって織りなされた二者間関係の集積により構成されるものとして理解され、親族関係もその「実践的」な運用へと関心の目が向けられた［Geertz, C. Geertz, H. and Rosen 1979 ; Rosen 1984 ; クラパンザーノ 一九九一：一三四—一三六 ; Eickelman 1976: 143, 2002: 140-158］。とりわけL・ローゼンは、祖先、家族、夫婦、親子、親族、部族などの諸概念や、「理性」「義務」「言葉」などの倫理概念の意味内容は、他者との相互交渉過程で暫定的にその都度具体的な輪郭が与えられる側面を強調した［Rosen 1984］。そしてギアーツ自身も、多種多様な人々が離合集散する地方都市のスーク調査を通じて、モロッコにおけるアイデンティティの存在様態は、社会関係構築に不可欠な情報が断片的にしか存在しないことによって特徴的に示されると主張した［Geertz, C. 1979］。さらにギアーツは、祖先名、出身地、生育地、帰属教団名、職業名、あだ名など、個人に付与される属性を個人名に付加するニスバと呼ばれる名称体系に着目し、ニスバを通して人は他者の属性や社会関係の範囲、地位、影響力などを推測することが可能になると論じた［Geertz, C. 1979: 124-125 ; 堀内 二〇〇五：二六—三〇］。ニスバは原理的には無数に追加可能なため、社会関係構築に際し、相手に応じたニスバの使い分けが論理的には可能である。そのため、このニスバなる名称体系を媒介として構築される社会関係およびアイデンティティは、相手との関係性、状況性、流動性に強く依存した複合的なものということになる。

このようなギアーツらによる議論は部族の存在自体を否定するものではなかったが、社会構造の理解において分節リネージ・モデルを最も重視するゲルナーとの間には、他の研究者も巻き込みつつ、論争が繰り広げられることとなった［Eickelman 2002: 125-126, 138 ; Gellner 1981: 191, 1995a: 209-211, 1995b ; Hart 1989 ; Hammoudi 1980b ; Munson 1993b, 1995］。

これに対し、モロッコ中部の山岳地帯にある地方都市で調査に従事したコムズ＝シリングは、二者択一的な議論に陥っていた論争の打開を試みるべく、分節リネージ論を再考している。彼女は、分節リネージを実体概念ではなく社会的範疇の一つとしてとらえ直すことの意義を説き、また両者がそもそも論理的立場を異にすること、およびゲルナーなどが独立後間もない一九六〇年代に山間部で調査を実施したのに対し、ギアーツらは一九七〇年代半ばに地方都市で調査を実施するなど、両者のあいだに調査地の地理的・歴史的文脈の差異が存在することなどを強調している［Combs-Schilling 1985］。

その後、部族をめぐる議論は他の研究主題への関心に押されて停滞していたが、一九九〇年代末からベルベル語話者集団を調査対象とする研究者を中心に、アマズィグ運動の興隆とも連動して再び部族をめぐる議論が展開されてきている［Crawford 2001, 2002, 2005b ; Hoffman 2000a, 2000b, 2002, 2006 ; Kraus 1998］。たとえばクロフォードやホフマンは、独立以降一九九〇年代まで推進されてきた政府の「脱部族化」政策にもかかわらず、部族概念が依然として重要な社会的指標であり続けていることを指摘する。同時に、都市を中心に展開するアマズィグ運動の興隆に着目し、出稼ぎが一般化するなかで故郷に残された女性の視点を重視するホフマンは、故郷におけるアイデンティティ構築の特殊性を、都市におけるアイデンティティ構築との対比を通じて明らかにしている［Hoffman 2002］。その際に特徴的なのは、ホフマンたちが、コムズ・シリングにならって二者間関係論とアイデンティティ複合論を部族概念から縁遠い都市の次元に位置するものとみなし、ベルベル語話者が多数を占める故郷に適合的ではないとして退けている点である。

しかし、故郷と都市を差異化し、故郷に焦点を定めた彼らの議論にはいくつかの問題がある。第一に、ホフマンらはベルベル語話者の多くが都市生活を送っていることを認めつつも、故郷と都市を差異化するあまり、故郷での生活が故郷と都市を跨いで広がる人々のネットワークと深く連動していることを軽視している。

第二に、第一点目の認識を下敷きとしてホフマンは、ジェンダー論的視点から、故郷を女性が活躍する場、都市を男性出稼ぎ者やアマズィグ運動主導者が活躍する場と把握した上で、都市生活者のアイデンティティのみに関心を注ぐアマズィグ運動の特殊性を明らかにし、これを批判している［Hoffman 2002, 2006: 154］。しかしながら、故郷の女性を擁護しようとするホフマンの議論は、故郷と都市を区分し、都市在住者のアイデンティティを強調するアマズィグ運動主導者の視点と鏡像関係をなしたものである。そのため、アマズィグ運動と同じ認識枠組みに依拠したホフマンの議論は、運動を駆動させる認識論そのものに対して批判的分析を加えることができないでいる。

第三に、故郷／都市という差異にジェンダー的な差異を重ねあわせるホフマンは、都市の女性と故郷の女性を異質なものとしてとらえている。この場合に、タシュリヒートとアラビア語モロッコ方言を併用するととらえられた都市在住女性の言語状況は「不完全」なものとされたのだが、こうした視点は都市に在住する女性たちが、親族／同郷者などとの会話においてもっぱらタシュリヒートを使用している事例も存在することを軽視しているだけでなく、都市に在住する女性たちの故郷との密接なかかわりを度外視し、さらに都市に在住する女性を故郷に在住する女性に比して「劣位」に位置づけるという問題点を孕んでいる。

第四に、ギアーツらの貢献は、社会的アイデンティティが実体論的に存在するのではなく、人々の相互交渉のただ中にあって、交渉過程に規定されつつ生起することを明らかにした点にある。これは都市対故郷という地理的・空間的区分認識とは関係なく、独自にその妥当性を検討されるべきものである。しかしアマズィグ運動を批判的にとらえようとするホフマンやクロフォードらは、コムズ＝シリングの議論を無批判に受容することによって、故郷に無関係な議論としてギアーツらの貢献を度外視し、故郷におけるベルベル語話者のアイデンティティを本質化し、結果としてアマズィグ運動にみられる本質主義的な民族観を再生産してしまっているのである。

翻ってわが国でも、民族を本質化してとらえる「民族実体論」の是非をめぐって議論が繰り返し戦わされてきている［綾部 二〇〇六：川田 二〇〇六：三三一：名和 一九九二：スチュアート 二〇〇二］。さらに本書が主題とするベルベル人をめぐっては、二〇〇七年の日本文化人類学会における分科会「民族の名称・呼称は誰が決めるのか」の場で、北アフリカから西アフリカに分布する「ベルベル人」に対し一括して「アマズィグ人」という名称の適用を提唱する意見が宮治から出された。*34 これに対し、モロッコに限定するならば、二〇〇七年当時、アマズィグ人という名称は必ずしも一般の人々に広範に受容されているわけではないこと、日常生活においてさまざまな呼称が採用されていることなどを根拠とした反論が堀内から提示された。

この論争のきっかけとなった編著の中で堀内は、中東の文脈における先住民概念の使用がもたらす問題を二点指摘している。すなわち、「先住性」を他者との差異化の特権的な識別指標として恣意的に選択すること、および、この指標をもとに特定の人々を実体的集団として把握する認識が生成されることである［堀内 二〇〇六：二三一―二四］。ここで重要なのは、接触と混交の錯綜した歴史を繰り広げてきた中東の人々の間では、社会に存在する「家族や親族、部族の違い、性別、貧富、肌の色、教養、出生地、言語、職業、出自その他あらゆる種類の違いは、時にはそれがトラブルを引き起こすことも少なくないが、逆にそれらのどれ一つとして他の違いを凌駕するような決定的かつ恒常的な価値をもつことはなかった」という指摘である［堀内 二〇〇六：二七］。つまり、部族を含め、特定の指標を特権的なものと把握し、それをもとに集団を固定的にとらえる「民族実体論」的視点は、人々が流動する中東諸社会の理解には適合しないばかりでなく、彼らの生活に無用な混乱を招き入れる可能性があるということになる。

以上の点を踏まえるならば、問題は、たとえば「アマズィグ人」という民族を固定的にとらえ、その鏡像として「アラブ人」を実体的に浮き上がらせるオリエンタリズム的な二項対立的認識構造が運動の中核にあり、それが故郷と都市を認識論的に切断することへと向かわせるように、絶えず分断と対立を導入する動力源として機能してしまう点にある。このような限界を突破するために必要になるのが、ベルベル人の生活がそもそも故郷と都市の連続性の上に形成されているという事実認識である。

第二節　部族、出稼ぎ、故郷

1　スワーサとインドゥッザル

タシュリヒートを話すシュルーフの中でもスース地方出身者はスワーサ（Swāsa）とも呼ばれる。彼らは出身部族や同郷者の間で独自の商業ネットワークを構築し、モロッコのあらゆる地域で商業活動に従事するに至っている。その結果、スワーサという呼称は単に出身地域を指し示すだけでなく、彼らが出身地域の共通性と相互扶助を基盤としたネットワークを有効に活用する卓越した商業民であることをも同時に想起させるものとなっている。同じ言語集団たるシュルーフの中でも、緊密な商業ネットワークの保持によって名を馳せているのがスワーサなのである。

スワーサが故郷とするスース地方は、現在、行政的にはアガディール州（Wilāya Agādīr）、タルーダント県（'Amāla Tārūdānt）、タタ県（Amāla Ṭaṭā）、ティズニート県（'Amāla Tīznīt）などからなる。これは、地理的には北部の標高二〇〇〇―三〇〇〇メートル級のオート・アトラス山脈（最高峰トゥブカル山：四一六七メートル）、南部から東部にかけて広がるアンティ・アトラス山脈、西部に控える大西洋で囲まれた地域である。歴史的には、スース地方はベルベル系のムワッヒド朝（一一三〇―一二六九年）やアラブ系のサアド朝（一五四九―一六五九年）揺籃の地でもあった。

同地方は、海岸部、平野部、山岳部、山間部のオアシス、砂漠などを含み、生態学的条件は変化に富んでいる。その結果、沿岸部では漁業が主たる生業となっているのに対し、平野部の中でも水量が豊富で地味肥沃なところは、小麦、ナツメヤシ、オリーブ、トマトなどの栽培を主とした灌漑農業が行われている。オート・アトラス山脈南麓を東西に走るスース地方最大の河川、スース川の流域などがこれに該当する。これに対して、山間部は乾燥しているだけでなく、土地も痩せており、農耕に適した場所はごく限られている［Ambroggi and Bourgin 1952］。本章が対象とするスース地方東部の場合、天水栽培に依存している地域ではアルガン、大麦が主たる産物となっているほか、ところによってはアーモンドも栽培されている。雨季は一月から三月であり、大西洋から吹きつける風でもたらされるこの時期の雨がその年の収穫を大きく左右する。

この他の主たる生業として牧畜がある。土地が痩せた地域では主に山羊が飼育されているのに対して、水量の豊富な地域では羊と山羊が飼育対象となっている。さらにスース地方南部ではラクダも牧畜の対象となっている。この他にも家畜としてウシ、ロバ、ラバ、その他家禽としてニワトリなどが飼われていることが多い。ラクダについては、スース地方東部ではかつては荷駄運搬のために所有されていたこともあったが、現在では西サハラなどから放牧のためにやってくる遊牧民以外でラクダを所有している者の数はスース地方東部では激減している。

スース地方は、痩せた土地が多いだけでなく、これまでにも長期にわたる旱魃と疫病に度々見舞われてきている。そうしたなかで人々は生活の活路を見出すために北部の諸都市に出稼ぎへと向かうようになったのである。頻繁に活用されたのは、家族、親族、姻戚、さらには部族など人々が日常生活において利用しているさまざまな関係であった。その中でも部族というカテゴリーは、現在でも彼らの生活の中で重要な指標の一つとして機能している。そこで次に、この部族について、スース地方東部を故郷とするベルベル系部族インドゥッザルを事例としてさらに詳しくみてみよう。

スース地方には数多くの部族が存在する。モロッコのベルベル社会では、神話・伝説上の人物であれ、あるいは擬制的な人物であれ、ある特定の人物を共通祖先としていただく人々のまとまりをさすカテゴリーの一つとして、「部族（*qabīla*）」は認識されている。祖先の名は名称としては残っているものの、実質的な意味や来歴については忘れ去られていることもままある。

たとえば「インドゥッザル」という名は、「息子」を意味するベルベル語「イダ」の変則形「インダ」と接続詞「〜

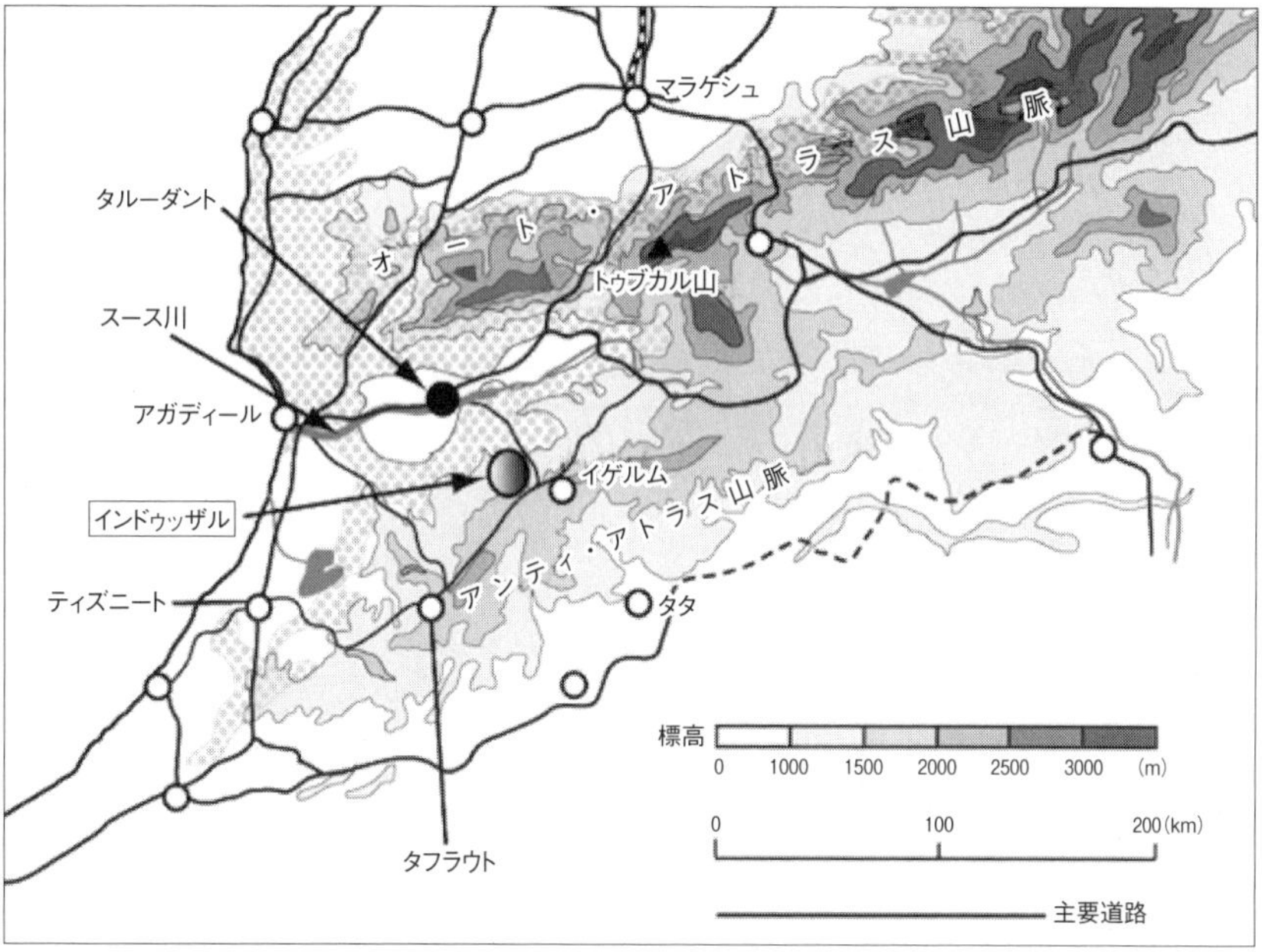

地図4　スース地方（*Carte général du Maroc*をもとに筆者作成）

の」を意味する「ウ」、そして人の名前と考えられる「ザール」が組み合わさった上で発音の都合から馴化して「インドゥッザル」という名になったものと考えられるが、この名の来歴や祖先についての伝承などがとくに人々の記憶に残っているわけでもない。

インドゥッザルは、スース地方東部の中心都市、タルーダントの南方五〇キロほどのところに位置する、アンティ・アトラス山脈東部北麓に広がる標高一〇〇〇メートルから一一〇〇メートル級の山岳地を故郷とする。行政的にはタルーダント県、イゲルム郡（Qiyāda Igherm）、タタウト郷（Jamā'a al-Qarawīya Tāṭāwt）およびアマルー郷（Jamā'a al-Qarawīya Amalū）に属する。同地は、アンティ・アトラス山脈の広大な裾野にあたる部分であり、タタウト郷には、勾配の激しい標高一〇〇〇―一一〇〇メートル程度の丘陵が連なる。この地方は地元の人が「大地が石を生む」と表現するように、岩肌が露出し、地表には無数の石が転がっている。そのため耕作に適した土地は限られている。主産物はアルガン、大麦であり、

調査村遠景（筆者撮影）

丘陵の間の低地など、ところによってアーモンドが栽培されている。

インドゥッザルに属する人々の数は、一九九四年度の国勢調査によるならば九九四四人、その内訳はタタウト郷に五七〇六人、アマルー郷に四二三八人とされている［Royaume du Maroc 1994］。ただしこれは、彼らの故郷たるタタウト郷とアマルー郷における人口統計の結果であり、都市に居住している人の数は計上されていない。そのため正確な数字は不明だが、彼らの実質的な人数はこの数値をはるかに上回るものと想定される。

部族は六つの「小部族（*taqbilt*［ta.］）」[*35]からなり、北からアイト・アルバイント（Ait Arbaint）、アイト・ワオクルダ（Ait Waoqrda）、アイト・マゴールト（Ait maghort）、アイト・ユーヌス（Ait Yūns）、アイト・スイッティント（Ait Sttint）、ティミディ（Timidi）となる。[*36]

2　部族における紛争調停と聖者

部族と小部族は、その規模こそ異なれ、ある人物を祖先とする人々の集まりとしてとらえられているという点では同じ構造をもっているといえる。

しかし同時に、部族や小部族が強固な一体性を保持していたと考えるのは誤りである。実際のところ、部族内部では、小部族ごと、あるいはさらにその下位単位となる村落ごと、さらには、村落内部においてもさまざまな紛争やもめごとが起こる可能性が潜在的に存在する。さらに、事態をより一層複雑にしているのが、村落内、村落間、小部族内、あるいは小部族を超えて繰り返されてきた婚姻に基づく親族関係の存在である。部族だとか小部族などという言葉を用いると、あたかも一体性のある集団が存在するかのようであるが、実質的にはその内部においてさまざまな対立や協調の関係が錯綜しているのである。

このような部族、小部族などの内部における複雑な人間関係と表裏一体をなしているのが、人々が部族というものを想起する際に紛争というイメージを伴うことが多いという事実である。たとえば筆者が調査を行ったアイト・アルバイントのI村の人々は、フランスによる植民地支配期以前に隣接するアイト・ワオクルダとの間に生じた対立を依然として記憶している一方で、同じ小部族内に属するA村との間に起きた紛争などについても記憶しており、A村への不信の念を表すことがある。

植民地支配以前に、さまざまな次元で展開する紛争の調停に一役買っていたのは、地元で活躍する学者や、あるいは聖者とその末裔であった。インドゥッザルの場合には、第五、六章で詳しく記すが、スース地方東部全域において聖者としての名声が高かったスィディ・ムハンマド・ベン・ヤアコーブ（Sīdī Muḥammad ben Ya'qūb）の孫スィディ・ムハンマド・ベン・アトマーン（Sīdī Muḥammad ben 'Atmān）が迎え入れられ、この地に落ち着いていた。彼の死後には廟が建てられ、現在に至るまで毎年彼を記念した「聖者祭」がそこで開催されており、部族間、部族内の紛争調停に果たした功績は今に至るまで人々の記憶にとどまっている。

このような聖者に代表される部外者の介入による調停は、社会秩序を維持する手法としてモロッコでは広く用いられていたものであった。とくにフランスによる植民地支配以前期のモロッコでは、王権がモロッコ中部を直接的な統治下に置いていたのに対して、他方、周辺社会においては王権の支配に服さない部族民が軍事的・政治的にその勢力を拡大したり、聖者（の末裔）などが自らの影響下にある部族の軍事力を背景として強大な勢力を誇るという状況があった。

これに対して一九一二年のモロッコ保護領化以降、フランスは武力をもって諸部族の平定に着手し、部族はその軍事的力の解体を余儀なくされた。その後、一九五六年に独立を果たしたモロッコが最初に掲げた課題は国家統合であった。フランスによってその力を押さえ込まれていた部族が旧来の勢力を回復することがないように巧みに地方行政制度を整備しつつ、学校教育の普及などを通じてモロッコ国民としての国民意識を醸成することによって、突出した部族意識や部族間の差異を解消してゆくことが、独立間もない国家の安定を確立する上での緊急の課題として認識されていたのである。より具体的には、地方行政上重要な役職には地元出身者を就任させずヨソ者を登用するというシステムを整備し、さらに旧来の部族テリトリーを分断する形で行政区画を整えることによって、部族としての一体感をそぎ落としていったのである［堀内 一九八八、一九九一：一二二］。

こうした状況のなかで、部族は紛争などにおいて人々を動員する従来の社会的・政治的凝集力を失うこととなった。しかし、部族という枠組みは現在でもその社会的意義を完全に失ったわけではない。それは人々が帰属意識をもつ対象の一つであり、出稼ぎの際にも頻繁に用いられる参照枠組みなのである。

3　村落

インドゥッザルの中でも筆者が主たる調査地とするＩ村はアイト・アルバイント（Ait Arbaint）というタクビルトに属する。

村の規模はまちまちであるが、Ｉ村の場合、一九九四年に実施された国勢調査によれば人口二二一名、それに対し隣のＡ村は三六八名と計上されている。[*37] Ｉ村は「ウッシュン（*usshn* [ta.]）」（狼の意）[*38]の名で知られる人物により建設されたとされ、その四名の息子を祖とする六～八世代ほどの子孫からなる父系出自集団（afūs［ta.］）[*39]が村落の主要グループとなっている。このウッシュンの四名の息子たちを核とする血縁関係に基づく結びつきは、同時に地縁的関係にも反映されており、各アフースに属する諸世帯は、村落内にある広場などを中心として、それぞれまとまって家屋を建設している。ただし、このようなアフースのもつ地縁的な結びつきは、次節で述べるように近年の新家屋建設の流れの中で変化しつつある。

アフースの下位に位置するのが夫婦、子供を基に構成される世帯（takāt［ta.］）であり、祖父母存命中は三世代からなる家族が一つの家屋（tigemmi［ta.］）において通常は居住し、生活を共にしている。

村落（lmuda［ta.］）は集村形態をとっており、通常見晴らしのいい高台や丘の上などにある。[*40]古老たちによるならば、これはかつて部族間・部族内の紛争のゆえに個々の村が自衛措置として高台に固まったためであるとされている。I村とA村の場合、両村は徒歩一五分から二〇分ほどの距離で隔たっている。しかしながら、徒歩二、三分程度しか離れていないような村も存在し、村落間の隔たりは一定ではない。また、村の境を示す明確な境界線は存在しないが、タルボルジュト（talborjt［ta.］）と呼ばれる石を積み上げて作ったケルン、樹木、あるいは地形などを目印として、大体このあたりまでがI村の地所という認識は村人の間で共有されている。

村人は、村集会に出席できる男性とその家族などから構成され、[*41]井戸（anū［ta.］）[*42]、森林（tagānt［ta.］）、モスク（timzgid［ta.］）、村落内の広場（agrūr［ta.］）、墓地（lmdint［ta.］）アーモンドなどの栽培に適した共有地などを共有する単位である。村落の周囲にはアーモンドや大麦耕作に適した土地が広がる。主生業は山羊や羊の牧畜、大麦やアーモンドの天水栽培であり、山羊、羊、牛、鶏、ロバ、ラバが家畜として保有されている。さらに、かつてはラクダも輸送用に保有していた世帯もある。ただし、家畜の保有数そのものは、成人男性の出稼ぎが主流になるなかで減少している。

森林については、日本のそれとは異なり、樹木が密生しているわけでは決してない。近年日本でも美容などにおいて効果があるとして注目を集めはじめているアルガンがまばらに生えているだけである。アルガンを伐採して得られた木材は、伝統的には家屋の梁や天井で用いられていたほか、今日でも薪などとして用いられるほか、アルガンの実の搾りかすなどは家畜の飼料として用いられたり、アルガンの実はペースト状にすり潰された上で食事にも供され、村落生活において欠かすことのできないものである。村落ごとに保有している森林に他村の者が無断で立ち入って薪を取ったり、あるいはアルガンの実を採取したりすることは禁じられている。

広場は、八月などのヴァカンス・シーズンに大挙して帰省してくる村人たちにあわせて開催される結婚式などで催される民俗歌舞アホワーシュなどを踊る際にも用いられる。

I村の場合、モスクは村落中心部に位置する広場に面して建てられている。モスクの運営は、村にとって枢要な事柄であるが、とくにこのモスクを預かるフキーへの食事の提供は村の各世帯が当番を組んで行っている。この義務を果たすことが村で世帯をもつ男性には課せられている。

フキーはモスクでの礼拝を先導し、子供たちにクルアーンやアラビア語を教えたり、村人のさまざまな問題に助言を与える人物であり、さらには葬儀における弔いの礼拝を先導する役割を果たす。このようにフキーは村人の宗教生活にとって欠かすことのできない存在である。フキーは村人が口コミで探し出し、契約を結んで村に住み込んでもらう。村人の日常生活に深くかかわるため、タシュリヒートを母語とするシュルーフであることが求められ、近隣の部族から招かれることが多い。

モスクは礼拝で使用するだけでなく村の男性たちが集まる場となっている。シュルーフ社会には、アフリカの諸社会などにみられるような年齢階梯制はないが、しかし「長幼の序」とでもいうべき礼儀が歴然として存在する。そのため、年少者は老人たちと交わって話をするよりもむしろ、同年齢のものたちと集まって話をすることが多い。そうしたなかでモスクは、礼拝時間外に老人たちが好んで集まり会話を楽しむ「社交」の場となっている。他方、青壮年層は、村はずれの樹木の傍などで集まることが多かった。

以上のような概観を有するI村との紐帯は通常、親族関係、故郷に残された両親や妻子、土地・家屋の保有や、村落のモスクを預かるフキーへの謝礼支払や当番制による食事提供[*43]に代表される義務の遂行などを通じ複合的に維持されている。

村に残っている者の大半は老人と女性、それに子供である。その中でも村での生活を支えている主体は、女性である。筆者が初めてI村に滞在した当時、電気も水道もない村落生活を営んでいく上で不可欠な、水汲み、薪取りに始まり、家屋の掃除、家畜の世話、洗濯、さらには家畜の餌となる下草刈りや大麦、アーモンドなどの播種と収穫、脱穀、アルガンの実の収穫などで働くのはもっぱら女性であった。こうした女性には既婚者および未婚者が含まれるが、既婚者の場合、夫が出稼ぎに赴いているものの都市に家族を呼び寄せるのに十分な収入がない場合に、村に嫁や子供を残していくことが多かった。これに対して村に残る老人は、かつて都市に出稼ぎから帰還した者たちが大半である。彼らは羊の放牧や養蜂に携わったり、あるいは息子たちの仕送りに頼って隠居生活を送っている。

少なくとも一九四〇年代以前には村落内においても多くの男性が羊の放牧や養蜂に携わっていたが、二〇〇〇年代初頭の段階では羊の放牧を行っているのは三世帯（村の総世帯数三八）、養蜂に至っては一世帯のみとなっているだけでなく、それらは老人たちによって担われた仕事になっている。彼らの息子たちはいずれも都市へ出稼ぎに出ており、帰省の折には父親の仕事をごく短期間手伝うことはあるとしても、村に定住し牧畜や養蜂にいそしむことはなかった。

青年、成人男性の多くは都市に出稼ぎに出ており、村に恒常的に残っている成人男性はごく一握りしかいない。そうした男性は、アラビア語モロッコ方言で話すことが苦手であったり、あるいは兄弟や子供がすでに都市に出ていることもあって、彼らからの仕送りに頼っているという状況にある。これ以外にも、都市での仕事をやめて帰ってくるものもいるが、そうした人の移動は不定期なものである。

家屋についても記しておく。伝統的な家屋は石造りである。平たい石を積み重ねて作られた家の壁の上に、アルガンの木の幹を梁として渡し、その上に椰子の葉やアルガンの枝を渡して天井を作る。ただし、それだけでは雨水がもれてくるので、その上に泥土を敷き詰めて、塗り固めるものであった。

伝統的な家屋は中庭を中心にして、その周囲に一つずつ部屋が作られるという形態をとっているが、中庭は数メートル程度の小さなものが主流である。伝統的な家屋の部屋は小さい上に、天井も低い。二階建てとなっており、貯蔵庫となる部屋、竈のある部屋、アルガンの枝など薪を貯蔵する部屋、そして複数の寝室などからなっている。中庭を囲んだ部屋が手狭になるとさらにその隣に、同じく中庭を中心とした住居空間を建て増していくというのが、家が拡大していく際の基本的なパターンであったという。中庭は人々が集まって食事をしたり、話をしたりする空間であるが、すでに書いたようにそこはそれほど大きくないため、多くの人が入り込めるスペースはない。[*44]

こうした伝統的な家屋も現在では壁面がセメントで覆われ、さらにペンキが塗られるなどして近代的な装いが施さ

大麦の脱穀（筆者撮影）

伝統的家屋の内部（筆者撮影）

村落内に新たに建設された家屋（筆者撮影）

れたり、あるいはレンガ、コンクリート・ブロックなどを用いて都市的な家屋が全く別の場所に新築されたりしている。こうした変化はなにも村の景観にかかわるだけのものではなく、村人の社会関係の変化をも如実に表している。たとえば、かつては梁に渡すアルガンの木を村から徒歩で一時間ほどのところにある谷あいから切りだし、村の成人男性が総出で村まで運び込んだという。アルガンの木は重いため、通常一六名以上の男性が幹一本の運搬に必要とされた。このように家屋の建設は村人の相互扶助を必要としたのである。しかしそうした慣習も一九七〇年代頃までにはなくなり、現在では、村から徒歩一時間のところにあるスークから木材を購入し、トラックを用いて村まで運搬するようになっている。さらに建築に携わる労働力も村人が提供するのではなく、タルーダントや隣接部族などから報酬を払って人手を集めるのが通例となっている。かくして家屋建設に必要な資材および労働力の双方が、現在では村以外の地域から呼び込まれ、それと反比例して村人が共同作業に従事する機会の減少が趨勢となっている。[*45] また、こうした共同作業がなくなったもう一つの重要な要因として、村から出稼ぎに行く者が増えて、働き盛りの成人男性の数そのものが減っているという事実もここで挙げておきたい。

4　出稼ぎ

現在のモロッコ経済は移民の活動に大きく依存しているが、スース地方はモロッコにおける主要な移民輩出地の一つである。モロッコ最大の経済都市カサブランカに出稼ぎに赴いた老人の生涯を詳細に記したウォーターベリーによるならば、そもそもスース地方出身のシュルーフが出稼ぎを開始したのは、数年ごとにスース地方を断続的に襲う旱魃や飢饉、疫病が引き金となっており、少なくとも一八八〇年前半にスース地方を襲った大飢饉にまで遡ることができる［Waterbury 1972］。彼らを出稼ぎへと誘ったのは、数年ごとに繰り返される旱魃や飢饉、疫病の流行に伴う人口流出というプッシュ要因と、一九世紀後半以降にモロッコ北部の諸都市でヨーロッパ人との通商が活発化したり労働者の需要が急増したことなどのプル要因［Waterbury 1973: 236］のほか、先駆者の個人的成功が故郷に残る者をさらなる出稼ぎへと誘ったものと考えられている［Adam 1973: 331］。

彼らが商人としての名声を得るに至ったきっかけの一つは、フランスによるアルジェリアやモロッコの植民地支配にまで遡る。フランスは、一八三〇年にアルジェを占領して後、今日のアルジェリア一帯を支配下においていったが、経済的な繁栄を遂げたアルジェリア西部の都市オランなどに、一九世紀後半にはシュルーフたちは出稼ぎに赴いた。次いで二〇世紀初頭にモロッコの大西洋沿岸の都市カサブランカが西欧列強との交易によって経済的に繁栄すると、数年おきに飢饉や伝染病の蔓延に晒される故郷を後にして、カサブランカなどのモロッコ北部の諸都市へと赴くようになったのである。さらに植民地支配が本格化すると第一次世界大戦、第二次世界大戦などの戦時経済下において労働力を必要としたフランスはスース地方のベルベル人も強制徴用によってフランスへと移民をさせるようにもなっている［堀内 一九九三］。つまり、出稼ぎ民／商人としての今日のシュルーフの経済活動は、フランスをはじめとした西洋列強の北アフリカへの進出とその後の植民地支配の中で形成されてきた近代的現象である。

実際、I村出身のハーッジ（一九三〇年代半ば生まれ）は、そもそも故郷での生活は自給自足によるものであったが、一九四〇年代の疫病による大量の村人の死亡、また旱魃にともなう飢餓こそが自分たちを都市へと向かわせたのだと語ってくれた。

スース地方から最も早く、二〇世紀初頭にモロッコ国内の各都市に積極的に出稼ぎに赴いたのは、アンティ・アトラス山脈奥深くに住むアンメルンなどの諸部族であった［Adam 1973: 329 ; Noin 1970, t.2 183-210］。後に、彼らよりも低地に住むスース地方西部のアイト・バーハーなどの諸部族がこれに追従し、さらにインドゥッザルなどを含めたスース地方東部の諸部族がその後に続いた［Waterbury 1973: 234］。

モロッコ北部の諸都市に赴き小売店、大衆食堂など小規模なビジネスに進出したのみならず、当時のフランスの移民受け入れ政策とも相俟って数多くの者がフランスへと渡り、鉱山や建築現場での過酷な労働に従事していたという。

現在ではスース地方出身者は国内諸都市のみならずフランスなどでも小売業を展開している［Royaume du Maroc

1993: 148-149]。モロッコ国内の諸都市およびフランス、イタリア、オランダ、スペインなどのヨーロッパ諸国に出稼ぎに行くことが常態化しており、現在ではそれが農業以上に重要な収入源となっている［堀内 一九八九c、一九九三］。このような海外への出稼ぎとあわせて、現在では住み慣れた故郷を離れ、モロッコ各地の都市やスース地方内の都市に出稼ぎに赴くだけでなく、金銭的な余裕があればそのまま都市に定住するのが一般的な傾向となってきている。一世紀以上にわたる出稼ぎの結果、今日ではスース地方出身者を中心とするシュルーフは、商業民としてつとにその名をモロッコで知られるようになっている。

小売店経営は出稼ぎの開始時期からみられる形態であるが、当時の出稼ぎは数ヶ月ごとの輪番制であり、兄弟などで店舗を共同経営するというものであった。たとえば兄が都市で働いている間、弟は故郷で生活するというスタイルだったのである。そして数ヶ月の仕事を終えた後の兄は、都市で購入した物品や金銭を携えて帰省をしていたのである［Waterbury 1972］。このような出稼ぎのスタイルにおいては、生活の基点・重点はあくまでも故郷にあり、都市は現金収入を得るための場所でしかなかった。

I村落出身の出稼ぎ者は、家族、親族、姻戚関係や同郷者の伝手を活用して都市に赴いている。村落出身者は、幼い頃から長い丁稚生活を送りながら、商売の基礎を体で覚えるのと同時に少しずつ小銭を蓄えて未来の出店を夢見る。こうした憧れは今も人々の間で変わることなく抱かれている。

出稼ぎ者の行き先としては、国内ではカサブランカ、ベニ・メッラール、タルーダント、ラバト、サレ、アガディール、ウーラード・タイマなどの諸都市が挙げられる。海外ではフランス、イタリアへ出稼ぎに赴いている者も、二〇〇一年の時点で三名いた。出稼ぎにおける職種は一九四〇年代から五〇年代には雑貨店（*tabqqalt* [ta.] / *bqqāl* [dr.]）や大衆食堂（*qahwa* [ta./dr.]）の経営が主流であったというが、その後これらと平行して金物屋（*drogri* [ta./dr.]）を経営する者が現れ、さらにパン工場（*frrān* [ta./dr.]）、建築業（*tashrun* [ta./dr.]）、布地販売なども加わり一層多様化している。

I村落出身のハーッジの場合、一九四〇年代前半に故郷を襲った疫病で両親を失って後、村のモスクで教育などを受ける余裕もないままに、兄の命令に従って羊牧に従事していたが、現金収入を得ることを夢見て同一アフースの男性ウマルの手引きでウマルの甥ラハセンと三人で一四歳のときにラバトに向かい、旧市街の食堂で四年間給仕として出稼ぎを開始している。

ハーッジは給仕などを経て、他地域出身者と共同出資で旧市街に店舗を貸借し大衆食堂の経営を開始したが、飢饉時にラバト市に流入する部族出身者などへのハーッジの食事の無償提供をめぐって見解の相違が生じたことなど諸般の事情があり、共同出資者から店舗貸借権を購入している。その後店舗所有権購入時に多額の費用が必要となったハーッジに部族出身者のみならず旧市街で働くシュルーフなどから資金援助がなされたといい、ハーッジやその家族はこれをシュルーフ結束の例として幾度か筆者に提示している。

シュルーフはしばしば兄弟交代制で店舗経営にあたるが、ハーッジの場合は兄が故郷にとどまることを選好したため、三〇歳のときに妻を呼び寄せ生活基盤を都市にシフトさせた。アンティ・アトラス山脈と都市を結ぶ道路が未整備だった一九三〇年代以前には、都市に一年間滞在後故郷に数ヶ月戻るのが一般的だったのが、一九六〇年代後半から七〇年前半には道路の整備、長距離バス敷設により故郷／都市で各々半年滞在するのが一般化したという［Waterbury 1973: 239］。I村の場合、ハーッジのように一九六〇年代後半頃に都市への家族の呼び寄せが始まり、その後一般化している。しかしハーッジと同じく出稼ぎに赴いていた部族出身者などとの相互訪問により同郷者のネットワークは都市でも緊密に保たれ、またハーッジは都市定住後も故郷に残ったオジ、兄のもとへの帰省や送金を継続したほか、故郷での家の新築や、一部売却されていた一族の土地の買い戻し、一九七〇年代以降には店舗に父方の甥やその息子たちの呼び寄せに加え、息子ムハンマドたちの将来を考え家屋の建て増しを二〇〇〇年に入ってからも行うなど、高齢を迎えた後も故郷への関心は一貫して衰えることはなかった。

他方、都市生活を送るインドゥッザル出身者、アイト・アルバイント出身者やI村出身者は、都市における葬儀や婚姻、お七夜などの人生儀礼に際して相互訪問を実施しており、その範囲はハーッジが在住するラバト市や隣接する

村はずれの礼拝場（ムサッラー）におけるイード開けの礼拝の様子（筆者撮影）

都市サレに限定されるものではなく、ベニ・メッラール、ワッザーン、カサブランカなど親戚や近親者が在住しているモロッコ各地の都市にも及んでいる。さらに、日常的にも男性は同郷の男性が働いている店舗を相互訪問している一方で、女性は、各家庭を先に挙げたような機会のみならず犠牲祭や断食明けの祭りなどのイスラームにおける宗教的大祭をはじめとした諸々の機会に訪問しあう。さらには村落や地方都市に在住する子弟が、学業を終えるため、あるいは就職先を見つけるために都市部に生活している親族のもとを訪れ長期滞在することがあるほか、病気の治療のために成人、未成人の区別にかかわらず都市部の親族を頼ってくるのも一般的である。加えて、孤児などについても親戚の伝手を頼って都市部に生活する親戚のもとへ身を寄せる例もある。このように、都市部において生活を送っているとしても彼らは都市に在住する同郷者のみならず、故郷に残された人々との密接な関係を都市においても形成しており、ホフマンが論ずるように都市と故郷を明確に異なる空間として区分することは彼らの生活の実状と対応した認識によるものではないといえる。

5　情報と故郷

出稼ぎに赴いている成人男性や家族が大挙して帰省する機会としては、ヴァカンスの時期にあたる八月とイスラームにおける二大宗教祭の一つである犠牲祭などがある。とくに八月は、モロッコ国内のみならず、海外へ出稼ぎに赴いた人々も一斉に帰郷するため、同郷者が一堂に会する最大の機会であり、村は通常はみられないような賑わいを見せる。こうした帰郷の時期は、モロッコ全土はおろか海外まで散った村人たちが旧交を温めるだけでなく、情報交換を行う上での貴重な機会になっている。[*46] 帰郷者は、村のはずれの木陰やモスクなどの日常的な溜まり場での雑談や、自宅への近親者や仲の良い友人の招待、あるいは近隣の村落からの親族訪問などの機会に、お互いの動向をはじめとした話題を通じて、各自の生活状況や問題を把握していく。

このような情報交換の場として、村落以外で機能する重要な場として、スークが存在する。そもそも今日のI村をはじめとしたアイト・アルバイントの諸村落の生活はスークなしには成立し得ない。というのも、食料品、日用雑貨品のほぼすべてのものの購入は、スークでの買い出しに依存しているからである。インドゥッザルの人々が集うスークは毎週土曜日に開催される。

この日には朝早くからタルーダント、アルバア・アルバイーンなどをはじめとする近郊の諸都市から野菜、果物、肉、ガス、パンなどがトラックで運び込まれ、村人が一週間分の食料を買う機会となっている。食料品以外にもプロパンガスのボンベ、懐中電灯用の電池、文房具、お菓子、服、洗剤、茶葉、缶詰、日用品など生活必需品をはじめ、セメント、釘・螺子、パイプなど、家の修繕・新築などに必要な資材さえもここで買いそろえることができる。またスークは経済の中心であるだけではない。ここには郷役場が置かれているほか、小・中学校、診療所、モスク、公衆電話店などがあるほか、部族長の「事務所（*maktab*）」も置かれている。さらに、スークは都市タルーダントへと向かう乗り合いタクシーの発着場でもあり、タルーダントや他の都市へ向かう人々はこのスークまで集まってくることとなる。

土曜日ともなると村の男性たちは、村から徒歩一時間ほどのところにあるこのスークに徒歩、ロバ、車などで出向

スークの様子（筆者撮影）

く。筆者が懇意にしているハーッジの場合、スークに到着すると、まずは姻戚関係にある一族の者が経営する食堂へと挨拶に出向き、茶を飲みながら、都市生活での近況や故郷での結婚式などにかかわる雑談を一通りしてから、買い出しに出かけてゆく。買い出しは昼過ぎまでかかるので、ハーッジは、他の姻族や知人が経営する店舗や、彼らが休憩をしている空き店舗などを訪れて、五分、一〇分、ときには小一時間、話に興ずる。ハーッジをはじめ、I村の人々は、それぞれの姻族、親族関係に基づいて行きつけの店舗が決まっている。それらの店舗で話をしたり、共に茶を飲んだりするだけでなく、購入した食材を一時的に預かってもらったり、あるいは買い物の代理を頼まれたりして、市場の中を歩き回ったりもする。

こうした様子をみていても、スークは単なる買い物の場にとどまるのではなく、村落を越えた同郷者同士の関係を確認、維持、更新するための場であることが見えてくる。

最後に、故郷におけるメディアを通じた情報と携帯電話の普及について記す。筆者がはじめてI村を訪問したときには、電気が通っていなかったが、雨がほとんど降らず、日差しの強い天候を利用して、ソーラーパネルと車両用のバッテリーを組み合わせることで蓄電し、それをもとに夜間にテレビを視る家が数世帯あった。さらに、軽油で動くモーターを購入し、これを用いて安定した電力を家庭内に提供しているところも二世帯あった。大量の電気を安定して供給できるモーターを所有している世帯の場合には、衛星放送受信用の皿型アンテナと専用受像機も購入していた。電気が通っていない地域ではあったが、それにもかかわらず、都市と異なることのないメディア環境が整備される状況であった。

これに加えて、村の情報化を一段と推し進めたのが携帯電話の普及である。モロッコでは二〇〇〇年にプリペイド・カードを使用したタイプの携帯電話が発売されるようになってから、それまでごく一部の者しか使用していなかった携帯電話が一気に普及した。地方の村落もこの影響から無縁ではなく、都市から戻った男性たちの手を通じて携帯電話――一般に「ポルターブル」の名で知られている――が、複数、村に持ち込まれたのである。それまでは、徒歩一時間のところにあるスークの中にある「公衆電話屋」まで行かなくては電話をかけることはできなかったのに対し、都市の同郷者の動向が即日村にまで届くようになった。この携帯電話の村落での普及は、都市と村を往還する彼らの生活において画期的なことであった。とくに、村に残された女性の立場からみて携帯電話の普及は目を見張るものがある。というのも、スークへの入場は男性のみが許されているため、女性が電話をかけるためにスークに入るということは一部の例外を除き、従来なかったからである。携帯電話の普及は、村に居ながらにして女性が都市に住む人々と電話で話をすることを原理的には可能にしたのである。そうした点においても携帯電話の普及は画期的なものだったのである。

第三節　故郷と都市をつなぐマドラサ復興

1　インドゥッザルとマドラサ復興

現在I村の人々は食料品や日常生活で用いられる物資のほぼすべてをスークなどから購入しており、都市に在住する家族、親戚による送金などに経済的に依存せざるを得ない。自給自足によって生計を立てることが不可能な故郷には仕事もなく、現金収入を得ることもできず、生活は厳しいと村人は述べる。しかし、その一方で、ハーッジの事例を通じてみたように故郷は都市生活を送る老年／壮年層にとって依然として重要な社会空間であり続けており、村落／部族出身者の間での評判や社会関係は現在も重要であり続けている。

犠牲祭、ラマダーン、八月のヴァカンス・シーズンなどに多数の出稼ぎ者が故郷へ帰省するのは今でも一般的光景であるほか、これ以外の時期に帰村する者もいる。彼らの滞在日数や帰村の頻度は個々人の経済状況、社会的立場、既婚の有無などに応じ偏差があるほか、個人の生涯の中でも帰村の頻度は諸要因により多岐にわたるが、いずれにせよ多くの場合、村落との紐帯は年月を経ても保たれている。加えて、帰村が遅れたとしても都市において部族出身者や同村出身者などとの情報交換が頻繁に行われており、都市生活を送っている者も間接的にではあれ、故郷とのかかわりを深くもち続けている。

スース地方では一九九〇年代以降、海外および国内諸都市への出稼ぎ者がNGOを設立して電気、水道、舗装道路などの敷設、中等学校の建設を通じた故郷支援に取り組んでいる。実際、インドゥッザルも地元名士を中心とした出資と政府からの補助金により九〇年代半ばに道路の舗装化、二〇〇〇年初頭に地域経済の中心たるスークでの中学校建設が実現している。出稼ぎ者は都市に生活の拠点を移してもなお、ハーッジの事例からもうかがえるように婚姻や複雑な親族関係を媒介とした相互の緊密な結びつきを維持し、出身部族、同郷者、親族間の相互扶助、情報流通を基盤として彼らの都市生活を形成している。故郷支援はこうした出稼ぎ者と故郷在住者のネットワークを背景として展開しているといえる。マドラサ復興運動は、このような故郷支援の潮流の一環に位置づけられる。

そもそもモロッコでは、近代的学校教育が普及する以前から、宗教諸学を修めるためのマドラサが各地に存在し、トルバは学校間を移動する「遊学」を通じ研鑽を積んできた。スース地方には今日四〇〇近くのマドラサが存在すると考えられるが［堀内 二〇〇二：二三五］、それらの管理・運営は伝統的に、地元に多数存在する部族が担ってきた［al-Sa'īdī 2006 ; al-Sūsī 1984: 25, 1987: 53 ; al-Waskhīnī 1993: 35-39］。

こうしたマドラサの活動に対する決定的な変化は、一九六三年に開始された初等義務教育の整備と地方社会へのその普及に伴う、教師、生徒双方のマドラサからの流出などによってもたらされた[*47]［堀内 二〇〇二：二一六—二一八、二三八—二三九］。さらに出稼ぎ民の都市化、都市での学校教育の選好などもあって、現在ではマドラサは学校に子供を送り出せない「貧困層」の社会的受け皿へと「周辺化」されているといえる。

こうした公教育の制度化はマドラサに多くの困難をもたらしたが、同時に、教育体系が編成されるなか、マドラサが国家教育省や高等教育省の管轄外に「放置」されたことにより、結果として地域住民による従来ながらのマドラサ管理の存続が可能になったことが重要である。マドラサの周辺化という趨勢にもかかわらず、信仰生活の中核にあるクルアーンと深く結びついた場としてマドラサを重視する住民の声を筆者はしばしば耳にしたが［Houtsonen 1994: 493-495］、これと合わせベルベル語による教育が可能という点でも［堀内 二〇〇二：二三六 ; al-'Uthmānī 2004: 48-55］、マドラサは地域社会の社会・宗教生活上の要望に応える重要な教育機関であり続けているからである。

もっとも、マドラサを支えてきた部族や個人による支援は、独立後、その形態を変容させてきている。たとえば、インドゥッザルのもとでは一七世紀後半に地元のアーリム、ムハンマド・ウ・アリーが建設したマドラサが部族の支援を得て機能し続けている。同校は、インドゥッザルの諸村落が輪番制により、大麦、ソラ豆、レンズ豆、アルガン・

オイルなどの食材を定期的に寄進することなどにより賄われてきた。しかし一九八〇年代頃から諸村落による食物の寄進に替え、イスラーム暦の一月十日、アーシューラーの際に都市に在住する地元出身の経済的有力者が参加して実施される現金の寄付に特化するようになった。その後一九九〇年代には地元民による相互出資金をもとにアガディール市内とカサブランカ市にハンマーム（公衆浴場）、住居、店舗などがマドラサ名義で購入され、その収益金が寄付と合わせてマドラサ運営資金に充てられている。さらに一九九五年にはアガディールを拠点として活動する部族きっての有力者によりマドラサの改築がなされている。

以上のような村落間の輪番制による寄進から出稼ぎ成功者による多額の出資を主軸としたマドラサ支援への移行には、部族としての全体的関与から、都市生活者による故郷の経済的支援への移行という趨勢が示されているのと同時に、出稼ぎを通じた新たなマドラサ支援活動の顕在化も示されていよう。もっとも、こうした転換はマドラサが部族に帰属する者や故郷在住者全体で管理するものという意識をそぎ落とす。I村在住の古老はマドラサ支援が、ごく一部の「ブルジョワ委員会（*lajna diyāl burjwaziyīn* [dr.]）」が管理するものにすぎないと批判するが、そうした見解からもうかがえるように在郷者のマドラサへの無関心を誘発する危険性も有している。さらに、都市生活者が一様に積極的にマドラサ支援にかかわるわけでも、また故郷における伝統的イスラーム教育の価値や意義を肯定的にとらえているわけでも必ずしもない。ラバト市やカサブランカ市に生まれ育ち高等教育を受けたインドゥッザル出身の青年の中には、海外のウラマーの説教などを肯定的に評価する一方で、マドラサにおける学究活動が限定された宗教的テクストの暗唱に特化し、科学やテクノロジーの革新に代表される新たな知識に対して無関心である点をとらえ、故郷のウラマーやトルバは「無知」であると批判し、かつ村落民がフキーに対して深い信頼を寄せることを問題点として指摘する者もいる。こうした見解には、海外のウラマーの活動を肯定的に評価する一方で、その裏返しとしてローカルな伝統の価値を軽視する姿勢を看取することができよう。言い換えるならば、部族によるマドラサ支援は経済的有力者を通じて実施されている一方で、それは都市在住者のみならず故郷在住者の中にも批判的見解を有する者を生み出しているように、さまざまな矛盾や葛藤をうちに秘めつつ進行しているといえる。

2　知識人のマドラサ復興

スース地方ではこのような部族を基盤としたマドラサ復興の潮流とは別の次元で、ウラマー家系出身者やマドラサ教育経験者、大学や高校教員、ウラマーやトルバ自身など知識人が主体となったマドラサ復興の取り組みも進んでいる。

スース地方は、マドラサの社会的周辺化が進むという全国的な趨勢のなかで、他地域に比較してマドラサの活動が温存された地域として知られている。このようなマドラサの活動を維持し、かつ現在マドラサ復興に積極的にかかわっている四〇代に達する壮年層の間に伝統的イスラーム教育の伝統を継承する上での組織的媒介となったのが、イスラームの顕揚、宗教諸学復興、アラビア語普及を掲げ一九五三年にマラケシュで結成された「スース・ウラマー協会（Jamaʻīya 'Ulamā' Sūs）」［Jamaʻīya 'Ulamā' Sūs 1999 (vol.2): 15, 19］と、近代的学校教育の制度化と平行してスース地方で一九五六年に設立された「タルーダント・イスラーム学院」である［堀内 二〇〇二：一二八；al-Sāḥilī 1985］。

もっとも、知識人のネットワーク形成に多大な役割を果たした同学院は一九八一年に新制カラウィーイン大学へ組込まれ［堀内 二〇〇二：一二八―一二九］、またスース・ウラマー協会は成員の高齢化や物故により今日では、実質的組織力を失っている[*48]。これに対し現在のマドラサ復興関係者は、両組織のネットワークを継承しつつも、新たに特定の組織を形成することなく、大学教員やウラマー、地方史家などで構築されたネットワークを活用し活動を展開している。

とくに新制大学教員である複数の関係者は、近代的学校教育における教育法の良質な部分を取り入れたり、外国語や数学をはじめ生活上必要とされる知識も含めて学問活動を活発化させるべきであって、伝統的イスラーム教育は既存の教育法のみを踏襲した「訓詁学」に甘んじてはいけないと考えている[*49]。彼らはウラマーとの直接的対話、大学におけるマドラサ関連の研究会へのウラマーの招待と相互討論の場の設定などにより「啓蒙」活動を実施するとともに、ラジオ、新聞、出版などメディアの積極的活用を通じて、マドラサの重要性が一般大衆に広く認知されるよう旺盛な活動を実施している*[50]。

こうした知識人の動きは、マドラサ復興に向けた地方村落での集会の開催実現に至っている。その代表例の一つは、一九九六年にタフラウト近郊のマドラサ・アイト・ワフカで開催された「集会(*liqā'*)」である。集会には、伝統的イスラーム教育の顕揚を目的とし、スース地方各地から、マドラサやモスクを預かる六〇名近くのウラマーやイマーム、大学教師、地元部族たるアイト・ワフカ関係者、役人などが参集したという［Liqā' Ait Wāfqā 1996: 223-227］。同集会の開催は、かつてスース・ウラマー協会主導の下で計画された集会開催の頓挫、ウラマーによる新規集会への参加忌避傾向などを念頭に置くならば大きな意義を有しており、かつ地元部族、ウラマー、大学関係者が連携して地方のマドラサでの集会開催を実現した点でも画期的であったといえる。

同様の意義を帯びた「集会(*mūsem*)」が、アイト・ワフカ近郊のアドゥーズ村でも、ほぼ同じ頃に開催されている*[51]［堀内 二〇〇二; Jama'īya Adūz 1996］。同村では住民の経済支援のもと一九九三年にマドラサの改修を終え、一九九四年のクルアーン朗誦コンテストの開始を経て［Jama'īya Adūz 1996: 13］、一九九五年三月に村落出身者、マドラサ関係者など多数の人が参集するなか、地元の学者、ヤアコービーを記念したムーセムが開催されている。

スース地方で開催されている多数のムーセム(聖者祭)の中には、ウラマーが師を記念して参集し、アドゥーズ同様に宗教的知識やクルアーン朗誦などの披露するものもある［齋藤 二〇〇四c］。しかし、主催者は彼らのムーセムが開催目的や関係者のネットワークなどにおいて既存のムーセムと性質を異にすると述べる。彼らの関心は地元ウラマーの賞讃と併せてマドラサの良さを住民に伝える場の設定にあるからである。

たとえば、インドゥッザルのマドラサ支援のような住民による経済支援は大変重要だが、それが必ずしもマドラサの周辺化を変革する根本的契機とはならないと先の主催者はみる。むしろ重要なのはマドラサに対する認識そのものを住民、学者双方が根底的に変えることであり、そのために出稼ぎ者の眼前においてトルバの高い宗教的知識を披露することにより、「訓詁学」に終始し、海外のウラマーに劣るとみなされがちなトルバの水準の高さを認識してもらう必要があるというのである。

ムーセム・アドゥーズは、伝統的イスラーム教育関係者のみならず広く一般住民に開かれることを前提として、故郷出身者のネットワークや都合を勘案し多数の住民が帰省する八月などに開催されている。彼らの試みは、出稼ぎが常態化し各地で多様な生活を送るようになった故郷出身者が一堂に会する数少ない出会いの機会を、故郷のただ中で提供している点に特徴がある。八月などに帰郷する者は結婚式やムーセムなどを通じて村落を超えた部族出身者同士の交流の機会を有しているが、ムーセムは人々の社会生活における数々の出会いの場の延長線上にあり、一般住民の生活スタイルに適合的であるといえる。

3　マドラサ復興の困難と可能性

以上のような特徴を有するマドラサ復興では宗教諸学の復興こそが問題となり、前章でとりあげたアマズィグ人としてのアイデンティティなどは問題とされない。そうした彼らの運動には、アマズィグ運動とは対照的な特徴がいくつかみられる。

第一に、故郷に焦点を定める一方で、遊学を基本とする伝統的イスラーム教育の復興を志向する点で、ローカルな社会のみならず、国家を超え出たムスリム社会全域を射程としている点、第二に、アマズィグ文化の理想的姿を体現しているととらえられたためにアマズィグ運動において運動の対象から捨象された故郷に寄り添い、都市在住者も含め、故郷出身者との直接的対話を継続している点、第三に、シュルーフのムスリムとしての自己認識とも連動している点、第四に、住民、大学関係者、ウラマー間の相互理解を目的とし、特定の政治目標の実現を掲げないマドラサ復興は、政治から距離を置く一般住民の傾向性と合致している点、などである。

こうした点から都市化、アラビア語化をはじめとする独立以降特有の社会環境の中で共に育まれたマドラサ復興と

第二章で詳述したアマズィグ運動は、故郷や伝統的イスラーム教育に対して異なるアプローチをとっていることがうかがえる。

もっとも、故郷の近くで活動しているマドラサ復興に問題がないわけではない。それは、マドラサに無関心な態度を示す住民やマドラサを軽視する人々、さらにはマドラサにおける伝統的な教授法に固執するウラマーなど関係者の認識を変え、いかにして彼らを巻き込んでいくかという問題とかかわるものである。こうした問題は、彼らが明確な組織的輪郭をもたず、ネットワークを基調として展開しているがゆえに生じるものであるといえるが、裏を返すならば、それは彼らの活動が関係者の多様な見解に対して開かれた対話の場を、故郷在住者、都市在住者双方が最も介しやすい故郷に開いていることが必然的にもたらす代償であるといえる。多様な見解の併存や対立を前提としつつも、直接的な対面状況下での対話の継続こそが人々の認識に変化をもたらし、新たなネットワーク形成へと至ると考える彼らのアプローチは、アマズィグ運動における認識論でさほど顧みられない故郷とのかかわり方であると考えられる。マドラサ復興では、故郷という場を抽象化し、一つの理念的な空間として把持することに目的があるのではなく、あくまでもさまざまな人々が一堂に会するための具体的な場として故郷は意味を有しているのであり、具体的な個人間のつながりこそが重要なのである。言い換えるならば、彼らにとっては故郷をいかに認識するかが問われているのではなく、彼らがもっとも身近に付き合ってきた人々が最も集まりやすいという、あくまでもネットワークの要請上、故郷において活動が展開され、宗教諸学復興に向けた創造的な取り組みが展開されているといえる。

第四節　情報とネットワークの結節点としての故郷

1　故郷の社会的意味——ネットワークの中に生きること、名誉と評価を得ること

これまでの議論を踏まえて、本節では村あるいは故郷というものがもつ社会的意味合いについて、情報とネットワークの結節点という観点から検討してみたい。

最初に気づくのは、農業生産との関連でみた場合の故郷の「資源」としての価値が減少していることである。少なくとも大麦の耕作や牧畜によって生計が成り立っていた一九三〇年代から一九四〇年代頃までは、故郷において大麦の耕作に適した土地を所有していることが重要だった。これに対し、すでにみてきたように二〇〇〇年代には牧畜に従事する者の数も、村で保有している羊や山羊の頭数も、大麦の収穫も激減しており、かつての生業は、今となっては故郷に住む人々の日常生活を支える根幹となる生業では全くない。少なくとも故郷で生活を送るためにはスークから毎週食料品や日用雑貨品を購入しなくてはならないが、そのための現金収入を得るのに十分な利益を得ることはできない。それにもかかわらず、村に残る人々は、多大な労働力と金銭の投入を厭うことなく依然として大麦の収穫にいそしんだり、あるいは遺産分与にあたって故郷の土地分配に対して高い関心が今でも払われる。こうした点からするならば、土地はその生産力においては「資源」としての実質的な価値をかつてほど有していないものの、現在でも故郷における土地とのつながりは依然として人々の間で重要なものとして認識されつづけているといえよう。

こうした故郷とのつながりは、少なくとも、血縁関係、故郷に残る家族や親族の存在、故郷における土地の保有、村落における共同的な活動への関与などを通じて複合的に維持されている。[*52]

このような故郷との紐帯の維持とあわせて注目しておきたいのは、故郷が同郷者をつなぐ場として機能しており、

人々の相互評価の場となってもいることである。ウォーターベリーが早くから指摘したように、故郷は出稼ぎに赴いた男性とその家族にとっては自らの「威信（prestige）」を示す場でもある［Waterbury 1972: 41］。たとえば、都市でそれなりに成功した者が故郷に家を新築することは一般的な慣行であり、それが彼らの評判を上げる行為になっている。都市生活を送っている彼らは、都市に出るためにも、都市生活を送るためにも同郷者のネットワークを必要とするだけでなく、都市生活における努力の末の名声の獲得においても同郷者の眼差しを必要としている。彼らは、都市への定住が一般化した今も故郷を基点とする同郷者のネットワークの中に確実に生き続けているのだといえる。彼らの都市での成功を可視的に表現するのが故郷における家屋の建設である。

通常、家を新築するのは、息子の結婚式のために父親がその準備を進める場合が多い。特徴的なのは伝統的な家屋に比して、コンクリートブロックを用いて建設される新家屋では客間および中庭が広くとられていることである。モロッコでは客の歓待が広く重視されており、都市においても家を新たに購入したり、新築／改築したりする場合には、客間のしつらえに金銭をかける。こうした風習が都市、地方を問わず共有されている。結婚式などに際して祝賀に訪れる数百人の客を可能な限り収容するために、個々の部屋の間取りを広くとるだけでなく、中庭も広めに設計されている。そしてその建材は、スークや最寄りの都市であるタルーダントから持ち運ばれるものである。電機、水道、ガスなどのインフラが整備されていない田舎とはいえ、彼らの生活は完全に貨幣経済に巻き込まれている。過剰な投資の背景には、客の歓待の成功がホストの評判を高める絶好の機会となること、さらには村での家の新築は出稼ぎ者の成功を同郷者に知らしめ、故郷で錦を飾るための生涯で最大の機会となっていることに起因する。

同郷者の面前に家屋を建設するというきわめて視覚的かつ象徴的な形で自らの成功を顕示する行為が頻繁に行われるのは、彼らが送る社会生活の中において、たとえば経済的成功を得たことに対して同郷者からの社会的承認を得ることが重要な意味合いを有していることを裏書していよう。さらに、故郷に新たに家を建設する者は、建材の費用、人夫に払う日給、間取りなどをはじめとして新家屋建築にかかわるさまざまな情報が村人や同郷者の間でしばし話題となることを知悉している。こうした傾向は、彼らの間で同郷者の動向に対する非常に高い関心が存在することを示唆してもいよう。実際、都市生活を送る際にも、故郷に帰省をする際にも会話の中で最も人々の関心が集まるのは同郷者の動向であり、事件であり、仕事の成功や失敗などに関する噂話である。

このようにみるならば、彼らにとって故郷とは、たとえ自然環境が厳しく、生計を立ててゆくための物的資源が不足した場であるとしても、情報という資源や人的資源が集積し、かつ発信される場の一つとして高い価値を有していることがうかがえる。

ただし、故郷のみが情報・人的ネットワークの集積点として機能しているわけではもちろんない。故郷を超え出た村落民のネットワークは都市においても展開しており、彼らは同郷者や他地域出身者をも巻き込んだ独自のネットワークを、個々人が形成しているからである。

2　故郷の理想化

このように故郷とのかかわりは個人レベルでは多様なあり方で規定されるものであるのにもかかわらず、故郷なるものをめぐる人々——少なくとも都市在住者——の語りにおいて、それはしばしば理想化されており、彼らの情動に訴えかける強い喚起力を伴ったものとなっているように見受けられる。

たとえば、都市生活を送る男性は、自身がどれほど頻繁に故郷に赴くか否かといった故郷との実質的な関係の深さは不問に付しつつも、故郷への憧れを口にし、故郷を理想化して語ることがしばしばある。筆者が幾度となく聞いたのは、「たとえ故郷での生活が電気、水、ガスなどがなく、道路が未舗装であったとしても、故郷は気持ちの落ち着く良い場所である」、「故郷は空気が澄んでいて、空気が汚染された都市とは違って、病気にならない」、「故郷には仕事もなく、のんびりできる」、「アホワーシュのある生活が送れる場である」[*53]、などといった肯定的な言明であり、故郷が都市とは異なる場であること、故郷においては都市では享受することのできない「落ち着き（*rāha*［dr.］）」を感じることができる場であるという見解である。このように漠然としながらも肯定的なイメージをもって想起される故郷なるものについて、インドゥッザルの隣接部族イダ・ウ・ズッドゥートのもとで調査に従事した人類学者K・ホフマンは、自らのフィールド体験に基づき、故郷が都市のような民族的に「まぜこぜ」の場ではなく、シュルーフが特権的に活動する社会空間として把握され、民族的なアイデンティティの指標としての言語を維持するための場であるのと同時に、象徴そのものにもなっていると述べている［Hoffman 2002: 929］。こうした見解には、出稼ぎ先の都市（*lgharb* [ta.]）と故郷を明瞭に対照化して、都市の「反転像」あるいは「ネガ」として故郷を理想化してとらえ、一般化された語り口で発話がなされている様子がうかがえる。*54

特徴的なのは、理想化された故郷像において故郷は多言語使用下にある都市とは異なり、タシュリヒートのみが排他的に使用されている特権的な場として理解されている点である［Hoffman 2002: 929-930］。シュルーフをはじめとするベルベル人の定義においては、母語の使用が重要な要素とみなされているが、ホフマンは、シュルーフとしての自己意識を抱く上で不可欠なタシュリヒートの習得・使用のための独占的な場として故郷をとらえられているのである。

実際、故郷で同郷者同士が集まった際に、アラビア語モロッコ方言で会話をする例は、筆者が経験した限りでは稀である。しかし、このことは直ちに故郷におけるタシュリヒートが、アラビア語、さらにはフランス語の影響を免れた「純粋状態」で存在することを意味しない。前章でも論じたようにスース地方には、宗教諸学研鑽をめぐる知的伝統が早くから存在しており、どれほどタシュリヒートが特権的に使用されているように見えようとも、故郷における彼らの社会・宗教生活は、アラビア語との並存によって成立してきたものと考えられるからである。

こうしたアラビア語の存在は、ウラマーなどのような「外部」社会から契約などを通じて村に到来した伝統的宗教知識人によって代表されるものと思われるかもしれない。しかしながら、実際には、一般の村落民同士の会話においても「宗教的」な談義になった場合には、彼らはしばしばクルアーンの章句を引き合いに出し、これを諳んじることがある。こうした章句の使用にみられるようなアラビア語の使用が、たとえどれほど限定的なものに見えるとしても、それが彼らの会話や「宗教的」談義を成り立たせる「核」として存在するのと同時に、彼らの信仰心の篤さや敬虔さの発露の一つともなりうることを考慮にいれるならば、故郷におけるアラビア語の存在を軽視することはできない。

おわりに

本章ではベルベル系シュルーフの一部族インドゥッザルの事例をもとに、彼らの故郷での生活の諸相を明らかにしてきた。彼らの現在の生活の特徴は、①故郷とする村落が完全に貨幣経済に巻き込まれていること、②故郷の土地が痩せているために故郷での収入が不十分であり、都市への出稼ぎが生活上必須の要件となっていること、③多くの者が家族を都市に呼び寄せて定住生活をするようになったのにもかかわらず今でも故郷とのつながりを重視し、都市生活を構築してゆく上でも故郷を基点とした同郷者のネットワークが大切にされていること、④故郷は都市定住者や出稼ぎ者にとって年間を通じて限られた日数を過ごす場にすぎないのだが、その滞在日数の少なさとは裏腹に彼らが日常生活を送っていく上で必要な情報、人的ネットワークを形成し、道徳的規範を育む場として現在も機能していることなどが挙げられる。こうした議論から明らかになったのは、彼らの都市への定住化を可能にし、都市生活を安定化させる基盤の一つが故郷にあったという点である。

こうした点とあわせて、本章では故郷におけるマドラサ復興という動きにも眼を向けた。本章を閉じるのにあたって、このマドラサ復興を前章で取り上げたアマズィグ運動の故郷へのアプローチと対置させつつ、その特質についてふれておきたい。

前章で取り上げたアマズィグ運動では、国家統合の過程で剥奪されたとされる言語権、教育権をはじめとした諸権利を国家側に要求する点を一つの特徴とする。これに対してマドラサ復興は、それとは逆に伝統的イスラーム教育が国家の教育体制に組み込まれていないことをむしろ好機ととらえる［al-Hāshimī and Horiuchi 2001: 75-76］。その大きな特徴は、先行世代の文化的遺産を、さまざまな社会的制約を超えて次世代に伝えようとする点にある。もちろんアマズィグ運動も次世代のために展開されていることは疑い得ない。しかし、国家による制度的保証に基づき次世代のために新たな言語を策定する過程において、実はベルベル諸語の最も重要な場や保持者であった故郷や母親が、理想化されつつ捨象されてしまったり、あるいは一般のシュルーフが日常生活で重視するイスラームとの連関が軽視されるなど、アマズィグ運動における社会的・文化的継承は、先行世代の継承よりも、先行世代との断絶により形成されている点は、看過すべきではない。

　筆者がＡＭＲＥＣ本部で出会った、ＡＭＲＥＣメンバーの青年は、アマズィグ人としての「根（*aṣl*）」を忘れてはいけないと筆者に語ってくれた。しかし、筆者には彼の言う「根」と、生活者としての一般のシュルーフが言う「根」は若干性質を異にするもののように思われる。

　少なくとも、前章の最後に挙げたハーッジャやその夫ハーッジ、あるいはＩ村に住む古老など、読み書き能力を生涯の長きにわたって有してこなかったタシュリヒート話者が、自発的に自己言及する際にアラブとの対比のもとに「モロッコの先住民」と自己規定する言葉を筆者はこれまでの付き合いの中で耳にしたことがない。ベルベル人ないしアマズィグ人がアラブ、ローマなどに先行して北アフリカに居住してきたのは疑いようのない歴史的事実であるが、そのことよりも、彼らにとっては都市生活が長くなろうとも、互いの生まれ育ちに始まり生涯の変化に関する知識を共有した故郷を媒介とする人々とのつながりこそが、彼らの「根」として重要と思われる。

　前章と本章で取り上げたアマズィグ運動とマドラサ復興は、双方とも都市化、出稼ぎ、公教育政策などの影響を受けて生起している点で、共に「近代」の申し子であると言い得るが、前者は西洋的な先住民概念を導入して自らの歴史、アイデンティティ構築を希求しているのに対し、後者はむしろ、グローバル化によってもたらされた諸概念とは距離を置き、先行世代が残した遺産の復興を、自らの故郷において希求する点で異質な動きを示しているといえよう。故郷と都市を跨ぐ住民のネットワークの結節点たる故郷に寄り添い、遊学を基盤としたマドラサを支援するマドラサ復興の強みは、結果として民族、部族、知識人と一般民、世俗的知識人と伝統的知識人などの数々の差異と分断を超えたネットワーク形成を可能にしていることである。それは、人々をさまざまな指標に基づいて枠づけ、規格化し、整序しようとする先住民概念に象徴的に示されるような固定的な集団概念やオリエンタリズム的な認識枠組みを乗り越える可能性を秘めた試みであるといえる。

第四章　シュルーフの商いと社会関係構築の諸相

はじめに

本章では、I村のハーッジたちの出稼ぎ／商いと都市生活を事例として、アラブ人やベルベル人などの民族範疇や、親族、家族、同郷者、身内とよそ者といった区分による人間関係が、彼らの商業活動や生活において具体的にどのように生きられているのか、その一端を探求してみたい。

故郷出身者とのつながりと、都市で新たに出会った人々のつながりは、具体的には、どのようにして彼らの商業活動や生活を支えているのであろうか。そして、どのような論理やメカニズムに基づいて、彼らの人間関係は作り上げられているのであろうか。また、彼らの出稼ぎに際しての職業選択や、その後の商売の展開、同業者との関係や、小売りと問屋の関係などはどのようにして成り立っているのであろうか。

仔細に出稼ぎの様子や仕事に対する家族のかかわり、民族間関係をみていくと現実の社会関係や仕事、生活は、民族や同郷者、親族などの範疇に基づいてモデル化された単純な理解ではすまないような豊かさを個々人が織りなすことで成り立っていることに気づかされる。本章で筆者が明らかにしたいと考えるのは、そのような生活の豊かさであると言ってもよい。

このような筆者の問題意識は、さまざまな人、モノ、情報が離合集散を繰り返す場として中東社会をとらえ、その離合集散の原理を「都市性」という言葉で描き出した既存の研究と関連するものである。それは、日本の中東研究者を結集して一九八七年から一九九一年にかけて推し進められた「イスラームの都市性」という大規模な研究プロジェクトである。往年の研究や一般社会に広く流布した印象においては、世界有数の乾燥地帯であるアラビア半島で生まれたイスラームを「遊牧民の宗教」、「砂漠の宗教」とみなすことがあった。このプロジェクトは、たとえばそのようなイスラーム観を根底から批判し、イスラームがそもそも「都市的環境」において発生した宗教であるという理解を新たに提示したのである［板垣・後藤編 一九九三］。

本章の議論は、こうした「都市性」をめぐる議論にそったものである。だが、それでは、人、モノ、情報の離合集散は、一体どのようにして行われているのだろうか。言い換えるならば、彼らの人間関係はいかにして切り結ばれ、また情報やモノは取得されているのだろうか。本章は、こうした諸点について、具体的な位相から検討することを目指している。

本章の第二の論点は、この「イスラームの都市性」を牽引した板垣が提唱した「アイデンティティ複合論」にかかわるものである。多様な背景を有する人々が離合集散を繰り返す中東における人間の存在様態＝アイデンティティの特質は、状況に応じて、相手に応じて、暫定的に構築される点にあると板垣はとらえた［Itagaki 2001］。こうした特性に着目をした板垣の理論は、都市生活を送りながら、さまざまな出身地や宗教的・民族的背景を有する人々と関係を形成していくベルベル人の個人の存在様態や社会関係の特性を理論的に把握しようとする上で参考になるものであるが、本章で提示する事例を手掛かりとしてアイデンティティ複合論の問題点を明らかにしてゆく。

シュルーフの暮らしぶりや考え方について多くのことを教えてくれたのは、私がハーッジと呼んでいるI村出身の老人である。ハーッジとは、メッカ巡礼そのものを指す語であるのと同時に、巡礼を成し遂げた者への敬意の念を表す尊称でもある。本章の主人公であるハーッジは、フランスがモロッコを植民地支配していた一九三七年頃にスース地方東部の一山村であるI村で生を受けた。まだ幼い頃に故郷を襲った疫病の蔓延で両親を亡くして後、ハーッジは同じ村に住む親族の伝手を頼って首都ラバトに赴き、ラバト市旧市街にある大衆食堂などで丁稚奉公を始めた。その後、苦労を重ねた末に同じ旧市街に店舗を購入した後も、彼は故郷の人々との絆を二〇一六年に亡くなるまで大切にし続けていた。たとえば、故郷に残る兄が亡くなるまで送金し続けていたほか、その兄の子供たちをはじめ、故郷に残った甥たちを次々にラバトに呼び寄せて働く機会を与えてきた。

故郷とのつながりを大切にする姿勢は、ハーッジにのみならず同郷者の多くにみられるものである。ラバトには同郷者が多数出稼ぎに来ており、彼らは日常的に相互訪問をして情報交換をしたり、金銭の融通をしあったり、商業上のパートナーシップを組んだりしている。また、ハーッジやその甥の世代をみていると多くの者が同じ部族の人と結婚をしている。彼らは、都市生活を送っている現在も、故郷の人とのつながり、情報、評価の中に生きている。だが、本章の内容からもわかるように、親族間の関係は一筋縄でいくものではない。また、親族や同郷者以外との関係も彼らの日常生活の中で重要な位置を占めている。それゆえ、親族や同郷者との関係のみに注目すると、彼らの生活の豊かさの一面のみを切り取った偏ったものとなってしまう。

本章では、まず、ハーッジたちをはじめとしたベルベル人が向かった都市がいかなる場であり、そこで職業選択がいかにしてなされているのか、同業者間の競合関係などに目を向け、都市における商業活動の一端を明らかにする。その上で、出稼ぎを例として、親族や同郷者の紐帯が一筋縄ではいかないものであること、問屋や店員、顧客との関係の切り結び方の特徴を明らかにしていく。結果として明らかになるのは、親族や地域、民族を基準とした分類枠組みを受け入れつつも、自らの経験と目でその場その場で相手を見定めていこうとする「現実主義」的、「経験主義」的な側面である。最後に、本論での議論を受けて、中東における個人のとらえ方をめぐる理論的枠組みとしての「アイデンティティ複合論」を批判的に検証する。

第一節　シュルーフの都市生活と商業

1　出稼ぎと都市

ハーッジの出身村落の人々の出稼ぎ先は、フランスやイタリアなど海外や、スース地方内の中心都市アガディール、タルーダント、中西部のカサブランカ、ラバト、サレ、モロッコ中央部のベニ・メッラールなどである。

彼らが出稼ぎに赴いた都市がどのようなものであったのか、ラバトを例にとってみておこう。ラバトをはじめとしたモロッコの諸都市には、フランス植民地政府が採った都市政策に由来するある構造的な特徴がある。それは植民地支配以前から存在する都市の横に、新たにフランス式の都市を建設するというものである。一般に前者は旧市街（*madīna qadīma*）、後者は新市街（*madīna jadīda*）と呼ばれている。植民地支配期以前から存在する旧市街は、城壁で囲まれ、迷路のように入り組んだ細い道が住居区にあるのに対して、新市街は、ロータリーを中心にして直線的な道が放射線状に何本も伸びているパリにみられるような整然とした空間構成で成り立っている。

モロッコ独立後に多くの入植者が去り、地方から大量の流入者がラバトをはじめとした諸都市に住むようになった現在、新市街に数多く存在する区の中に高級住宅街とみなされる街区が整備される一方で、旧市街は「下町」とみなされるようになっている。ラバト市についての歴史研究を進めたJ・アブー＝ルゴドは、街区に基づく階層格差が生まれている状況を踏まえて、「都市的アパルトヘイト（urban apartheid）」とさえ呼んでいる［Abu-Lughod 1980］。

だが、新市街との対比では「庶民的」な場としてイメージされる旧市街についても、当然のことながらその内部は均質な空間とはなっておらず、裕福な人々が住むと考えられている街区と、より庶民的な街区と考えられているところがある。

ハーッジ(右)とその友人（筆者撮影）

そうしたなかで、ハーッジやその親族、I村出身者の店舗や家は、メッラーフ（Mellah）という街区のすぐ傍にある旧市街の目抜き通りに面していた。メッラーフは、もともとユダヤ教徒が集住していたことで知られている街区だが、一九四八年のイスラエルの建国、その後の中東戦争の勃発などによって多くのユダヤ教徒がこの地を離れて後は、この街区には地方から流入した人々が移り住み、現在ではラバト市旧市街の中でも「庶民的なところ」の一つと考えられている。

このほかI村出身者の多くは、旧市街ではバーブ・ルフバ（ルフバ門）、バーブ・ル＝ハッド（ハッド門）近辺など、新市街ではデュール・ジャマア地区、ジーサンク、アッカーリー地区、郊外ではテマーラなど、廉価で商品を購入できることで知られ、人が集まりやすい場所に店舗や居を構えている。さらに、アビー・ラクラーク河を挟んでラバトに面しているサレ市の旧市街や市内のタブリクト地区、郊外のムーレイ・イスマーイール地区などにも、ハーッジの出身部族、同村出身者、親族などが多数住んでいる。もっとも、長年の商売で財をなした者の中には、今日ではリヤード地区、郊外のハルホーラ地区など高級住宅地として知られる地区に邸宅を構えている者もいる。

彼らは、財力の有無にかかわらず日常的に互いの店舗を訪問し合ったり、結婚式やお七夜、葬儀などの人生儀礼に際して集まったりしており、故郷を離れて後も緊密な関係を保っている。さらに、訪問に際しては、お互いが共通の知り合いの消息や最新の動向などについて訪ね合うのが常であり、ラバト市、サレ市に在住する同郷者にとどまらず他地域、あるいは故郷に残る人々についての最新の情報が分かち合われる場ともなっている。見知らぬ人が集う都市ラバト、サレで経済活動を開始したハーッジたちは、このような同郷者たちとの日常的な紐帯を維持しつつ、慣れない都市生活を開始し、そして自分たちの生活の基盤を築いてきた。

2　職業選択と偶然

シュルーフは、出稼ぎを通じて、とくに小売業に進出をしてきた。だが、彼らの職業の選択や転職などは一体どのようにしてなされているのだろうか。当然のことながら、主体的な職業選択がなされる局面と、さまざまな条件によって選択が制約される側面が想定され得る。しかし、選択と制約の実態はいかなるものなのであろうか。ハーッジの例を通じて、職業選択の実際についてみてみよう。

出稼ぎに際しての職業については、二〇世紀初頭には部族ごとに得意とする職業分野が存在し、大衆食堂、雑貨店などといったような職業の部族ごとの棲み分けもあったというが［Adam 1973］、時代が下るにつれてそれは薄らいでくる。というのも、職業上の「棲み分け」は、あくまでも出稼ぎ開始期に親族の伝手を頼らざるを得なかったという要因に由来するものであり、必ずしも他の職業への転換が禁じられていたわけではないからである。一端仕事を始め、都市生活に慣れた後は、個々人が各自の創意工夫によって自由に職種を変えていく余地が残されていたのである。

ハーッジの場合、幼い頃に故郷を離れてラバトにやってきて以降、さまざまな仕事をしてきた。その内容は、大衆食堂の給仕、大衆食堂の経営者、衣料品販売、カイサーリーヤと呼ばれるさまざまな店舗や屋台が軒を並べる小さなモールのオーナー、家具屋、生地屋などである。大衆食堂も、何回もやっては辞めてを繰り返している。

商売を何回も変えているのは、時流をみて売れない商売から素早く身を引くハーッジの柔軟な姿勢を示している。だが、実際のところ、店舗を保有し、在庫を抱えている経営者が仕事を変えるのはそれほど簡単なことではなく、誰もがすぐにできることでもない。それに、どのような職種にでも変われるわけでもない。

ハーッジが商売を何度も変えることが可能な理由の一つは、彼が苦労の末に店舗を購入できたことに由来する。その一方で、当然のことながら仕事を変える際には、初期投資などが必要になるので、仕事の変更には、それなりの決断も、財力も必要になる。

また、仮に職業を選択できるとしても、どのような職種でもできるわけではない。たとえばハーッジの同郷者の間では、水道の蛇口、ドアのノブや建てつけ用の金具をはじめとした部品を販売するドローグリー（金物屋）が利益が得やすい職業として知られており、多くの同郷者がこれを生業としている。しかし、ハーッジはこの仕事を手がけたことはなかった。

幼い頃からハーッジに面倒をみてもらい、現在五〇代から六〇代の甥たちは、ドローグリーをラバトの隣町サレの旧市街でそれぞれ開いている。ドローグリーは大衆食堂で出す食事よりも単価が高い商品が多いので、利益を出しやすい。加えて、大衆食堂は単価が安いので朝早くから夜遅くまで身を粉にして働かないといけないのに比べて、ドローグリーは店舗に座っていられる点でも恵まれているという。長居をしてくだを巻く厄介な客もいない。

そうしたドローグリーの仕事をなぜしないのかとハーッジに問うたことがある。ハーッジが言うには、文字の読み書きや計算をきちんと習ったわけではない自分には、ああいう仕事はむかないのだという。ハーッジがドローグリーを好まない他の理由としては、ドローグリーを始めるためには大量に商品を仕入れる必要があり元手がかかること、大量の小さな商品の管理が大変なことなどもある。

いろいろな仕事に取り組んできたハーッジではあるが、十年ほど前に生地屋を始めた。仕事を始めた理由は、実のところ「行きがかり」であり「偶然」の産物である。ハーッジは生地屋を始める前に、生地販売を生業とするウマルという男性に店舗を貸していた。ウマルは、もともとメッラーフ門のすぐ外で生地屋を営んでいたが、より人通りの多いメッラーフ門の通りを好んでハーッジの店舗を借り、そこで生地屋を二年あまり開いた。しかし、問屋への代金の支払い、ハーッジの店舗賃料の支払いなどを滞らせて、雲隠れしてしまった。そのため、カサブランカにある複数の問屋は、店舗貸主であり、かつ店舗にも毎日顔を出していたハーッジのもとを連日訪れ、雲隠れしたウマルの所在と、彼に預けた商品の引き渡しをハーッジに要求するようになった。ところが、こうした督促と詰問が相交じったやりとりを続けるうちに、ハーッジとその家族は、カサブランカの問屋の人たちと知り合いになり、彼らからの誘いもあって、ウマルとは全く無関係に仕事を開始することになったのである。

もともとハーッジは店舗に顔を出していたものの、ウマルの販売に頼っていたこともあり、ハーッジとその家族は当初、生地の種類や価格、売れ筋の生地、信頼できる問屋など、生地販売を開始するうえで必要な知識、情報、ネットワークを全くもっていなかった。だが、ウマルからの賃料の支払いが一年近く滞っていたハーッジはすでに生活費が尽きかけていたので、他の仕事を始めるための元手もなかった。以前のように店舗を貸すという手段もありえたかもしれないが、店舗の借り手が出てくるのを待ち、改修工事を経て開店するまで収入が滞る状態を耐えるだけの余裕も、この段階ではなかった。問屋の誘いに乗って、生地販売を手がけることに賭けてみるしかなかったのである。言ってみれば災難の中から始まった商売だったが、これが当たり、やがてハーッジの通りにある複数の店舗がハーッジたちに倣って生地屋へと職業を変えていくことになる。

第二節　商店の多様化と競合

1　同業種の集中と模倣

今しがた見たのは職業選択において偶然が作用をする一例である。こうした例とあわせて模倣という現象に本節では注目をしておきたい。偶然と模倣は、シュルーフをはじめモロッコにおける商売、生活の重要な構成要素と考えられるからである。

そもそも中東におけるスークは、多種多様な店舗が集まることとあわせて、同じ業種の商店が集まる傾向があることでも知られている。たとえば、ラバトの旧市街には、靴屋が集まっている通りがあるが、そこは「靴市場（スーク・スッバート）」と呼ばれている。このように職種が地名になるまでには至っていないものの、ハーッジたちが店舗を構えている通りの裏には、木製家具を製作するナッジャールたちが軒を並べ、さらにその奥には、モロッコの伝統的な衣装であるジュッラーバやフキヤなどのための生地を販売している店舗が肩を寄せ合うようにして集まってもいる。旧市街には、これ以外にも貴金属店が集まっている通り、中古品販売を業とする人々が集まったジョティヤと呼ばれる場所、観光客向けの土産用品や絨毯屋が並ぶ通り、ドローグリーが集まっている通り、八百屋や肉屋などが集まった通りなどもある。だが、特定の街区に特定の店舗しか開店できないというわけではもちろんない。特定の種類の店舗が軒を並べる通りにも、他の職種の店舗は普通に見出される。同種の店舗が軒先を並べる背景の一つにあるのが、模倣なのである。

そもそもハーッジが店舗を構える通りには、多様な業態の店舗が軒を並べていた。マフラバと呼ばれる乳製品販売店、公衆電話店、ベッドのマットレス販売店、絨毯屋、ドローグリー、フッラーンと呼ばれるパン焼き屋、コピー屋、木材加工店、毛布屋などである。通りをさらに進んで行くと、散髪屋、日曜雑貨店、カセットテープ／CD販売店、食器屋、服屋、靴屋、クリーニング店、女性用の肌着店、陶器販売店、ナツメヤシなどを販売する豆屋をはじめ、多くの店舗がひしめいている。つまり、この通りは少なくとも筆者が初めて通りを訪れた一九九九年頃の段階では、特定の職種の店舗で占められているわけでは、必ずしもなかった。それが現在では複数の生地屋が軒先を並べる状態に変わっている。

今日でこそ、この通りには複数の生地屋が立ち並ぶようになっているが、ハーッジ、そしてハーッジの店舗を借りて生地屋を開いていたウマル以前に、この通りで家具用の生地屋を開いていた店舗はなかった。どの店舗もハーッジたちの店舗の開店とその成功を受けて相次いで開店したものである。このような、うまく行っている先例に倣うという「模倣」が、同種の店舗がひしめく街区形成の一つのきっかけとなっているといえる。

もっとも、先に述べたように新しい仕事を始めるのは勇気がいることである。それゆえ、既存の店舗を半分に分けて、父の代から商っている寝具の販売を継続しながら、残りの半分で生地販売を試みに開始するなどリスク・マネージメントをしている例も見受けられる。そうしたなかで、積極的に業態を転換しているのは、ハーッジたちの通りの裏手にあるジョティヤですでに伝統的な衣装の生地販売に携わっていた人々である。衣服用の生地と家具用の生地と対象は違うのだが、生地を販売していた経験を元に、職種の乗り換えを図ったのである。

こうした模倣については、たとえばベルベル人の出稼ぎについて論じたウォーターベリーも記している［Waterbury 1972］。彼によれば、モロッコ南西部の山中からベルベル人が北部の都市へと出稼ぎに赴くようになったきっかけの一つは、出稼ぎから帰って来た者がもたらす土産や金銭などを目の当たりにしたときの同郷者のライバル意識、競争心、羨望や嫉妬である。たしかに、出稼ぎのために故郷を離れたハーッジたちも、同郷者の間で互いを模倣しあいながら都市での商売を展開してきている。だが、ウォーターベリーが見落としたのは、こうしたライバル意識は、なにも出稼ぎに従事する親族内、部族内、同郷者内のみで起きることではなく、出稼ぎ先の都市で出会う同業者、隣人、友人などの間にも広くみられるという点である。そして、成功している人を真似るという行為は、商売のみならず、生活の中でしばしばみられる現象で、子供の名前の命名や、車の購入、あるいは服装、保有している携帯電話の機種など、さまざまなところでみてとれる。このことは、人々が日常的に、自分たちの身近な人たちの動向に関心の眼を向けており、新しい動向を感知すると、進んでそれを受け入れていくという姿勢を彼らが有していることを示唆する。

2 問屋と小売の不文律、商品の多様性

同業の小店舗が隣接地域に数多く立ち並ぶということは、複数の店舗に並ぶ同一商品の比較が簡単になり、低価格販売店がすぐに明らかになってしまうということでもある。一つの商品に対して二つの店舗が掲げた価格の差は、それぞれの店舗が置いている商品全体にも適用可能なものとして、顧客によって想像されてしまう怖れがある。

このような事態を避けるために家具用の生地販売の場合、問屋と小売店の間には、ある不文律が存在する。それは、同じ街区の複数の店舗と取引を行っている問屋は、同一商品をそれらの店舗に渡してはならないというものである。なぜなら、そのようなことをすれば、同一商品を受け取った商店の間で値下げ競争が始まってしまい、「スークを壊す（*kaihrrs súq*）」結果となってしまうからだ。なので、同じ柄の商品はモロッコの各都市の店舗に振り分けるか、同じ都市であっても離れた街区にある店舗に送るのが通常である。

多数の問屋が存在するという事実は、それだけ多くのデザインの商品が存在することを暗示する。さらに、問屋や工場は、販売を拡大するために次々と新しいデザインの生地を作成して、小売店へと搬送している。同じような業種の店舗が一つの街区に集中する傾向があり、かつ商品をもたらす問屋が多数存在している上に、それぞれの問屋や工場が新たなデザインの商品を次々に生産して流通をさせるという傾向は、スークにおける商品の多様化をもたらすものである。先ほど述べたような同業種が多く集まる街区の形成との関連でいうならば、問屋と小売店の間の不文律によって同一商品を販売するとしても柄や素材は多様化されており、同業種の共存が可能になりやすいし、差別化を図

ラバト市旧市街の中のスーク（筆者撮影）

ることも可能になる。

スークには多種多様なものがあふれているという指摘がなされることがあるが［堀内 二〇〇五：二六］、今日のモロッコにおける家具用の生地に限って言うならば、商品の多様性は、購買者の購入欲を刺激するために生産者が仕掛けているデザインの多様化によってもたらされたものである。

だが、実際には、商店間にも模倣の原理は働くし、問屋の側も自分の事情で「不文律」を遵守しないことは当然起こりうる。たとえば、ハーッジの隣の店舗で同一商品が販売されていたことがある。事態が判明して後、ハーッジの息子のムハンマドはカサブランカにある問屋アブドゥッラーのもとに赴き、同行した私の目の前で関係を断ってしまった。問屋を後にしてからムハンマドが説明してくれたところによれば、以前ほど販売が思わしくないために、この問屋は同一商品を同じ通りの店舗に卸すことが各店舗に与える影響や打撃について考慮しなくなってしまったのだという。同一商品を近接する店舗に卸してはいけないという不文律が存在する一方で、実際には問屋の経営事情や店主の人柄などによって、不文律はかくもたやすく破られうる。

だが、遵守すべきと考えられる不文律を問屋が犯したことを唯一の理由として、ムハンマドが関係を絶つという強い態度に出たとみるのは早計である。たしかにムハンマドが問屋との関係を断ったのは、不文律が破られたことが大きな理由となっている。だが、それだけが理由なのではない。安値で販売される生地よりも高値で売れる生地に特化した販売への方針転換、多くの問屋との関係の見直し、少数の信頼がおける問屋のみとの取引実施への移行などをムハンマドがすでに考えていたことも背景にあったからである。つまり、問屋との関係を断つという決断は、必ずしも問屋が同じ商品を卸したことにのみ起因するものではない。ムハンマドなりの複数の考慮点があるなかで、不文律の侵犯は関係を断つ上での引き金となった。だが、取引先を厳選しようとする戦略をムハンマドが採用していなかったならば、仮に近隣の店舗に同一の商品を卸していたとしても、なんらかの妥協点を探って問屋との関係を継続していた可能性も捨てきれない。注目をしておきたいのは、不文律を破ったとしても、そこには依然として関係を修復し、維持するだけの余地があり得たという点である。

もう一つ注目しておきたいのは、ムハンマドが考えていたことは、当然のことながら相手には知りえなかったという点である。これは、相手との交渉や関係において、直接的なコミュニケーションに乗せられる情報が、必ずしも問題の全容を表しているものではなく、ごく一部のもの、断片的なものであり得ることを示唆する。アラブ世界では人が饒舌に喋るという場面にしばしば出会う。そして、研究者もまた、そうした語りの重要性を認識し［Caton 1987］、現地の人が用いる鍵となる民俗概念として「言葉（*kelma*［dr.］）」や「嘘」に着目してきた［Eickelman 1976: 143-144；Gilsenan 1979］。だが、実のところ、本当に重要なことは発話されていないのかもしれないのだ。この点と関連して興味深いのは、ハーッジの同郷者が会話の折にしばしば「意味がわかったか」と問うことが半ば習慣化しているという事実である。ここでいう「意味がわかった」とは、発せられた言葉の意味を字義通りに理解したという意味ではない。そうではなく、発せられた言葉の裏の意味、言外の意味がわかったか、という意味である。つまり、言葉は額面通りには受け取らない、発話者の意図はその饒舌な語りの裏にあると判断されるのである。さらに、彼らは自分が直面した出来事について話をする際に、何気ない行為や身振りにも意図を見出そうとする。いうなれば、ここには意味への執着の強さと、言葉を通じて伝達される意味の直截的な理解への懐疑がある。つまり、コミュニケーションと情報の取得においては、言葉や概念のみを信頼するというような形で意味は探求されていない。むしろ、間身体的な場における振る舞いへの関心と注意深い観察によって意味は追求されているのである。

この点とあわせて注目しておきたいのは、アブドゥッラーとの諍いは個人間の問題ととらえられアブドゥッラーの一族にまでトラブルは拡大していなかったという点である。アブドゥッラーが仕入れていたのは安い価格帯の生地——一メートルあたり三〇ディルハム——であった。これは売れ筋であったので、高い価格の商品を充実させていくとしても、外すことはできない商品であった。そもそもムハンマドが高い価格の商品を充実させようと考えたのは、隣の店舗が安い価格帯の生地を主力の商品として多数販売するばかりか、同業者の問屋から同じ品物を取り寄せて、他店よりも安い価格で販売していたためであった。低価格競争の流れに乗ってしまったら、売り上げが下がるばかりなので、その流れから脱するために、高価格帯の商品に活路を見出そうとしたのである。だが、そうだとしても庶民街である旧市街にやってくる顧客には安い価格帯の商品を求める者が多いのは事実である。それゆえ、アブドゥッラーとの関係を断ったとしても、安い商品を置かないわけにはいかない。そこで、ムハンマドはアブドゥッラーとは関係を断ったのにもかかわらず、その弟の問屋からは商品を取り寄せ続けていた。アブドゥッラーの一件から見えてくるのは、問屋と小売りの不文律だけではなく、少なくともムハンマドの例に限って言うならば、彼は、兄弟を一族とみなして全面的に関係を断つことなく、兄弟とはいっても全く別の相手と考える「個人主義」的な視点に立って関係を絶ったり、あるいは維持したりしている点である。

第三節　商業における人と情報

1　出稼ぎをめぐる倫理と人間関係――親族、家族、女性

時代に翻弄されつつ自分たちの生活を切り開く上で、スース地方出身者がしばしば活用したのが、親族や同郷者の人間関係であった。実際、それは、出稼ぎを開始するための伝手としてのみならず、店舗の購入や商売上の金銭の融通、商売のパートナー探しや結婚相手探しなどにおいても、今日でも重要なものであり続けている。さらに、一九九〇年代以降には故郷の人々の生活を助けるための互助会が各地の部族や村落を単位として数多く設立されており、故郷の村落への電気や水道の敷設や未舗装道路の舗装化をはじめとしたインフラの整備や、学校の設立を進めるための中核を担うようになっている。

親族や同郷者の伝手を活用して出稼ぎに赴いた者は、自分の店舗を保有すること、自分独自の「商売の計画（*mashrū'a*）」を持つことを夢としてしばしば語る。そして、自分の店舗を保有した暁にはさらに商売に励んで家を購入し、家族を故郷から都市へ招き寄せるというのが典型的な「サクセス・ストーリー」である。

ただし、自分の店舗を得、都市に家を建て、家族を呼び寄せて、という話はいずれも自分の家庭にかかわることであって、これらの実現だけでは、同郷者からの羨望の的となることはあっても、それだけで尊敬の念をもって受け入れられはしない。商売と家庭を安定させた暁には、親族が就業する機会を設けること、すなわち都市への出稼ぎや開店の手助けをすること、あるいは故郷で生活を送っている同郷者を支援すること――その具体例として先に挙げた未舗装道路の舗装化のほか、井戸の設置、モスクの改修などがある――などが求められる。自分のことだけに専念をしていては周囲の人からは評価をされない。同郷者を支援するところまでできて、はじめて人々から敬意をもって受け

入れられる。こうした家族や親類縁者の食い扶持を確保できるだけの器量と実力を備えた人のことを、ハーッジなどは「有能（*kapable* [dr.]）」と形容したり、「男（*argāz* [ta.]）」と呼んだりしている。親族や同郷者の紐帯は、このような故郷に残された者の支援をめぐる規範によって支えられている。

幼い頃に故郷で流行った疫病で両親を相次いで亡くして後、兄の保護下にあって村で羊の放牧をしていたハーッジの場合、前章でも記したようにラバトへの出稼ぎを手引きしてくれたのは、同じ村に住む遠縁の男性である。ハーッジは、羊飼いとしての仕事の厳しさから逃れたいという気持ちと都市に赴いて金銭を得たいという気持ちが強かったことから、出稼ぎを決心したという。多年にわたる仕事の末に自分の店舗を構えるようになってから、今度は自分の兄や姉の息子たちを故郷から呼び寄せ、店舗で働かせたり、あるいは彼らが自分の店舗を持てるように支援をしてきた。さらにこうした甥たちは、自分の店舗を構えるようになると、弟たちを故郷から呼び寄せて、彼らが自分の店舗を構えられるように資金や商品を準備したりもしている。こうした点からすると、出稼ぎは、先にも記したように個人の利益の追求のみを是とするのではなく、社会的な責任を伴ったものであるとはいえ、それが強固な親族関係や同郷者の紐帯を形成するのに一役買っているともいえる。

ただし、家族や親族、同郷者の紐帯は彼らの出稼ぎにおいて重要なものではあるものの、その関係は一筋縄でいくものではない。故郷から親族やオジ、兄などの助けによって都市での経済活動を開始した者が、支援者を出し抜いたり、支援の恩を忘れるということも、実際のところしばしば起きる。たとえば、ハーッジの親族の例では、店舗を構えるのにあたって、兄の店舗から自分が好きな商品を持って行ってよいと言われた弟が、単価が高くよく売れている商品ばかりを持ち出したことがあるという。弟は、兄の助けで村を出てきていたのだが、兄に代わって店番をしている過程で売れ筋の商品や利益の高い商品に習熟していた。他方、兄は弟に店を任せてからあまり店に顔を出さなくなり、商品管理が甘くなっていた。弟はその隙をついたのである。その後、弟が堅実に商売を伸ばしていったのに対して、兄はその後商売が頓挫し、店舗を売却しなければならなくなってしまった。だが、困窮した兄を弟が支援することはなかった。

ハーッジの場合も、支援をした親族に商品や売り上げを持ち出された経験がある。ウォーターベリーによれば、出稼ぎに従事するシュルーフが最も忌み嫌うのは「食べられてしまう」ことであるという［Waterbury 1972］。「食べられる」とは、店舗を任せた人に商品や売り上げを盗まれることをさす。ところが、ハーッジの店舗に集まる同郷者の会話でも、ハーッジの自宅における夜の団欒の時間にも、あるいは故郷に帰省をした男性たちが集う場においても、強い関心をもって話題として挙がってくるのが、こうした醜聞である。親族、同郷者にかかわらず商品や売り上げが盗まれること、「食べられてしまうこと」は、現実に起きており、人々の強い関心の対象となっている。

このこととあわせて注目をしておきたいのが、親族であれば誰でも対等に支援しているわけでは必ずしもないということである、ハーッジの場合、特徴的なのは姻族との関係である。彼は、自分の親族、姉の息子たちや兄の息子たちを積極的に呼び寄せている一方で、多くの妻方の親族との関係は注意深く回避し続けてきた。その理由は、妻方の親族には「難しい（*sa'īb*）」人が多いからだという。

ただし、それでは妻方の親族を軒並み忌避していたのかというと、これもそうではない。妻方の親族の中で、とくに妻が深い尊敬の念をもっている人物に、兄アリーがいた。彼は、故郷で飢饉があったときに、故郷の人々をカサブランカに呼び寄せて養ったり、礼拝をはじめとした宗教的義務を遵守する敬虔な人としてつとに知られていた。ハーッジはこのアリーをとても信頼しており、一緒に商売を始める話を進めていたという。こうした点からすると、ハーッジが姻族の個々人の性格と人となりをよくみているのみならず、関係構築においてはそれが重要な点となっていることがうかがえる。

ところが、ハーッジとアリーの商売上のパートナーシップについて、ハーッジの妻ハーッジャは難色を示していたという。ハーッジャによれば、「商売は姻戚関係を悪化させる」というのだ。もし商売でなんらかの問題が生じた場合に、夫と兄の間で自分が板ばさみになってしまうことも、自分が好きな二人の仲が悪化することも望まないので、商売を一緒にするのは避けてほしいと常々言っていたのだという。

ここには男性中心的に見える商業活動において、実は妻や関係する女性の見解や発言が重要な役割を担っていることがうかがえる。実際、ハーッジやムハンマドの生活を日々みていると、彼らは食事の折をはじめとした団欒の機会に、日々、事細かにその日起きた仕事上の出来事や隣人、知人、同郷者について話し合っている。そうした折には、夫、妻や、兄、妹などの関係にかかわらず、互いに意見を出し合っていた。たとえば、現在フランスで生活を送っている長女ファーティマは、二〇一三年夏に帰国をした折に店舗に立ち寄って、店の飾り付けや商品の展示法、店員の顧客との接し方や働きぶり、あるいは兄、父の働きぶりを見た上で、帰宅後、自分の見解を兄や母、父に事細かに伝え、商売の仕方の改善を求めたことがある。ムハンマドは店舗に出た折に妹の意見が妥当なものかどうか自分なりに確認をし、それを取り入れて店員たちの働き方に改善を求めたり、商品の展示法を変更している。

中東の社会は男性中心主義的で、家は女性の空間、屋外は男性の領域とみなす理解が提示されることがある［大塚一九九九b］。しかし、ハーッジの家族の様子をみていると、男性の領域と思われがちな「外」——この場合では「店舗」——における活動が実は女性たちの見解や助言によって支えられており、女性たちも影響を及ぼしていることが見えてくる。

さらに店舗は男性が主に経営をしているが、ハーッジが大病を患った折には、ハーッジャや娘たちが店舗に出て働いていたこともあるほか、ハーッジが店舗を構える通りには、女性が店主として経営を切り盛りしている店舗もある。こうした様子をみていても女性の店舗経営への関与は、それぞれの家族の事情に応じて変化するといえる。

ところで、今しがた提示したのは、姻族を巻き込むのを忌避するという事例であった。ハーッジたちのように姻族との関係は難しいと考える者がいる一方で、当然のことながら、その逆に姻族との関係を積極的に活用する者も存在する。ハーッジの甥イブラーヒームがそうである。イブラーヒームは、姻族との関係が非常に強く、イトコを故郷から呼んで店舗を切り盛りしてもらっただけでなく、故郷に帰省する際にもアガディール市や故郷にある姻族の実家に挨拶に赴き、遠縁の人とも良好な関係を保つことに余念がない。イブラーヒームの場合には、妻の強い後押しがあって、姻族との関係は保たれている。

こうした関係の運用に際しては、夫婦間の関係において妻が自分の兄弟などの支援を求めるか否か、それを夫が聞くかどうか、姻族の性格や評判、あるいは店舗を任せることができる人物が他にいないのかどうか、呼ばれる姻族の経験などをはじめとしたさまざまなその時々の要因が、親族を呼ぶのか否か、呼ぶとした場合には誰を呼ぶのか、といったことに大きく影響をしている。その意味では、親族を重視するという一般化した語りがある一方で、実際の選択に際しては柔軟な対応が、個々人によってなされていると言ってよい。

2　人を雇う、人に雇われる

こうした点とあわせて見逃せないのは、ハーッジたちが、親族や同郷者、モロッコ南部出身のベルベル人のみならず、アラブ系の人々とも商売をしてきたし、店舗の中でも雇い入れているという事実である。

シュルーフの同郷者との強い結びつきをみていると、彼らは都市生活を営むにあたって、シュルーフだけの閉鎖的なネットワークを形成しているかのような印象を受けるかもしれない。さらに、中東というと、部族や同郷者のネットワークが強固なものであるというイメージもあろう［Eickelman 2013: 20］。しかし、婚姻や商業上のパートナー、従業員としてどういう人が雇われているのかを注意深くみてみると、同郷者や親戚が重んじられる一方で、他地域のベルベル人やアラブ人などとも緊密な関係が結ばれていることが明らかになる。

さらに、雇われる側の視点からみても同じことがいえる。現在五〇代から六〇代を迎えつつあるハーッジの甥の世代に属する者は、丁稚奉公から叩き上げて店舗を保有できるまでになってきた。これに対して、その次の世代の者は、親が店舗を保有している場合にはその商売を継げるものの、親が店舗を保有できなかった者が、自力で店舗を購入することは現在のモロッコでは難しくなっている。こうした立場に置かれた青年層は、同郷者の伝手を活用して知り合いの店舗で職を得ていることが多い。しかしながら、彼らは必ずしも同郷者のネットワークの中だけで職を探しているわけではなく、シュルーフ以外の人との関係を積極的に作りながら、転職をしてもいる。

そのうちの一人、ハーッジの姪の息子サイードの場合、まず親族関係の伝手により、ハーッジの店舗で働き始めた。店舗において彼は、顧客に生地の説明などをした上で、顧客が購入した生地を旧市街の外にある車まで運んだり、あるいは仕立屋を紹介したり、場合によっては同行したりするなど充実したサーヴィスを心がける一方で、そうした折に自分個人の名刺を配り積極的に自分を売り込んでいた。その甲斐あって、顧客であった人から引き抜かれ、新たに観光ビジネスを展開するために湾岸産油国から進出した会社の運転手へと転職をしている。

逆に店員を雇う立場から見るとどうであろうか。親族を雇うことはしばしば困難を伴うものである。生地屋の仕事が軌道に乗りだしてからは、店員を選ぶのは息子ムハンマドがもっぱら行っていたが、店員として働く親族の多くはムハンマドと年齢が近く、また長年ハーッジの下で働いてきた経験があり、かつヨソ者ではないことなどもあって、ムハンマドの販売方針や接客方針などに従わなかったり、無断で欠勤をしたり、自己流での接客を通すことなどもあった。問題がこじれた際には、姪の息子や甥は店を出ていくのだが、姪や甥の兄弟の仲介があったり、本人自身の希望があったり、あるいはハーッジたちの方から声をかけて、何度も働きに戻ってきてもいた。こうした問題が繰り返された後に、生地店を開いてから早い段階で働き始めたサイードともう一人の親族ムハンマドは、いずれも数年前に店舗を去ってしまった。

もともと親族関係の難しさを常日頃から感じていたムハンマドは、こうした出来事を受けて親族以外の人の方がうまくいくと考えるに至っている。ハーッジの場合は、母方の親族を忌避する傾向があったが、ムハンマドの場合、幼少の頃より目の当たりにしてきた親族間の問題などを踏まえて、父が重んじた父方の親族との仕事上のつながりをも忌避している。

だが、それでは、親族以外の人は一体どのようにして、店員として働くようになったのだろうか。たとえば、二〇一四年の時点では、旧市街の店舗では二名の男性、ジャマールとアブドゥルラティーフが働いていた。ベルベル人ではなく、ワッザーンというモロッコ北部の都市出身のジャマールは、ハーッジたちと同村出身の男性アリーと、家賃を折半して間借りをしていた。ジャマールは、もともとハーッジの店舗の裏手のジョティヤにあるジュラーバの生地屋で働いていた。他方、アリーはジョティヤの近くにある大衆食堂で働いているが、長年住み慣れていたメッラーフ門近くのアパートから家主に立ち退きを命ぜられ、新たに間借りをするための相手を探していたところ、ジャマールと知り合った。ジャマールがハーッジの店舗で働き始めたのは、アリーが「ジャマールがお店を変わりたいと言っているが、雇ってやれないか」と口利きをしたのが、きっかけである。

これに対して、アブドゥルラティーフの場合には、ハーッジたちが関係する仕立屋とのつながりで働くようになった。日本とは異なり、モロッコでは、ソファー用の生地を購入した上で、それを仕立屋に持ち込み、自分たちが望む形に仕立ててもらう必要がある。このため顧客は、生地を購入したらそれを仕立屋に持っていかなければならないのだが、仕立屋についての知識がない場合には、店舗の人に仕立屋を紹介してもらう必要が出てくる。裏を返すと仕立屋としては、少しでも顧客を獲得するために、小売店の店員に顧客を斡旋してくれるようあらかじめ依頼をしてもいるのである。他方で店主としては、自分たちが出すさまざまな要望——仕立ての期日の短縮や、仕立て方の変更、追加注文など——に臨機応変に対応できる仕立屋と関係を結んだ方が仕事がやりやすいので、持ちつ持たれつということで、仕立屋と「非公式的」なパートナーシップを結んでいる。

このため、仕立屋と小売店の間には日常的にやりとりがあり、お互いの親族や雇用者などについての情報も共有されている部分がある。アブドゥルラティーフの場合には、ハーッジたちが関係を有していた仕立屋アブドゥルマジードと同郷者で、アブドゥルマジードの親戚が経営する仕立屋で働いていたのだが、そこで問題があり、アブドゥルマジードの口利きで、ハーッジの元で働くこととなった。ちなみにアブドゥルマジードたちはモロッコ東南部のオアシス地帯エルラシディアの出身で、ハーッジたちは、彼らのことをサハラーウィーと呼び、シュルーフとは区別している。

二〇一四年の時点では、この二人が働いているが、たとえば生地屋を始めて以降働いていた人たちを振り返ってみると、①ムハンマドの友人（ラバト出身のアラブ人）の弟や、②雲隠れしたイドリースの親戚で、イドリースの店舗で働いていたハサン（アラブ系）、③先ほど挙げたハーッジの甥および姪の息子たち、④エルラシディアというモロッコ東南部出身のサハラーウィーのムハンマドなど多様な人がいる。親族以外の人は、友人、仕事上のつき合いのある人々を経由して、働き始めている。

さらに、ハーッジたちは、二〇一四年の時点では仕立屋を用いずに、自分たちのところで仕立ても行っていた。これは、仕立屋に注文した場合におきる誤解や時間のロスを避けられ、かつ、仕立てにかかる利益も得られるからであるが、この仕事に当たっていたのは、かつて別の仕立屋で働いていたコンゴ出身のキリスト教徒の男性である。ムハンマドは、別の仕立屋で働いていた彼を引き抜いてきたのだ。彼を引き抜いた理由は、仕事が確かであること、真面目に働くことが大きな理由であるという。

このような店員の雇われ方、彼らの出身、宗教をみていると、ハーッジの親族が雇われることもあるものの、必ずしも親族や同一部族、民族にこだわりがない様子がみてとれる。さらに、雇われるルートも、自分たちの知り合い・友人や取引のある人々など、さまざまな筋道があることもうかがえる。また雇用に際しては口利きをした人を信用して、働くことになる人の仕事ぶりを事前に確認する研修期間をおくということもしない。

以上のことからうかがえるのは、ハーッジがかつて親族の伝手を頼ってラバトに出てきたときのように親族や部族が重要な紐帯の一つであるのは事実であろうが、それらの関係のみを取り出して彼らの社会関係をとらえようとするのは、現実の生活における彼らの社会関係の広がりの一面にしか光を当て得ないということである。むしろ、個々人は、自分が置かれたそれぞれの状況の中で、偶然という要素も多分に孕みながら、家族、親族、同郷者、知人、顧客をはじめとした関係や出会いを柔軟に活用して、自らの生活を切り開いているのである。

３　引き抜き、他者への関心、雑談

今しがた確認をしたのは、個人が自らが活用可能な伝手を作り出し、転職をしてゆく様であるが、引き抜く側からみるならば日常生活の中で出会う人々は、みな引き抜きの対象となる潜在的可能性を秘めているということである。そういう意味で、自分が行きつけにしている商店などの店員も、単なる店員と顧客の関係に終始することなく、新たな関係へと発展する可能性は否定できない。

そもそも商業活動と関連した引き抜きは、競合する商店間においてみられる。たとえば、同じ生地を販売する店舗が増加すると、互いの動向が気になるものである。だが、店舗が軒を並べている通りを日頃から歩き、他店の前を通り過ぎるからといって、そうした折に他店の中を覗き込んだり、あるいは、店舗の中に入ることは通常避けられる。お互い、店主や店員、さらには家族などの顔を知っているため、互いの動向が気になるからといって、店主、店員のみならず家族や知り合いが他店に入り商品を眺めていると、販売している商品の種類、展示法、価格などを詮索していると受け取られてしまうのである。

だが、店舗の奥の方にどのような品物が置いてあり、いくらで販売をされているか、さらにはどの問屋から仕入れているのかを知りたいのは人情である。そのため、友人や知人などに客を装わせて価格を確認させたり、場合によっては店舗で働いている人をヘッドハンティングで引き抜くことも当然起きる。ハーッジたちの場合も、ウマルの下で働いていたラフセンは、ハーッジたちの経営が軌道に乗ると同じ通りにある生地屋に引き抜かれてしまっている。

また、同業種間の引き抜きではないが、店員が顧客から引き抜かれるということもある。ハーッジの例ではないが、私がモロッコに長期滞在を始めた当初にラバト市でアラビア語の教師となってくれたムハンマド（ハーッジの長男ムハンマドとは別のムハンマド）の例をここではみてみたい。筆者が初めて出会った頃、ムハンマドはラバトにあるムハンマド五世大学のイスラーム学科を卒業して数年経ち、ラバト市内にある最大の書店の店員として働いていた。当時その書店は在庫を管理するためにパソコンを導入したばかりで、その役割を担当したのがムハンマドであった。この仕事を通じて、彼は書店内にある書籍についての知識を深めた。その上でムハンマドは、モロッコ国内外から書籍を探し求めてやってくる顧客に対して、データ入力で得た知識も活用しながら、顧客が探し求めている書籍に加えて関連書籍をあわせて薦めたり、イスラームについての話をするという丁寧な対応をとっていた。こうした対応を続けていたところ、彼は顧客の一人であったクウェート大使館職員からその働きぶりを評価され、クウェート大使館の現地職員として働くこととなったのである。一介の書店員が大使館の現地職員になるという話について、ハーッジの長男ムハンマドをはじめ、私の知人はそうあることではないと答えるが、その一方で、偶然出会った人に引き抜かれたりするのは、ごく当たり前の、よくあることだと認めている。

前項の伝手の話や、ここでの引き抜きの話からうかがえるのは、転職などに際しては、引き抜く側も引き抜かれる側も、直接自分の目で相手をみて、どのような働きをしているのか、その姿を確認することが基本になっているという点である。日常生活ほど、その人の実力が如実に出る場はないからである。個々の店員の対応やしぐさ、言葉は本人の個性が溢れたものとなる。他の仕事へ移りたいと考える者にとっても、働き手を探している者にとっても、日常的な振る舞い、会話や雑談を通じた情報交換こそが重要なのである。その意味で、仕事と日常生活の間に、仕事とプライベートの間には隔たりはない。

こうした点を踏まえて、ハーッジたちが生地屋を始めるにあたって、問屋がどうやってハーッジたちのことを信頼したのかをみておきたい。実のところ、ウマルが雲隠れをする以前、ハーッジはオーナーとして、店舗に毎日顔を出してウマルの生地販売を手伝っていた。店舗はハーッジのもの、販売者はウマルということで儲けを折半するというのが条件であった。この期間に、毎週のようにカサブランカの問屋から布地を搬入していた問屋の店員たちは、ウマルが開いている店舗の所有者がハーッジであること、ハーッジが通りの古参であること、近隣で非常によく知られた人物であること、ベルベル人であることなどをはじめ、ハーッジに関する基本的な情報を、商品のやりとりをする際、あるいは他店に別の商品を運んだ際や、近隣の店舗の店員との会話を通じて入手していた。

興味深いのは、ハーッジに関する情報は、取引先などとの日常的な雑談の中からすでに得られていたことである。このことは、人々の日常的な振る舞い自体が人々によってみられ、知られ、評価の対象となっていることを意味する。ハーッジは、長年旧市街で商売をしてきたことから、出身部族の人々のみならず、ラバトの旧市街に店を構えている商人たち、住人、ラバトや他市から顧客として彼のもとを訪れる客に広く知られていた。

さらに、出身部族の人たちの中には、ラバトおよびその隣接都市で店舗を構えている人々、店員として働きに来ている人が多数存在する。つまり、出身部族の間でのネットワークは、単に都市と故郷をつなぐだけでなく、都市内部にも緊密に張り巡らされている。くわえて、旧市街、新市街という空間的な区分を超えて、ベルベル人の商人が至る所で店舗を構えていたり、あるいは店員として働いている。ベルベル人は、アラビア語モロッコ方言が日常的に用いられているラバト市においても、ベルベル人であるとわかると互いに打ち解けてベルベル語で話をすることが多く、部族を超えた情報交換が日常的に行われている。このように二重三重になった情報網の中にハーッジはいた。

ハーッジたちが初めてカサブランカの複数の問屋を訪れた折には、問屋の店主たちはすでにハーッジたちのことをよく知っていた。とくにシュルーフの問屋などは、商品を配送するにあたって前金を受け取ることも、書類を作成することもなく、ハーッジたちが好きな商品を希望するだけ持って行ってよいと伝え、さらに売り上げについても、支払い期限をとくに切ることなく、払えるときに可能な範囲で支払いをすればよいと告げたという。その後二〇一四年現在に至るまで、その方法でハーッジたちとの取引を続けていたが、通常の取引関係であれば商品を受け取る際に前金を支払い、さらに納品した商品の書類や個数を記した請求書や納品書に相当する書類を作成し、支払いについても期限が切られるものである。それゆえハーッジに対する、このような対応は破格のものであったといえる。こうした信頼関係を得ることができた背景には、ハーッジが出稼ぎを開始して後、多くの親族や同郷者を助けつつ、商売においても人々の信頼を勝ち得る姿勢を示し続けていたこと、その人柄やそれまでの行状が同郷者の間に広く知られていたことがある。つまり、信頼を得た背景には、個々人の行為や振る舞いに対する多年にわたる生活の荒波の中での「査定」や評判がある。

だが、日常生活において人々が互いに関心を寄せ合っているのは、モロッコのみならず他地域にもみられる当たり前のことかもしれない。しかし、その度合いがモロッコでは強いように感じる。これはなにも筆者個人だけの感想ではない。セフルーというモロッコ中部の地方都市で調査を実施した人類学者H・ギアーツは、モロッコにおける隣人への関心を指して「衆人環視（publicity）」と表現してさえいる［Geertz, H. 1979: 334］。ところが、こうした表現は、筆者やギアーツのような外国人だけが感じているものではないようで、モロッコ人自身が、FBIをもじって「ハディー・アイ」という造語を生み出しているほどである。ハディーとは、アラビア語モロッコ方言で、「監視する」という意味である。アメリカ人のギアーツに言われるまでもなく、自分たちで、自分たちの特徴を的確に把握しているのである。

第四節　社会関係構築の論理

1　シュルーフの「文化的自画像」

これまでのところでハーッジたちを事例として都市生活を送るシュルーフが柔軟に社会関係を切り結ぶ様子をみてきた。だが、このような関係構築と並行してハーッジたちは、アラブとの差異を基にしてステレオタイプ化された「文化的自画像」も醸成している。前章でとりあげたI村の様子をふり返りつつ、この「自画像」の特徴を明らかにしてゆく。

I村では、出稼ぎに赴いていた村出身の青年・壮年が多数帰郷する主たる機会として、夏およびイスラームの二大宗教祭の一つ犠牲祭、それに断食月がある。夏に帰郷した者は、日中は村のはずれにあるアルガンの木陰、夜は、同じく村はずれにある平らな石を円形状に敷き詰めたアンヌラール（*annrār* [ta.]）と呼ばれる脱穀場などにそれぞれ腰を下ろして四方山話に興ずる。また、冬には村の中ほどにあるモスクの中に併設された、暖を取るための部屋（*akhrbish* [ta.]）などに夕食後、成人・青年男性が集まって軽口や冗談、噂話、さらにはヌクタ（*nukta* [ta./dr.]）と呼ばれる笑い話に興じるという情景が日夜繰り返される。こうした場での話題は、その場での雰囲気や集まった者の性格、付き合いの深さなども関係し、当然のことながら一定したものではないが、I村出身者の動向や噂話、あるいは事件などが話題となることが総じて多いという傾向は指摘できる。そうした話題の一つに、たとえば村出身の男性が初めて都市に出稼ぎに出た際に遭遇した言語上、仕事上、あるいは都市生活におけるシュルーフに対する偏見などをはじめとするさまざまな苦労話がある。

モロッコにおいてシュルーフ内外の人からしばしば筆者が耳にしたシュルーフに関するステレオタイプなイメージの一つは、シュルーフは丁稚奉公などをしながら朝早くから夜遅くまで仕事に励み、小銭を一生懸命に節約して貯め、最終的にはそれで自分の店を持ち、お金持ちになるというものであった。ここでの力点は、勤勉、節約、そして最終的な経済的成功という三点にある。

実のところ、ここで筆者が「節約」と訳した用語は、「ズカラーム（*zqarām* [dr.]）」というアラビア語モロッコ方言である。この語には、正確には「節約」というよりも、むしろ揶揄・侮蔑・からかいの意味合いを込めた「ケチ」という訳語をあてる方がふさわしいものである。つまりズカラームとはマイナスのイメージを伴った語である。シュルーフは、自分たちがたとえばアラブなどから「ズカラーム」と呼ばれることがあることを知悉しており、また自分たちの間でも同郷者や友人・知人・親族などの「ズカラーム」ぶりを好んで話題としている。

シュルーフをめぐるこのようなイメージは今に至るまで引き継がれているものであるが、とくにI村のハーッジと同世代の人々が出稼ぎに赴き始めた頃には、シュルーフに対する都市での偏見は厳しいものであったという。彼らの間では、自分たちや同村出身者などの経験から、都市で出稼ぎに出た当時のシュルーフの苦労話が切実なものとして未だに記憶に鮮明に残っている。そうした経験と記憶を有するハーッジがシュルーフについて語る際には常に「シュルーフは、きちんとしている（*Shlūḥ ma'aqūl* [dr.]）」、「慎ましやかだ（*driwsh miskīn* [dr.]）」、「信頼に足る（*tiqa* [dr.]）」、「忍耐強い（*taiṣbar* [dr.]）」、「酒を飲まない（*mā kaishrb sh* [dr.]）」、「嘘をつかない（*mā kaikdb sh* [dr.]）」など一貫して肯定的なイメージの表現を用いていた。

こうしたイメージはなにもハーッジのみが抱いているものではなく、シュルーフが集まる席、あるいはアラブとシュルーフについての対比的な語りがなされる場合には、繰り返し筆者が聞かされたものである上、筆者の経験からするとインドゥッザルの人のみがこうした語りをするのではなく、他部族出身のシュルーフ、さらにはシュルーフと長年の付き合いがあるアラブの人の中にもこうした一般的なイメージに対して同意する者がある。

翻って、ハーッジなどがアラブについて語る際には、「飲酒にふける」、「嘘をつく」、「忍耐強くない」、「家族を大切にしない」などなど、先のシュルーフについての自己イメージのほぼ裏返しの否定的な価値観が伴うことが多い。同時に、これらの指標は、シュルーフの中に飲酒にふける者などを批判する論拠ともなっている。これらの指標は、自他の差異化を可能にするだけでなく、道徳的・宗教的価値観をも含み込んだものとなっており、シュルーフ自身の生活を律する規範としての効果をも併せもつものとなっている。

以上のような点を要約するならば、ハーッジの事例にみられるようなシュルーフの自己表象は、その反転像として否定的な価値観を帯びたアラブに代表される他者表象の存在をもって成立しうるものであり、かつ、これらの表象は道徳的・宗教的規範と連動している。次節では、以上のような効果をもつ「文化的自画像」が成立する背景としての「都市的環境」および、人物評価を媒介として形成される社会関係についてさらに検討を続けてゆくこととしたい。

2 都市的環境と社会関係構築の論理

さて、先に記した素朴で勤勉なシュルーフという自己表象は、出稼ぎを通じて小金を少しずつ貯めることによって店舗を購入し、経済的に成長していくという、シュルーフに広く受容された自己イメージ、「経済感覚」とも対応した内容をもつものであるかと思う。

この場合に、彼らが経済的活動に従事する主要な舞台となった都市という環境は、人・モノ・情報が過剰にあふれた場であることをその特徴としていた。そこでは個々人は各自が置かれた状況に従って自らにとって有利な社会関係を構築してゆくために、家族、親族関係、同郷者のネットワーク、さらには宗教教団への帰属、教育を通じて形成された友人や師弟関係、商取引の相手、パトロン・クライアント関係、顧客との関係、同業者などとの関係を個々人が有効に活用することを要請する場でもある［Geertz 1979；堀内 二〇〇五］。さらに、ここで重要なのは、個々人が獲得した情報は、自らの社会的立場をより一層優位なものとすべく他者に対して秘匿される傾向があるという点である。

このような、情報が断片化され、秘匿されるのと同時に、さまざまな媒介を通じて個人が多様な人とのネットワークを構築しうる社会においては、裏を返すと個人がすでに確保している親族や同郷者などのネットワークは、社会的・経済的活動を行う上でもっとも簡便に活用可能な「資源」として重要性を帯びてくる。「シュルーフならば信頼に足るのだ」という素朴なまでの自負心は、裏を返すならば、ハーッジの場合のように親族の伝手を唯一の頼りとして村から都市へ出てきた者にとって、親族や親族的なイディオムの延長上にある部族やシュルーフ間のネットワークと相互扶助、さらにそれらのネットワークの維持を可能にする「信頼」が決定的なまでに重要な要件となっていることとも無縁ではなかろう。ハーッジをはじめとするシュルーフの肯定的な自己表象は、このような文脈に位置づけて理解されるべきものである。

ところで、都市生活を送るようになったハーッジをはじめとして、モロッコ人の間では一般に、人間関係、金銭関係、取引関係などで生じる問題が日常的に話題となる。モロッコで特徴的なのは、「だまされる」「かつがれる」ということがしばしば生じることである。そうした事態は、モロッコで日々耳にする日常茶飯事といってよいが、その故にこそ、人々は常々、知人も含めて他者に対して警戒心を抱き、さまざまな断片的な情報をもとに人物評価を行っていることが多い。そうした人物評価を行う上で参照されるのが、信仰や宗教的規範、さらにはその延長線上にあると考えられる諸々の行動をめぐるものであり、先に記したような「飲酒をするか」「喫煙をするか」「結婚しているのに妻以外の女性と出歩いたりしていないか」「嘘はつかないか」「礼拝はするか」、などの行為にかかわる指標である。興味深いのは、こうした諸点についても、再びシュルーフに関する自己言及においては、シュルーフはこうした「宗教的規範」の遵守をきちんと行うのに対して、アラブは、こうした項目を遵守しないいい加減さを併せもっているということがしばしば指摘される点である。

このように民族的差異を一般化して語るシュルーフの語り口には、それを宗教的規範と連動させて、等しくムスリムであるはずのアラブなどとの関係において、自らこそが「正しいムスリム」であるとして自己表象を行う傾向がある。しかしながら、こうした強固な定型化された自己イメージとは裏腹に、シュルーフの内部は決して一枚岩化しておらず、さまざまな社会的背景を有する人々が錯綜した関係を形成していることも事実である。

それではシュルーフの「文化的自画像」は必ずしも民族的差異に拘泥しない彼らの社会関係構築とどのように関連づけられるのであろうか。

本章におけるハーッジの事例を踏まえてシュルーフの社会関係構築の特徴をとらえ直すと、以下のようなことが言える。まずはアラブをめぐる一般的なイメージがあるが、実際に商取引、パトロン・クライアント関係などを通じて社会関係を構築する際には、相手の人物、人柄が重視される。その際に注意されるのはすでに挙げた相手の出身民族のほかに、地域、家系、経済状況、職、居住地などのみならず、言葉、衣装、表情、振る舞い、あるいは断続的にではあれ長期にわたるその人との相互交渉過程の中での当該人物の言葉の吟味などである。また、これとあわせて重要なのは、その人物をめぐる噂の獲得や、さらには、仲介者を介して当該人物との知遇を得た場合には、仲介者そのものの評判や当該人物との関係もまた、その人の人柄や信頼性の高さを傍証する指標の一つとして参照されうる。以上のようなさまざまな断片的な情報が、対面状況下において、あるいは他者の手を経由して間接的に収集された後、それらを参照することによって相手の素性や特性が見定められることとなる。このような断片的な情報の収集は一回性のものではなく反復される点において、他者との関係構築は、絶えざる情報の収集と相手の評価を伴った継続的な運動として生起してくることとなる。[*55]

継続的な相互交渉の過程下に置かれた当事者間の関係は、場合によっては問題を抱えることも当然のことながらありうる。こうした問題の回避にあたってはさまざまな方途が取られうるが、さしあたり重要なのは、問題が生じる場合に、その理由の一端として「アラブ」に対する否定的なイメージが援用されることがあるという点である。

もっともこのようなアラブに対する否定的な言明は、翻ってシュルーフ内部や自らの親族内に全く問題が存在しないという見解を示唆するものではない。当然のことながら、商取引などにおいて、パトロン・クライアント関係にあるシュルーフ間でも問題が生じているわけであるが、そうした場合には、これまでにも記してきた人物評価は、民族的な差異を強調する言説としてではなく、むしろ家族や同郷者間の紐帯や結束の重要性に訴えかける規範的なイデオロギーへと転換し、援用されることになると思われる。

つまり、シュルーフとアラブを対立的にとらえる表象は、親族、家族、同郷者、あるいはムスリムなどをめぐる語りや一般的なイメージと並んで、彼らが自らの経験や社会関係を組織化してゆく際に参照する枠組みの一つとなっているといえよう。また同時にアラブに対する他者表象は、前節で述べたようにシュルーフをめぐる自己表象を顕在化させるための対概念となっていることにも注意を払う必要があろう。出稼ぎを通じて発展を遂げてきたシュルーフにとって、信頼と共属意識に基づいてこれまで構築されてきたネットワークは、独立以降、「周辺化」を余儀なくされてきたシュルーフが、彼ら独自に切り開いてきた生活世界における社会・経済活動の円滑な遂行を可能にする貴重な「資源」となっている。このようなシュルーフ固有のネットワークの存在を象徴するのが彼らの抱く自己表象であり、そうした自己表象を顕在化させる上で参照されるべき対概念として立ち上がってくるのが、アラブに対する否定的な他者表象なのである。

以上のような自己表象によって象徴化されるシュルーフのネットワークは、これまでにも幾度か述べてきたように、個人レベルではきわめて多様なものであり、場合によってはウォーターベリーが指摘するように、シュルーフ内部でも激しい競合関係があることも事実である［Waterbury 1972］。このような多様性や個人間の競合的関係、あるいは本章で瞥見してきたような都市的環境における柔軟な社会関係構築という視点からするならば、シュルーフがきわめて自由度の高い社会生活を送っている様が看取されうるであろう。しかしながらその一方で、シュルーフの多くが、故郷を重視し、なんらかの形で故郷との関係を維持していることもまた事実である。筆者には、こうしたシュルーフの社会関係の柔軟さ、およびそれと一見すると相矛盾するかのように見える彼らの故郷との関係の「強固さ」こそが、現在のシュルーフの社会生活の特質の一端ではないかと考えている。以上の点を踏まえて、次節では、板垣のアイデンティティ複合論を批判的に検討する。

第五節　アイデンティティ複合論の批判的検討

本章ではハーッジたちの例を手掛かりとして、シュルーフの商いと人間関係について論じてきた。これまでの議論を通じて、彼らの人間関係がそもそも他者への強い関心によって裏打ちをされていること、人に関する情報が日常生活における無目的な雑談などを通じて広がっていくことが社会の中で重要な意味をなしていること、人間関係は家族、親族、部族、同郷者、民族などの範疇にそって形成される一方で、相手との関係はその都度状況に応じて柔軟に変化すること、そうした場面においては偶発性や偶然性あるいは変化への感覚が彼らの関係を規定する重要な側面であることなどが明らかになってきた。こうした議論と事例を踏まえて、本章の冒頭に提示しておいた第二の論点、アイデンティティ複合論の批判的検討をここで行いたい。まずその理論的特徴を簡単にまとめた上で問題点を取り上げてゆく。

立論に際して板垣が注目したのは、アラブ世界における名称体系に固有の二つの特性である［Itagaki 2001］。一つは、アラブ世界における名は、個人名に父方の先祖の名前を連鎖させて成立するというものである。祖先の名の連鎖を拡張させていくと、理念的には人類の祖にまで至りうる。この人類の祖にまで至りうる自己と祖先のどの時点の人物を自分にとって意味のある祖先として抽出するかによって、祖先を共有する子孫集団の範囲は柔軟に変化しうる。当該個人の選択によって分節の入れ方が調整可能で、帰属集団の範囲を自在に拡大縮小されうるのだとするならば、当該個人が身内とヨソ者の範囲を相手との関係に応じて変化させられうるということになる［赤堀 一九九四：二二一五］。

第二の特性は、個人の出身地、居住地、家名、職業、趣味などの属性を名として付加するニスバである。ニスバは、個人が属する特性が有徴化されさえすれば、どのような属性でも名の一部となりうる。そのため個人は、理念的には多数のニスバを自己の名として使用しうるが、相手に応じて使用するニスバが決定されるという柔軟性、選択性が発揮されうる。

つまり、板垣によれば、中東・アラブ世界における個人の有するアイデンティティは唯一無二のものではなく、複合的なものである。さらに、その複合性は、相手との関係に応じてその都度、暫定的に決定される。こうした板垣の議論は、都市における出稼ぎや商業活動に焦点を定めた筆者のこれまでの議論にも沿うものである。

だが、イスラームの都市性や商業活動との親和性を前提として生まれてきたアイデンティティ複合論は以下のような疑問をもたらす。そもそも円滑な商業活動を行おうとするならば、個人は、利益を最大化するために特定の民族や宗教、宗派にこだわらずに多様な人々と、場合によっては敵対する人々とも良好な関係をとろうとするのは、当たり前のことではないだろうか。本章で筆者が提示し、また板垣がアイデンティティ複合論で理論的に提示した社会関係の構築の状況依存性、柔軟性、可変性は、戦略的に振る舞い、自己の利益を最大化しようとする功利主義的人間像、経済合理主義に立った人間像に近似するものになるのではないだろうか。

板垣自身は、中東におけるアイデンティティのあり方、あるいは社会のあり方が、西洋に先駆けて「近代性」を帯びたものととらえる逆転の発想をもっている。すなわち、堀内が述べるように、板垣の議論は「個人主義や合理主義、普遍主義、社会契約、市場経済、都市生活、法治主義、市民社会、都市生活等々といった近代化の特徴が決して西欧に起源を有するものではなく、それよりはるか以前から始まっていた旧大陸全体の近代化プロセス（ないしは都市化プロセス）自体の特徴だととらえ」ている［堀内二〇〇五：二一］。

だが、近代化が西欧に先行して中東を中核とした旧大陸で始まっていたという見方は、その帰結として合理主義の産物である戦略的個人主義、経済至上主義、功利主義をもアイデンティティのあり方として抱き込んでしまうことになる。言い換えるならば、板垣によって理論的に提示された中東的な個人像は、グローバリゼーションへの注目が集まっている今日的な状況においては、ローカルな共同体の利害をかえりみることなく、自身の利益の最大化のために柔軟に関係を変化させてゆく人間像に近似するのみならず、そのプロトタイプということにもなるであろう。果たしてそうなのだろうか。

少なくとも、板垣の議論においては、こうした議論の難点について説明は加えられていないように思える。筆者自身の理解は、状況に応じて同郷者や親族、あるいはそれ以外の人々との関係を切り結ぶハーッジたちの姿勢は、そのような柔軟性にもかかわらず、必ずしも自己の最大利益の追求を至上命題とするような経済合理主義、あるいは戦略的個人主義に則っているようには思われないというものである。というのも、彼らはしばしば親族や同郷者から裏切られているが、それにもかかわらず、自分たちの元を去った人々を再び受け入れたり、あるいはそうした人のもつ良い側面に目を向けて肯定的に評価したり、関係を保ち続けているからである。そういう意味では、彼らはむしろ合理主義の観点からするならば、「損」と受け取れるような立場を自ら引き受けている。親族や同郷者ゆえのしがらみの大変さや時として生じる人情の酷薄さを認め、知りつつも、ローカルな場における関係を我がこととして引き受けている。

しかし、こうした指摘にも、さらに合理主義の観点から再批判が可能である。さしあたり、そのような再批判として、二つの場面を想定できる。

第一に、たとえば、一見すると損に思えるような立場を引き受けるとしても、それによってその場その場で可能な範囲での利益を得ているのではないか、という見方が可能である。一度は問題を引き起こした店員であったとしても、計算や顧客対応が上手などの長所を持っており、新たに未経験の定員を雇うよりは売り上げにも貢献するのではないか、という見方である。こうした発想は、たしかに現地の人の間にも存在する。

だが、この疑問に対しては、留意すべき点が二つあるように思う。一つは、店舗における雇い入れの事例にもあったように、モロッコではしばしば人から頼まれると断れないという点である。どうなるかわからないが、頼まれたから雇う、仲介人を信頼して、そんなに深く利益になるかどうかは考えないで採用する、という事態がしばしば発生するのである。もう一つは、矛盾するようだが、一度は喧嘩別れをしても、利益になる話を提示されると、それに釣られて和解をしようとする姿勢は「犬のよう」であるとして非難されたり、個人としての「気概（*nifs*）」に欠けるとして、非難されることである。つまり、経済的な利益を上げることよりも、気概や、知人からの懇願をまずは聞き入れることが重視される側面があることに注意を払っておきたい。

ここから、再批判の二点目が浮かび上がってくる。経済的な利益を獲得できないのだとしても、金銭的には損をしつつも名望や評判を得ることが可能になるのだとしたならば、結果的にはそれもまた利益を得ることにつながるのではないか、というものである。名望や評判を希求する、重視するという姿勢は、たしかに個人が戦略的に社会的威信を高めようとするならば、経済的には損に見える行為であったとしても、ある種の合理性によってその行為は駆動されているということになろう。

だが、名望を得るというのは、当該個人が願うほどには、たやすいことではない。とくにここで筆者が念頭においているハーッジたちの事例における名望や評判というのは、部族長、議員、教団長などといったような高い社会的地位に伴うものではない。ハーッジたちの名望は固定化することも、安定させることも、持続させることも困難である。実際、鷹揚な態度を甥に対して示しているハーッジについて、当の甥が出身村で昼下がりに男性たちで集まっている際に悪口を言っている場面や、別の甥が村でハーッジたちと口論になり、「自分たちの間には、もう家族としての結束などはないのだ」と人目も憚らず大声で非難する場面に立ち会ったことがある。名望や評判は他者に依存するものであるために、それを個人が望むように勝ち得ることは難しい。なにをやっても文句を言われ、非難をされる。そうしたことは、彼ら自身が日々の経験を通じて十分に知悉していることである。それゆえに、経済的な不利益を元にして名望を得ようとする合理性が彼らの行為を貫いているのではないか、とみるのは早計であろう。信頼や名望は、さまざまな失敗や裏切りをはじめとした後味の悪い経験や忍耐を経て、次第に、後からついてきたものとみた方が良い。

以上のような諸点を踏まえるならば、状況や相手に応じて柔軟に関係を構築するという彼らの姿勢は、一見すると経済的な合理性や戦略的な個人主義と似ているようでいながら、それとは異質なものといえよう。

最後に、アイデンティティ複合論が着目をした名や属性について述べておきたい。本章の商取引における人間関係から明らかになったのは、たとえば、民族、部族、親族、姻族などの範疇にそって人間関係を構築することを是とする規範の存在とそれに沿おうとする行動がみられるのと同時に、現実にはこうした規範に拘泥することなく、他者との関係を取り結んでいこうとする姿勢であった。重要なのは、こうした姿勢の背景に、さまざまな要因が伏在していることである。本文で言及した店員と店主の関係で言うならば、問題が生じる背景には、店員の経験の長さや知識の豊富さ、親族間の年齢の近しさゆえの嫉妬やライバル意識、あるいは仕事の年数が重なってきたことによる自負心、自分の代替は見つからないだろうという予測などがあった。つまり、店主と店員の関係は、親族関係や、ニスバが示唆する言語、宗教、居住地、職種などの比較的判別しやすい基準などとあわせて、そうした基準では把握することが困難な経験、行為、感情、他の店員や顧客との諸関係などによって規定されているといえる。

板垣のアイデンティティ複合論は、二者間の関係が状況に応じて変容するという可変性に注意を向けた点が非常に重要なのであるが、それを「名」の複合性を根拠にして立論しようとした点で、現実の状況の複雑性や名とは無関係な不確定要素の重要性が矮小化されてしまっている。また、これまでの議論からうかがえるのは、個人間で状況に応じて暫定的に関係を構築していく際に、個々人の属性——言語、宗教、居住地、職種など——は、あくまでも互いの特性を把握するための「入口」にすぎないということである。むしろ大事なのは、そのような属性の認識を踏まえた後の、分類不可能な経験や相手の人柄、相性などが、関係を規定する重要な基盤となっているという点である。

おわりに

本章では、モロッコ南西部を故郷とするシュルーフの一部族インドゥッザル、その中でも筆者が懇意にしているハーッジたちの事例をもとに、出稼ぎに伴う商業活動や人間関係の様子の一端をできる限り具体的に明らかにしてきた。たとえば親族や同郷者の紐帯が、たしかに重要な意味を有しつつも、彼らの出稼ぎは、必ずしも同一民族、部族、親族の関係のみに閉ざされたものではなく、むしろ自分が関係する相手のことを非常によくみていて他者との関係を構築し、またときには解消している様子がうかがえた。そして、そのような柔軟な関係の構築／解消を支えていたのが、強い他者への関心であり、人のつながりによって媒介される情報である。少なくとも本章でみた商業／経済活動は、こうした広範な家族、親族、同郷者はおろか学校の友人、同業者などにも広がる人間関係の中でなされているものである。

最後に、これまでの議論を踏まえて、彼らの社会関係構築について考えると、それは詰まるところ、いかにして人を見、そしてかかわるのかという点に尽きるのではないかという気がしてくる。それは、分類の存在を否定することではない。分類の枠組みをもとにした差異や規範を受け入れつつも、人を注視し、相手に応じてその枠組みを柔軟に組み替えてゆく臨機応変さに大きな比重が置かれているのである。おそらく、そこで重要になるのは、特定の民族や部族、宗教への帰属など概念化・抽象化して相手を把握することが可能になるような論理志向性よりも、個々人の声や語り口、表情、振る舞い、雰囲気などのような漠然とした感覚的なものではないかという印象をもつ。きめ細やかに相手とかかわること、相手を見ること、言外の意図をその振る舞いから感得すること、言葉の重要性を認識しつつも明確に言語化されたメッセージを必ずしも鵜呑みにしないこと、そして、相手との関係を固定せずに変化するものとしてとらえること、そうしたことが重要なのではないか。仮に、そのようなきめ細やかな対人関係が日常化し、常態化しているのだとするならば、アイデンティティの帰属を通じて他者を把握するという姿勢は、対象同定の方法の一つとしてありうる選択肢だとしても、ずいぶんと乱暴な話だということになる。

アイデンティティ複合論の批判的な検討において筆者は、複合論の状況依存性、可変性といった理解の重要性を改めて確認した上で、しかしアイデンティティ、名、属性に着目をした点が理論の限界を生んでいることを指摘した。本章での議論から明らかになったのは、属性の理解という論理的思考を基礎としつつも、むしろ個々人の行為を注視し、直観や体感など没論理的な感覚を働かせつつ、変化を鋭敏に感じ取って関係を構築してゆくような生活のありようであった。ハーッジたちが生きる世界とは、そうした微細なものへの細やかな目配りと間身体的な関係への感覚を研ぎ澄ませることで成り立った世界なのではないか。ハーッジたちの生活のありようをみていると、そのような感慨を抱く。

第五章　「大聖者」ベン・ヤアコーブの末裔とスース地方東部社会の紐帯

はじめに

スィディ・ムハンマド・ベン・ヤアコーブ・サンハージー（Sīdī Muḥammad ben Ya'aqūb al-Ṣanhajī、ヒジュラ暦九六三年／西暦一五五五年没、以下、ベン・ヤアコーブと略述表記）は、モロッコ南部スース地方であまねく知れわたったムスリムの「大聖者」であり、彼をめぐっては数々の奇蹟譚が語り継がれてきている。*56 また彼は、現在に至るまで四〇〇年以上の長きにわたって存続し、かつ五〇名を超えるウラマーを輩出した一大知識人家系ヤアコービイーンの名祖でもある。

その廟は、スース地方最南東端に位置する山村イミ・ン・タトゥルト（Imi n Tatlt）にあり、同地で年に二回開催される「聖者祭」には、イダ・ウ・ズクリ（Ida ou Zkri）、インドゥッザル、イダ・ウ・ズッドゥート（Ida ou Zddūt）などをはじめとする、スース東部地域のベルベル系諸部族がほぼすべて参加する。

本章では、ベン・ヤアコーブと地域社会の関係を把握するために、筆者が得た口頭伝承などの情報に加え、文書資料を活用して、スース地方東部全域に広がるベン・ヤアコーブの子孫ヤアコービイーンのネットワークとその社会的意味についての考察を行う。

スース地方をフィールドとした既存の人類学的ムスリム聖者信仰研究では、主にスィディ・アフマド・ウ・ムーサーの事例に関心が集中し［赤堀 二〇〇八b；堀内 一九九〇b；Justinard 1933；Pascon 1984］、それ以外の聖者の事例がほとんどかえりみられてこなかった。これに対して本章ではスース地方東部地域に多大な影響をおよぼしたベン・ヤアコーブとその子孫を事例として、地域社会に聖者の末裔が拡散し、受容されていく際の特質を明らかにしてゆく。

ここで、聖者概念について簡単に触れておきたい。第一章でも触れたように、聖者という用語は、クルアーンに記載されているワリーを中核にして生み出された、研究の必要上要請された分析概念であるが、これに対応するモロッコ社会でのフォーク・タームとして、アッラーマ、アーリム、フキー、ターレブ、クトゥブ、ワリー、スーフィー、ザーヒド（*zāhid*、禁欲主義者）、サーレフ（*ṣāleḥ*［dr.］、篤信者）、ムウミン（*mu'umin*、信仰者）、サイイド、ムーライ、シャリーフなどの呼称があり、状況や文脈に応じてさまざまに使い分けられていた。*57

ヤアコービイーンの場合には、その名祖ベン・ヤアコーブは、非常に敬虔で、さまざまな禁欲生活を送り、アッラーからバラカを与えられさまざまな奇蹟を行った人物として知られている［al-Sūsī 1960-63, vol.16: 49-65］。他方、彼の子孫ヤアコービイーンたちの中にも、同様の属性を伴なった者が一部いるのに加えて、ヤアコービイーン全体が、ベン・ヤアコーブの子孫であるが故に彼に与えられた恩寵を受け継いでいるとも考えられている。

以下、第一節では、本章で主たる資料として用いるムフタール・スースィー（Mukhtār al-Sūsī、一九〇〇―一九六三年）の著作の特質を確認する。第二節では、ベン・ヤアコーブの聖者像の輪郭を明らかにする。続く第三節では、主にベン・ヤアコーブとスィディ・アフマド・ウ・ムーサー、スィディ・ムハンマド・ベン・ナーセル（Sīdī Muḥammad ben Nāṣir）という一六、一七世紀のモロッコ南部およびスース地方を代表する「大聖者」間の類似性、相互関係のあり方などを、口頭伝承を導きの糸として検討する。またそれを端緒としてスース地方におけるベン・ヤアコーブとその子孫たちの社会的・地政学的な位置づけを、それらの「大聖者」との関係の中で見定めてゆく。第四節では、ベン・ヤアコーブの子孫ヤアコービイーンを取り上げ、彼らの学問活動や移動の歴史などの具体的記述を行う。第五節では、前節で提示された事例に分析を施す。具体的には、ヤアコービイーンのネットワーク、学問活動上の師弟関係にみられる特質、地域社会とのかかわり、ベン・ヤアコーブの子孫内部での聖者の位置づけや奇蹟現象に関する考察を行う。

第一節　ムフタール・スースィーと『蜜の書』

本章では、主たる資料としてムフタール・スースィーの著作『蜜の書（*al-Ma'sūl*）』（一九六〇―一九六三年）、『虜囚の記（*Khilāl Jazūla*）』（一九五九年）などを用いる。そこで、これらの著作の背景と、それを資料として用いる意義をここであらかじめ記しておきたい。

一九〇〇年にスース地方南西部の一山村に生まれ、二〇世紀のモロッコを代表するムスリム知識人となったムフタール・スースィーが『蜜の書』などの執筆に取り組んだのは、フランス植民地政府によって故郷に九年にわたって幽閉されたときのことである［齋藤二〇一四a；堀内一九九五、一九九八］。前半五年は外界との接触を完全に禁止され、自らの出生地であるドゥガディール（Dugadīr）村から出ることも許されなかったスースィーだが、それを機に『蜜の書』の執筆は開始された。また後半四年はスース地方内に限って移動が許可され、それを機会としてスースィーは各地を精力的に訪ねてまわり、数多くのフキーやシャイフ、地方役人、文人などとの会見を重ねた。

この際に、彼らの一族についての口承をはじめとして、各地の書庫（*khizāna*）に残る家系などの記録、人名録、書簡や学者たちの主要著作などを渉猟し、それが後に二〇巻におよぶ膨大な人名録『蜜の書』として結実することとなった。その一般的な構成スタイルは、傑出した知識人を主要項目として立てた後に、その人物の系譜、生い立ち、クルアーンや宗教諸学を学んだ場所や師、学習科目などに関する情報のほか、その人物が教鞭を執ったマドラサや移動先、学問や信仰深さを示す逸話（奇蹟譚など）などに加えて、彼らの手になる詩や書簡、師から与えられた免状（*ijāza*）などの写し書きの記載、没後の廟建設の有無、廟参詣の有無などさまざまな内容と情報を記してゆくというものである。さらには、過去の伝記集なども渉猟し、関連箇所を採録している。また、項目として立った人物に関する記述に加えて、彼の子孫たちの中でフキー、ウラマーとして活動した者だけでなく、篤信者（*sāleh*）として評判が高かった人物などについても情報があった場合には丹念に言及している。

『蜜の書』を著す上でのスースィーの基本方針は、自分が集めた情報に対して個人的になんらかの批判点があったとしても、自分が獲得した情報は情報としてそのまま記載し、その判断や分析は後代の読者に委ねるというものであった。またその資料収集の方法からも明らかなように、さまざまな所から集めてきた多様な情報を盛り込んだ多声的・重層的な構成をもつ類い稀な書となっている。

スースィーが、ベン・ヤアコーブの廟やザーウィヤがあるイミ・ン・タトゥルト村を訪れたのは、ヒジュラ暦一三六二年（西暦一九四三／一九四四年）のことである。その際に、聞き取りを、当時ザーウィヤの長を務めていた人物などから実施したのに加え、別の機会にはタリウィーンなど他地域に住まう子孫とも会見している。そうした点で、彼が記した情報は、当時ベン・ヤアコーブの子孫の間でもっとも事情に精通している者から得ていたといえる。以上の諸点から、スースィーの著作は資料としての価値を十分にもったものと筆者は考えている。

第二節 「大聖者」スィディ・ムハンマド・ベン・ヤアコーブ

本節ではベン・ヤアコーブを取り扱っていく。[*58] ベン・ヤアコーブの来歴は、伝説に包まれており不明な点が多く、彼の孫弟子にあたるタマナルティー（al-Tamanartī、ヒジュラ暦一〇七〇年／西暦一六六〇年没）が記した聖者伝『恵みの見本（*al-Fawā'id al-Jamma*）』の中でも、ベン・ヤアコーブの出生年や出生地などに関する記述はほぼ皆無である[*59][al-Tamanartī 1999: 162-165]。

ベン・ヤアコーブが生涯を送った一六世紀頃のモロッコの社会的状況について述べておくならば、ベン・ヤアコーブの前半生は、モロッコ中部大西洋岸を基盤とするワッタース朝が弱体化し、崩壊へと向かう混乱期にあたっていた。これに対して後半生は、ドラア渓谷より勃興した新興勢力サアド家がスース地方をはじめとするモロッコ南部を統合し、サアド朝（一五一七―一六五九年）を建国、それに伴ってスース地方のタルーダントを王都としていた時期に相当する。そのためタルーダントとその周辺部はモロッコ南部の政治的・文化的中心として繁栄していた。また当時のスース地方のウラマーは、忠誠の誓い（*bai'a*）を行うことによってサアド朝支持を表明し、正当性の基盤を与えたとされる。サアド朝は、モロッコ王朝の正当性の原理として、預言者の末裔（*sharīf*）としての血統原理を用いただけでなく、預言者生誕祭（*mawlid al-Nabī*）を王宮儀礼として取り込むことによってその強化に努めていたことで知られている。

それでは、以下、ごく手短にベン・ヤアコーブの特質を振り返っておくこととしたい。

1 シャリーフとして

預言者ムハンマドの高貴な血筋をひくとされるシャリーフであることは、住民の大多数がベルベル人であるスース地方において、一般のベルベル人とは異なった人物として自らをアピールし、かつ他者からも容認される上での重要な指標の一つである。[*60]

ベン・ヤアコーブの子孫の一人は、ベン・ヤアコーブが、マグリブにおける大スーフィー、アブー・マドヤン・シュアイブ・ベン・フサイン・アル＝アンサーリー（Abū Madyan Shu'ayb ben Ḥusain al-Anṣārī）や、モロッコ最初のイスラーム王朝イドリース朝建国者イドリース・ベン・アブドゥッラー、第四代カリフにして預言者の娘婿でもあるアリーとその息子ハサンなどを経由して預言者にまで至るシャリーフであると述べている［al-Sūsī 1960-63, vol.16: 52-53］。

ここで注目すべきなのは、シャリーフとしての血筋の途上にアブー・マドヤンが織り込まれている点である。アブー・マドヤンは傑出したスーフィーとしても名高いガザーリー（al-Ghazālī）やムハースィビー（al-Muḥāsibī）、クシャイリー

(al-Qshayrī) たちの著作を学び、とりわけガザーリーの「正統」なスーフィズムの伝統をモロッコのスーフィーであるイブン・ハラーゼム (Ibn Ḥarāzim) から吸収したスーフィーとしてその名を知られている [Cornell 1998: 132]。

実際は、ベン・ヤアコーブのシャリーフとしての系譜はその信憑性が疑われるものであるが、当事者にとっての系譜の重要性はその真偽のほどにあるのではなく、その系譜を通してなにが表現されているのかという点にあろう。言うまでもなく、ベン・ヤアコーブを単なるベルベル人を超える属性をもった人物として提示することにその理由があると考えられるのであるが、それ以上に重要なのは、こうした系譜が単に一般民に向けられているだけでなく、後述するように、ベン・ヤアコーブやその子孫と競合する可能性をもった他の聖者たちに対して自らの正当性を主張するために用意されたと考えられる点である。

2 「正統」なスーフィーとして

ベン・ヤアコーブのスーフィーとしての聖性の「連鎖 (*silsila*)」は、二名の師を間において、ムハンマド・ベン・スライマーン・アル＝ジャズーリー (Muḥammad ben Sulaimān al-Jazūlī) へとつながるものである（図1参照）。ジャズーリーは、北アフリカのスーフィズムに多大な影響をおよぼした大スーフィー、シャーズィリー (al-Shādhilī) の流れを汲み、かつモロッコにおけるスーフィズムの中興の祖にして、その大衆化を促した人物として広く知られている。シャーズィリーの本流の弟子から直接シャーズィリーの薫陶をベン・ヤアコーブが受け継いでいるという主張は、とりもなおさず、ベン・ヤアコーブが正統なスーフィズムの後継者であることを示すものである。同時にこれは、ベン・ヤアコーブが他のジャズーリー系のスーフィーたちと同じ弟子の一員としてつながりをもつ契機となる。さらにはベン・ヤアコーブが他の傑出したジャズーリー系のスーフィーたちと対等な立場にある人物として人々から認められるうえでの根拠を彼に与えるものでもあった。こうしたシャリーフやスーフィーとしての正統性は、一般民に対してだけでなく、後ほど述べるようにベン・ヤアコーブと並び称される大聖者スィディ・アフマド・ウ・ムーサーとの関連でも重要性を帯びてくる。

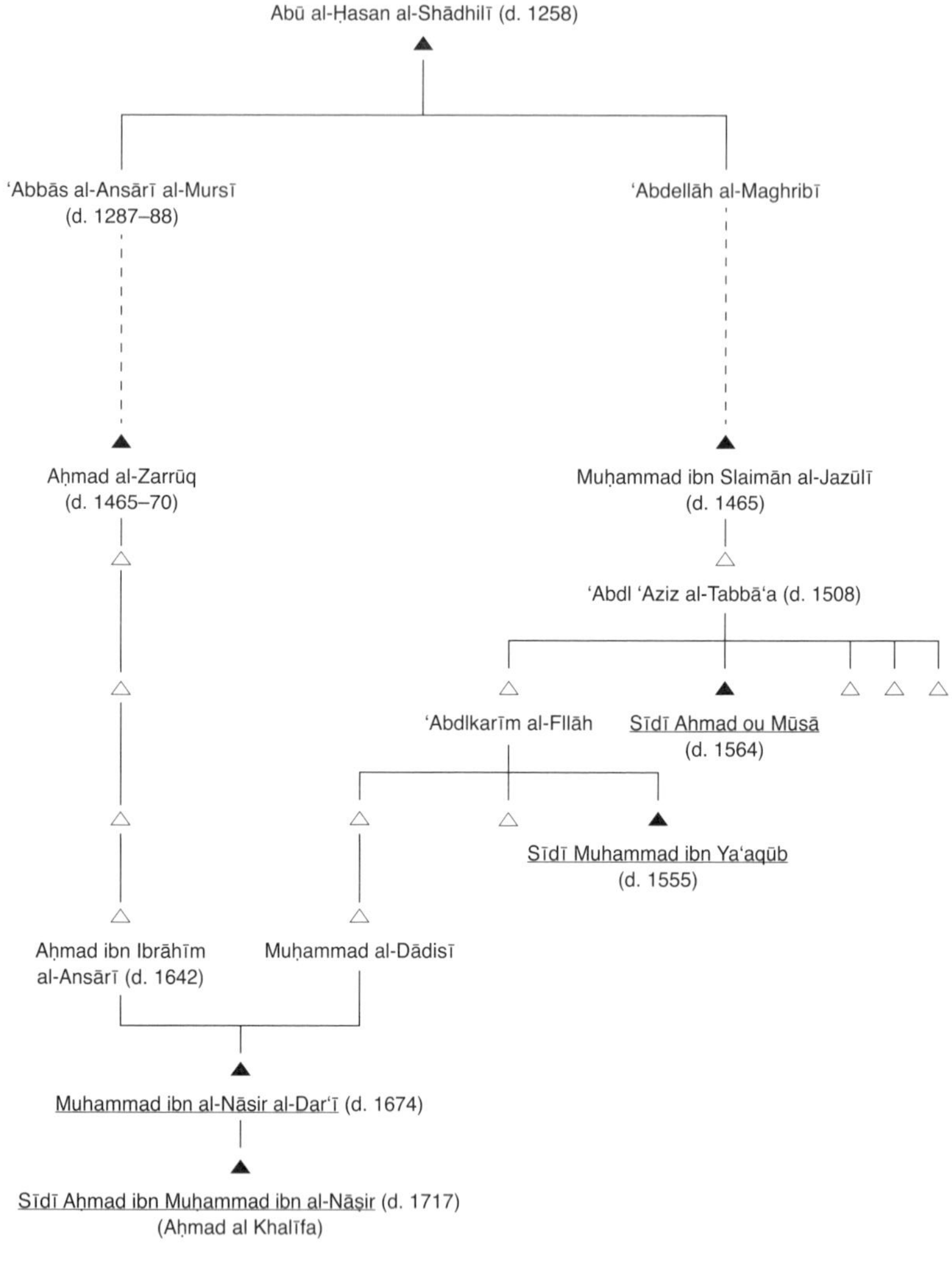

注1　▲は本章でなんらかの記述がなされている人物である。
注2　▲印であり、なおかつ名前に下線が付されているのは、本章の議論に深くかかわってくる人物である。
注3　本図は、[Cornell 1998 ; Drague 1951 ; al-Fāsī 1994 ; Hammoudi 1980a ; 堀内 1985 ; al-Tamanartī 1999] などを参照して筆者が作成した。

図1　ベン・ヤアコーブなどのスィルスィラ

3　禁欲の実践

だが、こうした系譜は、それだけではベン・ヤアコーブが人々からの尊敬を集めるための十分な根拠とはならない。それを正当化し補強するのが、さまざまな「禁欲（*zuhd*）」の実践とそれをめぐる逸話である。ベン・ヤアコーブの場合には、人々が集まる地域を離れて独居する「隔離（*'uzla*）」や、水がなく耕作に全く適さない荒地に居を定め、あえて過酷な自然条件の中で身体上のさまざまな欲求を断ち切るという姿勢、さらには七〇歳に至るまで女性を近づけなかったという肉欲の忌避などにそれは表れてくる［al-Sūsī 1960-63, vol.16, 55 ; al-Tamanartī 1999: 163-164］。こうした水や豊穣性を象徴的に示す肥沃な土地からあえて不毛な荒地に移動し、そこで禁欲の実践に明け暮れるスーフィーの姿は、ベン・ヤアコーブだけでなく一六世紀当時の著名なスーフィーに共通した姿勢であった［Rājī 1998: 46-48］。

4　奇蹟・信仰

こうした過酷な自然条件は、聖者たちの禁欲的な実践を人々に示す上での格好の舞台設定となる一方で、他方、そうした過酷さこそが、さまざまな奇蹟の現出をより劇的に示すための重要な条件となってくる。

ベン・ヤアコーブの場合の奇蹟は、水が乏しく耕作に適さない土地に住んでいたという事実や、さらには、そのような厳しい条件の下にありながら、多数の客をもてなし、十分な食料で饗応したという点にある［al-Tamanartī 1999: 163 ; al-Sūsī 1960-63, vol.16: 49-50］。ある晩には九〇〇名にものぼる訪問者が集まり、水の不足を訴えたところ、たちどころに雨が降り、人々は彼に与えられたアッラーの加護に驚愕したという［al-Tamanartī 1999: 163］。ベン・ヤアコーブのみならず彼の子孫が起こす奇蹟の多くも、荒地に水を湧かせることに関連したものである。

一方奇蹟の多くは、信仰深さの賜物とされている。たとえば、イスラームにおける「聖日」の金曜日に亡くなると常々公言していて実際に金曜日に亡くなった事態もベン・ヤアコーブの奇蹟として語られている［al-Sūsī 1960-63, vol.16: 59］。さらには、サアド朝のスルターン、アブドゥッラー・ベン・ムハンマド・シャイフ（在位：一五五七－一五七四年）

が、彼のもとに援助を求めてやってくる多数のウラマーに対して、「なにもない土地にいても、水にしろ食べ物にしろなに不自由なく暮らしているベン・ヤアコーブを知っているか。知っているなら、彼を見ればわかるだろう、必要なのは信仰の深さなのだ」と語ったと伝えられる［al-Tamanartī 1999: 163］。この伝承では信仰深さが重要視されていることがみてとれるが、それとあわせて看過することができないのはベン・ヤアコーブの卓越性が、ときの最高権力者による承認を背景として語られているという点である。さらに興味深いのは、後ほど検討するスィディ・アフマド・ウ・ムーサーにも、この同一のスルターンが登場する奇蹟伝承が語り伝えられている点である。なお、歴史的にはこのスルターンはベン・ヤアコーブ没後に即位をしている。

第三節　スィディ・ムハンマド・ベン・ヤアコーブと他の「大聖者」との関係

本節では、スース地方におけるベン・ヤアコーブの社会的位置づけを見定めていく。第一項では、口頭伝承を手掛かりとして、ベン・ヤアコーブと、他のスースの大聖者の間に見出される関係の特質を明らかにしてゆく。第二項では、それらの聖者およびその子孫たちの関係を規定すると考えられる、地政学的布置を取り扱っていく。*61

1　ベン・ヤアコーブとスースの「大聖者」たち

前節にリストアップされた属性は、聖者の特性としては、個別的にはとりたてて目新しいものではない。だが、これらの個々の特性がベン・ヤアコーブの身に集約的に体現されているという点は注目に価する。それはベン・ヤアコーブが衆に優れた聖者の理想形に近いことを明瞭な形で示すものだからである。もっとも、膨大な数の聖者伝の例を挙げるまでもなく、ベン・ヤアコーブ以外にも大小さまざまな聖者が存在してきたわけであり、理想の十全なる具現者としての聖者は、なにもベン・ヤアコーブただ一人であるわけではもちろんない。

そのような状況の中にあって、一五世紀から一六世紀のスース地方で、ベン・ヤアコーブに比肩する「聖者性」を有している人物として、ベン・ヤアコーブ側からの語りでとりわけ重要視されてきたのが、スース地方最大の聖者とみなされ［Roux 1952: 75］、「スルターン・スース」（スースの権力者）とも称される「大聖者」スィディ・アフマド・ウ・ムーサー（一四六〇―一五六四年）である（以下ウ・ムーサーと略記する）*62。

堀内によるならば、ウ・ムーサーは、①預言者の娘婿アリーを経由するシャリーフであり、②その血筋にはモロッコの聖者の一大源流ムーレイ・アブドゥッサラーム・ベン・ムシーシュ（Mūlay 'Abdssalām ben Mshīsh、一二二八年没）を含んでいる点においてモロッコ固有の聖者性も体現し、さらに、③ジャズーリーの道統を初めてスース地方に導入した「正統」なスーフィーでもあるというように三種類の正統性を有していた［堀内 一九九〇b：二一七；al-Sūsī 1966: 17-24］。興味深いことに、こうした正統性の兼備に加えて、水をめぐる奇蹟や、国王に尊敬されていた逸話など、ベン・ヤアコーブとウ・ムーサーの間には複数の共通点が見出される。同時に、彼らは相互に相手を偉大な聖者として認め合っており、実際に交流をもった友人同士でもある。そこには同じジャズーリー系のスーフィーという共通の基盤も背景にあったのであろう。そして、このような偉大な聖者を友人に持っているということ自体が彼等の威信を一層高める効果をもっているのである。

それゆえ、ベン・ヤアコーブがどれほどウ・ムーサーに尊敬され、かつウ・ムーサーに対して対等以上の立場を有し、ウ・ムーサーを凌駕していたか、という主題がベン・ヤアコーブの子孫や一般民の間で反復してしばしば語られるのである。たとえば、ウ・ムーサーが多くのイスラーム法学者を従えて、自分が住むタズラワルト（Tazrawalt）から三日の行程を費やして、わざわざベン・ヤアコーブのもとまで訪れたのだが、それがベン・ヤアコーブに自分たちの加護を神に祈って欲しいという願いのためだったという話が言い伝えられている。

共通の属性を有した「大聖者」たちは、知識人レベルからもあるいは民衆レベルからも傑出した人物として認められ、同一レベルの聖者として位置づけられる。同時に、そうした聖者たちは交流をもち、互いの存在をも自らの正統性の根拠として積極的に利用していく姿勢すら見出される。そうした点において、ベン・ヤアコーブとその子孫にとって、ウ・ムーサーとの関係というのは、彼らの威信を高める上で重要なものなのである。

奇蹟譚に見え隠れするのは、互いに相手を必要としながらも、同時に完全に対等な立場には立ち得ない聖者間の潜在的な競合関係である。この関係について、筆者が現地において複数の人から聞いた以下の口頭伝承をもとにごく簡潔に検討してゆこう。なお、この口頭伝承は、ベン・ヤアコーブのもとに参詣する部族の一つインドゥッザルのもとで複数の人から聞いたものである。それゆえ、この口頭伝承は、ベン・ヤアコーブ側の視点に立つものであるといえるだろう。

「ベン・ヤアコーブは、ウ・ムーサー、スィディ・ウ・スィディ（Sīdī ou Sīdī）、スィディ・ムハンマド・ベン・ナーセルという三人の聖者と非常に仲の良い友人だった。あるとき、彼らは一緒になってずっと旅をし、タルーダントまで辿りついた。そこまでくると彼らは『ここからは別れて、各自自分の道を歩いて行くことにしよう』と互いに言って、それぞれ一人身になって旅を続けた。このときにベン・ヤアコーブはイミ・ン・タトゥルトに行き着いてそこに居を定めた。一方のウ・ムーサーはタズラワルトに、スィディ・ムハンマド・ベン・ナーセルはタムグルートに、そしてスィディ・ウ・スィディはそのままタルーダントにとどまることになった」。

伝承の分析に立ち入る前に、ここでスィディ・ウ・スィディとスィディ・ムハンマド・ベン・ナーセルについてごく簡単に触れておきたい。

スィディ・ウ・スィディは、現在タルーダントの中心部にある壮麗な廟に祀られた、いわばタルーダントの「守護

スィディ・アフマド・ウ・ムーサー廟入口（筆者撮影）

スィディ・アフマド・ウ・ムーサー廟（筆者撮影）

スィディ・アフマド・ウ・ムーサー廟内（筆者撮影）

聖者」的存在である。筆者が廟を訪れた際にも、同廟は数多くの参詣者で盛況であった。偉大なスーフィーとして知られており、本名はアビー・ムハンマド・サーリフ・イブン・ワンダルース（Abī Muḥammad Ṣāliḥ ibn Wandalus）である［al-Sūsī 1989: 10］。またヒジュラ暦五九五年（西暦一一九八年）没という点からも明らかなように、ベン・ヤアコーブたちよりもはるか昔の人物である［ibid.］。

一方のスィディ・ムハンマド・ベン・ナーセルは、一六〇三年生まれで、一六四六年（一説には一六五三年）にワルザザート南方ドラア渓谷内のタムグルート（Tamgrūt）にあるザーウィヤを継承し、後にモロッコ全土を席巻するスーフィー教団ナースィリーヤを確立した（以下、ベン・ナーセルと略記する）*63。ベン・ナーセルもまたシャリーフであり、ジャズーリー系のスーフィーにして、奇跡を起こすと信じられているなど、諸点においてベン・ヤアコーブやウ・ムーサーとの共通性を有している。*64

さて、ここで伝承に立ち戻ろう。本章における議論との関連で重要なのは、ベン・ヤアコーブの盟友としてここで選ばれているのが、ウ・ムーサー、スィディ・ウ・スィディ、ベン・ナーセルであり、それ以外の人物ではなかったという点である。異伝はあるものの、民衆レベルで四者の親密な関係は現在に至るまで認識されており、彼らは同等の偉大さを有した盟友としてとらえられている。さらに、この口頭伝承で興味深いのは、彼らがタルーダントで袂を分かち、それぞれ一人になって旅を続けたという点である。

ここに見出されるのは、彼ら四名の間の「棲み分け」である。ただし、口頭伝承が示すように、互いに袂を分かった後も絶縁関係に陥ったりすることはなく、距離を保ちながらも相互の交流は継続して維持されていた。ここに暗示されている関係とは、表面的には、神秘的な系譜、血統、奇蹟のいずれをも共有する同列性を強調しつつも、同時にライバルでもあるという相反する局面を孕んだ緊張関係であろう。

なお、口頭伝承と実際の歴史関係の異同については、とくにベン・ナーセルの生年（一六〇三年）がベン・ヤアコーブの没年（一五五五年）よりも五〇年ほど後であることからも明らかなように、彼ら二人が実際に出会った可能性はない。だが、この伝承を語ってくれた人々にとっては、そうした「歴史的事実」以上に大切なのは、奇蹟などをはじめとするさまざまな指標を通して偉大さを顕示する各聖者間に見出される共通性であり、それらの聖者間の「神話的世界」における相互の位置関係である。しかも、それは「歴史的事実」とは異なるものであるにもかかわらず、同時になんらかの形で「歴史的事実」を反映しているものでもある。たとえば、後ほど見るようにベン・ヤアコーブの子孫はごく早い世代からベン・ナーセルの子孫およびナースィリー教団との結びつきを急速に深めていた。このように、口頭伝承でこの四者が「盟友」という強固なつながりを暗示するメタファーで語られているのは、きわめて意味深いことなのである。

さらに、年代的にも、またその属性からみてもさまざまな類似性を示すこの四人の聖者たちの中でも、少なくともスィディ・ウ・スィディを除く三人は、それぞれの子孫が、比較的広範に地域社会に対して影響力をもつに至ったという点でも共通している。ウ・ムーサーの子孫は後にイリーグ教団を創設して、現在のモロッコ国王の出身家系にあたるアラウィー家と国の覇権をめぐって争うほどの勢力を得るまでに至った［al-Sūsī 1966: 114-117］。一方のベン・ナーセルの子孫は、先述の通りナースィリー教団を組織し、ドラア渓谷のみならず、モロッコ全域に独自のザーウィヤ網を張りめぐらせた。この二者に対してベン・ヤアコーブの場合には、スース地方東部地域に数多くの子孫が入り込んでその地盤を固めていくこととなったのである。

2 地政学的条件と「大聖者」

ザーウィヤや活動拠点の成立を背後から支えたのが、ザーウィヤが建設された場所の地政学的な位置である。本項ではそれをベン・ヤアコーブとベン・ナーセルの関係に注目をしてごく簡潔に検討してゆく。

一六世紀当時のモロッコ南部においては、モロッコと「西スーダン」［坂井 二〇〇三：二三―二四］を結ぶサハラ縦断交易が盛んに行われており、モロッコ南部は、いわば隊商路のサハラへの玄関口にあたっていた。当時用いられていたモロッコ南西部の主要な中継地点としてはドラア（Draʿa）、ティズニート（Tiznīt）、それ以外ではタタ、アッカ（Aqqa）、ゲルミーム（Gelmīm）などの地を経由するものであった（地図5参照）。この中でもベン・ナーセルはもっとも重要なドラア沿いのルートを押さえ、これに対してウ・ムーサーはゲルミームからティズニートへ北上するルートを掌握した。*65

一方、ベン・ヤアコーブの子孫についてはどうだろうか。ベン・ヤアコーブには四人の息子があったが、スースィーによる記述を見る限りでは、彼らがサハラ縦断交易路を直接押さえることはなかったようである［al-Sūsī 1960-63, vol.16: 49-186］。だが彼らに始まるベン・ヤアコーブの子孫たちは、本拠地イミ・ン・タトゥルトから出て、タズンムルト（Tazmmurt）、タリウィーン（Talīwīn）、ドラア、タタ、アウローズ（Awlūz）などをはじめ、スース東部全域にザーウィヤなどを建設して拠点を拡大していったのである（地図5・6参照）。その中でも重要なのが、スース地方とタムグルートのあるドラア渓谷をつなぐ北方幹線の中継地帯タリウィーン、アウローズ、ウーラード・ベルヒール（Ūlād Berhīl）一帯と、南方の幹線上にある中継地タタである。とりわけタリウィーン一帯は、サハラ交易路の中継点であるドラア渓谷とティズニートをつなぐ東西幹線の要であるだけでなく、スース地方とマラケシュを結ぶ南北ルートの要所ティズィ・ン・テスト（Tizi n Tst）にも面し、さらにはスース地方随一の水量を誇るスース川に臨んだ、肥沃な耕作可能地域でもあった。一方のタタは、当時から学問の盛んなオアシス都市である。このように、ベン・ヤアコーブの子孫たちもまたスースという地域社会の中で地政学的に重要な場を傘下におさめていっている。

一方、ナースィリー教団の本拠地タムグルートは一七世紀以降、一九世紀半ばにダルカーウィー教団（al-Ṭarīqa al-Darqāwīya）[*66]とティジャーニー教団（al-Ṭarīqa al-Tijanīya）が新たに到来するまでの約二〇〇年の間、モロッコ南部における学問の一大中心地として繁栄した。ハディース学の普及に力を入れ、さらにはモロッコ国内だけでなく、巡礼の際にエジプトやメッカ、メディナなどから持ち帰った大量の書物が納めた文書館のおかげで、そこに集う者の学究生活は大いに振興することとなった。スース地方の多数のウラマーが学問研鑽を積むために同地を訪れ、そこで得た知識を携えて故郷に帰り、地元民の教化に大きな役割を果たしている［ʻAmālik 2006 ; al-Sūsī 1960-63, vol.6 ; al-Hashimī and Horiuchi 2001］。さらに、ナースィリー教団の二代目のシャイフ、アフマド・ハリーファ（Aḥmad al-Khalīfa、一七一七年没）はスース地方の偉大な聖者の廟参詣を行ってスース地方との緊密な関係を保ったという［Hammoudi 1980a: 631］。さらに、ナースィリー教団は成立初期に、スース地方のティムギジュシュト（Timgidjsht）とタズナクト（Taznakht）に拠点を築いていた（地図6参照）、ティムギジュシュトはスース地方におけるナースィリー教団最大の拠点としての地位を誇り、数世代にわたって絶えることなく優秀なウラマーを輩出し続けた［Hammoudi 1980a: 630-632 ; al-Sūsī 1960-63, vol.6: 170-321］。このように、ナースィリー教団の影響が一七世紀以降スース地方にも波及し、タムグルートを訪れる学者や学生が増加するにつれて、ベン・ヤアコーブの子孫が押さえたタリウィーンを越えるルートの重要性はさらに

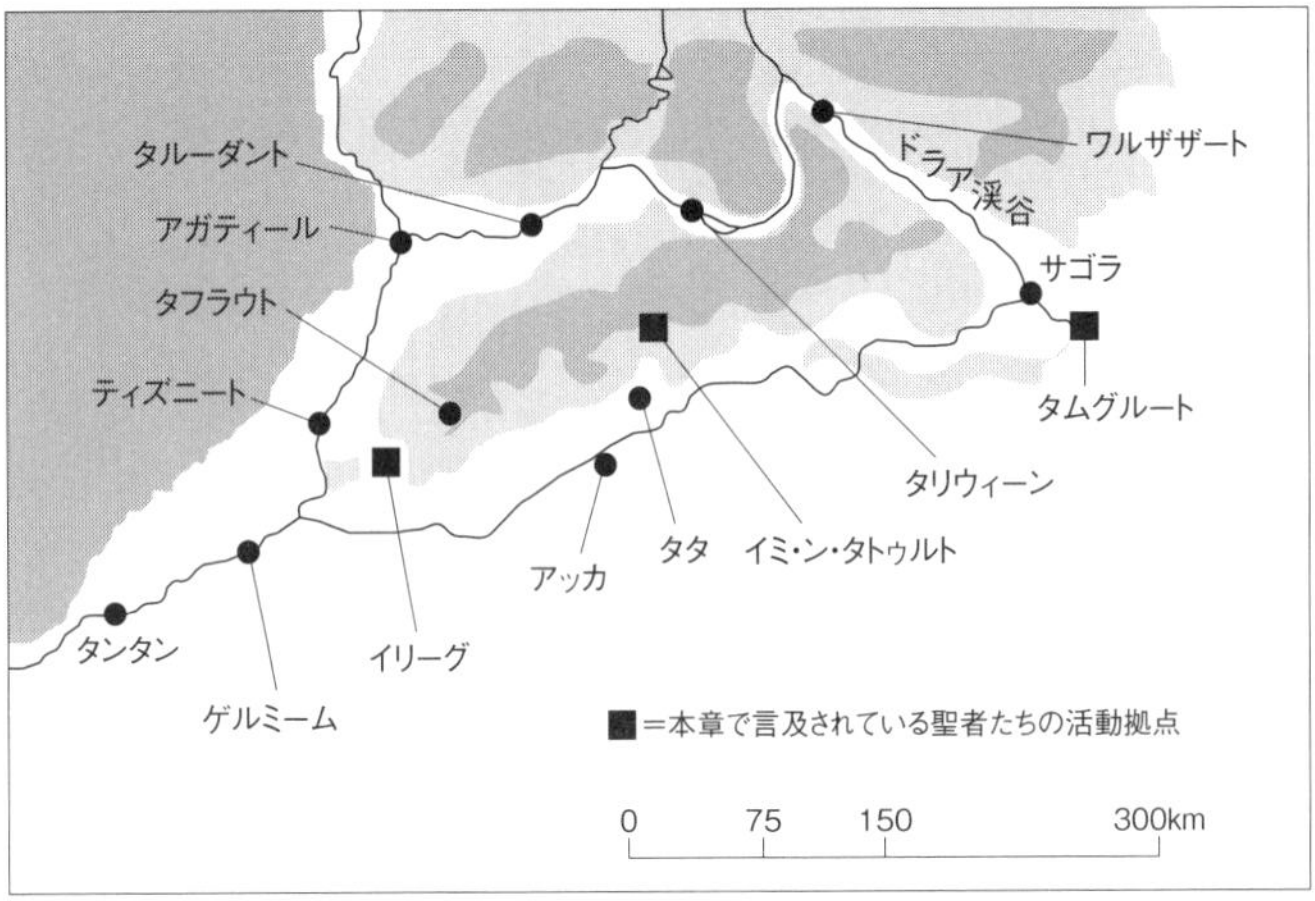

地図5　スース地方関連図（筆者作成）

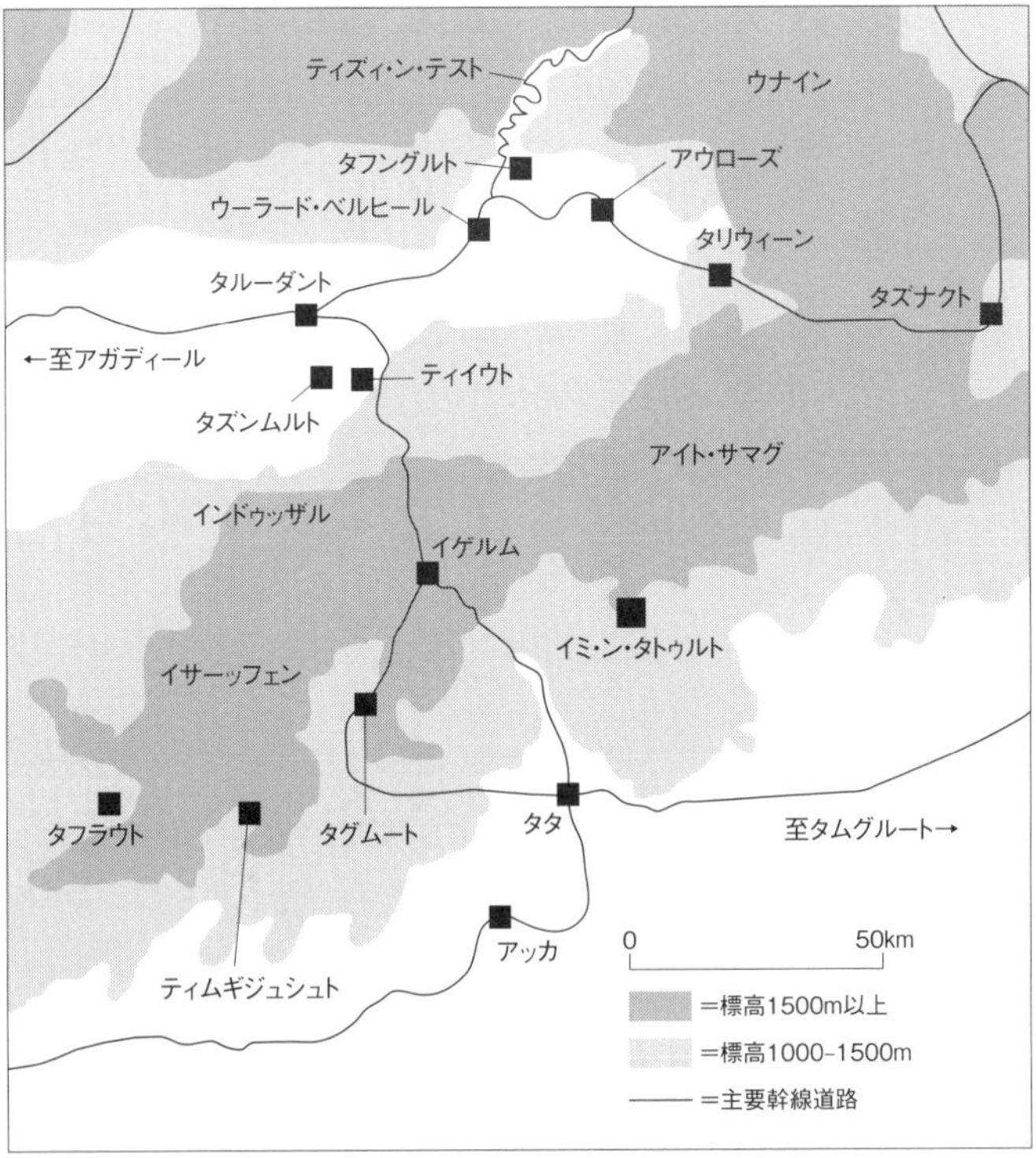

地図6　スース地方東部関連図（筆者作成）

高まったのである。

ここでさらに注目すべきなのは、ヤアコービイーンが、地政学的な観点からナースィリー教団との接触を有していただけでなく、そのごく初期世代からナースィリー教団と非常に強いつながりを有していた点である。たとえばベン・ヤアコーブの孫五名が学問の研鑽を積むためにベン・ナーセル存命時のタムグルートに送りこまれ、そのうちの複数の者がベン・ナーセルから直接免状を獲得したのを皮切りに、その後もタムグルートやスース地方にあるナースィリー教団の大ザーウィヤで研鑽を積んだヤアコービイーンが多数輩出するようになったのである。そのようなナースィリー教団との切り離しがたい関係を有したヤアコービイーンたちの拠点タリウィーンとタグムートは、ナースィリー教団がスース地方で最初期に獲得したタズナクトとティムギジュシュトという二つの大ザーウィヤに隣接した地域に建設されている（地図6参照）。ベン・ヤアコーブの子孫は、当時興隆しつつあったベン・ナーセルたちの直接の弟子としてスース地方東部への同教団の普及とも連携しつつ、その勢力を拡大していったのである。

以上みてきたように、ベン・ヤアコーブの子孫は、一方では聖者としてウ・ムーサーと同列者あるいはそれ以上の人物として名祖ベン・ヤアコーブを提示しようと試み、他方、当時勢力を増したナースィリー教団とも積極的に接触を図り、教団の本拠地タムグルートなどで学問の研鑽を積むことによって、知識人として、さらにはスース地方を席巻したナースィリー教団に密接にかかわる家系として自分たちの立場を確立してゆこうとしていたといえる。言い換えるならば、地方社会にナースィリー教団流の解釈を経たイスラームの普及にヤアコービイーンが貢献していたということでもある。

第四節　ヤアコービイーンの諸相

前節では、おもにベン・ヤアコーブ、ウ・ムーサー、ベン・ナーセル、スィディ・ウ・スィディという「大聖者」の関係を検討してきた。これに対して本節では、ベン・ヤアコーブの子孫ヤアコービイーンの地域社会への拡散の様相と、拡散に際して聖者性と知識人性がいかにして活用されているのかを、『蜜の書』第一六巻を主たる資料として明らかにしてゆく。

以下、便宜上それぞれの息子の家系ごとに記述を進めていく。

1　長男アフマド

ベン・ヤアコーブは四人の息子を残したが、その中でも長男アフマド（図2の中の（2）番。以下、本節では、ヤアコービイーンの名称の後に、便宜のため図2に記載された番号のみを付してゆく）の子孫は本拠地に残り、現在に至るまでザーウィヤの長をこの家系が受け継いできている [al-Sūsī 1960-63, vol.16: 76]。スースィーの聞き取りに応じたのは、この直系子孫（47）である。

2　次男イブラーヒーム

一方、ベン・ヤアコーブの次男イブラーヒーム（3）の子孫はイミ・ン・タトゥルトにとどまるだけでなく、ドラア、南部のタタ、アッカ、イサーッフェン（Isāffen）、北部のタズンムルト、タフングルト（Tafunglt）、ウナイン（Unain）にまで広がっている点で、長男の子孫たちとは対照的な動きを示している（地図6参照）。ヤアコービイーンの中では

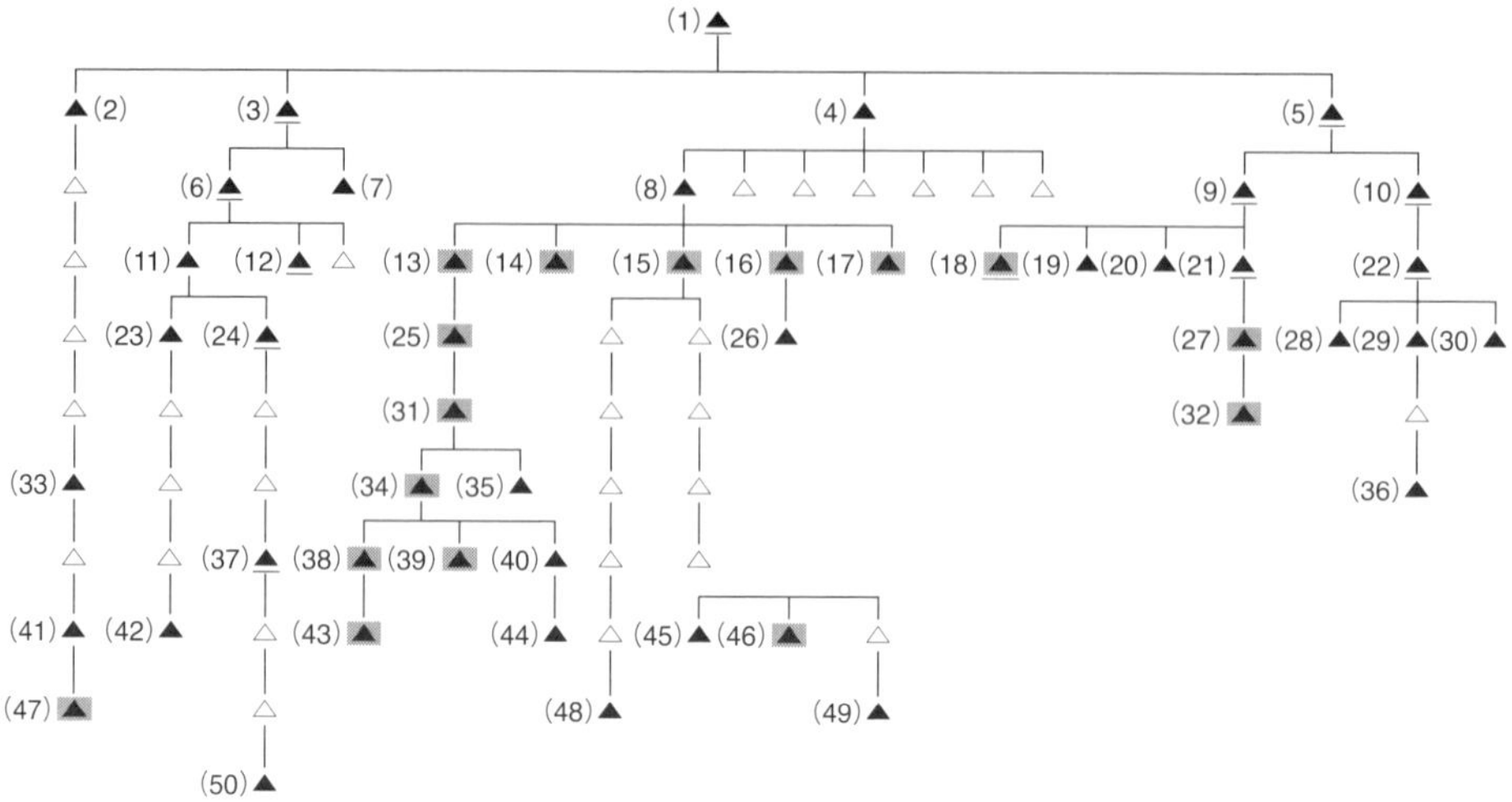

注1　▲＝『密の書』の中に具体的な記述のある人物
注2　△＝『密の書』の中で名称のみが記述されている人物
注3　—＝下線は、廟に埋葬されている人物
注4　▲＝アーリム、フキーとして言及されている人物
注5　［al-Sūsī 1960-63, vol.16］をもとに筆者作成

図2　ベン・ヤアコーブのシャジャラ（系図）

このイブラーヒームは特異な位置を占めている。それは彼がヤアコービイーンの中で唯一ドラア渓谷[*67]に子孫を残した人物だからである。スースィーが記した伝承によるならば、ドラアの住民は、紛争の調停をベン・ヤアコーブに頼んだが、彼は自分で赴くことはせず、代わりに息子のイブラーヒームを派遣した。調停が成功裏に終わった後、彼の紛争調停能力を高く評価した住民は、そのまま現地にとどまってくれるよう懇願し、イブラーヒームに妻を与えたが、これを伝え聞いたベン・ヤアコーブがイブラーヒームに即刻離縁し、故郷に戻ってくるよう命じたという。イブラーヒームはそれに従ったが、そのときすでに妻は子を身ごもっていた。その子孫が今も現地に残っており、ワルザザート東部から東南部を勢力地とするアイト・アッタ（Ait ʿAṭṭā）、ムグーナ（Mugūna）、ダデス（Dades）の諸部族と関係を有しているという［al-Sūsī 1960-63, vol.16: 95］。

イブラーヒームが戻ってきたことによって、彼の子孫の一部はイミ・ン・タトゥルトに定着する一方でスース東部各地に拡大していく[al-Sūsī 1960-63, vol.16: 95-96]。また、このイブラーヒームの家系に属する五名に廟が建設され、参詣対象となっている（3、6、12、24、37）。廟の所在地は、イミ・ン・タトゥルト（二名、3、6）、ウナイン（一名、12）、タズンムルト（一名、24）、タグムート（一名、37）である[al-Sūsī 1960-63, vol.16: 95-97]。

他方、イミ・ン・タトゥルト村に残ったイブラーヒームの息子アリー（6）の家系は、ベン・ヤアコーブの家系の中でも世代を超えた記述が比較的詳細になされている。ベン・ヤアコーブからみて第二世代にあたるイブラーヒーム（3）を筆頭に、第三、四、五、八、九、一一世代に現れた人物（6、7、11、12、23、24、37、42、50）に関する記述があるからである。これらの人物の居住地をイブラーヒームから順に列挙してみると、ドラア渓谷（後にイミ・ン・タトゥルトへ戻る）、イミ・ン・タトゥルト、ウナイン、タズンムルト、タグムート、タリウィーン、タズンムルトというふうに、二、三世代の人物がともにイミ・ン・タトゥルトにとどまった事例以外は、すべての者が別の場所へ移動している様が明瞭にみてとれる。同時に、移動先はすでに他のヤアコービイーンが移住を完了しているスース地方東部地域ばかりであり、世代を超えて移動を活発に行っているとしても、それはヤアコービイーンのネットワーク、勢力範囲内で実施される傾向にあるといえるだろう。

3　三男ムハンマド

ベン・ヤアコーブの三男ムハンマド（4）の子孫で重要になってくるのは、ムハンマドの孫にあたる五人の兄弟（13、14、15、16、17）が、傑出したウラマーとして、イミ・ン・タトゥルトにおける学問活動に大いに貢献したという事実である。長男アフマド（13）以下この五名は全員がメッカ巡礼に赴き、その機会にエジプト、メッカ、メディナなどで宗教諸学を学んでいるほか、いずれの者もタムグルートへ向かい、ナースィリー教団の創始者ベン・ナーセルから直接手ほどきを受けて宗教諸学を学んでいる。そして幾人かのものはベン・ナーセルから免状を与えられるほどの成果を上げた。

帰郷後も彼ら五人は活動を共にし、宗教諸学振興のために共同でイミ・ン・タトゥルト村にマドラサを建設した。同村にはそれ以前からマドラサがあったのだが、彼らはそれとは別に自分たち専用のマドラサを建設したのである。なお、このマドラサは、旧来のマドラサがマドラサ・サファリー（madrasa safalī、下のマドラサ）と呼ばれているのに対して、マドラサ・ウルヤー（madrasa ʻulyā、上のマドラサ）と呼ばれている。彼らの後にもこのマドラサで教鞭を執り続けたのが、彼らの子孫——とりわけアフマド（13）の子孫——であったという事実は、ベン・ヤアコーブの子孫の多くが各地へ四散していくなかで、ある特定の子孫だけがマドラサの「教授権」を継承しつづけた事例として特筆に値するであろう。またアフマドの家系はハディースを非常に重んじ、その読誦をマドラサにおける伝統として定着させている。こうしたハディースの重視もナースィリー教団の影響の表れといえる［al-Sūsī 1961-63, vol.16: 102-104］。

一方でアフマドの兄弟アブドゥルラフマーン（15）の一族からは、スース地方におけるナースィリー教団の大シャイフ、アビー・アッバース・ティムギジュシュティー（Abī Abbās al-Timgidjshtī）に学んだり、マラケシュのマドラサ・ベン・ユーセフで学びアッラーマという卓越したウラマーのみに冠せられる呼称で呼ばれる高度な知識人も出ている［al-Sūsī 1961-63, vol.16: 107］。

4　四男ウスマーン

ベン・ヤアコーブの四男ウスマーン（5）は本拠地からみて北方のアイト・サマグ（Ait Samag）に埋葬されている。ウスマーンの長子アフマド（9）の子孫は、本拠地に残った者もいるが、その多くが北部のタガルグースト（Tagrgūst）、スクターナ（Sktāna）、アイト・サマグなど北方方面に展開している。アフマド（9）をはじめ、彼の息子のうちの二人（18、21）にも廟が建てられている。とくにアフマド（9）とその息子イブラーヒーム（21）は、初めてタリウィーン近郊のタガルグーストに移住した人物として尊敬を集めている。廟の建設もそうした事情と無縁ではないといえよう。またイブラーヒーム（21）はベン・ナーセルとも書簡のやりとりがあり、親しい間柄にあったことがうかがえる。

このイブラーヒームの息子（27）と孫（32）は、それぞれベン・ナーセルの後継者アフマド・ハリーファの友人、弟子として活躍した。こうした点からもタガルグーストに落ち着いたイブラーヒーム一族とナースィリー教団の浅からぬ関係が明瞭にみてとれる。最後の二人（27、32）はメッカ巡礼にも赴き、そこで得た知識を故郷の人々に伝えたのとともにザーウィヤ、マドラサを建設し、地域社会におけるイスラームの振興、学問活動の活性化を積極的に推進していった。さらにハディース研究に打ちこんでいたという点などには、典型的なナースィリーの姿勢が打ち出されている。

これに対して次男ムハンマド・ベン・ウスマーン（10）の子孫は、イダ・ウ・ズクリ、インドゥッザル、イグダール（Igdār）、アスタイン（Astain）、イフシャーシュ（Ihshāsh）などの地政学的にはそれほど重要でない地域の部族に広がっていく。

第五節　ヤアコービイーンの社会関係

以上、子孫たちの大まかな流れをみてきた。これを受けて本節では、①学問活動と関連する社会関係、②廟参詣・奇蹟・調停などの活動とそれらの活動を行う者のヤアコービイーン内での位置づけ、③スース東部地域の諸部族との関係の特性という三つの側面から検討する。

1　移動・ネットワーク・師弟関係

ヤアコービイーンの移動先は主にスース地方東部に広がっているが、その中でも学問修行のための行き先として、最初に目につくのが、本拠地イミ・ン・タトゥルト、タリウィーン一帯、タタの三ヶ所である（地図6参照）。

興味深いのは、各地に散らばったヤアコービイーンが、自分たちの子息の勉学に際して、親類縁者が教鞭を執る他地域のマドラサに息子を相互に送りあっている点である。さらに、これらの地域で勉学にいそしむ学生の師匠たちもまた、その多くがスース東部のイダ・ウ・ズッドゥートやインドゥニディフ（Indunidif）などの部族出身者かもしくはベン・ヤアコーブの流れを汲む親戚でほぼ占められている傾向が認められる。これに加えて上記の三ヶ所で学んだ者の多くが、その後これらの地域のいずれかで今度は教鞭を執り後進の指導にあたるようになっている。

このように、彼らはこれら三地域の間を自由に行き来して学問活動を行っているかのような印象を受ける。だが同時に、イミ・ン・タトゥルトに残った第四世代ハーッジ・アフマド（13）をはじめとする五人兄弟の子孫の場合のように、本拠地にマドラサを建設した「主流派」がその後常にその管理・教授権を「排他的」に独占し、掌握している事例もある。また各地に散った子孫たちにしても、タリウィーン一帯の例などをみてみると、彼らがそのあたり一帯に集中している一方で、ミクロなレベルでみると彼らがきわめて近接しながらも別々の村落に分散して居住している様子が明らかである。

これらのヤアコービイーンゆかりの三地域以外にも、ナースィリー教団との関連でタムグルートやティムギジュシュトで学ぶ者がいる。彼らにしても、ベン・ヤアコーブとナースィリー教団のつながりの深さを考えるならば、感覚的には地元で学んでいるというところであろう。

このような圧倒的な「地元志向」の流れのなかで、少数ながらエジプト、メッカ、メディナなど東方イスラーム世界で研鑽を積んだ者もいる。ただし、彼らにしてもまずはイミ・ン・タトゥルトやタムグルートなどで学んだ後に東方イスラーム世界に向かっているわけである。地元とのつながりは、それらの人物の多くが帰郷後、現地社会での教育活動に熱心にかかわっていっている点にも明瞭に見出される。

一方で、一族の中にマラケシュに移住したものもわずかながらある。彼らの中からはモロッコ南部の最高学府ユースフィーヤ学院で学んだ者も出ている。ただし、彼らの場合には、その活動範囲はマラケシュに限定されており、スース地方東部に帰郷するという動きはみられない。こうした点からするならば、ベン・ヤアコーブの子孫は、ナースィリー教団との密接な関係を梃子にして地政学的に重要な地点に進出し、拠点を形成することによって地域社会に展開する傾向を示しているのと同時に、そのネットワークは必ずしもスース地方東部にのみ限定されたものではなく、巡礼やユースィフィーヤ学院への遊学に象徴されるような、より広域的なネットワークに対しても開かれたものである。

2　廟参詣・奇蹟・調停

次に廟参詣についてであるが、廟が建設された者は、『蜜の書』に記載されている五四名中、一二名にのぼる。その所在地は、タグルグースト（二名、9、21）、ウナイン（一名、12）、アイト・サマグ（一名、5）、アルギン（Arghin、一名、22）、タズンムルト（一名、50）、インドゥッザル（一名、10）、イミ・ン・タトゥルト（四名、1、3、6、18）、タグムート（一名、37）となっている。

まず、地理的分布を確認しておこう（地図6参照）。ベン・ヤアコーブの廟があるイミ・ン・タトゥルト村に数多くの子孫が埋葬され廟が建てられているのは、納得がいく。それ以外の場所に関しては、タグムート以外のすべてが、イミ・ン・タトゥルトの北方から北西方面に分布しているのがわかる。これは、第二子イブラーヒーム、および第四子ウスマーンを含めた彼らの子孫に奇蹟をおこせると信じられている者が多数輩出していることと無関係ではあるまい。言い換えるならば、彼らの子孫が分布した地域に、大半の廟が建てられているのである。なお、複数の廟が存在するタグルグーストやタズンムルトは、ヤアコービイーンの一大拠点でもあり、早くからザーウィヤが建設されている。他方、アイト・サマグ、インドゥッザル、ウナイン、アルギンなどは山深い地域であり、それらの地域に埋葬されている人物は、学問活動以上に、部族間の紛争調停者としての役割を要請されていたことがスースィーの記述からもうかがえる［al-Sūsī 1960-63, vol.16: 95-98, 114-115］。

次に、廟が建てられている者のヤアコービイーン内での位置づけをみてみよう。ベン・ヤアコーブの長子の家系、および三男ムハンマドの流れを汲むハーッジ・アフマドの家系には、廟が建設された者は一人も見当たらない。彼らに対しては、学識豊かな点がことさらに強調されている。これに対して次男イブラーヒーム、四男ウスマーンの家系には数世代にわたって、廟を建設された者が繰り返し現れている。とくにベン・ヤアコーブ以降五世代目くらいまでの者や、初めての移住者に廟が建てられている事例が顕著である。

さらに、学問活動と奇蹟の関係に関しては、奇蹟を起こしたと伝えられ、かつアーリムでもあったという者もいるが、それらの者の具体的な習得科目や学習経歴、師匠などについての逸話は、アーリムとしてのみ言及されている者に関する同様の項目の記述の厚みに比較すると極端に少ない。

たとえばベン・ヤアコーブの孫にあたるスィディ・ムハンマド・ベン・アトマーン（Sīdī Muḥammad ben ʻAtmān）の場合には、彼の廟があるインドゥッザルの人々は彼がアーリムであったとは認めるが、むしろ調停者、奇蹟を起こした者、バラカを有する者として語る傾向がある。既述の通り廟が建てられているのは初めてその地に移住して来た者であったり、地元でそれなりの功績を残した人物であって、必ずしも宗教的知識の多寡が基準とはなっていないことがここからうかがえる。いわば地域社会での実践がキーポイントとなっているのであり、マドラサでの教育活動がそれほど考慮に入れられていない様がみてとれるのである。ただし、一般的には、さまざまな問題を抱えた一般民が事態の解決やアドバイスを求めて、ごく日常的にマドラサで教えるフキーやアーリムのもとを訪れるのが普通である。そうした点において、マドラサで教育活動にあたっているからといって、フキーやアーリムがトルバ（学生）の教育にのみ専念して社会から隔絶してしまっているわけでは全くない。

3 「部族」との関係

部族民の聖者との関係は、第四節で記したベン・ヤアコーブの息子イブラーヒームの事例のように、聖者の名声を伝え聞いた部族民が、彼に紛争の調停を請うことから始まることが多い。その後、その人物の人徳や信仰、調停の手腕などを認めた場合には、結婚相手を与えて自分たちのもとに「土着化」してくれることを望む［al-Sūsī 1960-63: 95 ; al-Wallālī 1999: 236］。ここに見出されるのは、ある部族が聖者の末裔を「部族独自の聖者」として迎え入れ、その人物の「土着化」を通じてベン・ヤアコーブの功徳をいわば自部族のものとして「領有化」する動きである。廟の建設とは、そのような「土着化」「領有化」を象徴的かつ永続的に示す物的シンボルともいえる。

このようにベン・ヤアコーブの子孫は、各部族「固有」の聖者となる一方で、他方、部族をベン・ヤアコーブへと結びつける媒介でもある。ベン・ヤアコーブと部族の関係は、両者が一足飛びに直接関係を取り結ぶわけでは必ずしもなく、子孫たちの「地元」との密着を媒介として成立しているのである。次章でも取り上げるようにスース地方東部の数多くの部族が、地元でのムーセムだけでなくベン・ヤアコーブのムーセムにも参加している点にも、それは表れている。

おわりに

以上、ベン・ヤアコーブとその子孫ヤアコービイーンの事例を検討してきた。最後に、これまでの議論をもう一度整理し、確認することとしたい。

なによりもまずベン・ヤアコーブは、文書および口頭伝承などの中で、信仰の卓越性を示す複数の属性を通じて、余人の追随を許さないような「大聖者」として提示されている。具体的にはそれらは、①預言者の末裔としての血統という生得的卓越性、②禁欲や独居などの修行に象徴的に示されるような常人には不可能な行為の実践、③さらにそれら二者の帰結としてアッラーから与えられたバラカとその具体的な顕現形態としての奇蹟能力――不毛の地に水をあふれさせることなど――である。ここでさらに注目に値するのは、ベン・ヤアコーブの卓越性がアッラーによるバラカという形で示されているだけでなく、当時勃興しつつあったサアド朝のスルターンという権力者によっても承認されていたとされる点である。また、スーフィーとしての立場も、単に師弟関係と修行など後天的に構築された関係や努力を通じた神秘主義的系譜を「正統なスーフィー」の根拠として有するだけでなく、すでに預言者の血筋のうちに大聖者アブー・マドヤンをあらかじめ組み込んでいる点に明瞭に表れているように、実はそのような諸行為を行う以前から傑出したスーフィーとしてベン・ヤアコーブは存在していたと語られている。

このようなベン・ヤアコーブの突出性を志向した文書および口頭伝承における語り口は、それだけでもベン・ヤアコーブの聖者性を強調するものとして注目に値するが、しかしベン・ヤアコーブを他の「大聖者」――とりわけウ・ムーサー――との関係に位置づけるときにその社会的意義や効果はより一層明瞭になる。すなわち、これらの諸属性は、スース最大の聖者たるウ・ムーサーと比肩し、さらには彼をも凌駕する大聖者としてベン・ヤアコーブを表出していく上で欠かすことのできない要素なのである。

またウ・ムーサーやベン・ナーセルなど他の大聖者との関係は、とりわけ口頭伝承に見出される人々の「神話的世界」とでも呼びうる場において豊かに現出するものであった。そしてそこに見出されるのは、ベン・ヤアコーブがウ・ムーサー、ベン・ナーセルとの関係を必要としつつも、同時にそれが潜在的な競合関係を有しているという側面であった。具体的にはベン・ヤアコーブとウ・ムーサーの関係を強調することによって、ベン・ヤアコーブの聖者性が強調され、そしてベン・ナーセルとの関係を通じてベン・ヤアコーブの知識人的側面が強調されていたとみることができよう。

とりわけ後者に関しては、ベン・ヤアコーブの子孫がその後ナースィリー教団のもとで学問研鑽を積み、スース地方での同教団の拡大や、同教団の解釈に依拠したスンナ（預言者の慣行）重視の信仰生活の普及に尽力していた。このようなベン・ヤアコーブの一族とベン・ナーセルを名祖とするナースィリー教団の関係は、聖者の子孫とスーフィー教団の相互関係を基盤としつつ、スース地方東部という地域固有のイスラームの形成の一端を示す一例となる。

また、ベン・ヤアコーブの子孫の移動状況を仔細に検討してみるならば、そこにもある種の傾向をみてとることができた。たとえば、一方で本拠地イミ・ン・タトゥルトに残りそこでマドラサの活動を預かる、知識人的側面を前面に打ち出したベン・ヤアコーブの長子の子孫の流れがあり、他方、本拠地から他地域へ移住し、その地で紛争調停などに威力を発揮し、後に廟に祀られ、数多くの奇蹟が語られるようになった傍系子孫のように聖者的側面を強調した人物を多数輩出した流れが認められるのである。

このようにしてみてくるならば、ベン・ヤアコーブとウ・ムーサー、ベン・ナーセルのさまざまな類縁性を巧みに強調し、彼らの生きた時代の近接性を利用しながらスース地方東部におけるベン・ヤアコーブの独自性を前面に打ち出した人々の語りを補完するかのようにして、ベン・ヤアコーブの子孫たちが、紛争調停や宗教的知識の普及をそれぞれに担いつつ地域社会に浸透していった様相がみてとれるのである。地域社会に受容されてゆく上で、聖者性と知識人性はともに当事者たちによって柔軟に活用されている様がそこからは浮かび上がってくる。だが、それでは地域住民は、聖者とのかかわりを具体的にどのようにとり結んでいるのだろうか。次章では、インドゥッザルの人々が深くかかわるベン・ヤアコーブ廟などへの参詣の事例をもとに、この点について明らかにしてゆく。

第六章

モロッコ南部山岳地帯における部族民と聖者祭・廟参詣

「旅行記や探検記ほどひとを『等身大』たらしめるものはない。旅はいやおうなく旅するひとの個人を裸出させるし、かれの目にうつる風景はかれの眼の高さを越えることはない。文献資料を使って、いわば神のごとく、一国の政治や経済を叙述ないし論評するひとも、ひとたびその国を旅してみれば、またその国のさまざまな人びとと、いささかなりとも交わってみれば、おのれが神ではないことを感得するだろう」。

（三木亘「『等身大』ということ」『三木亘著作選　悪としての世界史――中東をめぐって』一一一頁）

はじめに

第一章でも取り上げたように、中東・イスラーム圏には、各地に聖者が埋葬されているとされる廟が建設されていて、それが参詣の対象となっている。廟参詣には、大きく分けて「集団的参詣」と「個人的参詣」があると言われることがある。前者は部族民などがまとまって参詣に訪れるものであるのに対して、後者は個人が家族、友人、知人などと連れ立って行うものである。また、集団的参詣の機会としてしばしば言及されるのが、年に一度（所によっては数度）開催される「聖者祭」と呼ばれる祭礼である。廟に埋葬された人物を記念して開催されるこの「聖者祭」の折に、近隣の部族民が供犠獣の奉納のために訪れ、供犠の後に、部族や地域、国家などの安寧を祈願するのである。

本章では、前章で取り上げたベン・ヤアコーブとその孫にあたるベン・アトマーン（ベン・ウスマーンのこと。以下、ベン・アトマーンと表記）の「聖者祭」について報告する。現地の参詣客とともに参詣し、彼らの出身村落がある地域に帰還した筆者の経験や村人の日常生活を手掛かりとして、参詣を通じた部族と聖者の関係や、住民にとって参詣とは一体どのような現象なのか、考えてみたい。

第一節　参詣の旅

今から一六年前の春に、私はインドゥッザルの人数名とともに、彼らの故郷にあるスーク開催地から大型トラックの荷台に乗り込んでいた。運転席には、運転手と、黄色いターバンを頭に巻き、紺色のジュッラーバという伝統的衣装をまとった八〇歳にはなるという老齢の部族長が乗り込んでいた。彼は四〇年にわたり部族長を務めた老練な男性である。他方で、大麦を詰めた袋や二頭の雌牛を載せた天井のない荷台には、私と、部族長の親族にあたる若者と、スーク開催地で雑貨屋を営んでいる男性ウ・アッディとその友人が乗り込んでいた。私たちが目指したのはサハラ砂漠に近い山岳地帯の奥深くにある山村イミ・ン・タトゥルトで、トラックが出発したスーク開催地から見るならば、南東の方角にある。

この村落にはベン・ヤアコーブの廟がある。毎年春になると彼のことを記念した「聖者祭」（タシュリヒート語ではアンムッガル）が開かれるのだが、このアンムッガルは、辺鄙な地で開催されるのにもかかわらず、スース地方東部の多くの部族が参詣のために訪れて供犠と祈願を行うこと、大規模な市が立つことでつとに知られている。ベン・ヤアコーブのアンムッガルは例年、春先に二回開催されるのだが、その一度目は三月一五日に開催され、イダ・ウ・ズクリという部族のみが参加する。これに対して二回目のアンムッガル（筆者が参加したもの）は大規模で、インドゥッザル、イダ・ウ・ズッドゥート、アイト・アブドゥッラー、タリウィーンなどのほか、アルギン、スクターナ、アイト・サマグ、イダ・ウニディフ、タグムート、タタ、イサーッフェン、イダ・ウ・ケンスース、イグッターイなどスース地方東部全域をほぼカバーする諸部族が大挙してアンムッガルにやってくる。

私が懇意にしてきたインドゥッザルの人々の場合、祭礼が近づいてくると、毎週土曜日に開催されるスークで、べン・ヤアコーブに奉納する大麦や油、蜂蜜、それに金銭などを部族民から集めるための机が部族長の事務所の前に用意されていた。奉納物を持参した男性たちから奉納物を受け取った係役の男性が記帳をした上で、預かった大麦や油、蜂蜜を机の脇に置いてあるドラム缶に入れるという作業が、朝から昼下がりまで開催される市の間中、進められていた。*[68]

こうして集められた奉納物を携えて、毎年、部族長をはじめとした部族出身者のうち参加可能な者がイミ・ン・タトゥルトのアンムッガルへと赴くのである。ウ・アッディはその常連である。ベン・ヤアコーブと関係の深い部族の一つであるインドゥッザルの人たちと懇意にし、彼らの故郷にも住んでいた筆者はこの祭礼をぜひみてみたいと思っていたのだが、それには、それなりの理由がある。

そもそも、聖者の廟は、インドゥッザルの故郷から山を越えた遥か彼方にあるベン・ヤアコーブ廟しかないというわけでは、もちろんない。それどころか、村人たちは、ごく近所の廟をはじめ、複数の廟や聖者とのつながりをもった世界に生きていた。しかしながら、そうした複数の廟とのかかわりの中にあって、村はおろか、部族全体が関与し、さらにはスース地方東部全域の部族が集まるという大規模なアンムッガルの存在は、私には特別なものと映じたのである。

どんな祭礼なのだろうかと期待に胸を膨らませて筆者は、部族長たちが乗る大型トラックに便乗すべく、朝早くI村を出て、早足で四〇分ほどのところにあるスーク開催地に向かったのであった。*[69]

スーク開催場は、第三章でも記したように日常生活に必要な生活物資、食料品などを調達する場であるのみならず、郷役場、診療所、部族長の事務所などもあり、出生・婚姻・死亡、離婚や相続をはじめとした各種の届出やもめ事や諍いの相談と調停、病の治療などにかかわるサービスが揃っている。スークが開催される土曜日には人々は朝早くから週市開催地にやってきて昼下がりまでの半日ほどをここですごしながら、用事を済ませるのだが、その折には、他村からやってきた人とも雑談などをしながら、互いの村や知人についてのニュースをはじめ情報交換にいそしむ。スークは、必ずしも商売や経済的交換にのみ限定された場所ではなく、人々が出会い、情報を交換する社会性を帯びた場である。

スークを後にして、のんびりと啼く牛とともに私たちを荷台に乗せたトラックは、大半が未舗装の道路をつたってアンティ・アトラス山中をのんびりとイミ・ン・タトゥルトを目指して走っていく。道中の山々の大半はアルガンと呼ばれる木がまばらに生えているくらいで、岩肌が剥き出しになっている。アンティ・アトラス山脈を一三〇キロほど走り、その北縁から南縁へと突っ切ったあたりには、ドゥー・サウンと呼ばれる切り立った崖の難所があり、それを降り切った後にはナツメヤシで覆われたオアシスが広がっていた。インドゥッザルなどアンティ・アトラス北麓に住んでいる人にとって、巨大なアンティ・アトラス山脈を越えた「山向こう」の、サハラ砂漠と隣接したこの地域は、同じベルベル人が住む地域ではあるものの、やや別世界といった趣がある。タタという地方都市を中心とするこの地は、濃厚な味がするおいしいナツメヤシが採れることで、スース地方の人々の間では有名だ。だがそうした水の豊富な土地はごくわずかである。八時間ほどトラックに揺られて切り立った山々の間を縫って走る道中のほとんどは、岩肌が剥き出しの山々であった。

アンティ・アトラス山脈の南麓を突き抜けてサハラ砂漠北縁へと出た私たちは、次に進路を東に取って三〇キロほど走ってタタという町に到着した後に、進路を北東の方にとりなおして、東西に長く伸びたアンティ・アトラス山脈の横腹に突っ込むようにして再び山峡に入り込んでいった。日本における山間や谷間は、両側から山が迫っていることが多いが、モロッコの場合には山間部の幅が広く、広大な原野が広がっていることがしばしばある。私たちが通った道もその例外ではなく、両側に山が連なるだだっ広い荒野をトラックは、眼の前を走る車も、行き交う車もないままに、白い土埃を舞い上げながら、ガタガタと車体を揺らして轍の後を辿って不器用に進んでいく。タタに至るまでの道のりの多くは道の両側に迫るようにして聳える山々で横方向の視界が遮られていたのに対して、タタからイミ・ン・タトゥルトに向かう道では、水平方向にも大きく視界が開け、山々は道の左右に開けた荒野の彼方に見えていた。

トラックはやがて右手に聳えていた山へ向かって道をとり、その山頂を目指して、狭く曲がりくねった道をノロノロと登り続けていく。山の頂きを見上げながら、果たしてこんなところに人が住むところがあるのだろうかと訝しく思っていたところ、少し前に「この山を越えたら村がある」と言っていたウ・アッディが、山頂がいよいよ近づいてきたときに小声で何回も「タスリーム、タスリーム、タスリーム」と唱え、その後小声で何事かをつぶやき始めた。タスリームというのはもともとアラビア語で「降参」という意味である。この「降参」という言葉はとても印象深く私の記憶に残った。小声でささやくようにして、そしてせわしなく何度も口にされるその言葉は、ベン・ヤアコーブに対する畏怖の念をウ・アッディが感じていることを彷彿とさせたからである。それはあたかも、その地に威光をもつ人物への服従の意を示し、村のある空間へと入っていくことへの許しを請うようであった。いよいよ村に近づいてきたからこそ、ウ・アッディはこの言葉を発したのであろう。

山の頂上に達したとき、それまで続いていた荒涼とした、あたかも人跡未踏といった趣のある山々がただ広がる風景は突如として終わり、石造りの家々が密集した美しい村落が山の反対側の斜面にあるのが眼に飛び込んできた。そのきわだった対照が生み出した衝撃は、イミ・ン・タトゥルトが、私がそれまでに訪れたことがあるスース地方内の他の村落とはなにかしら雰囲気の異なる、常ならぬ場であるという印象を私に与えた。

第二節　廟と聖者祭

1　墓と廟

イミ・ン・タトゥルトは、山の谷間に広がる美しい山村である。山を越えて谷間に入り込むと、山を下る我々がい

イミ・ン・タトゥルト村（中央左手に見える白い建物がベン・ヤアコーブ廟）（筆者撮影）

ベン・ヤアコーブ廟（筆者撮影）

ベン・ヤアコーブが住んでいたとされる住居（左手の人物は、ベン・ヤアコーブが使用していたとされる部屋の前で祈願をしている）（筆者撮影）

ベン・ヤアコーブのアンムッガルにおける供犠と祈願（筆者撮影）

る斜面の側には、ベン・ヤアコーブとその一族のザーウィヤがある。斜面を降りきったところに細い道が左右に走っており、その向こうには塀で囲まれた墓地がある。さらに墓地の向こう側は、再び山がなだらかに隆起をしているが、その斜面に綺麗な石積みの家が密集した村落が広がっていた。

村に到着した時は、もちろんこうしたことは分からなかった。村の美しさに息をのんだ筆者の目は、まず村の手前にあるだだっ広い「空き地」のただ中にぽつんと立っている白い四角い建物にやがて吸い寄せられた。しばらくみていて、その「空き地」が塀で囲まれていることに気がつき、一見すると礫が散在しているだけの荒涼としたこの空間が墓地だと筆者は気がついたのであった。

一般に、モロッコ都市部の墓地の場合にはセメントなどで形作られた墓が建てられるが、イミ・ン・タトゥルト村のような地方の、それも山間部に位置する村落で墓が建てられることは稀である。そこに遺体を埋葬したことを示す目印として大きめの石が置かれたり、積まれることが多い。そのため、遺体の埋葬場所は、埋葬に参加をした者などでないとわからず、時間の経過とともに正確な位置は忘れ去られていく可能性が高い。部外者には、石が転がっているだけのただの空き地としか映らない場所であるが、そこはただの空き地などではないのである。イミ・ン・タトゥルト村の場合、その場を囲っている塀の存在から、私のようなヨソ者でもそこが通常の空き地ではないことが視覚的に感得できる。墓地の真ん中に立っている白いペンキが塗られた四角い建物が、ベン・ヤアコーブの廟である。墓地内唯一の廟なので、一見すると空き地のように見える墓地空間の中でも、それはひときわ人目を引く。

墓地の右手には大きなモスクが、さらに後に歩いてみてわかったことだが、そのモスクよりもさらに右手奥の方には、金物や羊毛でできたジュッラーバという伝統的衣装などを販売する店が軒を並べた仮設市が立っていた。反対に墓地の左手の方には、訪問客のための宿泊施設がある。この施設のさらに左手の方には涸れ河（ワジ）が伸びており、その「河川敷」にそっていくつものテントが張られ、また仮設の店舗が出された市場がある。そこでは、アンムッガルへの滞在者に必要不可欠な肉、野菜をはじめとした食料品を販売する簡易店舗が軒を並べるだけでなく、生活雑貨品、食堂、カセットテープ屋なども存在する。さらには、アンムッガルの「特産物」として著名な真鍮製品やジュッラーバの生地や絨毯、それにナツメヤシなどを販売する人も多数集まっていた。

2　聖者祭――ムーセム／アンムッガル

ベン・ヤアコーブのように、人々の尊敬を集めた人物を埋葬した廟を一つの物的シンボルとして開催される祭礼は、これまで一般に「聖者祭」と訳されてきたが、現地語では、アラビア語モロッコ方言でムーセム、モロッコ南西部を故郷とするベルベル人が話すタシュリヒート語ではアンムッガルという。ムーセムという語は、正則アラビア語のマウスィムに由来し、「季節、収穫、祭り」などをもともとは意味し、とくに農閑期などに行われる祭りを含意する傾向があるものであった。実際のところモロッコで開催されるムーセムの多くは農閑期にあたる夏に開催されることが多い。通常は、こうした農耕暦との対応という点とあわせて、農閑期に多くの農民などが廟参詣に赴くことがあることから、「聖者祭」と訳されてきた。このムーセムという語は、とくにモロッコで広く用いられているものである。

これに対して、タシュリヒート語では一般にムーセムのことをアンムッガルという。これはタシュリヒート語の動詞 *mmiqqir*（出会う）の派生形で、「出会う場所」を意味し、現在では一般にムーセムの同義語として用いられているが、本来は必ずしも聖者に結びつく行事に限らず、年一回開催される市場や村落内の祭りなども含める意味内容をもつという［堀内 一九八九c：五―六］。このためアンムッガルは「歳の大市」などと訳されることもある［堀内 一九八九c：六］。聖者祭を取り扱ったその論考において堀内は、以上のようにアンムッガルという用語の説明を付した上で、実際のところ聖者との関係を有さないアンムッガルはさほど多くないであろうという見解のもとにアンムッガルをムーセムのうちに含めるものとしている。本章においては基本的にこのアンムッガルという語を用いていくが、この単語が、必ずしも「宗教的」な意味を有さず、むしろ「集まる」ことや、「出会う場」「歳の大市」に代表されるスークと関連した語義を有していることが後の議論との関連で重要な意味をもってくることを、ここであらかじめ強調しておきたい。

一般にムーセム／アンムッガルには、全国や地域一帯から参詣客が何万人も集まる大規模なものもあれば、村落レベルの人々が会するだけの小規模なものまであるほか、開催地を取り巻く環境や廟の規模に応じて祭礼の内容も多岐にわたっている［Reysoo 1991: 25-39；齋藤 二〇〇二b、二〇〇七c；堀内 一九八九b、一九八九c：五―八］。全国でのその年間開催件数は、内務省が把握しているものだけでも一千件におよぶ［Royaume du Maroc 1999, 2000］。ベン・ヤアコーブのアンムッガルの場合には、部族民たちによる供犠以外では、市が立つのが顕著な特徴だが、モロッコ中央部などの大平原地帯におけるムーセムの場合には、ファンタジアと呼ばれる馬上の鉄砲打ちが開催されたり、移動遊園地が敷設をされたり、大道芸人や吟遊詩人が徘徊するものがある。都市部のムーセムでは、廟内の絨毯や額縁などの装飾品や調度品の奉納を行う場合があり、それらの奉納物は、楽隊を伴ったパレード形式で行われることもある。さらに、精霊に憑依された人々を治療するための儀礼的職能集団（ターイファ）が参加するムーセムも存在する。彼らはミズマールと呼ばれるオーボエや太鼓を叩いて精霊に即応した調べを奏で、人々に取り憑いた精霊を鎮める儀礼を執行することで知られる。精霊と所縁の深い聖者もモロッコには存在するのだが、そうした聖者の下で開催されるムーセムに際しては、数多くのターイファが集結し、ムーセム開催地に張られたテントの中で日夜、調べを奏でて、人々を集めていることもある。

これらのムーセムに比較するならば、ベン・ヤアコーブのアンムッガルは、視覚的にも、聴覚的にも「派手」なムーセムとは一線を画した地味なものである。耳を覆いたくなるほどの音量で奏でられる音楽を伴う降霊儀礼が行われることも、馬の疾走と空砲の発砲などで喧噪が生み出されることもなく、遊園地のような見せ物やパレードもないからである。あるのは、廟やベン・ヤアコーブゆかりのザーウィヤへの訪問と、仮設市場と、モスクでの礼拝や祈願、そして知り合いや友人との共食や茶を交えての語らいである。

アンムッガルには、まず祭礼開催地に住む人々がしばしば参加をする。そこには聖者の末裔も含まれれば、聖者の末裔ではない一般の村人も含まれる。次にスース地方東部各地からやってくる部族民もいれば、アンムッガルで開催される市場での商売を目的とした商人たちもやってくる。さらには部族民たちとも懇意にし、各地に残る伝統的イスラーム学校で教鞭を執る宗教学者たちも集まってくる。そもそもスース地方における伝統的イスラーム学校は、長らくの間、個々の部族がそれぞれに自前で建設をし、その運営を支えてきたものである。それゆえ学者たちと一般住民との結びつきは深い。また地方社会における宗教学者は一般にフキーという名称で親しまれているが、彼らはイスラームについての高度な知識を有する知識人であるばかりでなく、地元の子供たちにクルアーンやアラビア語の手ほどきをする教育者であり、住民たちの家庭・遺産相続をはじめとした問題や悩みに答える助言者であり、かつ礼拝を先導しモスクを管理する役割を担うなど、多面的な役割を担った人物であり、地方における人々の宗教・社会生活の要に位置している。ベン・ヤアコーブのような大きなアンムッガルの際には、部族民が実施する祈願を先導するのがこうした宗教学者たちなのである。こうした人々とあわせて、観光を目的として自家用車に乗ってやってくる者もあった。アンムッガルへの参加者はそれぞれ、乗用車や筆者たちのようにトラックなどを使って各々集まってくるが、それぞれの事情や都合に勘案して、来たいときにいつでも来ればよい。

ところで、部族としてベン・ヤアコーブのアンムッガルに参加すると記したが、インドゥッザルの人々の中でも祭礼に参加した人の数は限られている。部族を代表して部族長が参加しているほか、トラックには数名の者が乗っていたが、部族長の介添えをする親族を別にすると、他の者は別に部族を代表するという役に任命されていたわけではなくて、イミ・ン・タトゥルトで販売をされる当地の産品たるナツメヤシの購入／仕入れを主目的としていた。現地での仮設市場では、筆者は、同じくインドゥッザル出身の人々に何名か出会った。部族長と参詣への道中を共にすることなく自分たちだけでイミ・ン・タトゥルトにやって来たのである。彼らは地元では鍛治仕事を専門としている村落出身者であるが、市場では自分たちが作成した鉄製品を販売しているのである。つまり、筆者が参加した年について言うならば、スース地方東部の部族民の中でもインドゥッザルから参加した部族民たちは、必ずしも全員が出身部族を代表するという意識をもってアンムッガルに参加しているわけではなくて、むしろ商品の仕入れや販売など商売目的で参加している者が多分に含まれているのである。それ以外に、個人的にこの地を訪れた者もいる。言ってみれば、自由行動が彼らの原則である。もっとも、このように参加者の目的が多様であるとしても、そもそもみな同じ部族出身者であり、日頃からスークなどで顔をあわせ、互いに共通の知り合いも多い。なので、それぞれに主要な目的があるとはいえ、同時に同じ部族民としてのつながりも彼らはもっている。つながりながら、離れている。そんな感じである。そんな彼らのアンムッガルでの時間の過ごし方を簡単に振り返っておこう。

筆者が同行した部族長の場合、彼は、村落到着後まずゲストハウスに招かれ、そこでクスクスとミント・ティーをご馳走になり、ベン・ヤアコーブの末裔の歓待を受けた。その後、宿泊地を廟の近くに移した部族長のもとには、連日インドゥッザルが保有するマドラサで教鞭を執るフキーや、インドゥッザルの人々にその名を知られた著名な宗教学者の末裔で聖者として尊敬されている人物、アオローズという別の部族の下で活躍するフキーをはじめとして数多くの宗教学者や部族民、それに他の部族の部族長たち、聖者の末裔などが訪れていた。インドゥッザルの部族長はすでに八〇歳を超えた老齢のため、自ら積極的に出歩くことはほとんどせず、もっぱら訪問客を迎え入れ、四方山話に話の花を咲かせるとともに旧交を温めていたのである。つまり、アンムッガルへの部族代表としての参加は、単に部族代表として奉納物をベン・ヤアコーブの元に送り届けるという責務だけでなく、部族長が有する人脈を再確認・更新し、かつ彼らと世間話をしながら情報交換をする場にもなっていたのである。

これに対し、ウ・アッディやその友人たちは、長老や学者が集まる場にはあまり参加せずに自分たちだけで行動をとり、スークなどをのんびり見て回っていた。同じ部族出身者なのだが、彼らがあまり長老たちの場に参加しないのは、年長者の言うことにはおいそれとは逆らえない上に、若手のウ・アッディたちは、長老たちのからかいや冗談の対象にされて笑い者にされてしまいかねないからである。そんな事態が起きるのを未然に防ぐためにも、居心地が悪い場にわざわざ身を置くことはせず、同年代の気の合う者同士で連れ立って出歩いた方が気楽でよいというわけである。彼らはアンムッガル滞在中、スークで売られているジュッラーバやナツメヤシ、真鍮製品を買ったり、ベン・ヤアコーブが生前住んでいたとされる住居内に敷設された十数基からなる石臼をまわして大麦を挽きこんだり、あるいは同じ住居内にある台所でクスクスの粉をもらったり、個人的にヒツジなどの供犠獣を奉納したり、さらにはベン・ヤアコーブ廟に参詣に赴いたりしていた。ベン・ヤアコーブが住んでいたとされる住居に敷設された石臼で挽いた大麦や、そこで提供されるクスクス、あるいは供犠獣には、バラカがあるとされており、ウ・アッディたちのみならず、多くの人々がひっきりなしにやって来ており、自分が挽いた大麦などをビニール袋に入れて持ち帰っていた。

筆者自身も同行者から何度か「もう石臼は回したか」、「クスクスはもらったか」など言葉をかけられたが、こんな簡単な質問にも、石臼挽きなどが当地での人々の関心を引く出来事の一つとなっている様がうかがえる。ウ・アッディたちはといえば、イミ・ン・タトゥルト村ならではのベン・ヤアコーブにゆかりのものに触れていたといえる。参詣という意味では、アンムッガル会場をブラブラ散歩しながら、その目的は気ままに済ませてしまったのである。

数日間開催されるアンムッガルでは、以上のように聖者にかかわる場所を訪れたり、礼拝をしたり、あるいは友人・知人と話の花を咲かせたり、市場で商品を販売したり購入したりと、各自が自由に行動する。だが、アンムッガルの最終日には、集団で供犠獣の奉納と供犠、そして祈願が実施される。供犠は、廟と墓地を囲む塀の外側にある広場で執り行われた。この広場は、墓地と村落の間にある。塀で周囲を囲まれた墓地を中心に据えて俯瞰的に地図を描くつもりで位置関係を確認すると、墓地の右側にモスク、上側に村落、左側に廟に入る入り口、そして南側の山の斜面にベン・ヤアコーブのザーウィヤがある。供犠獣を連れた諸部族は、モスクの前の広場から、墓地の塀と村落の間を縫うようにして走る細い路地を抜けて、供犠を行う広場に向かうのである。

スース地方の二〇世紀初頭の歴史を著した現地の宗教知識人ムフタール・スースィーによれば、イダ・ウ・ズッドゥートとインドゥッザル両部族は、ベン・ヤアコーブのアンムッガルにおいて供犠獣の奉納を必ず行い、かつては、その数が羊八〇〇頭、牛一〇〇頭にも達したという［al-Sūsī 1960-63, vol.16: 68］。またスースィーは、供犠獣や奉納銭は子孫たち（*ahl zāwiya*）の間で平等に分割されるとも述べている*[70]［ibid.］。これに対し、筆者が参加したアンムッガルでインドゥッザルは、インドゥッザルに隣接した地域に住む部族イグッターイとあわせて三頭の雌牛を供犠獣として差し出している。他の部族についても数頭から、十頭近くの牛を供犠しているものを見かけたが、スースィーが記録している数に匹敵するものではない。こうした劇的な変化を聖者に対する信仰の衰えととらえる仮説を立てることは可能であろうし、実際に廟参詣を非イスラーム的とみなす意見は、後に見るように村落出身者の間にもみられる。

だが、そのこととあわせてもう一つ見逃せないのは、村人たちの生活がこの二〇世紀初頭から今日までの間に劇的に変化をしているという点である。第三章でも取り上げたハーッジは、幼い頃には村のすべての世帯が羊を飼っており、それぞれが羊小屋を保有していたほか、荷駄獣としてラクダを保有していた世帯もあると教えてくれたことがある。しかしながら今日村の中で羊を保有している世帯は二世帯のみで、ラクダを保有している世帯は一つもない。現在では成人男性はかつてのように放牧に従事することもなく、むしろ都市への出稼ぎを主たる生業としており、そのまま都市に定住している者も多い。このように多くの者が故郷から離れていること、羊の保有そのものが減少していることも、奉納に一定の影響を与えている可能性はある。

話をアンムッガルの供犠に戻そう。注意をしておきたいのは、この供犠は部族ごとにまとまって実施されるものではあるが、供犠や祈願への参加も必ずしも義務ではないという点である。そもそも彼らの集合にあたってあらかじめ全員の間で集合時刻や集合場所などの情報が周知徹底されているわけでもない。いつ頃供犠が行われるのかという情報を各自が口コミで集め、自分でその場に出向いていくだけである。供犠会場へと向かう隊列の移動は、アンムッガルにやってきたインドゥッザルの部族民全員の集合を特別待つこともないまま、主要参加者が集まり、かつ彼らに先行する部族の供犠と祈願が終わった段階で始まった。付き従ったのは二〇名弱の成人男性である。部族として行われる供犠と祈願も、その内実においては部族長やその友人、宗教学者などの主要な人物は別として、部族出身者の参加は個々人の意志に委ねられていたのである。なんとはなしに集まった人々を中心にして実施されるのだけれども、それが各部族単位のゆるやかなまとまりを形成している。そのようなごく自然発生的な集まりによって集団での供犠と祈願は部族ごとに「まとまって」実施される。

すでに言及したように、塀に囲まれた墓地と廟の外側にある広場が供犠用の会場である。供犠はその広場の真ん中で執り行われる。これに対して供犠参加者は、墓地を囲む塀沿いに付設されている高台に登り、広場の中心で執り行われる供犠を遠目に見つつ、フキーが主導する祈りの言葉に唱和をする形で集団で祈願をする。供犠と祈願を執り行う場所は、廟に隣接しつつも、塀で区画された外側に位置している。また高台に登った人々は、廟の方を向いて祈願を行うのではなく、逆に、祈願は廟を背にして実施された。

供犠と祈願の後、会衆は、祈願用の高台を降りて、そのままフキーを先頭にして列をなして、墓地を囲む塀にそってモスクの反対側に位置する廟の入り口まで歩を進めていく。廟の前でわずかに立ち止まって再び短い祈願をし、再度塀にそって行進を続けて墓地の端を抜けて、ザーウィヤがある山の斜面――すなわち村落や供犠用の広場があるのとは反対側の山の斜面――を登り、山の頂きにある広場にまで進んだ。この広場でフキーは、ベン・ヤアコーブのいわれなどについて、スース地方でつとに知られたスィディ・アフマド・ウ・ムーサーをはじめとした聖者の話も交えつつ講話（*dars*）を行った後で、再び参加者と祈願を実施して参詣は終了し、参加者はそれぞれ帰途につくことになった。

これまで紹介してきたアンムッガルの様子から、スース地方東部で随一の聖者として知られるベン・ヤアコーブのアンムッガルには、たしかに部族民が多数集まるのだが、彼らの参加の内実は必ずしも祈願や参詣を目的としたものではないことが垣間見えてくる。アンムッガルへの参加目的は各人に委ねられた開かれたものなのである。しかし、目的は多様であるとしても、人々がアンムッガルに参加しているという事実、および参加者が、年ごとにみるならば少ないとしても、長い年月の中では何人もの村人がアンムッガルに参加しているという事実は、彼らが出身村に戻ったおりに、残された家族や村人に土産話を伝えていく蓄積があるという点で重要である。人数が少なく目的が多様であるとしても、アンムッガルで開催された供犠や祈願、聖者の祝福にかかわるような石臼の様子などは、繰り返し村人に伝えられ、ベン・ヤアコーブ廟やアンムッガルについての人々のイメージを養っていくことになるからである。

第三節　聖者と参詣者

1　出来事としての参詣者の帰還――記憶、イメージの喚起

廟参詣を終えて村に戻った筆者は、土産として、ナツメヤシを小分けにして紙に包み、村人に配って歩いた。家を訪問した際に渡すこともあれば、昼下がりに村のはずれの木陰や脱穀場でのんびりとくつろいでいる男性のところに

行って、渡すこともあった。村人たちは、ナツメヤシを受け取りながら「バーロークだね」と言うことがあったし、私の方から「バーロークですよ」と言いながら渡すこともあった。バーロークとは、祝福や恩寵を意味するバラカという語を元にしている。廟参詣などにおいては、祈願に訪れる人はバラカを得ることを一つの目的としていることがあるが、そのような場とのかかわりを「バーローク」という語は暗示している。

土産を携えた私の訪問は、人々にベン・ヤアコーブや他の聖者についてのイメージや思い出を喚起する一つのきっかけとなった。村はずれの脱穀場では、土産のナツメヤシを齧りながら村人たちはアンムッガルから戻った私とナツメヤシに触発をされて、私が質問をしたわけでもないのに、思い思いにアンムッガルへの参加の思い出話を互いに語り始めた。村のまとめ役にあたる老人は、ベン・ヤアコーブのアンムッガルに行ったことがあるかと壮年の男性に尋ねられて、もうずっと前に、何十年も前に行ったことがあるくらいだな、と記憶を辿り始めた。別の村人はおもむろに、スース地方最大の聖者スィディ・アフマド・ウ・ムーサーの廟に行ったことがあるが、そこには山の中腹に洞穴があり、そこにタバコを投げ込むとタバコをやめられるんだと語り始めた。スィディ・アフマド・ウ・ムーサーの霊験あらたかな奇蹟の一つとして、彼は禁煙希望者にはなかなかかなえられない現実的な夢に言及したのである。そんな話に疑念の声が挙がると、「本当だよ、俺は本当にそれでタバコをやめたんだから」とむきになって言い始める。それに対して、私はスィディ・アフマド・ウ・ムーサーについて記した書物に、そんな穴のこと書いてあったかなと沈黙したまま、思い出そうとしている。

村で食事の準備などをしてくれている家に土産を届けに行った際には、家の女性たちがイミ・ン・タトゥルト村までの道中について、その光景を事細かく聞いてくる。道中のドゥー・サウンと呼ばれる急勾配のつづら折りの道はとくに有名らしく、ドゥー・サウンを通ったんでしょ、どうだったと向こうから尋ねてきた。彼女たちは、自分たちではイミ・ン・タトゥルトには行ったことがなくても、これまでに同地を訪れた村人たちの土産話を通じて、その道中や村の様子についてすでに知っていて、自分たちなりにそのイメージをすでにもっているのだ。そのイメージを辿りながら、あるいはそのイメージの確かさを確認するかのように、私に道中のことや村での出来事、さらには同行したインドゥッザル出身者が誰なのかなどについて一つ一つ丁寧に尋ねていく。部族出身者についても、彼女たちはよく知っていて、ウ・アッディがスークに店舗を持っていて、毎年祭礼に出向いて、ナツメヤシを大量に仕入れてくることなども織り込み済みだった。そればかりでなく、ウ・アッディの親戚や出身村の人のことにまで話はおよび、部族民の人間関係の再確認までが行われた。そんな様子をみていると、彼女たちが、自分たちが住まう村を大きく超えて世界をイメージしながら、自分たちの村や部族にかかわる出来事や人間関係を把握している様子が伝わってくる。

筆者は、村人だけでなく、スーク開催地に店舗を構える別の村の男性の元にも、ナツメヤシを届けた。彼は、ハーッジと縁戚関係にある人である上に、ハーッジととても仲が良いのだ。そうしたこともあり、筆者がスークに行く折には、購入した野菜や肉などを彼のところで一時的に預かってもらったり、あるいはミント・ティーをご馳走になりながら休憩をしたりしていた。日頃からお世話になっている彼のところにナツメヤシを届けたところ、この男性もイミ・ン・タトゥルトでのアンムッガルのことはよく知っていて、「ご利益のあるクスクスがもらえるだろう、ちゃんともらってきたか」と筆者に尋ねたりする。驚いたことに、彼は「スィディ・ムハンマド・ベン・ヤアコーブでは羊を屠殺しても、血が出ないだろう」とさえ、言う。つまり、すでに没してはいるもののいまだに聖者の奇蹟は顕現しており、その力によって、羊を屠殺しても血はでないというのである。これは紛うことなき、現在に生きる奇蹟譚である。供犠の様子を実際にみていた私は控えめに「いや、血は出たと思うけど……」と答えると、「いや、血は出ない！」と彼は確信に満ちた声で断言する。その気迫に圧倒されて私は「そうだね、出ないよね。そうかもね」と答えた。

だが、そのように答えつつ、私は「血が出ない」という確信を彼がもっていることがとても重要なのだとも考えていた。彼はイミ・ン・タトゥルト村を訪れたことはないが、間接情報ではあれ村についての具体的なイメージをすでに有しているほか、廟参詣を非イスラーム的なものとも多神教的なものとも考えることなく、むしろこの地において一つの奇蹟の顕現として血が流れることなく供犠がなされると考えている。廟参詣に直接かかわることがないままに、廟参詣が喚起する世界観に深くかかわっている人の姿がそこにはある。

イミ・ン・タトゥルト村に行ったことがある人の中には、たとえば、そこが寒冷の地であって、防寒具として羊毛でできた厚手のマント（スィルハーム）やジュッラーバが必要であること、あるいはナツメヤシとならんで良質のマントやスィルハームが販売されていることなどを教えてくれた者もいる。彼にとっては廟参詣そのもの以上に、そこでの名産品や現地での寒さのように身体感覚、皮膚感覚を通じて感得された現地についての情報こそが重要だったのである。

こうした直接経験を通じて見聞されたことが、そこに行ったことのない人にも伝えられていく。情報は取捨選択され、ときに特定の情報が誇張されていくが、参詣や聖者、廟といった廟参詣にかかわる中心的な事象のみならず、廟へと至る道中や同行した人たち、さらには同行者が地元でもつ人間関係にまで関心の眼が向けられ、トータルな経験として参詣がとらえられていることが、大きな特徴である。

こうして廟参詣は参詣に赴いた者のみならず、その家族や知人・友人・同郷者にも共有される経験、出来事となっていく。参詣は、参詣に行けばそれで目的を達成したことになるのではない。参詣からの帰還、参詣で得た経験を語り伝えること、そして話を聞いたものがそれに基づいて、参詣にかかわること、新たな世界観を編み上げていくことが重要なのである。

かくしてベン・ヤアコーブとのつながりは、ベン・ヤアコーブのみに限定されない広がりへと一般住民の生活世界の地平を切り開いていく。たとえば、前章でも取り上げたようにベン・ヤアコーブがスース地方最大の聖者スィディ・アフマド・ウ・ムーサーや、大聖者スィディ・ウ・スィディの盟友であったという口頭伝承があるのだが、こうした口頭伝承は、住民たちがベン・ヤアコーブを通じて、聖者たちが織りなすスース地方内外へと広がる奇蹟譚に満ちた世界に、たとえそれがイメージの世界であったとしてもつながっていることをも意味する。

さらに言うならば、空想や想像にも思える世界が、単なる空想にとどまることなく具体性を伴いリアルなものとして人々に感得されるきっかけを与えてくれるのが、廟や村落で提供される「祝福に満ちた」とされる大麦やクスクス、ナツメヤシであり、それらの土産としての配布という行為であり、また具体的な名前と体験談をもって伝えられる奇蹟の語りである。個別具体的な人名や地名、その人の痕跡をとどめているとされる物的シンボル、食料品などのモノ、経験や語り部の話を通じて、聖者をめぐる話は具体性を帯びて人々の日常生活の中に浸透してゆく。そこでは、奇蹟譚が現実なのか、空想なのかを問うことは、もはや第一義的な重要性をもたない。それゆえ、先に、「供犠で血が流れないだろう」と語る村人について触れたが、彼の言葉を「ほら話」として片付けるわけにも、「無知」の表れとみなすことも適切ではないように思われる。むしろ、にわかには信じがたいと思われる奇蹟譚も含めた「聖者」にかかわる逸話が、スース地方各地についての具体的なイメージの中に織り込まれて、彼らの豊かな世界は顕現しているとみた方がよいと私には思われた。

2　聖者の末裔の地域社会への拡散とローカル化

ところで、ベン・ヤアコーブはスース地方東部随一の「大聖者」であり、そのアンムッガルには彼に所縁のあるスース地方東部の諸部族が一堂に会すると筆者は先に記した。しかしながら実際に部族から参加をする者の数は限られていること、参加をする者には必ずしも参詣を主目的とせず、むしろ出身村で作成した商品の販売や、逆にイミ・ン・タトゥルト村での産品の購入を目的とした、すなわち商売を目的とした者が含まれていた。参加者が限られている上に、それぞれの目的が必ずしも聖者だけに向けられていないという現実を前にして、われわれはベン・ヤアコーブを本当にスース地方随一の聖者とみなすことができるのだろうかという疑問が湧いてくる。

ここで注意をしておきたいのは、ベン・ヤアコーブとスース地方東部の諸部族のつながりは、ベン・ヤアコーブ本人との直接的な関係のみに由来するものではないということである。彼の子孫からは、前章で詳しく論じたように多くの知識人や聖者とみなされる人物が輩出している。彼らの中でも直系子孫の流れを汲む者がイミ・ン・タトゥルト村に残る一方で、傍系子孫にあたる者はスース地方東部各地の村落へと拡散してゆき、学識を備えたものは学者として、篤実な行為を積んだ者はベン・ヤアコーブの血を引く聖者として住民たちに迎えられていったのである。一般の部族民とベン・ヤアコーブの間を橋渡ししたのは、この子孫たちの存在である。

インドゥッザルの場合には、ベン・ヤアコーブの孫にあたるスィディ・ムハンマド・ベン・アトマーン（以下、ベン・アトマーンと略記する）という人物が受け入れられ、アニィイという名の山村のはずれにザーウィヤ（修行所）を建設した。*71 ベン・アトマーンの廟には、現在でも病気や不妊をはじめとした問題を抱えた者が訪れ、供犠をし、廟にとどまりつつ問題の解決を願う姿がみられる。この廟を物的シンボルとして、彼のことを記念した聖者祭が毎年開催される。インドゥッザルの人々が実際に多数参加するのは、ベン・ヤアコーブのアンムッガルではなく、彼の末裔にあたり、インドゥッザルの地に根を下ろしたこのベン・アトマーンの祭礼なのである。言うならば、「大聖者」の血を引いた人物が向こうからこちらにやって来てくれたのである。

インドゥッザルの人々は、ベン・ヤアコーブ廟に直接参詣をした者と彼らがもたらす見聞情報を通じてベン・ヤアコーブとつながっていると言えるが、それと平行して、ベン・アトマーンのアンムッガルへの参加を通じてもベン・ヤアコーブにつながることができるのである。複数の接続の回路が用意されていること、そして実際につながることができる基点としての廟が一般住民の身近なところに存在することが重要である。ちなみに、口頭伝承においては、フランスによる植民地支配以前期、モロッコの王権（マフゼン）の影響がおよばない辺鄙なこの地方社会における部族間の紛争や部族民の諍いの調停に活躍をしたのが、ベン・アトマーンおよびその末裔たちである。つまり彼らは住民とは切り離された存在だったのではなく、住民の日常生活の問題解決にかかわる社会的にも不可欠な存在だったのである。

第四節　アンムッガルにみる部族民と聖者の多様なかかわり

1　地方での聖者祭

二〇〇一年四月五日（水）に参加したベン・アトマーンのアンムッガルの様子について記そう。[*72] 先に、ムーセム／アンムッガルの開催日は季節によるものとイスラーム暦（ヒジュラ暦）によるものがあると記したが、ベン・アトマーンの祭礼は、アーシューラーというイスラーム暦に則った新年の行事と軌を一にして、その翌日に開催される。アーシューラーとは、イスラーム暦第一月一〇日のことを指し、モロッコでは、「伝統的」にはこの日に水掛けのお祭りなどが開催され、華やいだ雰囲気となる。かつては、水掛けのみならず火渡りも行事の一貫として行われていたという民族誌的報告もあるが、筆者が滞在した村では水掛けのみが実施されており、村の青年層の男女がバケツを持ち出して、お互いに水を掛け合っていた。[*73] これに加えて、モロッコではアーシューラーに際して子供に玩具を買ってあげるのが一つの風習ともなっており、後述するように、ベン・アトマーンの祭礼に参加した多くの村人が子供たちに玩具を買って帰っていた。筆者が参加した二〇〇〇年代初頭に最も注目を集め、子供たちが喜んだ玩具は、プラスチック製の携帯電話であった。太陰暦に基づくアーシューラーにそってアンムッガルは開催されるため、毎年開催時期がずれてゆくこととなる。ベン・ヤアコーブのアンムッガルが毎年春に開催されるということになっている点とは、この点において対照的である。

先に記したベン・ヤアコーブのアンムッガルの特徴の一つは、スース地方東部域に分布する数多くの部族が参加することであった。これに対してベン・アトマーンのアンムッガルは、観光のためにタルーダントから訪れる者や、隣接部族からの参加者もいるものの、実際に参加者の大多数を構成するのがインドゥッザルの人々である。一つの部族に帰属する者が主要な参加者であるという点が、多数の部族民が参加するベン・ヤアコーブのアンムッガルと比べた場合にまず目につく違いである。また、ベン・ヤアコーブのアンムッガルへのインドゥッザルからの参加者の数は限られていたが、ベン・アトマーンのアンムッガルには、同一部族からの多数の参加者がいたことも特徴である。このような違いが生み出される理由の一端は、ベン・ヤアコーブのアンムッガル開催地がインドゥッザルの人々からみて遠隔地にあり、適切な移動手段が少ないこと、また道中が過酷であることが挙げられよう。これに対してベン・アトマーンのアンムッガル開催にあたっては、各村落から村人をアンムッガル開催地まで送り届ける乗り合いタクシーやトラックが用意されるため、近隣の諸村落からの参加が比較的容易である。

I村からの場合、ベン・アトマーンの廟がある村アニィイまでは、歩いて数時間の距離がある。少し離れているので、村人が普段スークに行き来する際に利用する近隣村落のトラック運転手にあらかじめ話をつけておいて、[*74]朝迎えに来てもらう手はずになっていた。トラックに乗り込む者は、一人あたり五ディルハムほど支払う。

そもそも村における日常生活では、それほど目立ったイベントが数多くあるわけではない。夏であれば、結婚式が数多く開催される。近隣の村人が集まり、饗宴が催されるのみならず、夜を徹してアホワーシュという民俗歌舞が繰り広げられる結婚式は、村人たちにとって最大の娯楽である［齋藤 二〇〇四a、二〇一〇d］。そうした結婚式がない日常における気分転換としては、マアルーフ（共食）、スークでの語らい、あるいは村の青年たちが村はずれで興じる他村の青年たちとのサッカー「交流試合」の観戦などがある。人が集まる場を設け、ときにはごちそうを用意し、話に興じるのである。それ以外の目立ったイベントの一つとしてアンムッガルはある。ベン・アトマーンのアンムッガルは、アーシューラーと時を同じくして開催されると先に記したが、水掛け行事は若者が行うもので、既婚者、壮年、老年の者はこれに加わらない。それに対してアンムッガルは、実際に行くかどうかは別として、老若男女を問わず参加可能である。

のどかな地方の村落の日々を彩るイベントの一つが廟参詣や供犠を伴うアンムッガルであるが、その参加理由は、必ずしも私たちが考えるような「宗教的」理由のみに基づくものではない。筆者に対してアンムッガルへの参加理由として村人が挙げてくれたのは、「せっかくみんなが行くから」とか、「当日にスークが開かれ、食材を買うのにちょうど都合がいいから」、「村に残っていてもしょうがない」、「せっかくみんなを乗せてくれるトラックが来るのだから、行った方がよい」、「気分転換に」などなどというものであった。さらに、人によっては「こうしたアンムッガルはイスラーム的にはよくないものだけど、まあスークがあるから」という発言をする者もいた。つまり、彼らの間では、故郷における数少ない大きなイベントやスークの機会であるとか、皆が参加するということに積極的な理由が置かれており、ベン・アトマーンへの参詣に重きが置かれているわけでは必ずしもないのである。

2　二人の聖者と部族の関係――ベン・アトマーンとアウザール

ベン・アトマーン廟があるアニィイ村は、急峻な山の頂上にある。山の麓には盆地が開けており、山を降りた先にはイクビルンという小村が、盆地を挟んだ向かいの山の麓にある。このイクビルン村の外れには、モスク兼イスラーム学校と、ドーム型の屋根を頂いた白塗りの四角い建物がポツンと建っている（本書六三頁の写真参照）。この建物は、アウザール（Awzāl、一六九九年没）という名の、スース地方で著名な宗教学者の廟である。アウザールは故郷で人を殺めてしまい、復讐を怖れて故郷を去ったのだが、その逃避行はスース地方東部の山々を越えたはるか遠方のドラア渓谷というサハラ砂漠北縁の大オアシス地帯にまでおよんだ。彼が流れ着いたのは、このドラア渓谷の南縁にあり、サハラ砂漠の玄関口でもあるタムグルートという小邑である。そこには、ドラア渓谷一帯に基盤を置き、モロッコ全土に支部を広げて一大勢力を誇っていたナースィリー教団の総本山があった。当時、聖者の廟などがある区域は「聖域（*horma* [dr.]）」とみなされ、この区域に逃げ込んだ殺人犯などはむやみやたらと殺害できないことになっていた。アウザールは、誰も文句のつけようのないナースィリー教団の聖域に逃げ込んだのである。

このナースィリー教団の総本山は、宗教研究の一大センターでもあったため、ここにはアウザールのような逃亡者だけでなく、スース地方から多くの宗教学者が学問研鑽のために訪れていた。ここで学問研鑽を積んだアウザールは、やがてアラビア語で記された法学書をタシュリヒート語に翻案した。人々が口ずさみやすく、覚えやすくなることを配慮して、韻律をともなった詩歌形式をとったこの宗教詩は、やがて時を経てアウザールが帰還した故郷の人々のみならず、スース地方全域で法学的知識の伝達に活用されるようになる。ところが、これほどの活躍をしたアウザールであるが、故郷帰還後に出身村落で没し、埋葬された彼の下では、近所の村人などが参詣に訪れることはあるとしても、アンムッガルは開催されることにはならなかった[*75]。

インドゥッザルを挙げてのアンムッガルは、むしろすぐ近所にあるアニィイにおいて、ベン・ヤアコーブの子孫を記念して開催されているのである。部族出身の、「前科」はあるものの高名な宗教学者と、部族外から到来したヨソ者ではあるけれども高名な学者でありかつ聖者でもある人物の末裔。部族がかかわる二人の著名な人物へのその後の対応は対照的なものである。

このような鋭い対照性を示している背景について私が聞いた理由の一つは、「ベン・アトマーンの祖父ベン・ヤアコーブの方が、アウザールよりも偉大な学者だったから」というものであった。たしかにベン・ヤアコーブは、スース地方全域で著名なスィディ・アフマド・ウ・ムーサーとも口頭伝承において深い関係を有する人物とされ、さらにその子孫は、アウザール同様にナースィリー教団の本拠地で研鑽を積んだ知識人としての名声をも背景としてスース地方東部地域の多くの部族に受け入れられた一大ネットワークを形成している。これに対して、アウザールはナースィリー教団の下で研鑽を積んだことは知られているが、スィディ・アフマド・ウ・ムーサーのような大聖者との関係は有さず、さらにその子孫はベン・ヤアコーブの末裔のようにウラマーあるいは聖者としての名声も獲得していない。このような個々人が抱える人的つながりの広がりに違いがあるほか、外来者として到来し、中立的な立場を保持しえたベン・アトマーンが部族民の紛争を調停するという社会的・実践的な役割を担って現地社会に貢献したのに対して、人を殺めてしまったアウザールが、その後学問研鑽によって人々の尊敬を集めつつも、調停のような社会的実践面で出身部族に多大な貢献をすることができなかったことも理由の一端として挙げられるかもしれない。

3 ベン・アトマーンの聖者祭

さて、アニィイ村がある山頂部分は、比較的傾斜がなだらかで平らと言ってもよい土地が広がっている。山の頂きを急峻な坂道を辿って登り切ったところには、仮設市場が設営されており、その手前がトラックや乗用車が駐車するスペースとなっている。仮設市場を抜けると、山頂の平地のさらに奥に廟があるほか、左手に村落がある。供犠がなされるのは、この市場と廟、村落の間に位置する「空き地」部分である。

ベン・アトマーンのアンムッガルでは、ベン・ヤアコーブのそれと同様に市が立つ。しかし、ベン・アトマーンのアンムッガルには、ベン・ヤアコーブのアンムッガルで人々が強い関心を示したジュッラーバやナツメヤシなどのような、特産品でなおかつバラカを有しているとされる特殊な物品はない。ベン・アトマーンのアンムッガルでは、人々は、日常生活に必要なパン、ミント、ジャガイモ、ニンジン、茶葉、ナツメヤシ、肉などの食材や、子供の玩具、日用雑貨品などを主に購入しており、また、それ以外では人々が食事をし休憩できる、大衆食堂が複数存在するのが目につくばかりである。つまり、この市は通常のスークとなんら変わることのない趣を呈している。

会場に到着した村人は、それぞれに仲の良い友人や親戚などと連れ立って思い思いに歩き、場合によっては仮設市場に設営された食堂で食事をとったり、ミント・ティーを飲んで時を過ごすほか、買い物したり会場近くの木陰で休息したり、あるいは人によっては廟参詣に赴いたりしていた。廟の内外は物乞いや参詣客でごった返しているが、基本的にアンムッガル参加者は、ベン・ヤアコーブ廟の場合と同じく自由行動を基本としていた。それゆえ、村落から集団でアンムッガルにやって来たとしても、このことは必ずしも廟参詣が共同で実施されることを意味しない。筆者が行動を共にしていた村の青年たちの場合、市場をブラブラ見て回った後に廟を訪れた。通常、廟に参詣に赴く者は、廟内に安置されている棺に手で触れたり、接吻をしたり、あるいは棺に手を触れながらその周りを歩いて回ったりす

ベン・アトマーンのアンムッガルにおける祈願（筆者撮影）

ベン・アトマーン廟遠景（筆者撮影）

る。さらには棺の傍らに座ったり、あるいは傍らに立ったままクルアーンの章句を唱えてから、祈願を唱えたりする。これに対して、私と一緒に廟に入った青年たちは、とくに廟内に安置された棺に関心を示すこともなく、境内の様子を簡単に見るばかりで、廟を後にした。

ベン・アトマーンのアンムッガルでの供犠と祈願は、昼に廟の外にある広場で実施された。ここには、一般の部族民のみならずイゲルム郡の郡長（*qā'id*）、インドゥッザルの人々が住む行政区画の一角をなすタタウト郷の郷長代理（*khalīfa*）、村落議会議長（*ra'īs*）、部族長なども出席をしていた。供犠に際しては、ベン・ヤアコーブのアンムッガルの場合と同様、フキーによって祈願が実施された上で、供犠獣は屠殺されるが、会場にはアンムッガル参加者のほぼすべてが一堂に会する。彼らは供犠獣を屠殺する場を中心にして円を描くようにして会場の回りに集まっていた。この際に、フキーが唱える祈願はマイクロフォンなどが特別使用されることもないために、会衆全員にその内容が聞き届けられることはない。参加者は、祈願を実施する際にひろく一般的にとられる身体動作――両手前腕を体の前方に水平に差し出し、両手のひらを上向きにする――をとる者がいることを認めて、祈願が開始されたことを各自了解し、これに従っていくことになる。中には、個々人ごとに静かに願いごとを唱えているものもある。

これ以外に供犠を行う場で眼についたのは、供犠をされた牛から流れ出た血を、持参した布などに浸す男性や女性がいたことである。こうした人々は、廟参詣における供犠獣の血には、とくにバラカが宿っていると考え、その布を護符として用いたりする。しかし、そうした光景を目の当たりにした筆者の友人などは眉をひそめて、これは無知な人がやることなんだと筆者に伝えた。

祈願と供犠が終了した段階で、会衆の輪は解け、かなり多数の者が即座にその場を離れて、帰路につく。村人たちは祈願が終了してまもなく、村からアンムッガル開催地まで乗って来た乗り合いトラックに再び同乗して帰村した。

4 アンムッガルにおける廟参詣、供犠、祈願

さて、以上のような流れをもつアンムッガルであるが、ここで興味深いのは、最後に記した集団的な供犠と祈願の実施である。アンムッガル参加者のほぼすべてがこれに参加するのだが、「祈願に出なくてはならない」と強調する者がいる一方で、「みんなが祈願をするから」、「村まで連れて帰ってくれるトラックが祈願の終了後でないと出発をしないから」という答えをしてくれた者も多数存在した。前者に関連して、祈願を待たずに村人がトラックにまとまって乗ってさっさと帰路につくことが「失礼（*hashūma*）」なことととらえられてもいた。これに対して後者には、祈願への参加に積極的な意義を認めようとする姿勢が希薄である。こうした、相反するようにみえる意見はなにを示しているのであろうか。

消極的な意見が暗示しているのは、祈願そのものの意義を認める以上に、周囲の者の眼を気にする姿勢である。このことは、供犠や祈願には無言の圧力が加わっていることを指し示している。「祈願に参加すべき」という強い言葉が、そのような圧力を端的に示している。だが両者が「祈願に参加すべき」という規範を参照軸にしているのだとすると、祈願に参加すべきという言葉も、祈願より前にトラックに乗って退散をすることが「失礼」とみなす意見も、皆の眼

が気になるという言葉も、実は同じことを指し示しているのではないだろうか。それは祈願への参加は個人の自由意志に委ねられているが、実際に祈願が実施されることがわかっているのにもかかわらず、参加を忌避することは人々に推奨されるべき行為ととらえられていないということである。

ここで注意すべきなのは、アンムッガルにおける廟への参詣自体は、仮に参詣を実施しなかったとしても、供犠や祈願への参加の場合のように「失礼」なこととは必ずしも言われない点である。廟を物的なシンボルとして開催され、聖者を記念して開催されているはずのアンムッガルであるが、廟への参詣を実施するか否かは個々人の意思に、供犠や祈願への参加の時以上に委ねられている。少なくとも筆者は、「祈願に参加しないのは失礼である」という言を耳にしたのに対して、「廟に参詣しないのは失礼である」という言葉は耳にはしなかった。もちろん、本章冒頭で記したウ・アッディのように廟のある村に入る段階で「タスリーム（降参）」という言葉を口にして、聖者への畏敬の念を自発的に唱える者もいるし、廟参詣を実施する者も多数存在する。だがそうした参詣の実施が集団での義務とされたり、強制されたりはしていない。そして、実施しなかったからといって非難の対象となることもない。こうした点を踏まえるならば、参詣以上に、供犠と祈願への参加に暗黙の強制力が働いているという側面が垣間見えてくる。

ベン・アトマーンにおける供犠、祈願への参加にこうした暗黙の強制力が働く理由の一端は、後述するように、そもそも祈願が村人の日常生活に深く根ざした行為であることに由来すると考えられる。だが、それとあわせて供犠を開催する場の物理的特性や人々の行動環境も、人々の行動をゆるやかに規制する背景となっているのかもしれない。この点についてベン・ヤアコーブとベン・アトマーンのアンムッガル開催地の相違を対比させて、少し説明を敷衍しておきたい。

ベン・ヤアコーブの供犠を実施する場は村落と墓地の間を縫って走る塀と石壁で挟まれた路地に入り込まないといけなかった。その上市場もテント設営地も、トラックなどの駐車場所も供犠の実施会場から離れたところにあった。供犠実施の場は、人が多く集まる場から切り離された、供犠の実施に特化した場だったのである。ベン・ヤアコーブのアンムッガルへの参加者も村人がまとまって一つのトラックに乗って参加をするわけではなく、各自それぞれが近しい者と乗用車やトラックを利用して、個別にアンムッガル会場に到着していた。

これに対してベン・アトマーン廟には、筆者が便乗したトラックのように村単位でトラックを借りてアンムッガルに参加をしているので、トラックに乗ってアンムッガルを去ろうものならば、村単位で祈願に参加をしなかった者が明らかになってしまう。さらに、ベン・アトマーンのアンムッガル会場には遮障物がなく、吹きさらしのだだっ広い山頂の中央部で供犠が実施されていたので、集まりからはずれたところで別行動をとる個人やグループの姿は容易に目につく。近隣の村人が集まるが故に、ベン・ヤアコーブ廟でのアンムッガル以上に、それは「身内」の集まりであり、互いの顔も知れている。誰が参加しているのか、いなくなったのかは、居合わせた人同士で話をつきあわせれば、ある程度わかってしまうのだ。

このように供犠と祈願への参加が、廟参詣を肯定する人も否定する人も抱き合わせにして、暗黙のうちに求められていることは、重要である。そもそも、アンムッガルには、廟や聖者の存在に否定的だった村人もアンムッガルに参加していた。さらには明確に批判的な意見を表明することはなくても、「市場が立つ」から、「気晴らしになるから」といった理由で参加をしている者もいた。ベン・アトマーンのアンムッガルが示しているのは、このような多様な見解をもつ人の多くが多様な見解をもちつづけたままアンムッガルに参加をする際に、参詣そのものよりも供犠や祈願への参加の方が人々には重視されていることを示唆する。参詣に焦点化せず、参詣実施の有無を個人の自由裁量に委ねているからこそ、廟参詣に疑念を抱く者も含めて、多くの者がアンムッガルに参加できるのである。

5 廃れたアンムッガル、廃れた絆――スィディ・ブー・バクルとジャシュティーミー

これまでのところで、筆者は、インドゥッザルの人々がかかわる二つのアンムッガルを取り上げて、その内容を紹介するとともに、その特徴の把握につとめてきた。そこから明らかになってきたのは、一般に宗教的現象として理解

されている、いわゆる「参詣」という行為を惹起する廟や聖者と呼ばれる人物の存在にもかかわらず、廟参詣の実施そのものは個々人の選択に大きく委ねられているという側面である。そして、廟参詣よりもむしろ供犠と祈願、さらには「集まる」という行為の方が、重要にみえるということが浮かび上がってきた。ここからさらに開ける展望は、参詣が宗教的文脈に限定されない、社会性を備えた現象であるというものである。たとえば、一般的に経済的行為とみなされているスークへの参加などと重なる行為が集団での参詣をもたらすアンムッガルには見出されていた。そもそも、タシュリヒート語において「アンムッガル」は歳の大市に通ずる語義を有するという点にすでに言及しておいたが、現地人のイメージからするならば、廟参詣を特殊な「宗教的現象」とみなすのではなく、むしろ「市場」や人が邂逅する場とみなす方が自然であることが、本章のこれまでの議論からもある程度明らかになったかと思う。

しかし、参詣が、一般に参詣対象とイメージされている当の廟を必ずしも主目的としていないとしたならば、廟に埋葬されている「聖者」と呼ばれる人物は、住民たちにとっていかなる存在なのであろうか。

この疑問に対する見通しを得るために、ここで少し議論を迂回して、ベン・ヤアコーブ、ベン・アトマーン以外に村人たちが有している聖者および廟とのかかわりに眼を向けてみたい。筆者が滞在をした村に歴史的にかかわりをもってきた聖者／廟として、ベン・ヤアコーブ、ベン・アトマーン、そしてアウザール以外に少なくともスィディ・ブー・バクルとジャシュティーミーの名を挙げることができる。

①スィディ・ブー・バクル

スィディ・ブー・バクルの廟は、I村から一〇分ほど歩いた、アルガンと呼ばれる木がまばらに生えているほかは、ところどころ岩盤が剥き出しの荒野にある。来歴不詳の、どこかから流れ着いて、この地に没したとされるこの人物の小さな、人が数人も入れば一杯になってしまうこの廟のことは、近隣の者しか知らない。かつては、雨乞いや日常的な問題解決のために人々が訪れたほか、年に一度、一〇月頃に村人が集まり雌牛を供犠する慣行があったという。

村人にとって身近なそうしたスィディ・ブー・バクルへの集団参詣が否定され実施されなくなったのは、一九八〇年前後のことであるという。廃止の直接の引き金は、村出身の青年の中からそうした廟参詣を「ハラーム（*harām*）」[*76]として否定し、村人に廟参詣をやめるよう呼びかける者が出てきたことだ。こうした動きは、当初村の老人たちとの間に論議を引き起こし、容易にはその考えは受け入れられなかったといい、現在でも羊を飼っている老人や村の女性など村人たちの中で個人的に廟に参詣に赴くものはいるが、村の男性を中心として集団で実施する廟参詣そのものはその当時から復活されることはなかったという。[*77]

②スィディ・ハーッジ・ハマード・ジャシュティーミー

もう一人の村とかかわりのある人物は、スィディ・ハーッジ・ハマード・ベン・アブドゥルラフマーン・ジャシュティーミー（Sīdī al-Ḥājj Aḥmad ben ʿAbd al-Raḥmān al-Jashtīmī、以下ジャシュティーミーと略記する）である。ジャシュティーミーは、一九世紀のスース地方を代表する一大知識人であり、かつナースィリー教団に属するスーフィーでもあった。彼は一八一五年頃、スース地方中南部に聳えるアンティ・アトラス山中の風光明媚な山間盆地タフラウト近郊にあるアグシュティム村で生を受けている。この村は、多数の宗教知識人を輩出したことで名高いが、その中でもジャシュティーミー家は他を凌駕する家系を誇っているほか、クルアーン注釈学、ハディース学、預言者伝やその他の諸学に長じていたほか、文学にも秀でており、多数の詩を残している［al-Rādī 2007］。

ジャシュティーミーは、スース地方内の数多くのマドラサで教鞭を執り、一九世紀から二〇世紀の初頭にかけてスース地方で活躍した主要な知識人やスーフィーの大半が、彼の教えを受けたとされるほどである。[*78]この点において一九世紀のスース地方におけるジャシュティーミーの存在はきわめて大きなものであった。さらに、その卓越した才能の故にスルターン・ハサン一世（在位：一八七三－一八九四年）に召し抱えられてマラケシュにとどまったほどであるが、後にタルーダント、次いでタルーダント郊外のティイウトに移り住み、亡くなるまで同地を拠点として教育活動や周辺部族の教化や部族間紛争の調停に努めたという。

ジャシュティーミーがインドゥッザルとの関係を深めるようになったのはこの時期である。この時期にタルーダント南方に位置する小邑タズンムルト[*79]やさらにその南に位置する山岳地に住む部族イグッターイ、イグッターイよりさらに東部に居住するインドゥッザルの地にまで弟子や息子たちと共に足を伸ばしていたほか、後には住居を保有するなどインドゥッザルと浅からぬ関係にあった。一九一二年に開始されるフランスによる植民地支配の直前、一九〇九年に九四歳の長寿を全うし［Boogert 1997: 74 ; al-Sūsī 1989: 107］、現在その遺体はティイウトに埋葬されている。生前はスース地方全土にその名声がおよぶ大知識人であったが、現在、その廟とザーウィヤは人通りの少ない静かな通りにひっそりと立っている状態である。

インドゥッザルのもとでは、以上のような経歴をもつジャシュティーミーは、スィディ・ハーッジ・ハマード・ン・ティイウト（Sīdī l-Ḥājj Ḥmād n Tiyiout）という名でも知られており、インドゥッザルの調停者として人々の記憶に残っている。かつては、揉め事などがあると村にまでやってきて、村の入り口にある脱穀場にテントを張って所有権や相続権をめぐる問題などの調停を行ったというが、そうした事績が人々の記憶にとどまっている一方で、スースの主要なウラマーや詩人、スーフィーたちを育て上げた大知識人であったという点は、村人の関心の的としては挙がってこなかった。

ティイウトにあるザーウィヤには、かつてはホウワーラ、イグッターイ、オーローズ、インドゥッザルなど、タルーダント周辺の諸部族が参詣に赴き、大麦などを奉納していたという。しかし筆者が滞在をした村では一九九四年の寄進以降、大麦の奉納と参詣は中断していた。その理由として筆者が聞いたのは、旱魃のために収穫がほとんどなかったからというものであった。

もっとも、部族あるいは村単位でのザーウィヤの訪問は行われてはいなかったものの、ジャシュティーミーの子孫の一人スィディ・アブドゥッラーは村人の間で著名であり、尊敬の念を集めていた。八〇歳にはなろうかという老齢に達してなお、インドゥッザルの隣接する部族の一つイダ・ウ・ズクリのもとにあるマドラサを預かっていたほか、*80ラバトやカサブランカなど北部の諸都市にも出向き、インドゥッザル出身者などの元に身を寄せつつ、移動を繰り返していた。村出身者の間では、自分たちの出身部族とゆかりが深いスィディ・アブドゥッラーが都市に来訪した折には、家へ招待してクスクスなどのご馳走を出してもてなし、祈願してもらうのが日常生活に根付いた行為となっていた。

筆者がラバト滞在時に身を寄せていたハーッジの家庭にも彼はやって来たことがある。そのほかにも筆者は、ベン・ヤアコーブのアンムッガルで部族長を尋ねて来た彼に会うことができたほか、ラバトでも数度、食事や会話を共にする機会を得ることができた。その穏やかな風貌と、人懐っこい笑顔、事を荒立てない物静かさには人を惹きつけるものがたしかにあると感じた。村出身者の間では彼のことを悪く言う者はおらず、信仰に満ちた人物とされている上、彼の祈願は「アッラーから応えていただけるもの」であるとも言われていた。

なお、このスィディ・アブドゥッラーの兄の家系が現在ティイウトのザーウィヤを預かっている。またジャシュティーミーには数多くの子孫がいるが、そのほとんどが現在では一般の人々と同様に商いを生業としている。

第五節　参詣を問い直す

1　アンムッガルにおける廟参詣の謎

これまでのところで、モロッコ南部山岳地帯における部族民の参詣の様子を、彼らと聖者や聖者の末裔とのかかわりも交えて紹介してきた。ここで、これまでの議論から明らかになったことについて簡単に振り返った上で、アンムッガルにおける廟参詣と供犠、祈願について考察を深めておこう。

廟参詣を集団で行うことで知られるアンムッガルについて明らかになったのは、それが日常的なスークなどにもつながる特性を有していたことである。だが、アンムッガルにはスークにはない以下のような特徴があった。まず、アンムッガルにおける中心的イベントとして廟参詣が行われること、そもそも参詣の対象となる物的シンボルとして廟が存在すること、廟参詣は必ずしも義務ではないものの実施されていること、そしてアンムッガルの開催件数は年に一度か二度と、週に一度開催されるスークとは異なり開催頻度も少ないこと、などである。

このような相違点が認められるものの、本章でみたアンムッガルは、アンムッガルの語義にも通底する「歳の大市」といった側面をもち、集まった人々の商取引も重要な要素を構成していた。加えて、そもそもスークは、それに参加する村人にとっては日常生活に必要な食料品や生活物資などを調達するための場であり、したがって商取引が中心となる場であるが、同時に、週に一度、地域の人々が一堂に会する場でもあり、人々が情報交換を行ったり、揉め事の処理を行ったりする場でもあった。アンムッガルにもそうした側面はみられ、単に廟に参詣をするという宗教的行為のみにアンムッガルでの人々の行動は終始せず、むしろ、旧交を温めたり、新たな人との出会いが可能となる場でもある。人々が関係を深めたり、情報を共有する場を提供しているという点で、スークもアンムッガルも、宗教性や経済性とあわせて社会性をも帯びた場となっているといえる。さらに、こうした人々の交流が可能になったのは、人々が「集まる」からであった。本節冒頭に記した相違を超えて、この「集まる」場を提供することがスークとアンムッガルに共通する重要な点である。

次に注目すべき点として、参詣においては、供犠や祈願が実施されていたことが挙げられる。これは、廟への参詣と並んで、一般に宗教的な行為としてしばしば受け取られるものである。本章におけるこれまでの議論を踏まえてここで注目しておきたいのは、参詣と、供犠―祈願との間の関係である。両者は不可分であるとも、完全に分離しているとも言い難い、不明瞭な関係のうちに関連づけられているのが特徴として浮かび上がってきた。

どういうことか。これまでの研究では、たとえば、参詣に赴く住民が聖者のために供犠をすると民族誌などにおいて指摘されてきた［Eickelman 1976: 173-178］。たしかに、本章でみたアンムッガルでも供犠は実施されていた。そして、供犠は廟の近くで実施されていた。祈願においても、廟に埋葬された人物の安寧にも言及は及んでいた。だとするならば、廟参詣と供犠―祈願は、不可分に結びついていると言ってよいはずである。

だが、このような特徴が認められる一方で、供犠や祈願は、廟の境内の中では実施されてはいなかった。それは廟の近くであるとはいえ、廟の外で実施されていたのである。これを、廟の境内が狭く供犠を実施するための場も、供犠を見ようと集まってくるアンムッガル参加者を収容するだけのスペースも境内にないからである、とみなすこともできよう。たしかに、スペースがないために、境内の外の、より広い空間で供犠を実施するということは可能性として十分あり得そうである。だが、その場合には、かりに廟参詣が最も重要なイベントとして志向されているならば、供犠や祈願は、最重要な物的シンボルたる廟に方向づけられて実施されてもおかしくはないはずである。しかし、実際には事実は逆で、ベン・ヤアコーブ廟の事例では、供犠も祈願も廟に背を向けて実施されていた。聖者への奉納であるならば、廟の方を向いて実施されてもおかしくないはずだが、むしろ逆に廟に背を向けて実施される供犠。さらに、供犠と祈願を実施した後、人々は間をおかず廟の脇を通り抜けてその場を立ち去っていた。その際に、宗教学者を先頭にした人々の列は廟の戸口で立ち止まって祈願をするものの、廟の中には立ち入ることなく、そのまま立ち去っていた。同様に、ベン・アトマーン廟においても、供犠―祈願実施の前後に部族民たちが廟の境内に入って参詣を実施するということもない。だとするならば、廟や聖者の傍らで実施される供犠は、廟や聖者を目指して実施されているように見えるのにもかかわらず、人々のその場での行動により詳細に注目をするならば、当の廟や聖者を回避する形で実施をされていたことになる。

それはあたかも、可能な限り廟に近接して供犠―祈願を実施しつつも、今まさに廟の戸口に入らんとするところで踵を返して離れていくかのようである。つながっているとも離れているとも言える状況、あるいは、つながっているとも離れているとも言えない状況。そんな宙づりの状態がそこにはある。廟が聖者の名がシンボルとなって開催されるアンムッガルであるのにもかかわらず、肝心の廟への集団での公的な到達が、ほとんどニアミスと言ってよい状態で、アンムッガルの最後を飾る供犠や祈願という儀式のクライマックスで回避されること。このことはなにを意味しているのであろうか。

この問い／謎を検討する上で参考になるのが、次のようなもう一つ別の仮説である。それは、人々が供犠―祈願を実施しつつも、廟内には集団で立ち入る参詣を実施しないのは、血が不浄のものとみなされるからではないか、というものである。言い換えるならば、「聖域」としての廟の境内内部では屠殺＝供犠を実施しないのではないか、という見方である。

だが、「聖域」としての聖者廟において殺生が認められないとしても、そのことをもってして、供犠の前後に集団で廟参詣が実施されないことは説明がつかない。殺生をしておらず、儀礼的にも清浄な状態にあるならば、参詣をしてもおかしくないはずだからである。それに、現地の人々の間でも見解は別れようが、アンムッガルで屠殺された供犠獣の血は、他の場所で屠殺された動物とは異なり、バラカが宿っているという見解もある。現に本文にも記したように、筆者もベン・アトマーン廟において供犠獣の血を布に浸し、護符にしようとする者が複数いるのを確認している。さらに、血の隠喩から死にも目を向けてみるならば、廟は墓地のただ中に建てられているのであった。

これらに加えて留意すべきなのは、今日的な文脈では、一部の住民が語っていたように廟参詣は「非イスラーム的行為」として批判の目を向けられていた点である。先に記した供犠獣の血にバラカが宿るという発想も、「無知」に由来するものと考えられていた。このように参詣行動自体に疑義が向けられるとき、廟や聖者の存在そのものに疑義が呈せられることがあるなかで、廟は、アウザールがかつて逃げこんだナースィリー廟の場合のように、殺生が禁じられた「聖域」として今もとらえられていると言い得るのであろうか。

以上のように、集団での廟参詣が戸口までで終わっているという事態は、多様な問いを誘発する。そして、そもそも廟なるものが、今日的な状況においては、相反する多様な問いと見解を誘発する両義的な場となっていることが重要であろう。たとえば筆者はかつて、古都マラケシュにある七聖人と呼ばれる人々の廟を訪れた折に、墓守から「廟に参詣に来る人は無知なのだ」と述べられたことがある。その一方で、通りがかりの男性は、廟内に入ろうとする筆者に対して「ムスリムでないと廟に入ってはいけない」と制止した。一方では廟参詣は無知な行為とみなされ、イスラーム的に称揚されるものではないと批判され、他方では廟はイスラーム的な場とみなされ、モスク同様に非ムスリムには入室不可能とみるという、廟に対する相異なる認識。多様な背景をもった人々が抱く相反する解釈と見解が入り乱れる場が、少なくとも今日的な廟の特性として指摘できる。廟という存在について突き詰めて知ろうとすること、かかわろうとすることは、人々の抱く互いに衝突する可能性をもった多様な見解を顕在化させ、論争の場を現出させる危険性を孕んでいる。個人が一人、あるいは気心の友人として参詣をすることは一人一人の問題であるから個々人の自由裁量に任せられる。だが部族としての参詣を集団で実施することは多様な参加者を巻き込んだ論争に発展する可能性を否定できない。部族の集団での参詣が廟に限りなく接近しつつも、廟の内部に入らないのは、廟参詣を実施することに対する疑義や多様な見解の衝突の顕在化をギリギリのところで回避する試みと言えるのではないだろうか。それは、参詣をしたいと思う者と参詣をしたくないと思う者が折り合いをつけられる妥協点であるように筆者には思われる。

こうした両義的な場としての廟という特性について、もう一点参考になるのは、かつては数百頭におよぶ牛や羊を奉納し、供犠していたとされるインドゥッザルが、筆者が参加をした年に奉納した牛はわずか二頭であったという点である。そしてこれは、ベン・ヤアコーブ廟にのみみられる特異な現象ではなかった。インドゥッザルの故郷にある村人にとって最も身近な廟で毎年行われていたというアンムッガルとそこでの供犠は中断されてすでに久しく、ティイウトに埋葬されたハーッジ・ハマード・ジャシュティミー廟への部族としての奉納も旱魃を理由として中断されていた。少なくともインドゥッザルの人々がかかわる地方社会における廟参詣そのものがこのように数十年のスパンでみるならば、村人たちの生業の変化や生活基盤の都市への移行とも平行して、「衰退」といえるような変化の方向性を示している。いわゆる都市化、牧畜民から商業民への転換、さらには都市化に伴う改革的なイスラーム思想の青年層への普及、廟内に部族として立ち入った参詣そのものは積極的には実施をされていないという事実は、こうした諸々の文脈の中にも位置づけられるべきものでもあろう。

2　聖者祭における供犠—祈願の位置づけ

これまでのところで筆者は、一見すると、廟への集団での参詣を実施しているようにみえながら、仔細に検討をすると廟参詣を実施していないともみえる状況について、説明と解釈を試みてきた。そこから導き出された点の一つが、今日、廟はそれにかかわる人々に相反する見解を惹起する場として立ち現れているという仮説であった。だが、こうした点とは別に、廟参詣について批判的見解が出るのにもかかわらず、供犠や祈願が実施されているという事実も我々の目を引くものである。先の我々の仮説はこの点を説明することができないからである。仮に廟参詣が批判の対象とされるのだとしたら、廟に限りなく寄り添って供犠を実施すること、聖者の名も含めて祈願を実施することは問題とされることはないのだろうか。それに、ベン・アトマーンの事例に見たように、なぜ供犠や祈願については、暗黙の強制が生じるのであろうか。供犠や祈願は、なぜ集団での実施を避けられることなく、むしろ暗黙の強制力を伴ってまでしてその実施を求められるのであろうか。

この点に関連して筆者は、一見すると参詣と供犠—祈願はほとんど一体化しているほどに連続したイベントのように見えるが、究極的には廟への参詣以上に、供犠や祈願に重きが置かれているという視点をすでに提示しておいた。だが、これだけでは、供犠や祈願の実施が、仕方なく加わる人をも巻き込むほどに強く求められるという点は説明できていない。供犠や祈願とは村人にとってどのような位置づけにある行為なのであろうか。

この点について筆者は、供犠や祈願は、アンムッガル／ムーセムにおいてのみ見出される特殊な儀礼などでは全くなく、日常生活に広く見出される行為である点が重要と考えている。人々の日常生活においては、故郷の村落、出稼

犠牲祭に際してのI村での共食（筆者撮影）

ぎ先の都市を問わず、お七夜、割礼式、結婚式、葬儀などの人生儀礼、宗教大祭、金曜礼拝などの折のみならず、機会あるごとに村人同士がお互いを食事に招待し合うという行為がごく当たり前にみられる。そうした共食の後、饗応に預かった者は、食事を用意して人々を迎え入れた「ホスト＝家主」やその家族、さらには自分たちの安寧を祈願するのが常である。言うなれば、共食と祈願は、複数の人々が集まる場に欠かせない行為であり、とりわけ歓待の場面において不可欠な要素である。饗応の場に参加をしつつ、祈願をなすこともなく立ち去るのは、もてなしに対してなんら返礼をすることもない行為が失礼であるのと同様、村落生活を送る村人には想像もできない破廉恥な行為である。この日常生活における祈願の位置づけが、積極的にであれ消極的にであれ、アンムッガルにおいて人々が祈願を実施すべきものと考える理由の一端にあると筆者は考える。

アンムッガルの例からも祈願について考えてみよう。アンムッガルにおいてなされる祈願では、祈願をリードする宗教学者がなにを言っているのかは、その周囲にいる者を除き、実は会衆には聞こえていない。それにもかかわらず人々はその場に集まり、唱和をする。ということは、祈願の内容については、イスラーム法学の知識などを兼ね備えた宗教学者が祈願をリードしている点に信頼が委ねられ、祈願の内容がいかなるものなのかは会衆にとっては問題とはされていないということである。それゆえ、その場において人々の注目を集めるのは、祈願の内容よりもむしろ、祈願に参加しているか、共に祈願をしているかどうかという事実である。祈願を行うために集まっている人々の群れから離れるのは、祈願の内容ではなく、祈願という行為そのものを、あるいは皆で祈願をしているという事実を否定してしまうことになるのである。地元の住民にその名を知られ、尊敬の念を集めている宗教的知識の豊富な学者が先導する祈願に参加をしないということは、地元住民が受け入れている宗教的見識に基づく祈願を否定しているということでもある。

以上のような日常生活における祈願との連続性、そしてアンムッガルにおける祈願の位置づけを踏まえるならば、祈願は廟参詣ほどには批判の対象とはならないばかりか、むしろある種の強制力を伴ったものとなることも理解できよう。

さて、人生や村落生活の節目節目には、先に述べたように人々が「集まる」イベント＝儀礼がいろいろと開催される。そして「共に食べること」「祈願すること」は、節目となるイベントにセットで付随してくる。それらは社会生活・共同生活を送っていく上での基礎となるものである。だが、廟をシンボルとしたアンムッガルにおいて、供犠は肝心の廟に背を向けて実施されたり、廟から離れたところで、実施されていた。このことは日常生活における共食とどう関連づけられるのだろうか。

そもそも人生儀礼に際しての共食や宗教大祭の際に親族や友人を招待して実施される共食では、「招待者」たる家主は、客を歓迎する役に徹する。彼らは食事を準備し、給仕し、そしてミント・ティーやデザートとしての果物の準備や配膳に徹する。その上で共食に預かる人々の座に加わり、共に食べるのだが、共食後の祈願をリードするのは、ホストたる主人ではなく、客の中の誰かである。通常は集まった客の中からおもむろに年長者などが祈願をはじめ、居合わせた者が、ホストも含めてこの祈願に唱和するという形をとる。食後の茶にしても、ホストが準備した茶葉、ミント、砂糖を目分量で組み合わせてポットに入れ、ミント・ティーの用意をするのは客の中の一名である。集まった客の間では、おいしいミント・ティーが淹れられるのかどうかは大きな関心事であり、誰がミント・ティーを淹れるのか、という点も関心の的となる。つまり、こうした共食の場における主役はあくまでも客なのであり、主人は、その語らいや食事の場に参加をするとしても、あくまでも客が集まる場と機会を提供する黒子に徹している。

仮にアンムッガルにおける供犠と祈願が、日常生活に広がる共食と祈願とある種の連続性を有するのだとするならば、日常生活における共食の場と機会を用意する家主に相当する位置づけが、廟に埋葬されている聖者にも隠喩的に与えられているとは言えないだろうか。つまり、廟とは、人々が折々の節目に集まる場所と機会を与えている聖者の物的なたとえなのではないだろうか。そして、家主が黒子に徹したように、廟に眠る聖者もまた黒子としての役に徹している。人々が家主と自由闊達に語らうことが共食において決して禁じられてはいないように、人々が廟に直接入り、棺に触れながら、聖者を偲んだり、その場で祈願することは禁じられていない。だが、最後の祈願の場面においては、村の共食後の祈願において家主の安寧を客が祈るとしても、それを先導するのが客であり家主はあくまでも脇役であったように、アンムッガルでの祈願においても、場主たる聖者に向かって祈願がなされなくても構わない。

おわりに

個人的参詣も部族による集団的参詣も伴うアンムッガル。この行事は、本章冒頭に登場したウ・アッディのように聖者に対して畏敬と怖れの念を抱いた人も、逆に廟参詣を非イスラーム的と考え、「みんなが行くから」と消極的な理由で参加するものをも巻き込んだオープンなものであった。来る者を拒まないアンムッガルでは、廟参詣の実施は大きく個人の意志に委ねられて、クライマックスを飾る供犠と祈願は、廟と関連づけられながらも、同時に廟からは切り離された脈絡で実施されていた。それゆえ、参詣も祈願も、供犠もさらにはアンムッガルさえもが聖者や廟と結びつけられて、あるいは結びつけられることなく認識されうるという状況が生まれていたのであった。そもそも廟が存在するイベントをアンムッガルというのに、アンムッガルという語のもっとも強い含意は「出会うこと」、「歳の大市」であり、廟や聖者といった存在を後景に退かせたものであった。つまり、アンムッガルという語そのものにおいてから して、聖者や廟の扱いには二重性が認められる。事実としてはそこに廟が存在することが前提とされながら、語義としては聖者とは無関係な行為が強調されているからである。

こうした点を踏まえて、本章ではアンムッガルにおいて真に重要なのは、それがスークにも通ずる社会性を帯びていること、供犠や祈願を伴うイベントをそもそも惹起する「集まる」という行為、さらには集まるための「イベント」や「出来事」の創出が重要だという点に注意を払ってきた。廟の存在は、人々が集まる機会と場を提供する「きっかけ」なのであり、集まることにこそ第一義的な重要性はある。だからこそ、きっかけとしての廟へのアプローチ＝近づくこととしての参詣の実施には二義的な位置づけが与えられ、個々人の判断に委ねられていたのではないか。

しかし、人々が廟を物的シンボルとしたアンムッガルを目指して参詣地に到来し、聖者の名が口にされ、現地滞在中に聖者をめぐる事績の「痕跡」に触れることは、仮に到来者の廟への参詣がごくごく簡潔なものであったとしても、彼らを、聖者をめぐる奇蹟譚へとつないでいくことにもなる。現にウ・アッディのみならずスーク開催地で店舗を開く男性や村人は、筆者の話を通じて、そうした奇蹟譚に満ちた世界へと誘われたのであり、かくいう私もまた聖者をめぐる世界にこのようにしっかりと絡めとられているのである。廟参詣はしたい者がすればよい、来る者は拒まないというオープンで、廟参詣の実施に厳格にこだわらない姿勢、イスラーム的か否かという点を焦眉の的として掲げることなく不問に付す姿勢が、めぐりめぐって、かえって人々を深く聖者をめぐる世界へと包み込んでいくのである。

ところで、アンムッガルにおけるシンボルとしての聖者の名を冠した廟は、なにも開催地の中で視覚的に認められる物的シンボルすなわち「モノ」にとどまるものではない。それは、そもそも人々がそこを目指して旅路を歩み始める目印でもある。本来、人は無目的かつ無定形にあちらこちらに移動をしてかまわないものであろうが、アンムッガルというイベントや廟は、さしあたりの移動の目的地を人に与えてくれる。そして地域住民にもよく知られたイベントとしてのアンムッガルについては、先行者からの道中談なども村に伝えられていて、安心して一歩を踏み出せる。同時に、住み慣れた土地をある程度離れた旅路や、村から離れた開催地への移動は、通常とは異なる雰囲気を道中楽しめるということでもある。アンムッガルは、そんな旅の機会を提供してくれる。風景を楽しみ、人と出会い、可能であれば現地で入手可能な土産を購入し、現地にしかない行事に参加をする。可能であれば商売もするし、商品も仕入れる。村でも行える祈願であっても、旅先で皆で一緒になって祈願をすれば、その願いはより一層アッラーに聞き届けてもらえるかもしれないし、個人としても部族としてもバラカも得られるだろう。しかし、参詣にとどまらずその旅道中自体がハプニングや記憶に残る出来事に満ちたアンムッガルへの旅は、供犠と祈願でクライマックスを迎えた後に終了するものではない。村への帰還と、村に残された人々に道中の出来事や見聞したことについて語る機会が参詣客を待っているからだ。

興味深いのは、動いているのは、一般の村人だけではないという点である。聖者の末裔も動いていたのであった。ベン・アトマーンは故郷を後にして、インドゥッザルの地まで旅をして落ち着いたのであった。ジャシュティミーの末裔スィディ・アブドゥッラーもまた、スース地方のみならず、都市部にまで移動して回り、部族民に迎え入れられていたのであった。村人が自分から廟へ向かうことができなくとも、廟とかかわる人々が向こうからやって来てくれる。それは参詣に赴いた者の帰還についても、同様だ。参詣客はアンムッガルでの土産話や土産物を携えて、村人の許へと「再来」するからである。そして知識人や聖者の末裔は、村人の許に赴くばかりでなく、アンムッガルにもわざわざやってきていたのであった。

アンムッガルとそのシンボルたる廟や聖者の存在は、このように、人々の移動を、旅を、新たな出来事や人との遭遇を誘発する。しかも、それは旅立つ者ばかりでなく、村に残された者をも、土産話を通じて旅とアンムッガルと廟によって喚起される世界へと巻き込んでいくのである。そして、そこで開示される世界とは聖者たちの奇蹟に満ちた世界であるばかりでなく、スース地方の各地さらにはスース地方を超えた各地に広がる土地の風景や集落、人々の暮らしと結びついた世界なのである。それはたとえば、村人が生活を送る村を超えて広がるスース地方についての具体的なイメージと土地勘を与えてくれるものでもある。

そもそも予期せぬ出来事と遭遇するとき、人はその出来事について人に話さずにはいられなくなる。それゆえ、参詣が誘発した出来事や人々、新たな場との遭遇は、語りを聞く人を参詣や聖者の世界へと繋ぐだけでなく、語り部となった人を、故郷の人々や将来出会うであろう人ともつなぐ触媒ともなりうる。だが、参詣の旅は、廟を中心としたアンムッガルと故郷をつなぎ、語り部と道中記のエピソードに耳を傾けてくれる人をつなぐばかりではない。それは、そもそもアンムッガルの開催を可能にした聖者という過去の人物を介して、現在と未来が紡がれていく行為でもあるからだ。空間のみならず時間の隔たりを超えて人をつないでいく契機、人々の世界を広げる契機の一つ、それがアンムッガルであり、参詣なのである。

第七章　聖者信仰の本質化を超えて

——フキーによる治療が意味するもの

はじめに

二〇〇六年八月下旬に筆者は、二週間ほど首都ラバト市内の旧市街にあるハーッジの自宅に滞在していた。この渡航は、それまでのモロッコ滞在でもっとも親しくしていたハーッジが七月初旬に突如倒れたと伝え聞いたことによって実施したものである。七月初旬の段階ではハーッジが倒れた理由は不明とされていたが、ラバト市内にある近代的な医療設備を備えたいくつかの病院でのレントゲン撮影やＣＴスキャン、投薬を伴った診察、入退院を繰り返す過程で、糖尿病、脳血栓などが併発したものであることが明らかになった。筆者のモロッコ到着時点では、ハーッジはインシュリン注射や複数の錠剤を併用して自宅で療養を続けていた。

後にみるようにハーッジ自身は青・壮年期に廟参詣を頻繁に行っていたほか、出身部族の間で聖者としても著名なスィディ・アブドゥッラーがラバトを訪問した際には自宅に迎え入れ饗応するなど、聖者信仰と深いかかわりを有した半生を過ごしてきた。しかしながら、ハーッジは子供たちが成長するにつれて、フキーや民間療法に携わる人物のもとでの病気治療や、観光をかねての廟参詣を継続しつつも、少なくとも明確な願いを伴った現世利益の獲得のために廟参詣を積極的に行うことは控えるようになっていた。

また、妻のハーッジャも出産後、次第に廟参詣に赴くことを控えるようになり、現在では廟参詣を行わなくなっている。さらにラバト市内において学校教育を受けてきた四人の子供たちも廟参詣を「禁忌」であるとして忌避する傾向を有している。*81

このような家族の中の聖者信仰を忌避する傾向にもかかわらず、西洋流の治療が芳しい効果を現さず病状が悪化したことに強い不安を感じたハーッジは、フキーを自宅に招き、その治療を受けることを強く希望した。これを受けて、二〇〇六年八月二三日（水）にフキーがハーッジの自宅に招かれ、治療儀礼が行われることとなった。

本章では、このフキーによる治療儀礼の事例を提示し、そこから聖者信仰と民衆イスラームについて第一章において提示してきた問題点について検討していく。

以下、最初にハーッジの生い立ちやそれまでの廟参詣についての概略など、治療現場に関する資料を提示するための背景についてごく手短に紹介し、その後治療現場の様子について記述を進めていく。

第一節　フキーによる治療

1　ハーッジの生い立ちと廟参詣

幼くして両親を疫病で失ったハーッジは、残された兄の指示のもと、故郷で羊牧などにしばし従事していたがそれに飽き足らず、村落内の伝手を頼ってラバト市に出稼ぎに赴き、大衆食堂での給仕として働き始めた。その後、ラバト市に店舗を購入し、これをその時々の経済状況にあわせて大衆食堂、家具販売店、生地販売店などとして利用し、経営をしてきている。

こうした経歴からもうかがえるように、フランスによる植民地支配（一九一二—一九五六年）のただ中にあってスース地方の一山村に生を得たハーッジは、村落にある寺子屋やスース地方の各地に存在するマドラサなどで教育を受けることも、また当時都市部でごく限定的に開始されていたフランス型のエリート養成校や、これに対抗すべく「ナショナリスト」が建設をした自由学校などに通うこともなく、教育とは迂遠の生活環境で育った。スース地方に当時居住していたシュルーフのすべてがこれらの学校教育と無関係であったということは無論ないのだが、少なくともハーッジの場合、飢饉とそれに伴う相次ぐ両親の死、家計を助けるために幼少の頃から仕事に従事せざるを得ない生育環境にあったことも手伝って、彼はその後も学校における教育とは疎遠な生活を送ってきた。結果として彼は、商取引において欠かせない自署の筆記を除いて、終生にわたって識字能力を有していなかった。この点においてハーッジは、聖者信仰研究がしばしば対象としてきた文字の読み書き能力を有さない「民衆」像に対応する人物であるということができる。

ハーッジは、二六歳の時に隣村出身の女性と結婚し、その数年後には彼女をラバトに呼び寄せている。シュルーフの間では、結婚後一年から遅くとも数年のうちに子供を出産することが通常期待されており、親族や知人、同郷者の間でも、そうした新婚者の妊娠・出産をめぐる動向は噂になる。また、なんらかの問題があって妊娠ができない場合には、離婚あるいは複婚へと至る場合もしばしばある。こうした妊娠、出産をめぐる社会的圧力があるなか、ハーッジとその妻は、およそ一三年にわたって子供に恵まれなかった。

妻の不妊という問題に直面したハーッジがとった対応策の一つは、ラバト市内にある病院に通うのと同時に、各地の聖者廟に参詣し、子授けを願うというものであった。ハーッジは、出身地において著名なスィディ・ムハンマド・ベン・アトマーン廟や、あるいは同じくインドゥッザルの故郷にある他の廟への参詣、さらにはマラケシュ近郊にあるモロッコ全土にその名を馳せたムーレイ・イブラーヒームなど、モロッコ各地の廟への参詣を実施している。これらの複数の廟参詣には妻もしばしば同伴したという。これらの参詣は、故郷やあるいは都市などにおいて人伝手に聞いた評判などを背景として選択されたものであるという。

最終的には、結婚後一三年を経て長男を授かり、その後、長女、次女、三女を得るに至っている。こうした子授けの要因として彼が筆者に語ってくれたのは、地元の聖者廟のみならずモロッコ各地の聖者廟への参詣を繰り返し行ってきたという事実、そのような参詣「遍歴」の末、最終的に当時故郷にいたフキーによる助言と治療があってのことだという認識の二点である。

こうしたハーッジの廟参詣の「遍歴」を振り返って最初に気がつくのは、個人的な参詣が、ゲルナーやアイケルマンの民族誌が扱ったような地方社会における聖者と部族の間で形成された歴史的な集団的関係を大きく超え出たものであり、かつ自由度を有したものであることである。つまり、集団的参詣と個人的参詣は、全く別の位相にあるものとして把握されるべきであるということをハーッジの事例は示唆している。また、廟参詣の対象として特定の廟が選別されるにあたっては、人々から得た噂や評判などを手掛かりとして、特定の廟にこだわることなく参詣対象が自由に変更されていることも彼の経歴からうかがえる。

これらの点とあわせて注目をしておきたいのは、ハーッジが子授けをめぐる廟参詣の延長上に地元のフキーとの「邂逅」を位置づけていたことである。つまり、重要なのはあくまでも「子授け」という現実的な問題の解決にあり、当事者にとっては聖者とフキーを厳密に区別したり、両者の効能を分析的に区分することはさほど問題化されないかもしれないということである。

そもそも聖者とは生きている者でも死亡している者でもよく、従来の定義の要件に従えばバラカを与えられていると判断される者でありさえすればよかったわけで、こうした原理なり定義なりにそっていうならば、生きたフキーが聖者の延長上にあるものとしてとらえられる可能性があることは、理論的・分析的な側面から言ってもさして不可思議なことではない。要は、治療が成功した場合に、それがバラカによるものであるとする言説が発せられたり、あるいはそうした解釈が下されればいいのである。

既存の研究においては、多くの場合すでに聖者としての社会的合意がある程度形成された者や、存命中であっても同じく聖者としての評判を獲得している者がしばしば対象とされてきた。しかしながら、原理的にいうならば、聖者は多数の者からの社会的承認を獲得する以前に、初発の段階として、ごく少数の者から聖者とみなされる局面があるはずであろう［関 一九九三］。そして、仮にそうした初次的段階が存在するのだとしたならば、おそらくそれは聖者廟参詣などと隠喩的な関係を有する子授けなどに携わったり、病気治療をはじめとする人々が抱える諸問題に対して相談にのったり、なんらかの解決法を与えたりするという場面において顕在化しやすいものであるといえよう。

こうした視点に立つならば、以下に挙げるフキーによるハーッジの治療現場は、仮に当該フキーが明確な形で聖者とみなされることがないとしても、少なくとも彼が将来的に聖者と解釈される可能性を全面的に否定するものではない。治療現場は、治療にあたる当該フキーの人柄や発話、および治療後にそれらをめぐってさまざまな論評を加える被治療者側の解釈如何によっては、彼が聖者と目される可能性を内蔵した場である。以上のように治療現場が聖者を生成する場となる可能性を確認した上で、以下、治療現場についての記述を進めてゆく。

2　フキーによる治療

①治療開始前

八月二六日の一五時二〇分頃、筆者はハーッジの長男ムハンマド（二〇〇六年時、二八歳）と遅めの昼食をとっている最中に偶然、ハーッジがフキーを呼んだことを伝え聞いた。フキーの正確な到着時間は不明なものの昼過ぎということなので、一五時半くらいには到着をしてしまうだろうと予想を立て、慌てて部屋に戻って録音機材、カメラ、ビデオなどの準備を開始した。

録音などについては筆者が「せっかくの機会だから是非録音をしたい。ビデオで録画もできないだろうか」とムハンマドと話をしたりしているのを三女（二〇〇六年時、一六歳）をはじめ、家族の者も聞いていたが、たとえば彼女は、部屋に戻ろうとする筆者に向かって、「ビデオで録画をしないでほしい。それにフキーを怒らせるようなことをしないでほしい」と頼み込んだ。その理由を尋ねると、「もしフキーの機嫌を損ねて怒らせたりでもしたら、父になにか悪いことでも起こりはしないかと不安だから」と返答した。同様に、筆者の録音をしたい、ビデオを撮りたいという申し出に対しては、それを聞いた者が一様に、一瞬ではあるが戸惑うような様子を示した。その理由を長男のムハンマドに尋ねると、「フキーはそのようにして録画をされたり、詮索をされたりするのを好みはしないだろう」という。

家族の間にみられるこのような反応はそれ自体筆者の関心を引いたが、まずは機材準備のために筆者は階上にある部屋へと上がった。ムハンマドは、それまでの筆者との交流のなかで、フキーなどが、科学や西洋医学、あるいはパソコンに代表されるような高度な機械・技術などをはじめとする近代科学に対して否定的見解を示すことに対して、これを「無知」の表れであると述べたり、あるいは聖者をめぐる奇蹟現象が「おとぎ話」であるとして否定的見解をしばしば示していたが、ハーッジがフキーを招いたことについては、「本人が望んでいることをやってみたらいい。場合によっては、こうしたことが効果を発揮することもある」とも述べていた。

②治療

フキーは一五時三〇分頃に到着し、挨拶もそこそこにハーッジが寝ている部屋に入っていった。そもそもハーッジがフキーを呼んだ理由は、近代的な医療に基づく診察、治療、投薬にもかかわらず、それまでは問題のなかった左脚の自由が効かなくなり始めたために、両脚が使いものにならなくなるのではないかと非常に気になり始めたからであるという。[*82] とくに左脚の痙攣はフキーを呼ぶ三日ほど前から激しくなっていた。こうしたフキーを頼るハーッジの様子について次女は、「これまでにも何回もこういう人に頼ってきていたこともあり、父にとってフキーは気持ちを落ち着けてくれる『精神科の先生（*ṭabīb nfsānī* [dr.]）』のようなもの」なのだという解釈を示してくれた。

フキーはハーッジとの挨拶の後に、その傍らに座り、持参した竹製のペン（*l-qalam* [dr.]）、墨（*samh* [dr.]）を部屋に備え付けられた円卓の上に用意した後、ハーッジの妻を呼ぶように言いつけ、妻に白い紙、卵、陶器製の碗を用意してもらった上で、治療を開始した。なお、ハーッジとフキーが会話を始めてほどなくして、長男ムハンマドが部屋に入っている。

ここで、これらの用意されたものについて、少し説明を付しておく。

第一に、竹製のペンと墨についてであるが、これらは、いずれもフキーが用いる独特のモノであるということができる。そもそもフキーは、クルアーンや宗教諸学を学ぶ伝統的イスラーム学校での学問研鑽を経ていることを、その前提とする。これらの学問分野を学ぶにあたって特徴的なのは、伝統的イスラーム学校では暗誦が重視されており、そのための記憶法・技術が体系化されている点である。より具体的に言うならば、幼少時に開始されるクルアーン暗誦においても、あるいは宗教諸学の研鑽においても、木版（*lūḥ*）と墨、「竹ペン」が用いられ、木版に暗誦該当箇所が、墨、ペンを用いて記入された後に、学習者はそれを床に置き、クッラール（*l-krrār*［dr.］）と呼ばれる木の棒を木版に擦り続けたりしながら音読をして暗誦を行う。このように竹ペン、墨は伝統的イスラーム学校におけるイスラーム教育と深い関連性を有しており、それを用いることは、暗に彼らがそうした知的環境にあったことを意味するともいえる。

第二に、紙については、当初フキーは、「円錐形に固められた砂糖（*qālb sukkār*［dr.］）」（以下、砂糖の塊と意訳する）を包む紙を所望し、それがないなら蝋燭（*shm'a*［dr.］）を包む紙、それもないのならば、仕方がないので他の紙でもよいと希望した。

モロッコでは、通常、この「砂糖の塊」および「角砂糖」が市販されている。このうち「砂糖の塊」とは、最大直径一五センチ、高さ二五センチほどの円錐形に固められた砂糖であり、「角砂糖」に比して甘みが濃厚である。この砂糖は、とくにシュルーフの故郷などでは、結婚式に際しての一般参加者からの贈答品として用いられている。

このことから、婚礼に際しての贈答、儀礼、客を歓待するという社会的な場面などにおいて、通常の砂糖ではなく「砂糖の塊」に積極的な価値が見出されていることがうかがえる。フキーが「砂糖の塊」の包装紙を好む背景には、このような「砂糖の塊」に対して与えられた文化的・象徴的価値観があると考えることができよう。

また、通常、墨は木曜日の晩に作成されることとなっている［al-Ilghī 1998: 46］。この木曜日の晩という時間帯は、日没を一日の始まりとするイスラーム暦に即した考え方によれば、イスラームにおける「聖日」にもあたる金曜日の開始時期に相当する［大塚ほか編 二〇〇二：三二四］。こうした日を選択する行為が文化的に定式化されているという点からみても、墨や竹ペンなどが、通常の市販されているボールペンなどと代替可能なものなどでは必ずしもなく、宗教的な意味・価値を付与されたモノであることがうかがえよう。

第三に、卵についてであるが、ここでフキーが望んだ卵は、アラビア語モロッコ方言で「ル・バイダ・ベルディーヤ（*l-bayḍa bldīya* [dr.]）」、タシュリヒートで「ティゲライ・タバルディート（*tiglāy tabaldīt* [ta.]）」と呼ばれる、殻が茶色のものである。ここでいう「ベルディー」とは、字義的には「土地の」「地付きの」という意味合いを有している。直訳するならば「地卵」となる。

もっとも、あいにくハーッジの自宅にはこの「地卵」がなかったために、通常の、殻が白色の卵を用いた。これは一般に「ル・バイダ・ローミーヤ（*l-bayḍa rōmīya* [dr.]）」、タシュリヒートで「ティゲライ・タロミート（*tiglāy tarōmīt* [ta.]）」として知られているものである。ここでいう「ローミー」には「ヨーロッパの」「外来の」という意味合いが含まれている。

この「ベルディーヤ」と「ローミーヤ」の対比は、卵にかぎらず、油、薬草などをはじめとしたさまざまな名称において頻繁に活用される対概念であり、通常、前者「ベルディーヤ」は、後者「ローミーヤ」より、滋味豊かで、おいしく、値段も高くて、価値のあるものとされている。

治療に際してフキーが要求する品々において、フキーがいわゆる「外来」のものを拒否し、より「伝統的」なイメージを喚起する物品を選好している様子は、この卵の例のみならず、この後の本文および注にあるいくつかの記述からもうかがうことができる。

第四に、「碗」については、当初、ハーッジの妻は、フキーが単に「碗」と言ったのでガラス製の碗を持ってきた。それに対して、フキーはこれを好まず、「これは新しいものだから駄目だ」と言って差し戻した。

さて、最初にフキーが行ったのは、診断を実施するために、用意された紙を適切な大きさに切るというものであった。

今回はあいにく、フキーが望む「砂糖の塊」の包装紙や蝋燭を包む紙がなかったということもあるのだろうが、A4版に相当する大きさの紙をハーッジの妻はどこからともなく持ってきた。フキーは、この紙を横向きにしたものを蛇腹折にした上で、舌で折り目を幾度か舐めて切りやすくした上で、手で切断した。こうしてできた短冊状の紙をフキーは縦向きにして使用する。なお、「砂糖の塊」の包装紙を使用する例は、スース地方アガディール近郊に在住する別のフキーのもとを訪れた際などに筆者自身確認している。

この作業を経てフキーは、卵に墨で斜めに幾筋もの線を引き入れ始めた。線の長さは一、二センチ程度のものであり、手に取った卵に上端から下向きに線を書き入れてゆく。線を一本入れるたびに卵を横方向に少し回し、書き入れた線の隣にあらたな線を引き入れてゆく。一周し終えると線を引き終えたところの下側にある空白部に同様の手順で再び線を入れていく。このような手続きを、卵全体に線を入れ終えるまで続ける。ハーッジと会話をしながら線を引き終えたフキーは、次にハーッジの名前、母親の名前、年齢などを、先の竹ペンなどを使用して、すでに適切な大きさに切り分けられた紙の一枚に記し始めた。それらの文字を数字化して計算をし、最終的にある数字を割り出した後に、フキーは、そこで得た結果を直接ハーッジに伝える代わりに、ハーッジにどの部分が痛むのかを尋ねた。

脚が痛むと答えるハーッジに対してフキーは、他にも痛むところはないかとさらに質問を重ねた。どこも痛まないと答えるハーッジに対し、フキーは、舌は痛まないかと半ば誘導尋問のようにして、畳み掛けるように質問を重ねた。しかしながら、ハーッジが舌は痛まないと述べたためフキーは、「ラリヤーフ（*lariyāh* [dr.][*83]）に合致する症状だけれど、おそらく違う。アッラーのみがご存知（*allāh a'alam*）」だと述べ、結論を明言するのを避けた。

次にフキーがこだわったのは、ハーッジが倒れた曜日と時間の特定である。当初からフキーは、「火曜日か、金曜」、それも「朝早くか、夕方」に倒れたのではないかと主張し、妻を呼んで、彼女にハーッジが倒れた曜日と大まかな時刻について尋ねている。ハーッジャは、夕方に倒れたと記憶していたが、曜日をめぐってはフキーと見解が分かれることとなった。火曜、もしくは金曜に倒れたはずだと主張するフキーに対して、ハーッジャは土曜日だと主張したからである。

会話を続ける過程で妻のハージャは、夫がずっと病気であったためにはっきりと倒れた曜日を特定できないとしばし明確な回答を留保していたものの、その後、木曜、金曜に病気がひどくなり、土曜日に倒れたことを思い出した、と述べている。これを聞いたフキーは、金曜日に症状が悪くなったのが原因だと結論づけた。ここには、ハージャが主張する夫が倒れた日を、フキーが微妙に操作して自らの主張にそうように再解釈している様がみてとれよう。また、倒れた場所としてフキーは、「水の傍（*gh-iggī nw amān* [ta.]）」であると主張した。[*84]

これらの曜日の特定が終わった後に、フキーは再びハーッジに痛みがひどい部分などについて尋ね、ハーッジたちはそれぞれに入院中のハーッジの脚の痙攣などをはじめとする諸症状について説明を施した。

以上のような名前や年齢の数値化を基礎にした計算、質問、発病した曜日や時刻の特定、症状に関する家族からの説明と触診を終えたフキーは、依然として病気の原因について明言するのを避けつつ、ひとまず、「私たちは、自分たちにできることは行い、結果はアッラーに委ねましょう」と述べ、その後、ハーッジとともに幾度かアッラーに快癒を願う言葉を唱えている。[*85]

明確な説明も施さないまま次にフキーが行ったのは、長男ムハンマドに処方の一つを指示することであった。フキーは、鍋にオリーブ・オイル（*zīt bldīya* [dr.]）、ファスーフ（*fasūkh* [dr./ta.]）[*86]、フィージュル（*l-fījl* / *īwarmi* [ta.]）[*87]などを入れて温めた後に、自分が文言を書き記した紙のうちの一枚[*88]を入れ、紙が湿り、ボロボロに崩れるまでよくかき混ぜるようにと述べた。これを患部すべてに七日間継続して塗るというのが、第一の処方の概要である。

興味深いのは、この診断、処方の指示などの過程で彼らの間で繰り広げられた会話において、フキーがどこに住んでいる者なのか、なにをしているのか、ベルベル人なのかどうか、などの諸点に関する質問が参加者から提起され、それにフキーが答えている点である。このような事実からもうかがえるように参加者はフキーと初対面であり、彼らの間には直接的な接点はこの日まで全く存在していない。なお、質問の結果、彼はラバトに隣接する都市サレの旧市街にあるモスクを預かるフキーであるのと同時に、シュルーフであることが明らかになった。

このフキーが招かれたのは、フキーを呼びたいと考えるに至ったハーッジに対して、ハーッジの自宅の前でパン焼き屋を営み、ハーッジの長年にわたる友人でもあるハサン[*89]が彼を勧めたことによる。つまり、このフキーの招待は、友人間のネットワークと友人を通じた評判などを下地として実現したものである。仮にハサンが当該フキーの名前を思い出せなかったり、あるいはその場に偶然居合わせた者が別のフキーを強力に推した場合などには、別のフキーが呼ばれることとなった可能性も多分にある。こうした点からもフキーと被治療者の関係は必ずしも固定的なものではなく、当事者のもつネットワークやその場その場の状況に強く依存したものであるといえる。

さて、第一の処方の詳細と自身の所在地などをめぐる会話が一通り終了した上でフキーは、自身の帰宅後にハーッジがとるべき第二の処方について引き続き指示を与えた。それは、「ラハルティート（*lahaltīt* [dr.]）」[*90]「ミア・サーイラ（*mī'a sā'ila* [dr.]）」、ヘンルーダ、ニンニク（*tūma* [dr.]）、ザクロの皮（*qushūr rmmān* [dr.]）、酢（*l-khall bldī* [dr.]）、オリーブ・オイルをまぜ、ジャムなどの入っていた蓋付きの空瓶に入れて二〇日ほど天日に干し、その使用にあたってはあらかじめこれを濾した上で耳、鼻の穴に垂らしこむほか、痛む場所に塗りこむ、というものである[*91]。

こうした指示を口頭で与えつつフキーは、墨で幾本もの線を引き込んだ先ほどの卵を手に取り、少しずつ回転させながら、ハーッジの足からはじめて体全体にこすりつけていった。この過程で先ほど墨で記された縦筋は擦れて消えてなくなっていく。ハーッジの全身に卵をくまなく接触させた後フキーは、「今から卵を割って、中に黒点があったり血が入り混じったりしていなければ、あなたの病気は『ジン（精霊）に触れられた（*ichīr* [ta.]）』ために起こったものではありませんからね。いいですか」と言ってからハーッジの目の前で卵を割った。実際、黒点や血の塊が入ったりはしていなかった。

この場合、今しがた挙げたフキー自身の説明に従うならば、結果として、ハーッジの病気はジンに憑依されたために起こったものではなく、通常の病（糖尿病など）であるという診断が下されるはずである。しかしながら、興味深いことに卵の中身を確認したフキーは、「ジンによって触れられたのではない」と明言する代わりに、「うーん、どうしたらいいかわかるかい」と問いを参加者に向けて発しつつ、自らその問いの回答を引き受けて、あたかも謎をかけるように、以下のようなシュルーフの間でよく知られている諺を口にしている。それは「誰があなたに働きかけたんだい？　それは、あなたにそのことを知らせてくれた当のその人さ（*mādā-k iskrn shghl-n-k, walli yāk t-imlān* [ta.][*92]）」というものである。

明確な診断結果を口にせずに、突如このような諺をフキーがもち出したのに対して、その意図が飲み込めず、不安がこうじた妻[*93]は、明確な回答を求めて一体なにがいいたいのかとフキーに尋ねた。しかしながら、フキーは再び明確な回答を避け、「アッラーが視ていらっしゃるよ。アッラーはなにが起こったのかすべてご存知。それにジンも存在する」という返事を与えた[*94]。ここからうかがえるように、フキーは卵による診断の結果、ハーッジが「ジンに触れられていない」ということになったはずであるのにもかかわらず明確な回答を避け、むしろハーッジの症状がジンによるものであることをほのめかし続けている。同時に、明確な回答を避けるために、すべてをアッラーに帰することによってすべてを宙吊りにしている点もここでは興味深い。

この後でフキーは、病気の真の原因は、自分が先に処方したものを七日間使いきったときに自ずとわかるはずだ、と述べた。結論を先延ばしにされ、依然として不安な妻は、卵について質問を移し、「そうすると、今しがた使っていたこの卵は、『ジンに触れられた』かどうかを調べるためのものですか」と問いかけた。これに対してフキーは、それが「ジンに触れられた」かどうかを確認するための特別な処置であったことをはっきりと認めた。ここで確認をしておきたいのは、卵に墨で線を描きこんだり、その卵をハーッジの体に擦り付けるという行為の含意する内容が、当事者の間でそれまで不問に付されており、実際なんのために行われている行為なのかが理解されもせず、関心の対象ともなっていなかった点である。

次に妻が尋ねたのは、それではここでいう「ジンに触れられた」というのが具体的には一体なにを意味するのか、という点についてである。果たして、ここでいう「ジンに触れられた」とは、ジンが関連していることを本当に意味しているのか、それとも、それは単なるメタファーであって人間など他の者が関与しているのかという点について、ハーッジャは確認をとる質問をしたのである。これに対しフキーは、それが実際にジンに関連したものであると再び明言し、「ジンに触れられる」と、理性（ʿaql）、身体（jasad）、それに会話の内容（hadara）などに影響が出ると指摘した。さらに、フキーは話を飛躍させ、かつてハーッジ同様に手足が動かなかった人がいたけれども、私が与えた「もの」[*95]で治ったことがあると述べた。

こうした一連のフキーの言動に注意をするならば、彼が明確な結論を述べることを避け、最終的な判断を被治療者たちに委ねつつも、その判断に一定の方向性をもたせるように思わせぶりな口調で説明を続けている様子がうかがえる。同時に、過去の治療者の例を挙げたり、自分が処方した薬を飲み続けることで結果が自ずとわかると述べている点などは、自らの処方の信憑性の高さを暗にほのめかした言明と受け取ることもできよう。

なお、こうした思わせぶりな口調を取る理由として、フキーは「人はアッラーではないから、過去のなにが原因で現在の事象が起きているのかも、また未来になにが起きるのかも明言することはできない。そのようなことをしたら、それは『シルク・ビッラー（shirk bi-llāh）[*96]』につながってしまう。自分たちはそういうことを避けたいのだ。その点について理解をしてほしい」とハーッジたちに述べてもいる。こうした言明は、ハーッジたちからも賛同を得、たとえばハーッジャは「クルアーンを読む人が、シルク・ビッラーに陥ったりしないことを私たちはよく存じ上げていますよ」と答えている。こうしたフキーの言明は、フキーが「呪術」などに現を抜かす「悪いフキー」ではなく、「真のフキー（l-fqīh diyāl b-ssah [dr.]）」であるという評価を後に得る根拠の一つともなっている。つまり、判断を据え置くという行為は、フキー自身の慎ましやかさ、謙虚さの表れとしてハーッジをはじめとした参加者から理解され、好意的な評価を得る要因ともなったのである。

次にフキーはハーッジに対して再び質問を発している。それは、これまでの治療の脈絡から離れたものであり、果たしてハーッジがフキーを呼ぶ以前に注射を打ったことがあるかというものであった。打ったことがあるという説明に対しフキーは、極端に落胆した表情と声を出してみせ、自分がしてきた「こと」[*97]は注射とは「合わない」のだと述べた。これに対しハーッジは、「アッラーに快癒をお願いいたしましょう」、「大事なのは、私たちの目的がアッラーにあることですよね」と慌てて釈明した。筆者には、こうしたハーッジの言明は、自らの治療と注射に象徴されるような近代的な医療を対置させ、両者の差異を強調するフキーの言明を解消すべく、より高次のレベルにあると措定されているアッラーの存在に言及したものと見受けられる。このようなハーッジの釈明を否定せずフキーは、「いずれにせよ私たちは、『きっかけ（*sabab*）[*98]』を作りましたよね。私たちは全力を尽くしましたね。後はアッラーがお望みになるならば、良い結果が得られるでしょう（*igh t-irzq rbbi* [ta.]）」と答え、次いで「今から三日から五日経過したら、また連絡をしてください」と述べた。これは、「ジンに触れられている」のかどうかを確認するために、今一度卵を使った診断を行う必要があるからである。また、そのためには次回は必ず「地卵」を用意しておくようにとハーッジャに念を押すこともフキーは忘れなかった。うがった見方をするならば、フキーは、明言はしないものの、今回の治療においては治療に際して必要な「地卵」がなかったために明確な回答が引き出せなかったのだ、と暗に主張しているともいえる。

治療が終了に向かいつつあるこの局面で、フキーは先にハーッジの母親の名前などを記載した短冊状の紙を両手の平の間において、両手の平を擦り合わせることによって、それを少しずつ丸めていった。最終的にそれは、ストローのような縦長の筒状になったのだが、これをハーッジャに手渡しつつ、フキーは第三の処方を指示した。それは、この縦長の筒にシャヌージュ（*shanūj*）[*99]と呼ばれる薬草の種子を一杯に入れた上でその先端に火をつけて燃やし、出てきたシャヌージュの煙をハーッジの左右の鼻腔からそれぞれ三呼吸分ずつ、目が涙でいっぱいになるまで吸わせるというものであった。また、フキーは、治療のためにハーッジが倒れたのと同じ時刻にシャヌージュの煙を吸引する必要があるという理由から、自身が最初に疑いをもった朝と家族が主張する夕刻の二回にシャヌージュの投薬をし、シャヌージュを入れた紙が燃え尽きるまでこれを継続するよう命じた。

最後にフキーは、住所などを告げ、メモをとらせた後に、快癒を願う文句を数度にわたって唱えた後に、部屋を後にした[*100]。

③治療後

妻ハーッジャはその後フキーの処方に従って準備にとり掛かった。ここで彼女がまず実施したのは、第一の処方と、第三の処方である。

この際に、筆者は、第三の処方で用いられるシャヌージュの煙が一体どういう臭いなのか興味をもったので、それを嗅いでみたいとハーッジャに伝えたところ、シャヌージュを入れた紙はフキーが文言を書き記したものであること、その文言は夫の個人名や年齢、母親の名前が書き入れられたものであること、煙は夫にのみ有効なものであり、もしそれを嗅いで筆者になにかが起こっては困ることなどの理由で断られた。つまり、文言を書き入れた紙に包み込まれた時点でそのシャヌージュはハーッジの生涯と病状に対応した個別化された薬になっているといえる。こうしたハーッジャの見解に対して臨席していたハーッジも同意し、筆者に煙を嗅がないようにと忠告した。

筆者はフキーの帰宅後、フキーがハーッジの両親の名前などを記した紙を写真に収めるべく、別室にそれを持っていった。筒状になった状態および広げた状態の双方の写真を撮るべく、紙をいじっている筆者の姿をみとめた次女は、筆者に対して、むやみに紙を触ってはいけないし、触るならばビスミッラー[*101]と唱えるように、できることなら触ったりしないで、離れていた方が良いと忠告をした。さらに、筆者が紙を置いた小卓の脇を通りすぎようとした際には、紙を跨がないようにと注意を促した。その理由として、紙を下手に跨いだりして「なにかが起こる（*katwaqa'a shī hāja* [dr.]）」のが怖いからだと筆者に説明した。

そもそもフキーによる治療開始前に、三女は筆者に対して「フキーを怒らせることがないように」と忠告をし、その理由として、「フキーの機嫌を損ねたために父になにかが起こるのを怖れているから」と述べていた。同時に録画をしたいという筆者の要望に対し、家族の者は、戸惑いをみせてもいた。さらに治療後の筆者の好奇心に対してハーッジャは、シャヌージュの煙が夫のためのものであり、それを他人が嗅ぐと「なにかが起こるかもしれない」と危惧を示し、やんわりと筆者をたしなめていた。こうした態度と相通じるかのように次女も、フキーの手になる紙を無造作に触る筆者に対して、「なにかが起こるといけないから」と言って、忠告をしたのである。

以上の諸点からもうかがえるように、フキーによる治療は、場合によっては被治療者本人も含めた人に危害を加えうる場としても想像されている点に、ここでは注意を払っておこう。フキーは治療を施し、病人を癒すという積極的な価値とあわせて、人に危害を加える可能性をも潜在的に有した両義的な人物として認識されている様が、これらの発言から浮かび上がってくる。

また、フキー自身が「シルク・ビッラー」となることを怖れていると表明していたが、筆者はモロッコ滞在中、ハーッジの家族をはじめとして複数の者から、フキーの中には呪術を行う者がおり、彼らはアッラーとではなく、ジンやシャイターン（*shayṭān*、悪魔）からその超自然的な力を与えられて病気治癒や占い、呪術を行っているのだという言明をしばしば聞いた。こうした言明からは、治療の現場についての記述にもあったように「真のフキー」と「悪いフキー」という、相反するイメージがフキーに対して付与されている様をみてとることができる。

そもそも治療にあたったフキーは、ハーッジが信頼する友人の仲介を通じて招かれていた。この点において当該フキーは、ハーッジの信頼を得て彼の家に迎え入れられたといえる。しかしながら同時に、先ほど記したようにフキー一般に対しては両義的なイメージが付与されているため、来訪したフキーが果たして「真のフキー」と「悪いフキー」のどちらの範疇に入る存在なのかは、フキー来訪後に依然として問われるべき問題であり続けている。事実、治療後に家族の者はフキーが「真のフキー」である根拠として、彼自身が頻繁に「アッラーのみがご存知」など謙虚に答え続けたこと、自分たちは「シルク・ビッラーになるのを怖れているのだと述べていたこと」、その裏返しとして傲慢にも自分が治療をしているのだというようなおごり高ぶった尊大な態度は一切示さなかったこと、さらに本文中の記述からはあまりうかがえない点であるが彼が非常に丁寧な応対をしていること、および彼自身がシュルーフであり、その事実をもってしても十分に「信頼に値する」ことなどの諸点を列挙した。

さて、治療の三日後、あるいは五日後に再診の必要があるとフキーは述べていたが、実際には、彼が再び呼ばれることはなかった。その理由としては、ハーッジが一刻も早い治癒を願っており、フキーを呼ぶ前の段階で一回呼びさえすれば明確な治療法を処方してもらえると想定していたのに対して、フキーの処方が思いのほかに時間がかかるものであったことなどから、継続の意志を失ったことなどが挙げられる。ハーッジはこの後、親族の伝手によって紹介された複数の医師のもとに新たに通院しつつ、さらなる治療に専念していった。

第二節　聖者信仰の忌避が呼び戻す聖者信仰

これまでのところで筆者はフキーによる治療の様子を詳細に記してきた。本節では、この事例を、五つの側面から検討する。第一に、事例に登場したフキーを聖者と連続的にとらえるという視点の妥当性について検証する。第二に、第一章でも指摘したように、従来の研究では、聖者を含めた「知識人」と参詣客などの「民衆」の関係を把握する上で、「知識」の保有を背景として両者が非対称的関係に置かれることが指摘されてきた。このような知識人を特権化する視点の妥当性を検証する。第三に、「知識人」の有する「知識」の権威を相対化する「知識」の多元的な存在様態を明らかにする。第四に、祈願に効力があると考えられるフキーも聖者もともに両義性を帯びた存在として住民からとらえられていることに着目をする。そして第五に、「怖れ」の感覚が、祈願の効力への信仰とあわせて両者を結びつける重要な役割を果たしていることに注目して考察を進めてゆく。

1　聖者とフキー

最初に留意しておかなくてはならないのは、本章の治療に登場するフキーを無批判に聖者と等しい存在ととらえることも、また逆にフキーと聖者を全く異なる存在と言い切ることもおそらくできないということである。そこで、フキーと聖者の重なりとズレをまず明確にしておこう。

相違点について検討する上でなによりも重要なのは、聖者が、すでに死亡して廟に埋葬されている者と、現に生きている者に大別されうる点である。本章で提示したハーッジ家の人々はフキーと会話を交わし、相互交渉下に入ることによって、さまざまな解釈を生みだすことが可能であった。こうした関係のあり方は、聖者の末裔や、聖者のバラカを受け継いでいると考えられる「生きた聖者」に対応するものといえる。これに対して、参詣客が、廟に埋葬された聖者と直接言葉を交わすことによって助言を得ることは、無論、原理的には不可能である。

ただし、病気治療などを願う参詣客が廟にとどまり、夢に聖者が現れて具体的な治療法を参詣者に指示するのを待つことがある［Naamouni 1995］。だが、人々が夢で与えられた処方などについて具体的な解釈を加えることが可能になるのは、夢から覚醒した後のことである。さらに、夢の解釈は、覚醒後の断片的な夢の記憶をもとに、当人および他の参詣客や知人、家族、あるいは懇意にしているフキーやウラマーの助言をもとになされるものである。これは、とりもなおさず夢の解釈が人々の側で一方的に施されざるを得ないことを意味する。言い換えるならば、夢を通じた聖者との直接的な「会話」も当事者の覚醒後、参詣者側からの解釈に一方的に依拠せざるを得ないのであり、相互交渉過程によって特徴づけられるフキーと一般民の直接的関係とは次元を異にするのである。この点からすると、本章における事例は、あくまでも「生ける聖者」との類比においてのみ、聖者信仰との関連性を有していることになる。

聖者とフキーの異同を検討する上でもう一つ注意すべきなのは、本章におけるフキーは神の助力を願う言明を発することはあっても、聖者信仰における中心的観念とみなされてきたバラカに言及したり、あるいは自分が特定の聖者と関係を有していたり、聖者の末裔であったり、あるいは特定のスーフィー教団への帰属に言及することは全くなかったという点である。*102 さらに治療儀礼の前後における筆者とハーッジ家の人々との会話においても、フキーが聖者と関連した人物であると述べた者は一人もいなかった。むしろ彼らはフキーの信仰深さ、謙虚さ、シュルーフであることなどを称賛し、評価していたのである。これらの点からするならば、フキーを聖者とみなす根拠はさらに乏しいものとなる。

ただし、以上のような問題点があるからといって、本章におけるフキーの事例が聖者信仰と全く無縁のものと言い切ることはできない。

フキー、聖者と人々の関係においてまず共通しているのは、病気の治療をはじめとした現世利益の獲得を求めて人々が聖者あるいはフキーと関係をもつ点である。つまり、フキーによる治療は、現世利益を求める聖者信仰の文脈と連続性をもつものであるといえる。第一章であらかじめ定義しておいたように、「祈願の効力があると信じられている人物」を聖者とみなすならば、ここでのフキーはまさしく聖者である。第二に、既存の聖者信仰研究は、聖者信仰が精霊による憑依の治療と深くかかわっていることを明らかにしている［Chlyeh 1998 ; Crapanzano 1973 ; Jamous 1981 ; Naamouni 1995 ; Paques 1991 ; Rachik 1990, 1992 ; Reysoo 1991 ; 堀内 一九九九］、その例に漏れず本章におけるフキーもまた精霊によってハーッジが攻撃されたのではないかと想定しながら儀礼を執り行っていたのであった。つまり、患者側の要求、そして聖者およびフキーが双方とも精霊に対する治療を施しうるという類似点が少なくとも見出されるのである。第三に、そもそも「聖者」と分類される人にはフォーク・タームにおいて多様な名称で呼び親しまれている人々が包含されるのであったが、その名称にはフキーも含まれている。第四に、フキーの治療は、フキー自身が聖者との関連を全くほのめかしていないのにもかかわらず、ハーッジの家族に「聖者信仰的な世界」を開示する契機となり、彼らを「聖者信仰をめぐる想像力」の内に引き込んでしまう効果を有している。これは重要な論点なので、後ほど「4

フキーの両義性」というタイトルを付した項においてより詳細な議論を展開する。

2 「民衆」による解釈

第一章で詳述したように、聖者やスーフィーあるいはウラマーなど「知識人」と「民衆」の関係を論ずるための理論的枠組みとして、これらの人物類型間のイスラーム的知識の多寡とその授受に着目をした「民衆イスラーム論」が提出されている［大塚 一九八九a］。さらに現世利益の獲得を願う一般民と、その治癒にあたる聖者の末裔やフキーなどが非対称的関係を形成することも指摘されてきた［Eickelman 1976: 143］。

しかしながら、知識を扱う場合、ウラマーが有するイルムやスーフィーが有するマアリファのように知識人から民衆へと伝達される知識にのみ関心を集中させるのではなく、むしろ、知識が多元的である可能性に注意を払う必要がある［川田 二〇〇三；渡邊 一九九〇］。言い換えるならば、「民衆イスラーム論」において、あたかも「知識人」から「知識」を受動的に受け取らざるを得ないかのように描きだされた民衆が、「知識人」のものとは異なる「知識」を援用することによって知識人の保有する知識を相対化し、「知識人」と民衆の非対称的な関係を解体する側面を問う必要がある。

たしかに、「知識」との関係からみた場合の治療の特徴の一つは、被治療者たちが、フキーによる診断に対して一方的に受動的立場に置かれていたことである。フキーが行う診断・治療においては、被治療者の年齢や名前を用いた計算法や、卵に塗る墨の作成法などをはじめとした技術的な知識の由来や根拠、獲得法などが正当なものであるのかどうかを判断する基準は、被治療者たちには与えられていない。そのため、彼らは自分たちが明確に体系立てて理解していないそれらの知識と技術を前にして、フキーに対して受動的な立場に自らを位置づけざるを得ない。

しかしながら、フキーの行使する技術と知識は彼ら被治療者側の検証を経ていないということでは、必ずしもない。というのも、そもそもフキーの来訪はハーッジたちが信頼する友人の紹介によるものであり、紹介を受け入れた時点で、フキーの技術が信頼に足るものとして選択されたことを示唆するからである。同時に、治療におけるフキーとの会話のやり取りを通じて、ハーッジの家族は、フキーが果たして「真のフキー」であるのか、あるいは「悪いフキー」であるのかを判断し、評価してもいた。フキーが治療で用いる技術的知識の妥当性を検証すべくそこで活用されたのは、フキーの知識に対抗するような技術的知識などではなく、ハーッジ家の人々が日常生活を送るなかで育んできた、「クルアーンをよむ者に多神教徒はいない」という素朴な言明に端的に表れる、信仰をめぐる一般的な通念や考えである。

こうした点からするならば、フキーの活用する技術や知識に対して、ハーッジの家族はたしかに受動的な立場に置かれてはいる。しかし、そのことは彼らがフキーとの関係において従属的な立場に置かれ続けていることを意味はしない。というのも、彼らは、より「メタ的」な「知識」たりうる信仰をめぐる包括的な言説を援用してフキーの言動を査定することによって、そのような技術的知識の「絶対性」を相対化しているからである。かくして、生きたフキーの人柄をめぐる「民衆」側の評価がフキーの有する技術的知識や宗教的知識を相対化しうるという事実は、フキーおよび聖者の権威が住民側の判断に委ねられたものであることを示唆する。

3　知識の多元性

治療の正当性を確保しようと試みるフキーが、アッラーやクルアーンにたびたび言及するのみならず、過去の治療の成功、ハーッジの身体への西洋医学の影響、治療の要にあたる卵が「地卵」である必要性に象徴的に示された「伝統性」への言及など、複数の異なる次元に属する理由を挙げていることも、われわれの注意を引く。自らの治療の正当性や妥当性を主張するために、このような複数の説明が表明されなければならなかったという事実は、裏を返すならば、フキーと被治療者が邂逅する治療のただ中において、フキーの治療の正当性そのものが、被治療者による疑念や批判の対象となる可能性を示唆する。

こうした解釈のせめぎ合いは単に当事者間にのみみられるものではなく、当事者一人一人の内部においても見いだされる。たとえば長男ムハンマドは治療儀礼の開始時に、フキーによる治療は「迷信」であるとして否定しつつも、父のたっての願いであるがゆえにフキーを呼ぶことを受け入れていた。しかし、治療開始後には、自身が有する個人的見解を一端棚上げにし、ムハンマドはフキーの指示に従って従順に処方を紙に書きとどめているほか、きわめて礼儀正しくフキーに接していた。こうした点をとらえて次女は、兄は大学を卒業するなど高等教育を受けているが、治療の間、一瞬ではあれフキーによる治療が本当に効果をもたらすかもしれないと信じていたのに違いないという解釈を筆者に説明してくれた。その理由は、本当にムハンマドがフキーを忌避するならば、兄の性格から言ってそもそもフキーを呼ぶことには賛成しないだろうし、挨拶をすることはおろか、治療を行っている部屋に入室することも、自らペンをとってフキーが指示する薬草の名前を記すことも、さらにはそれを後ほど見直せるように丁寧に書きつけることもなかったであろう、というのである。しかしながら、このような身近な者による見解にもかかわらず、ムハンマドは、後述するように、後ほどこの治療を行うべきではなく、アッラーの赦しを請うべき対象としてとらえ直している。フキーをめぐる解釈は、フキーとハーッジ家の間のみならず、ハーッジ家の人々の中でも揺れ動き続けている。

4　フキーの両義性

解釈の激しい揺れ動きがフキーによる治療において惹起されてしまうのは、そもそもフキーが両義的な存在とみなされているからである。

ハーッジの家族は、フキーが、クルアーンを学んでいること、クルアーンを日々よんでいること、モスクを預かっていることなどを確認したほか、伝統的イスラーム教育との関係を暗示する竹ペンや羊毛を原料としたインクなどをフキーが持参していたことにも気づいていた。さらに、フキーの慎ましやかな発言もまた、彼の言葉や治療が信頼に足るものであることをハーッジたちが確認する材料となっていた。このようなクルアーンや伝統的イスラーム教育などとの関連から肯定的なイメージが生み出される一方で、フキーの行う治療行為には、絶えず疑念がつきまとっている。

ハーッジの家族による、「今日のフキーは『本当のフキー』であった」という言明に端的にうかがえるように、クルアーンを詠み、信仰深い「真のフキー」という認識は、「真でない」、「贋の」フキー、すなわち、呪術と深い関連を有したフキーが存在するという民衆的理解の存在を暗示している。モロッコでは、呪術を行う者に対して「呪術師」（*shḥār*. [dr.]）[*103]という名称が広く用いられる。この語は、イスラームにおいては明確に否定的な価値を帯びたものである。ハーッジの家族も当然のことながら「呪術」、「呪術師」という用語を知悉している。注意すべきなのは、フキーという、字義的には「イスラーム法学者」を意味する語が、その日常的な用法では「呪術師」に相当する意味内容を付与されることがある点である。

このようにフキーという存在には、クルアーンに象徴的に示される正統な宗教的知識の担い手という立場と、イスラーム的には明らかに否定的価値観を帯びたシャイターンやジンとの関係に起因する特殊な能力の保持者という、相反するニュアンスが込められている[*104]。

フキーに対する否定的なイメージや疑念は、治療に必要な「知識」がフキーの側に過剰に保有されていること、治療の民間医療との親和性、治療のジンなどとのかかわりを背景として生成しているとも考えられよう。以下、これらの諸点について記してゆく。

第一に、フキーによる治療に必要な知識の保有についてであるが、これはフキーの有する技術的知識の由来が被治療者側には明確でないがゆえに、果たしてフキーの行っている行為が宗教的に「合法」なものであるかどうか、という疑念を生じさせるものである。

第二に、民間医療との親和性についてであるが、フキーは治療に際して民間医療においても広く知られた薬草の処方を指示していた。これらの薬草は一般家庭においても比較的よく知られているものが複数含まれているため、人々は指示された薬草が種々の病に有効なものであることを経験的に理解できるという利点を有している。その一方で、薬草を販売している香料商は、モロッコにおいてしばしば呪術と深いかかわりを有した呪術師として危険視される存在でもある[*105]。つまり、フキーの治療は人々が広く共有している民間医療の知識によってその効能が人々に認められうるのと同時に、呪術にもしばしば活用される民間医療との連続性を有しているが故にこそ、呪術的な価値観をその治療のうちに呼び込んでしまうのである。

第三に、フキーによる治療は、そもそもジンの存在に代表される不可視界をめぐる一般的な通念と深くかかわっている。ジンに「触れられた」ものをフキーが治療できるということが、同時に彼自身のジンとの類縁性を想起させ、「呪術師」という否定的な価値観をまとわせる結果ともなっている。

フキーは彼が行う治療活動に内在する民間医療やジンとの関係などのゆえに、必然的に否定的価値観を含み込まざるを得ない。イスラームにおける世界観では、世界は我々が視覚的に確認できるこの現象界と、ジンや天使あるいはアッラーなどの領域である不可視界から構成されている。フキーはジンによって「触れられた」人を治療できるという点において、この不可視界との接触が可能であり、通常の人とは異なる危険性を帯びた者として一般にとらえられる。そして、聖者もまた廟に埋葬されつつも、一般の人の病気治癒などに対して効果を発揮しうるという点において、不可視界にありつつ、現象界に介入しうる特殊な存在としてとらえられている。

5　怖れを通じて喚起される聖者信仰

聖者とフキーは、現象界と不可視界を媒介するのと同時に、アッラーおよびジンやシャイターンなど善と悪を代表する存在の双方に関係する両義的存在ともみなされている。それ故に、聖者とフキーは「怖れ」の感覚を伴って認識されるという特質も共有している。

たとえばハーッジの三女は、父になにか悪いことが起こってはいけないから、フキーを怒らせるようなことをしないでほしいと、ビデオで撮影しようとする筆者に述べ、また家族の者はフキーがハーッジのために処方した治療薬を嗅ごうとする筆者に対して、なにか起こってはいけないからと言って、筆者の行為をたしなめた。

このようなフキーに対する怖れは、次女によっても共有されている。彼女の場合には、ハーッジの治療儀礼よりも一〇年近く前に、頭髪が異常に抜け落ち始めた友人が治癒を願って実施した廟参詣に同伴するよう誘われているが、なにか起きるのではないかという怖れのために、廟に入ることができなかったという。同時に、次女は、複数の病院に通院を重ねたのにもかかわらず、芳しい効果が現れなかった友人の頭髪が、その廟参詣後、瞬く間に回復したことを「この目で確かに見た」現象として記憶しており、そのような廟参詣が確かに効果を発揮することがあるということを認めている。

さらにムハンマドも、本章で記した治療儀礼の実施後およそ一年経過してから、フキーを呼ぶべきではなかったという自身の見解を示し、これとあわせてインターネットを通じて知ることとなった、ある「シャイフ」の下で呪術を学んでいたアラビア半島出身のフキーの告白と聖者信仰批判を、筆者をはじめ家族に教えてくれたことがある。彼がインターネットで知ったという逸話は、アラビア半島のとある場所に存在するマドラサが、表向きはクルアーンを学んでいることになっているものの、実際にはそこでは呪術が教えられているというものである。ムハンマドによれば、彼らは一般人には敬虔なムスリムであるかのように見えるが、その実、「シャイフ」らの行動はシャイターンによって翻弄されたものであるという。さらにムハンマドは言葉をついで「シャイフ」を尊敬するような行動をハラームとして否定した。ワッハーブ主義とも関連し、インターネットを通じて伝達されている「シャイフ」や聖者をめぐる言説を背景として、ムハンマドは、二〇〇六年に実施された治療儀礼を自分なりに再検討した結果、父がフキーを招いたことについてアッラーの赦しを請わなくてはならないと述べるに至ったのである。

他方、フキー側の見解について振り返ってみるならば、治療に際してフキーがハーッジたちに向かって、「病の原因も、そして治療の結果についてもすべてはアッラーがご存知」とアッラーにすべてを帰す発言を繰り返すことによって、自分が超自然的な力を有しているわけではないことと、あくまでもアッラーの加護があって治癒が実現することを伝えようとしたという事実は、治療を受ける側の「怖れ」についてフキーの側も十分自覚的であることを示唆していよう。

このようにしてみるならば、フキーや、その延長線上にあると考えられる聖者は、聖者信仰と積極的にかかわらないハーッジの家族の事例においては、むしろ忌避され、畏怖されるべき対象として主題化されているといえる。さらに、長男ムハンマドが治療儀礼について一年を経過してもさらなる解釈を加え続けている様子などからは、フキーによる治療が、彼らの日常生活においてきわめて稀な出来事であったのにもかかわらず、彼らの信仰のあり方を反省し、再編するための重要な契機の一つとなっていることもみてとれる。

本章における治療をただちに聖者信仰に併置可能なものとしてとらえることはできない。しかしながら、民衆的な想像力においてフキーと聖者はともに類似した位置づけをもって認識されていることが、これまでの議論からもある程度うかがえよう。そして、この見解が妥当性をもつならば、バラカとの関連が強調されてきた既存の人類学的聖者信仰研究に、「怖れ」に着目するという視点を提示することが可能となる。[*106]

「怖れ」という側面を考慮に入れて聖者信仰を検討するならば、「聖者がバラカを有する」という考えを抱いて積極的に廟に参詣する人々のみならず、ハーッジ家の人々のように日常的には聖者という存在に対して否定的な見解を有し距離を置いている者の、その忌避という素振りそのものが、聖者信仰という現象の存続を可能にしているという視点を獲得することができる。日常的には廟参詣に赴かない人々の間のさほど言語化されない、聖者への怖れが明らかになることによって、廟という物理的空間を超えた聖者をめぐる信仰の根強さが一層明らかになるのである。

おわりに

本書では、第一章において聖者を「祈願の効力があると信じられている人」と再定義した。その眼目は、聖者を一般のムスリムとの連続性のうちに把握し、聖者が生活から切り離された存在ではないことを示すことにあった。そして聖者とみなされる人物カテゴリーとして半ば定型化され、頻繁に活用されるのが、シャイフ、アーリム、フキー、サイイド、ワリーなどであった。

もっとも、一般のムスリムとの連続性を強調したからといって、聖者が彼ら／彼女らと全く同列の人であるということではもちろんない。そのことはたとえば聖者のためにしばしば廟が建設され、通常のムスリムの墓との差異化がなされるという点にも端的に表れている。*107 しかしながら、廟／墓に象徴的に示されるような差異が存在するとしても、あるいは聖者が神と人を媒介する存在であるとしても、聖者と一般民を本質的に異なる存在であるかのように差異化、固定化してとらえることはできない。

以上のような認識に基づいて聖者概念を再定義したうえで、フキーによる治療を事例として扱ったことに対しては、以下のような根本的な疑問が呈せられるかもしれない。すなわち、本章で取り扱った事例は、聖者信仰と直接関係がないのではないか、という問いである。

このような問いかけがなされるとするならば、おそらくそれは以下のような理由に基づいている。第一に、本書では、生きた「一般の」者も含めることができるように聖者概念が定義されているが、死者と生者はやはり性質を異にするのではないか、という疑問である。第二に、フキーは自らのことを聖者とみなしていないし、治療に参加した人も彼のことを聖者とみなしていないという点を論拠とした疑問である。関係者がフキーを聖者とみなしていないのだから、本事例は聖者信仰と無関係であろうということである。

たしかに、これらの問いと指摘は正しい。だが、重要なのは、フキーも参加者もこのフキーが聖者ではない、一般のフキーであると認識しているその治療のただ中において、フキーと聖者を連続させるような解釈が、フキーの両義性を媒介として誘発されてしまったことである。

この誘発は、フキーと聖者がともに現象界と不可視界を媒介する特殊な役割を担っている上に、両者ともどもアッラーのみならずジンやシャイターンとさえつながりうるという両義性を帯びているという認識により引き起こされた。この場合に住民にとっては、聖者とフキーは渾然一体となって怖れの対象として認識されていた。

もう一つ重要なのは、両義性を下地とした怖れを生み出したのは、ハーッジたちの主体的な解釈である点である。知識の与え手たるフキーがハーッジたちに与えようとするイメージをある程度受容しつつも、ハーッジらは自分たちの手持ちの理解の枠組みに基づいてフキーをめぐる解釈を形成し、変容させている。つまり、聖者信仰的なるものはあくまでも住民側の主体的解釈があって、はじめて形成されるのである。本論の中では、民衆イスラーム論に対する批判点として、知識が知識人から民衆に一方的に与えられるのではなく、住民側から知識の妥当性を検証するのとは異なる論理（信仰をめぐるメタ知識とでもいうべきもの）を用いて知識と知識人の妥当性が検証されることを明らかにした。この点とあわせて、聖者信仰をめぐる住民側の想像力があってはじめて聖者信仰はリアリティを獲得できるということも本章の事例は示唆している。

重要なのは、こうした聖者信仰のリアリティは、必ずしも聖者の存在を積極的に肯定する聖者の末裔や参詣客、スーフィーの弟子など聖者信仰の主体的な担い手によって必ずしも担われていないことである。さらに、これまでの聖者信仰研究は物的シンボルとしての廟を中心にして展開する儀礼や行事の分析、参詣客と末裔の間の相互交渉などに主眼をおいて研究を進めてきたが、廟とは全く無縁の場において、聖者信仰のリアリティは誘発されうることを本章の事例は示していよう。

既存の研究においてはイスラーム主義の批判によって聖者信仰が「衰退」しているという指摘がなされることがある。しかしながら、聖者信仰の主体的な担い手や活動の中心地たる廟とは無縁のところで生活をする人々が聖者信仰のリアリティを生きているのだとするならば、イスラーム主義の波及に伴う聖者信仰の「衰退」という単純な理解は修正を迫られることになるだろう。なぜなら、問題となるのは、どれほど多くの人が廟に参詣するかではなく、聖者信仰に特徴的にみられる象徴群が人々の生活のなかにどれほど深く浸透しており、それが人々の経験や認識を組織化する効果を有しているかという点だからである。

イスラーム主義との関連で、もう一つ指摘しておきたいことがある。一般的傾向として、イスラーム主義は、聖者信仰をビドア（夾雑物）として批判することによって聖者信仰を本質化してとらえる傾向を有している。そしてハーッジの長男ムハンマドなどもこのイスラーム主義的な言説の影響を部分的ではあれ受けており、聖者信仰に批判的な態度を示していた。しかしながら、聖者信仰を批判的にとらえるという眼差しそのものが聖者信仰的なるものを当事者の意識のうちに顕在化させ、それにリアリティを与えるという逆説が本章の事例からは読み取れる。そこでは、イスラーム主義的解釈と聖者信仰的なるものは明確に切り分けることができず、むしろ当事者の抱える問題（父の病）や社会関係（親子関係）との力学のうちに絶えざる解釈の変奏を生み出している。さらには、フキーの人柄や所作もまた、長男ムハンマドがフキーの治療への信頼を一時的ではあれ生み出す効果を有していた。つまり、個人の視点に立つとき、イスラーム主義と聖者信仰を本質化して切り分けることはできないのであり、当事者の置かれた状況によってその解釈は変貌をしつづけているのである。さらに与えられる解釈も一義的なものではなく、先ほども記したようにイスラーム主義的解釈を引き受けることが同時に聖者信仰的なるものを回帰させてしまうように、解釈は本人の意図にかかわらず多義性を帯びてさえいる。

聖者信仰の主体的な担い手や、廟という物的シンボルを中心とした場から遠く隔たった治療の現場において、多義的な解釈のうちに一閃の光彩を放つかのように現れ消えてゆく「聖者信仰的な世界」。そのような瞬間的な場面においても聖者信仰が生きられているのだとするならば、これまでの議論からも明らかなように、聖者信仰を特定の場や参詣客と結びつける視点は修正されなくてはならないだろう。その場合に、おそらくさらに検討すべき課題が二つある。一つは、本書で示したような当事者の解釈の揺れ動きを「ハビトゥス」［Bourdieu 1977；ブルデュー 一九八八］としてとらえようとする視点である。もう一つは、イスラーム主義と聖者信仰を二つの異なるイデオロギーと見立てて、解釈の揺れ動く現場を、「支配的イデオロギー」と「対抗イデオロギー」がせめぎあう「境界的な場」としてとらえる視点である［関根 一九九五］。

第一点目については、たとえばブルデューのいう実践を構造化するハビトゥスが「ドグマティックな実体論的な場」［小田 一九九七：八六七］を想定せざるを得ないのであるとするならば、本書で示した事例がそのような実体的な場ではないことは明らかであろう。さらに当事者の解釈は、必ずしもブルデューが述べるような「当意即妙」の反応を当事者が意識的に行った結果ではなく、「慣習的な行動」をとったわけでも、さらに言うならば「一貫した意志や計画」［ibid.］に基づいて当事者の行動や解釈が組織化されたわけでもないという点で、必ずしもこれをハビトゥスという概念でとらえきることはできない。

第二点目については、仮に「支配イデオロギー」として第一章で言及したような「P的思考」が長男ムハンマドのうちに内在化されているとしても、ムハンマドを突き動かしていたのは、この「支配イデオロギー」だけではなく、親子関係をはじめとした「対抗イデオロギー」とも直接関係しない別種の複数の「イデオロギー」であったことを看過してはならない。それらのイデオロギーが――仮にそれらをイデオロギーと呼ぶとして――不可逆な形で、互いに複雑にもつれ合いながら、新たな解釈を誘発していく現場の様を、支配イデオロギーと対抗イデオロギーという単純な二項に還元して理解することも現実にそぐわないことは明らかであろう。

それでは、境界的な場としてこの治療をとらえる視点は、妥当なものなのであろうか。支配的イデオロギーと対抗イデオロギーが拮抗する境界的な場に注目し、近代知にみられるような中心化・全体化に向かう実体的・概念的な理解の乗り越えを目指す関根は、「脱中心化・断片化の契機を孕んだ〈境界的事象〉」の場にその可能性を見出し、これを「民衆知の拠点」とみなしている［関根 一九九五：三五三］。筆者は、「特権的な普遍の視点」をもつことなく、ケガレを「ボトムアップ」からとらえようとする関根の主張に共鳴するものである［関根 一九九五：三五一］。しかしながら、「中心化」へと向かう近代知を批判するために「周辺化」と「境界」に活路を見出そうとする関根の視座は、本章で取り上げた事例にそのまま適合できるものでは、もちろんない。

あえて「中心化」、「周辺化」という語を用いるならば、治療の現場にあるのは中心化と周辺化をめぐる複数の力学が同時並行的、かつ対多的にせめぎあいつつ、相互に変貌を遂げ続けていく様であろう。そこでは、一見すると「支配的イデオロギー」であるかのようにみえるイスラーム主義的な見方が、怖れというリアリティを伴って圧倒的に迫ってくる聖者信仰的な見方に凌駕されてさえいる。つまり、治療の現場では、一体どれが「支配的イデオロギー」なのかを問うことそのものが、それらのイデオロギーそのものの絶えざる変貌によって無効化されているのである。そこは「中心化」、「周辺化」という言葉で対象をとらえることができない冷徹な場であるといえる。さらに、そもそも治療の現場があくまでもハーッジの生活の一コマとして存在したという事実は、この場が、あらかじめ想定可能な境界的な場ですらなく、予想もつかないやり方で当事者を不意打ちする生活の縮図であることを意味していよう。

聖者信仰を安易に図式的、体系的に理解しようとする視座を捨て、生活のただ中で絶え間なく変遷するその様相の一瞬をとらえようとすることによって、われわれは、生活における聖者信仰の実態の一端にわずかに触れることができるのである。

終章　聖者信仰を広げる世界、聖者信仰が開く世界

本書では、モロッコ南西部スース地方を故郷とするベルベル系シュルーフの一部族インドゥッザルを事例として、一般民の広範囲な生活圏の形成とのかかわりのなかで、聖者信仰をとらえ直してきた。

最後に、これまでの議論を振り返り、本書全体を通じて筆者が述べたかったことをまとめておきたい。

第一節　民衆イスラーム論再考

本書では、まず民衆イスラーム論などの理論的枠組みを批判的に検討した。既存の分析枠組みの問題点は、宗教的知識／儀礼的実践、知識人／民衆、都市／地方、などの対立を前提として分析枠組みが設定されていることにある。二項対立的な枠組みであろうと、あるいは構成要素を複数化させたものであろうと、あらかじめ分析上のカテゴリーを設定していることが、必ずしも現実の事例に対応してはいないこと、知識論を核として形成された民衆イスラーム論が「民衆」を一方的な知の受け手ととらえることの問題点を指摘した。

次に、廟参詣については、堀内の「廟＝人家論」を手掛かりとしながら再検討し、廟参詣を歓待の場ととらえること、そして参詣における祈願と供犠／共食を、日常生活における共食と祈願という歓待の慣習との連続性のうちにとらえるという視点を提示した。

この議論を踏まえた上で、聖者信仰についてとらえ直していくために本書では、聖者を「祈願の効力があると信じられている人」として再定義した。既存の研究では、聖者を定義する上で、「神からバラカを授けられた人、奇蹟を行う人」という点に注目をしたり、あるいはクルアーンに記載された「神の友」「神の近くにある者（ワリー）」という言及に注目をするのが一般的である。前者はバラカや奇蹟に注目することで、ウラマーとの対比を明確に浮かび上がらせるものであり、後者はイスラーム学的見地から聖者という存在をとらえようとするものである。だとするならば、これらの定義はいずれもがイスラームとかかわる学知、イスラーム的知識の存在を前提として聖者を規定したものであるということになる。そうした定義はもちろん間違いではないが、知識、教義中心主義的な聖者理解であることは間違いがない。これに対して本書において「祈願の効力があると信じられている人」という定義を与えたのは、そのような教義や知識中心主義的な視点から一端距離をとって、「聖者」なるものをとらえ直すことを試みるためである。そして、その手掛かりを先に記したように、人々の生活の場における祈願の位置づけに求めたのである。

第二節　境界的思考と民族

ところで、序章において「ムスリム」、「移民」、「ムスリム系移民」として対象を把握することへの違和感を記したが、そうした違和感は、理論的視座を確保するための第一章において記した「民衆」のとらえ方にも通底するものであるとともに、第二章において詳述したベルベルという民族のとらえ方にもつながるものであった。これらの概念への違和感は、それらが分析枠組み、分析概念にとどまることなく、対象を一元的に把握する強力な力と作用をもつ言説として流通し、再生産されていることへの違和感と言い換えることができる。

「移民」という用語は、今日、グローバリゼーションなどの語とともに、一般に流通している語であり、この語の使用は、避けられない状況にある。そして、移民研究には、「移民」として差異化され、排除の対象とされる人々の苦悩や問題、そのような問題を乗り越えるための試みを明らかにしようとする良心的な動機に基づく研究が多数を占めるであろう。森が「移民」を括弧付きで記し続けていること、伊豫谷が移民研究の「アンラーニング」を提唱することなどは、そうした意識の表れであろう。

だが、そうだとしても「移民」として対象を括り出し、限定してしまうことのもたらす効果の大きさに対して慎重になる必要があるということが、差し引かれてもよいということにはならない。

本書では、「ムスリム系移民」、「マグレブ系移民」としてのマグレブ出身者の差異化、他者化が「ヨーロッパ内問題」としてマグレブ出身者を把握していることに由来するのではないかという疑問を提示するとともに、そこで等閑に付されてしまっている中東に生きる人々の生活の中に、本質化された「他者化」の言説を乗り越えるための手掛かりを求める試みであった。

「移民」という概念とともに、強力な「他者化」の作用をもつ語として民族概念がある。グローバリゼーション、民族、国民国家、移民。これらはいずれもが近代以降の世界認識の基礎をなす概念であり、相互に深く連関している概念であるが、民族なるものの本質主義的側面に関する批判は、繰り返し論じられてきた。中東研究においては、中東における多様な民族、宗派の人々の移動と混交をめぐる歴史への理解を基礎として、「移動論」、「属人論」、「二者間関係論」、「アイデンティティ複合論」などの理論を伴って、民族を突出した概念として特別視する議論に疑義が提出されてきている。本書は、それら既存の研究を援用しつつ、ベルベル人の生活の現場における社会関係の構築の仕方を明らかにすることを試みた。

その際に、本書では、ベルベルという民族概念と平行して、アマズィグ運動の広がりにも目を向けた。一九九〇年代になって政府主導の下、メディアや海外の国際機関などの注目もあるなかで、アマズィグという民族概念が急速に注目を集め、広がりつつある。本書では、このアマズィグという民族概念が植民地支配期以降の民族政策における民族観を前提としつつ、それが独立以降のモロッコ固有の政治的・社会的環境の中で継承され、かつフランスにネットワークをもつアルジェリア系カビールの動向や世界的な先住民の権利をめぐる関心の高まりと連動しつつ広がった運動であることに注意を払った。グローバルなネットワークやメディアの関心を背景としつつ、新たに地域を越えた一つの民族としてアマズィグ人としての自己意識を獲得し、連帯の可能性を探れること、言語権、教育権が新たに獲得されたことは、運動を展開する人々にとって重要な一歩である。

ただし、アマズィグ運動における民族観が、かつての聖者信仰研究と同じく、民族、都市と地方などの差異を連結させて構成されているという点にも注意を払うべきである。聖者信仰研究が抱えていた問題点とアマズィグ運動が内包する問題点は重なり合っているのである。それは、堀内が「境界的思考」と名づけた思考のあり方、二項対立化された差異を連結していくことで、差異を強化していく思考、近代西洋の植民地支配、学知のあり方とも深く結びついた思考のあり方に由来するものである。そして、民族間の差異を固定し、絶対的なものとしてとらえることは、少なくともモロッコにおける生活の現場の社会関係のあり方をみる上では一面的なものなのであること、複数の民族が共存してきた社会的環境の下では、むしろ対立をもたらす危険性があることには注意を払う必要があるであろう。

もっとも、本書で明らかにしたように、運動に主体的にかかわる人だけでなく、運動に必ずしも積極的にかかわらないシュルーフの間でも、ステレオタイプ化された「文化的自画像」はみられた。一九世紀以降のシュルーフの出稼ぎは、そもそもフランスによる植民地支配を契機としており、その後の集団徴用に基づくフランスへの労働力としての出稼ぎ、モロッコ独立後の都市への人口流入、定住化、国家統合政策などは、アマズィグ運動主導者のみならず、一般のシュルーフも共有した「近代的」経験であり、その流れのなかで、アラブとベルベル／シュルーフを差異化するステレオタイプ化された言説が生み出されてきたのであった。

両者の分岐点は、アマズィグ運動が国民国家という政治体制の枠内において、言語権、教育権をはじめとした諸権利を希求する運動展開を進めるなかで、権利擁護を進める「集合的主体」として自己形成をせざるを得ないのに対して、社会関係構築の現場たる生活の次元では、集合的カテゴリーは、交渉の資源、材料として個人に活用されるものであるという点にあると考えられる。

共に差異を認識しつつ、しかしながら、その差異の扱いにおいては分岐していくアマズィグ運動と運動に必ずしもかかわらない人々の特性を、本書では、彼らの故郷とのかかわり方の中でもとらえた。そのときに、一つの手掛かりとしたのがマドラサ復興の事例である。

第三節　故郷と都市を跨ぐネットワーク

出稼ぎを通じて都市へと参入したシュルーフたちは、都市と故郷を跨ぐネットワークを形成し、生活空間を編成している。だが、故郷での生活が出稼ぎによる過疎、そして天候不順や人手不足、さらには故郷の貨幣経済への巻き込みなどのために、従来の生業である農業や牧畜に依存することが全くできない状態にあることを指摘した。それにもかかわらず、依然として故郷との紐帯は都市に生きる人にとって重要な意味をもち続けている。この点について本書では、故郷が人的紐帯や情報の結節点としての意味を今日ももち続けていることを明らかにした。同時に、都市生活者が都市における経済的成功を誇示するための場としても故郷は利用されていることにも触れた。

以上のような故郷と都市を跨ぐ生活空間の形成ということと関連して注目したのが、故郷におけるマドラサを復興させようとする「運動ならざる運動」の展開である。伝統的イスラーム学校を復興させようとする住民主体の動きは住民の間で支援に対する取り組みに差があるなど問題も抱え込んでいるが、少なくとも、モロッコの政治的、経済的中心となった北部の諸都市からすれば「辺境」「地方」に位置づけられるスース地方の山岳地帯において、国家とは関係が切れたところで自生的に宗教諸学研鑽の場を維持しようとする動きがあることを、この事例は示している。

地方におけるマドラサ復興についての理解を深める上では、これをイスラーム復興の潮流の一つとしてとらえることも可能であろう。実際、出稼ぎを通じて都市生活を経験した人々を主体としつつ、故郷を支援する流れの一環としてマドラサ復興は展開されているし、第四章でも触れたように、シュルーフは都市生活を送るなかで、アラブとの対比のうちに自らを「敬虔なムスリム」ととらえる文化的自画像を形成してもいた。そうした点からマドラサ復興についての理解を深めることはできる。

だが、そうした理解をすることが可能であることを認めつつも、本章では、むしろマドラサ復興を、生活に根ざした柔軟な人間関係をベースにしつつ、故郷を、都市と故郷に住む人々を結ぶ場として新たに自覚的にとらえ直そうとする試みととらえた。言い換えるならば、マドラサ復興は、「実名性」に基づいた具体的な人間関係に基づくネットワークの結節点として故郷を活かす試みである。

このような試みについて、二つの点からさらに注目すべきことを挙げておいた。一つは、マドラサ復興における故郷へのアプローチが、言語権や教育権を希求してきたアマズィグ運動の故郷へのアプローチとは異なるという点である。アマズィグ運動においては、故郷は「純粋状態」にある場として想像されてきた。これは運動が都市や公共空間を対象としたものであるので、故郷は対象外にあるという認識を下地としていた。つまり、都市と故郷を異空間ととらえ、両者の間に断絶を認める発想が前提にあったのである。これに対して、マドラサ復興や一般住民の故郷とのかかわりは、都市と故郷の差異を認識しつつも、むしろこの断絶を解消し、故郷と都市をつなぐことに留意するものであった。そして、その両者の接点としてマドラサ復興が見出したのが、故郷における「集会」(ムーセム/アンムッガル)の開催である。

もう一つの点とは、この「集会」にかかわるものである。都市生活者が増えるなかで、カサブランカやアガディールなどシュルーフが多数居住するようになった都市を拠点として活用して集会を開催することは可能であるが、マドラサの復興を希求する人々は、マドラサが存在する故郷を自覚的に選び取って集会を開催したのであった。ここで留意をしたいのは、彼らが「ムーセム」という言葉を用いて説明していることである。

ムーセムとは、これまで聖者信仰研究の文脈において主に注目をされてきた語であり、一般に「聖者祭」と訳されてきたものである。だが、この語は同時に「季節」「季節祭」などを意味したりもする。これに加えて、ベルベル語におけるムーセムに同義の言葉で本書第六章で取り上げたアンムッガルは「人が集まること」を意味するのであった。こうした点に留意するならば、シュルーフ社会においてムーセム／アンムッガルは、聖者信仰においてのみ排他的に使用される語ではなく、むしろ人々の集まり一般を指しうる語であるということが明らかになってくる。

第四節　社会関係の構築とアイデンティティ複合論をめぐって

故郷と都市の差異を認めつつも、両者を跨ぐネットワークを形成しているシュルーフに注目する本書は、彼らの故郷を「情報とネットワークの結節点」としてとらえた。これは大塚が言う「都市的環境」に通ずる発想であり、都市のみを人、モノ、情報の集積点ととらえる発想に依拠せず、都市、地方を越えた結節点の広がりへと視野を広げる見方である。

故郷におけるネットワークと人物評価をめぐる議論を踏まえて、第四章では、都市における社会関係構築の諸相を、とくに商取引にかかわる場を事例として、明らかにした。

論点の一つは、本書が前提としてもいる「イスラームの都市性」を主導した板垣による「アイデンティティ複合論」の批判的検討である。板垣は、多様な宗教、宗派、民族、地域、職業、階層に属する人々が邂逅する中東において、人々は自らの属性を相手との関係に応じて選択的に操作しうる点に注目した。状況や関係に応じたそのような帰属の柔軟な操作は、宗教間、民族間の対立を本質化してとらえる民族・宗教理解とは一線を画するものであり、離合集散を繰り返す人々の流動的な状況のなかでの社会関係についての理解を深める上で、重要な論点である。それは、モロッコを対象としたローゼンやアイケルマンがかつて注目した二者間関係論にもつながる議論である。

だが、板垣の立論は、状況依存的な状況に注目をしつつも、体系性、論理性を伴ったものであり、現実から乖離した側面がある。そもそも、交渉において民族、部族をはじめとした帰属のカテゴリーは、交渉の資源、イディオムとして活用されているのであって、必ずしも帰属意識の表れを指すものではない。交渉の場に着目をしつつも、それをアイデンティティの問題として一元化して理解してしまう点に、アイデンティティ複合論の問題点はある。

これに加えて指摘したのは、交渉の過程において、相手のことや言明の真贋を見定めるために重視されるのが、民族、部族、出身地域、職業などの属性ばかりでなく、身振り、振る舞い、言葉遣いなど、集合的カテゴリーとは無縁の特性であった。アイデンティティ複合論は、このような交渉の場における多様な情報、手掛かりのなかで、帰属意識にかかわる問題のみに焦点を当ててしまっているという点でも問題がある。

民族や宗教・宗派問題を論ずる際に、特定の民族への帰属を過度に強調する単一的、一元的なアイデンティティ論を批判するために、現地社会における人々の柔軟な社会関係構築のあり方に光を当てるために構想されたのがアイデンティティ複合論であり、その目論みの方向性は妥当なものである。そして、一元的アイデンティティを批判するために、民族のみならず、部族、親族、家族など、多様なレベルでの帰属意識へと視野を広げてみるべきであると指摘したことも貴重である。だが、多様な位相にあるものであるとしても、集合的カテゴリー、集合的アイデンティティのみに照準して議論を提示したことによって、アイデンティティという見方を温存してしまったことが、社会関係構築に際しての実際の交渉のあり方を著しく矮小化してしまったことが問題として残るのである。

第五節　故郷における聖者信仰

第五章から第七章までは、第二章以降、取り上げてきた部族インドゥッザルとのかかわりのもとで、聖者信仰について、聖者ベン・ヤアコーブの末裔のネットワーク（第五章）、インドゥッザルの人々のベン・ヤアコーブ廟やベン・アトマーン廟への参詣など、部族民からみた地域の聖者とのかかわり（第六章）、そしてインドゥッザル出身のハーッジの治療にかかわる事例（第七章）を取り上げた。

第五章では、モロッコ南西部で広く知られる大聖者ベン・ヤアコーブの末裔たちがスース地方に広く受容されるに至った過程について取り上げた。筆者がベン・ヤアコーブに関心をもったのは、それがインドゥッザルの人々が参加をするムーセム／アンムッガルだと聞いていたからだが、話を聞く過程で知ることとなったベン・ヤアコーブとスィディ・アフマド・ウ・ムーサー、そしてスィディ・ウ・スィディにまつわる口頭伝承は、筆者が、これら三者の関係についてより深く調べるためのきっかけをなすものであったが、彼らとあわせて重要なのが、スィディ・ムハンマド・ベン・ナーセルである。モロッコを統治する現国王の出身家系であるアラウィー家の勃興期に覇権を争ったイリーグ教団は、スース地方南西部に拠点を有し、サハラ縦断交易へと続く交通の要所を掌握して栄えたが、スィディ・アフマド・ウ・ムーサーはこの教団と深くかかわった聖者であり、その廟は今日でも多くの参詣客を集めている。これに対して、スィディ・ムハンマド・ベン・ナーセルは、同じくサハラ縦断交易の玄関口にあたるザゴラ、タムグルート、そしてモロッコ有数のナツメヤシの生産地帯である大オアシスを手中に収め、全国にその教団網を広げたナースィリー教団の創始者である。スィディ・アフマド・ウ・ムーサーとスィディ・ムハンマド・ベン・ナーセルという二人の「大聖者」の存在は、ヨーロッパのアフリカ大陸内陸部への進出が本格化し、「近代世界システム」が構造化していくことでサハラ砂漠を縦断する内陸交易が衰退する前段階のモロッコにおける地政学的な要所と深くかかわったものである。

第六章でインドゥッザルの人々の参詣の諸相を取り上げたが、彼らの故郷というローカルな場における固有の聖者とのつながりが、第五章で記したような、聖者とその末裔の地域を越え出た他の聖者とのつながりの中にあることが、口頭伝承に残されているように、人々の想像力の中にあることを、確認した。ローカルな場が、広域的なネットワークや聖者間の関係をめぐる「民衆的」想像力によって支えられていること、それが、必ずしも出稼ぎを通して新たに獲得された「北」とのかかわりにおける故郷というものの想像の仕方と重なるわけではなく、むしろスース地方、モロッコ南部における聖者群のかかわりの中に埋め込まれたものであるということに、今一度注意を払っておきたい。参詣、聖者を通して、人々は故郷を、「近代」への参入を通じて獲得した地理観とは異なる形で想像しているのである。

以上のような点を確認した上で、第六章では、ベン・ヤアコーブとベン・アトマーンへのインドゥッザルの廟参詣を事例として取り上げたほか、インドゥッザルのアイト・アルバイントがかかわる聖者たちとの関係を取り扱った。第五章における議論が、聖者の側から見た住民とのかかわりを主としていたのに対して、本章では、住民の側から聖者とのかかわりをみていくことに主眼が置かれていた。

ベン・ヤアコーブ廟にはスース地方東部の各部族が参加するとされており、参詣を通じた部族と聖者の関係や、住民にとっての参詣という行為の特徴をとらえることは一体どのような現象なのか、検討に付した。必ずしもインドゥッザルの住民が多数参加するわけではないけれども、部族を代表して部族長が牛や現金を携えて参加をするベン・ヤアコーブの廟と、インドゥッザルの人々が多数参加するベン・アトマーン廟では、参加の度合いには差はあるが、両者とも供犠と祈願を伴うという共通点を有している。またタシュリヒートでムーセムのことをアンムッガルというが、これは「人が集まること」を含意するのであった。第一章では廟参詣を日常生活との連続性のうちにとらえるための手掛かりとして、堀内の「廟＝人家」論を批判的に検討し、共食と祈願が人が集まるという行為に付随するものであることに注意を払った。また、廟は人が集まるための機会と場を提供するという点において、重要なのであって、参加の意義について多様な解釈が出ることについては、参加者側に委ねられており、必ずしも宗教的解釈、廟参詣を重視する見解でなくても問題がないことにも言及した。ベン・ヤアコーブ廟とベン・アトマーン廟の事例は、こうした第一章で提示した見通しを具体的に示すものであった。

第六節　聖者信仰をとらえ直す

本書では、民衆的なイスラームにかかわる既存の研究と理論を批判的に検討し、その組み替えのために、人々の日常生活のなかで聖者信仰をとらえ直す視点の重要性を強調した。人類学的イスラーム研究においては、社会的・歴史的現象としてイスラームをとらえるという観点からローカルな文脈におけるイスラームの探求、地域ごとに多様な展開を示すイスラームの諸相への関心、民衆の視点から信仰や宗教実践の実態を描き出すことへの関心が高まっていた。こうした問題関心は、その結果として、多様なイスラームのあり方を示す格好の事例としての聖者信仰の選好へと至ることとなった。さらに、宗教的知識、知識人との対比で聖者信仰を取り上げたことは、都市と地方の対比、知識人と民衆の対比などに重ね合わされることによって、聖者信仰を固有の研究領野として差異化する発想を強化することとなった。

だが、そこで問題となるのは、聖者信仰という研究対象をあらかじめ設定し、廟を物的シンボルとして、廟参詣に積極的にかかわる人に主たる関心を注ぐことが、結果として、聖者信仰を忌避する人、聖者信仰から距離をとろうとする人々の存在、さらには廟とのかかわりの個人の人生の中での変化などを等閑に付してしまうことである。

聖者信仰と積極的にかかわらない人々や、個人の生活の中での変化が重要なのは、こうした人々の所作や身振り、さらには聖者信仰とは直接かかわらないように見えるような儀礼的行為のうちに、聖者信仰と連続する考えや観念が発現しうるからである。聖者信仰と呼ばれる現象の外延や裾野の広さを、聖者信仰という研究対象をアプリオリに設定することは等閑に付してしまい、私たちの現地の人々についての理解を深化させることを阻んでしまう危険性を孕んでいるのではないか、ということである。

聖者信仰という対象をアプリオリに設定することから一端距離をとり、研究を相対化すること、そして人々の生活についての広い視野の下で聖者信仰の位置づけを問い直してみることが、廟参詣や現世利益の獲得をはじめとした人々の行動や願望のあり方についてより深く学ぶことを可能にする。阿部や川田が日常生活や日常知のなかで「宗教的現象」をとらえ直すことの重要性を指摘したように、本書は、日常生活のなかで聖者信仰なるものをとらえ直すという問題意識を背景としていた［阿部 一九九七；川田 二〇〇三、二〇一二］。

以上のような問題意識に基づいて、第七章では、インドゥッザル出身のハーッジが受けたフキーによる治療儀礼を取り上げた。第六章に至るまでの議論は、聖者と部族のかかわりを扱ったものであるが、これに対して、本章は、この部族に属する個人ハーッジに焦点を定めた。つまり、聖者信仰をめぐる本書の議論はマクロな視点からよりミクロな視点へと焦点を絞り込む形で構成されていたといえる。第七章では、民衆イスラーム論において、「民衆」の典型としてこれまでとらえられてきた文字の読み書き能力を有さない個人を対象として、その個人史の中における廟参詣の遍歴を踏まえた上で、フキーによる治療を取り上げたのである。

そこでの留意点の一つは、治療に参加していた長男自身は、聖者信仰を忌避するだけでなく、批判をしていたことである。先に触れたように、これまでの聖者信仰研究では、あくまでも廟参詣に訪れる者に関心の対象が限定される一方で、イスラーム主義研究においては聖者信仰に批判的な言説が広く受容されるに至っていることが言及されてきた。

しかしながら、これらの研究では、聖者信仰とイスラーム主義の狭間にあって揺れ動くムスリムの解釈や実践は正面から取り上げてこられなかったのである。このような揺れ動きに目を向けることなく、聖者信仰研究、イスラーム主義研究を展開することは、聖者信仰やイスラーム主義を類型的、図式的に把握するという陥穽に陥ることにつながり、現地の人々の宗教生活の実態を矮小化することになりかねない。そのような問題点を、第七章における議論と考察から、明らかにしたのである。

第七章におけるもう一つの論点は、民衆イスラーム論に見出されるイスラーム的知識をめぐる議論の問題点を、具体的な事例を基に検証したことにあった。フキーは参加者の信頼を勝ち取るために、ハーッジたちがよく知っている薬草やアッラーにかかわる身近な説明を加えたり、あるいは謙虚な姿勢を示している様子をみてとることができた。その一方で、フキーの施術と診断にはハーッジたちには不明な部分もあった。こうした点からすると、フキーの知は、参加者に共有可能な部分と共有されない「秘儀的」なものから成り立つ重層的なものであったことがわかる。

これに対して、ハーッジたちの側は、事前に自分たちが懇意にしている知人の伝手を通じてフキーがやってきたこと、モスクを預かる人物であることなどの情報を得た上で、実際の治療の場においてフキーとの直接交流の場におけるフキーの態度や言葉、そしてフキーが伝える施術の内容について、自分たちが持つ知識を基に、総合的に評価を下していくことになったのであった。

ここで筆者が注目をしたのは、治療にかかわるフキーの知が、ハーッジたちの人物評価や常識、薬草に関する民俗知識等に基づいて相対化されていたことである。第一章で批判的に検討した民衆イスラーム論では、知識の多寡に基づいて「知識人」と「民衆」は関係づけられていたほか、「民衆」が知の受動的な受け手となることが問題であると指摘しておいた。こうした問題に対して、治療の事例は、「民衆」たるハーッジたちが、フキーが独占的に保有する知を、常識や民俗知を用いて相対化し、知の寡占という状態を転覆させていることを示していた。イスラーム的知識の力は、知識そのものにあるだけでなく、誰によってどのようにその知が用いられるかというところに大きく依存しているという点が重要である。社会関係構築のところで論じた情報の担い手としての人物を見定めるための観察や評価から、治療にあたるフキーも逃れることはできないのである。

以上のような論点を踏まえて、第一章で記した鷹木の分析枠組みについて、ここで触れておこう。鷹木は、あくまでもチュニジアのセダダ村に準拠した枠組みとして分析枠組みを提示しているので、それを本書の事例にそのまま当てはめることはもちろんできないのだが、しかし鷹木が立項した「モスクを中心とするイスラーム」、「聖者信仰」、「習俗的信仰」という三項は、従来の聖者信仰研究やイスラーム研究でも重視されてきた項であり、かつ、本書の事例にも当てはまる要素と考えられる。それゆえ、普遍的・一般的な分析枠組みとして提出されたものではないとしても、本書の事例をもとに、この枠組みについて検討を進めることも不可能ではないと考える。

さて、この枠組みに従ってフキーによる治療儀礼を分析するならば、フキーは、モスクを預かる人物であるのと同時に、呪術や聖者ともかかわる人物として想起されるという点で、「聖者信仰」や「習俗的信仰」にもかかわる人物であった。そして、この三つの要素は、フキーとハーッジたちの会話や行為を通じて、同時並行的に発現しつつ、ときには互いに競合し、疑念や怖れといった感覚を参加者に生み出してもいた。つまり、治療の現場は、三項がそれぞれの強度を変えつつも発現していた場であったということである。その上、儀礼を構成する重要な要件は、常識や父親への情愛、習俗的信仰を否定する思考など、三つの枠組みからは取りこぼされていた知や感覚などまでもが含みこまれており、分析枠組みからは捨象されていたこれらの思考や感情こそが、治療儀礼のその後の推移を方向づけていたのであった。

そうだとするならば、治療について検討する上では、イスラームの教義やムスリムの礼拝、断食など五行にかかわる「モスク中心のイスラーム」や、「習俗的信仰」、「聖者信仰」にとどまらない視野の下で理解を深めていく必要がある。枠組みを構成する項が互いに分離した項としてうまく機能しない場として治療儀礼が成立していること、そして宗教知識だけを基準とする民衆イスラーム論的発想でも理解できない場であることが重要なのである。

最後に、聖者の再定義について記そう。本書では、聖者を「祈願の効力があると信じられている人」と再定義した。

既存の聖者の定義は奇蹟と恩寵を重視してきたが、そこには学者との対比のうちに聖者をとらえ、聖者の独自性を強調しようとする意識が強く働いているという問題点があったからである。

このような問題点を確認した上で、シュルーフ社会においては、アッラーに祈願を聞き届けてもらえる不特定の人を呼び込み、共に祈ってもらうための場が日常的な饗応や集いの場に設定されていること、廟参詣やムーセム／アンムッガルもそのような共食と祈願のあり方と相同性を保っていることに注目して、再定義を試みたのであった。

だが、治療の現場をめぐる事例を踏まえて、今一度、これらの定義を振り返ってみると、新たな問題が見えてくる。そもそも治療現場の特性の一つは、多様な解釈が現出していたことであった。この点に留意するならば、当事者が、奇蹟や恩寵を一つの論拠としてある特定の人物を聖者とみなすことは当然ありうることだとしても、それはあくまでも解釈の一つにすぎない。しかしながら、既存の研究は、一方で、聖者の定義として奇蹟や恩寵を一般化することで他の要素を捨象してしまい、他方で奇蹟や恩寵を聖者信仰に特徴的な概念として強調しすぎてしまっていた。既存の研究における奇蹟や恩寵の重視が、知識を前提とした立論を背景としていることについてはすでに指摘してある。だが、その点とあわせてここで注意すべきなのは、この定義が、聖者信仰に積極的にかかわる人の立場に依拠し、それを拡大して一般化したものであった点である。かつて、大塚は、アラブ世界の婚姻をめぐって父方平行イトコ婚を選好する研究状況について、アイケルマンやブルデューの議論を参照しつつ、現地における一部の男性のイデオロギー的言説と、「ことさらエキゾティックな現象を探している人類学者」の「共謀」関係が、父方平行イトコ婚をめぐる議論を成立させている点に注目したが［大塚 二〇〇三b：四〇］、それと同じことが、聖者信仰研究に起きていたと言えるのではないか。

以上のような問題点とあわせて、本書の中では限定的な形でしか触れることはできなかったが、バラカ（祝福、恩寵）という概念は、実のところ、聖者信仰にのみ見出される特殊な概念ではなく、むしろ日常生活の中で広く用いられているものである［齋藤 二〇一〇a；堀内 一九八三a、一九八三b］。本書で注目した祈願についても、本書で取り上げたように歓待の慣習をはじめ日常生活の中で埋め込まれたものである。

このような日常生活との連続性のうちに、恩寵や祈願、それに奇蹟をとらえ直すならば、それらの概念を、聖者信仰を特徴づける固有の概念として特別視する発想から私たちは距離をとる必要があることが見えてくる。

そして、日常生活という視点から考えるときに、あわせて留意すべきなのが、イマーム、フキー、シャイフ、ムウミン、スッハールなど、多様な呼称とのかかわりでフキーは把握されていたことである。これらの呼称は、第一章と第七章での議論から明らかなように、それぞれに独自の意味内容をもつばかりか、用語によっては多義的な意味をもちうるという点に特徴があった。治療現場とその後の帰結においては、それらの用語を柔軟に使いつつ、フキーに対する評価を下そうとしていたが、両義的、多義的でありうるからこそ、また多様な呼称で同一人物が名指されうるからこそ、聖者信仰なるものに肯定的な者も、また否定的な者も、治療の現場とその後の解釈を通じて、共にこの聖者信仰的な世界へと召還されたのであった。

本書では、当初、バラカやカラーマ（奇蹟）に注目をした分析概念としての聖者の定義の問題点を乗り越えるために、シュルーフの日常生活に即した新たな分析的定義として祈願に注目していた。しかし、そこからさらに歩を進めて、聖者信仰に批判的な人までもが聖者信仰的な世界へと誘われる状況と、そのような召還を誘発する多様な名の存在へと目を向けて現地の理解に即して聖者なるものについて振り返ってみるならば、さらなる理解が必要であることがみえてくる。同一人物が、多様な呼称を呼び覚まし、さらに、それらの呼称がそれぞれに固有の意味や価値をもって相互に拮抗する解釈を生み出す。だとするならば、ローカルな呼称が示す多義性へと定義を開いていくことで、分析的に「聖者」と把握される人々を、多様な解釈がせめぎ合い、交渉する一つの「場」を開示する一つの存在、一つの契機としてみるという視点へと至る。

もっとも、多様な理解を読み込みうる存在として聖者なるものをみるということは、レヴィ＝ストロースがかつてマナについて論じた「ゼロ記号」［レヴィ＝ストロース 一九七三：三六］のようなものとして聖者を理解するということではない。というのも、サイイド、シャリーフ、スィディ、フキー、ワリー、ムーラーイなどの呼称は、社会的に類型化されたものであるという意味では、匿名的な属性に基づいて構成されたものではあるが、そうであるとしても、それらの匿名的な呼称は、アラブ世界あるいはモロッコにおいて受容されている固有の価値や意味を伴ったものだからである。解釈を誘発する呼称の多様性は、ローカルな文脈での意味づけに絡め取られており、固有の社会性を脱色した抽象的な「ゼロ記号」として成立しているものではないのである。

その上、治療の現場における解釈は、知識や呼称のみを媒介としていたわけではない。治療の現場では、呼称や呼称が喚起する属性のみならず、フキーの固有性――匿名性との対比でいうならば「実名性」［大塚 一九八八］――が刻印されたフキーのそぶりや振る舞いなどもまた、解釈を誘発する情報として交渉の場にのせられていた。だとするならば、多様な解釈を誘発し、交渉の場を生み出す「聖者」なる存在は、独自の具体的なリアリティを伴った、個別的な存在ということになる。そして、そのような個別性の刻印を与えているのは、今しがた注目した呼称や、人々の身振りや言葉だけではなく、治療やムーセム／アンムッガルが開催される場である。聖者のもつ個別性、廟のもつ個別性、治療を行う場がつくり出す個別性こそが人々に交渉の場を開き、それぞれに固有の解釈の場を生み出し、治療におけるムハンマドの場合のように肯定と否定の間の解釈を揺れ動く問いの最中へと人を誘うのである。

聖者信仰の物的シンボルとして注目を集め続けてきた廟やムーセム／アンムッガルのような集いのみならず、聖者信仰とはさほど関係がないようにみえる治療の現場において聖者信仰とつながる解釈が生み出されてきたことからもみてとれるように、「聖者」なるものは人を不意打ちすることがありうる。そして、聖者との遭遇、邂逅は、謎や問いとの出会いでもある。果たしてこの人を聖者と呼んで良いのだろうか、そうみなして良いのだろうかといった問いや、この人は聖者ではない、といった問いの果ての断定も含めて。

聖者との遭遇や別離は、人々の縷々転変する暮らしの広がりの中にあり、かつ個的な経験であることを本書は、ハーッジとインドゥッザルの人々の姿から垣間見た。

注

序章

＊1　二〇一六年に文春学藝ライブラリーより同じ書名で出版された『悪としての世界史』は、二〇一三年に三木亘著作選編集委員会が発行者となって出版された『三木亘著作選　悪としての世界史――中東をめぐって』を定本としている。ただし、紙幅の制約上、割愛された論考が複数存在する。本章冒頭に引用した「人間移動のカルチャー」もそのうちの一つに含まれる。

＊2　*Ethnic and Racial Studies* 誌上におけるヨーロッパのムスリムへの関心の高まりについてブルーベイカーは以下のように記している。「宗教に関する論文がますますヨーロッパのムスリムに焦点を当てるようになっていることは驚くべきことではない。一九九〇年以前には宗教に関する一五本の論文のうち、ムスリムやイスラームに主な関心を向けたものはなかった。しかしながらその後は、宗教に関する八八本の論文のうち約六〇％は主としてムスリムに関するものとなっており、さらにその七五パーセントはヨーロッパの移民国におけるムスリムを扱ったものである」[ブルーベイカー二〇一六：二八九]。

＊3　これは、スース地方が行政の中心たるラバトから物理的に離れているという地理的な問題だけによるものではない。現国王統治下においては、前国王の統治期にも増してフランス、EUとの経済協力関係を発展させる政策が採られているが、その一環として、たとえばヨーロッパへの玄関口にあたるモロッコ北部ターンジャには経済特区が設置されている。スース地方はこのような国をあげた重点化地域とはなっていない。

＊4　たとえば、現王朝アラウィー朝勃興時にアラウィー朝とともにモロッコを三分した、南部を拠点とするイリーグや教団や中部を拠点とするディラーイー教団、さらにアラウィー朝成立後もモロッコ北部で勢力を保ち続けたワッザーニー教団などは、いずれも隊商路の確保によりその勢力基盤を確立させている［Abun-Nasr 1987: 222 ; Elboudrari 1985 ; Pascon 1984 ; al-Sūsī 1966］。

＊5　これらに加えて、イスラーム化のはるか以前、紀元前後にはユダヤ教徒が流入し、山岳地帯にまで入り込んで定着していることが知られている。ユダヤ教徒たちや後世になって到来したアラブ人の中にはベルベル語を話す者も出てくるなど、民族間の混交が進んでいくことになる。

＊6　フランスによるモロッコの「保護領化」が開始されるのは一九一二年のことであるが、最後までフランスによる支配に抵抗したのはシュルーフであった。最後の部族が帰順したのは、保護領化開始後二〇年以上の歳月を経た一九三七年のことである。

＊7　たとえば鷹木は以下のように記している。「このような聖者信仰への注目は、マグリブ社会の研究上、少なからぬ意義をもつものと考えられるが、今日、イスラーム原理主義的勢力の台頭がとくに衆目を集めているなかでは、それはまた政治化したイスラームばかり

ではない、日々の生活のなかで繰り返されてきたイスラームの実践、あるいはマグリブのイスラームの多様なあり方やその表情の豊かさをあらためて照射することにもつながるものがあるのではないかと考えられる」［鷹木二〇〇〇a：六］。また、東長は、日本国内のスーフィズム、タリーカ、聖者信仰研究の文献目録において、資料を統計化している。それをみると、聖者信仰研究が、人類学と歴史学によって主に担われてきたこと、一九八〇年代から二〇〇〇年代に増加していることがみてとれる［Tonaga (ed.) 2007: vii-xxvi］

＊8 この両者の関係を対立的にとらえる視点を批判し、イスラーム中世期にはウラマーが同時にスーフィーでもあり得るなど、両者は必ずしも対立的存在ではないことが「ウラマー・スーフィー複合」という枠組みで提示されてきた。

第一章

＊9 筆者は、聖者信仰の中心的観念とされるバラカ概念について、既存の研究の議論を再考したことがある［齋藤二〇〇七b、二〇一〇a］。

＊10 もっとも、鷹木の議論は、広域的な活動の展開にも目配りをしている。そのことは、鷹木が以下のように述べていることにも明瞭にみてとることができる。「イスラームの聖者のなかには、特定の村や地域に限定されず、全国的に知られる聖者や、また聖者がスーフィー教団の開祖である場合には、教団組織網の広がりとともに、イスラーム世界各地で尊崇されている例もみられる」［鷹木二〇〇〇a：一九］。留意すべきなのは、広域的な活動の対象として鷹木が取り上げているのが、著名な聖者や、スーフィー教団などの組織にかかわるものととらえている点である。ここに見出されるのは、聖者や教団を起点としてネットワークの広がりをとらえる視点である。

広域の教団のネットワークについては、トランスナショナルなタリーカの活動などが明らかにされており［Werbner 1995］、地域を限定した発想ではタリーカや聖者の末裔の実態をとらえることができないことは示されている。もっとも、トランスナショナルなネットワークへの関心は、すでに序論で示したように「移民」への関心の延長線上にあるものであり、国境の存在と、国民国家によって枠づけられた政治的、経済的、社会的空間の差異との関連に焦点を定めて議論を展開しているものである。こうした視点は、本書が「移動」を通じた生活空間の拡大をとらえる視点とは異なるものであることにここで注意を払っておきたい。

＊11 民衆イスラームに関する大塚の議論は、［Ohtsuka 1990］などを除くと、主に日本国内において受容されている。そのため、海外においては大塚が提示した社会科学的な理論的枠組みとしての「民衆イスラーム論」をめぐる議論とは無関係に、"popular islam" という語が用いられている。

＊12 すでに前節末尾でも簡単に触れたが、ここでの筆者による批判は、「民衆イスラーム論」という理論をめぐる議論にのみ妥当するも

のであり、大塚の研究関心全般に対する批判ではもちろんない。大塚は「民俗知識」および「生活知」にも多年にわたり、関心を払ってきている。そのことは、たとえば科研班「民俗知識の伝達と継承」や東京外国語大学アジア・アフリカ言語文化研究所における共同研究会「ムスリムの生活世界とその変容」などを大塚が組織したという事実にも端的に表れている。

＊13　もっとも、このことは分析概念としての「P的イスラーム／C的イスラーム」モデルの有効性を否定するものではない。

＊14　「イスラーム世界」という用語の問題点については、［羽田 二〇〇五］を参照。

＊15　国内で初めてスィディ・アフマド・ウ・ムーサーについての報告を行った論考としては、［堀内 一九九〇b］がある。

＊16　廟に埋葬されている人が著名な場合には、「礼儀（*adāb*）」から儀礼的清浄な状態に入った方が良いと考えられることもある。

＊17　ジン（*jinn*）は、精霊のことである。人の眼には不可視の精霊は、しばしば人に危害を加える危険な存在であり、精霊に憑依された者は、身体や精神に疾患をきたすと考えられている。精霊に憑依された男性に関する卓抜な民族誌として［クラパンザーノ 一九九一］がある。精霊、聖者と関係した儀礼的音楽集団による除霊などについての報告［Brunel 1988 (1926)；Crapanzano 1973；Kapchan 2007；Naamouni 1995；Paques 1991］などがある。

＊18　堀内は、廟参詣が集中的に行われる「聖者祭」などにおいてもっとも重視すべき行為が共食であるととらえている［堀内 一九九九：三三六］。これに対して本章では、共食が「聖者祭」のみならず、日常的な社会生活においても社会関係構築において枢要な行為であることと、共食がしばしば、たとえ簡便なものであろうと祈願を伴っていることに注目をしている点で堀内の議論とは異なっている。

＊19　モロッコ南西部スース地方におけるベルベル人の結婚式における共食の様子については、［齋藤 二〇〇四a］を参照。

＊20　サイイド／スィディは、シャリーフを指す用語としても知られているが［森本 二〇〇五］、少なくともモロッコにおいてはシャリーフのみが排他的にこの尊称を用いているわけでは決してない。つまり、シャリーフとしてのサイイドは、特殊な用法であるのに対して、一般的な用法はあくまでも尊称としてのサイイドなのである。

＊21　ただし、東長は、⑤に区分される人々について「聖者伝などに記録される際には、イスラーム的に価値のある人物・事象に関係づけて語られることが多かった」と述べている［東長 二〇〇八：三二］。

第二章

＊22　イスラーム最初の分派。ハワーリジュ（khawārij）とは、もともと「外に出た者、退去した者」を意味する。その起源は、預言者ムハンマドの後継者をめぐる争いの過程で、預言者の娘婿にして従兄弟のアリーを擁立するアリー派と、ウマイヤ朝を打ち立てたム

アーウイヤの間で起きたスィッフィーンの戦い（六五七年）にまで遡る。調停による戦いの終結に反対した一部のアリー派が、アリーのもとを離れ、独自の行動をとるようになったものである［大塚ほか編 二〇〇二：七九六］。

＊23 たとえば同じモロッコ内に存在する北部のリヤーファと、南部のシュルーフは、それぞれが母語とするベルベル系言語を用いて意思疎通を図ることはできないという。

＊24 宗教について言うならば、たしかにベルベル人はムスリムであり、この点において地域を越えた共通性を有している。しかし、ベルベル人のみがムスリムではないため、宗教的基準によって大多数のベルベル人を包括的にとらえることは可能であるとしても、今度はベルベル人以外のムスリムとの区別ができなくなってしまうという問題が生ずる。

＊25 ヨーロッパを中心としたベルベル研究者の総力を結集した『ベルベル百科事典』（*Encyclopedie du Berbère*）においては、ベルベル人の定義がきわめて困難であることが指摘されているだけでなく、さらに歩を進めて、そもそも言語学的な類似性による「ベルベル人」という包括的な定義が、言語学者による想像のうちにのみ存在しているものであるということも明確に述べられている［Camps 1984: 8］。

＊26 モロッコのアラブ人に関して言うならば、数度にわたってアラブが流入したことにより、自己意識のあり方が複層化している点も重要である。モロッコのアラブ人は、八世紀以降到来したアラブ遠征軍、イドリース一世の流着、一一世紀から一三世紀にアラビア半島から到来した遊牧民マアーキル、一五世紀に完成するレコンキスタによりイベリア半島を追われてモロッコ北部の諸都市に定着した人々などから成り立つ。このような多様な歴史的背景をもつアラブの中でも、シャリーフ（預言者の末裔）であることは、モロッコにおいて「由緒ある」血統として社会的・文化的に重要な意味をもつ象徴とさえなりうるものである。

＊27 アラブとイスラームを無批判に同一視する視点の問題点については、［大塚 一九九四b：一四六―一五〇］でより詳しく論じられている。

＊28 IRCAM の初代代表には先述のムハンマド・シャフィークが就任したが、二〇〇三年に健康状態および高齢であることを理由にその座から退き、第二代代表としてアフマド・ブークース（Aḥmad Boukous）が就任した。なお、アマズィグ運動の展開については［Ait Mous 2006 ; Ben-Layashi 2007 ; Bensadoun 2007 ; Boukous 2003 ; Crawford 2002, 2005a, 2005b ; Crawford and Hoffman 2000 ; Hoffman and Miller (eds.) 2010 ; Maddy-Weitzman 2007, 2011 ; Rachik (ed.) 2006 ; 齋藤 二〇〇六、二〇一八］などを参照されたい。

＊29 編纂委員からのご教示による（二〇〇七年九月一〇日、ラバト市）。

＊30 アルジェリアにおける運動は、モロッコにおける運動展開に有利な限りにおいて積極的に評価される。むしろ彼らはモロッコのアマズィグ運動が、アルジェリアのそれとは異なり政府と良好な関係を保ち、「平和的」に展開されていることを誇りとしている。

＊31 たとえば、日常生活で広く使用されるタシュリヒートの「ありがとう」という表現は"*a-k isrbh rbbi*"（女性には"*a-km isrbh rbbi*"）であり、字義通りには「主（＝アッラー）があなたに恵みをお与え下さいますように」を意味する。しかし、同表現には宗教的含意があり、かつアマズィグ語には元来、宗教的含意のない感謝表現"*tanmirt*"が存在するという主張の下、後者こそが公教育で教えられるべき「正統」な語彙として登録されている。筆者は、一九九七年以降、シュルーフを対象として調査を実施した過程で日常的に耳にしていたのは常に"*a-k isrbh rbbi*"という表現であり、"*tanmirt*"という表現を聞いたのは、二〇〇七年が初めてのことであった。

＊32 ［二〇〇七年九月一二日、ラバト市］。

＊33 ［二〇〇七年九月四日、ラバト市］。

第三章

＊34 筆者は、アマズィグ人という名称を用いることを否定するものではない。しかし、従来ベルベル人という名称で呼ばれてきた人々に対する呼称として、アマズィグ人という呼称の排他的使用のみを是認しようとする姿勢には問題があると考える。

＊35 タクビルトとは、部族に相当する語彙アクビルに接頭辞・接尾辞のtを付加し、これを小規模化した語彙である。

＊36 小部族の中でも、筆者がとくに接する機会の多かったアイト・アルバイントの場合には、小部族のモスクや井戸を共有しているという特徴があるほか、結婚式などの集まりにおいても共同で参加し、祝いの品を共同出資により準備するという集団行動がみられた。さらに一九八〇年代頃までは共同で祭りを開催していたという。

＊37 村落在住者によれば四〇〇名ほどとのことである。

＊38 もともと、現在村があるところから一五分ほど離れた場所に住んでいたのだが、その後I村が現在ある場所に移り住んだといわれている。この人物がもともと住んでいたとされる場所には今でも村の廃墟が残っている。

＊39 ベルベル語に精通している言語学者中野は、アフースを「組」と訳している［中野 一九八〇：四］。

＊40 スース地方では地域ごとの生態学的条件の多様性も手伝って、村落の形態なども一様ではない。たとえばスース地方西部の一大部族連合、アイト・バーハーの場合、散村形態をとっている。

＊41 行政権を有する村長は存在せず［中野 一九八〇：四］、行政上の最小単位たる村落共同体の下位に位置する「自然村（*duwwār* [dr.]）」と同等の単位に相当する［堀内 一九九一：一一八］。

＊42 土地柄、地面を掘り返しさえすればどこでも水が出るとは限らない。I村の場合には徒歩一時間ほどかかる所に井戸がある。

＊43 これらの義務は、村落に成員権を有し、かつ婚姻後一年を経た男性を中心とする世帯が実施するが、食事当番については村落に家

族が残っている場合にのみ担当することになる。

＊44 モロッコ中部東方に位置するモワイヤン・アトラス山脈を故郷としたアマズィグの移民研究を行った渋谷は、フランスへの「移民」が村落に建設したフランス風の家屋の様子を紹介している［渋谷 二〇〇三：一二七―一二八、二〇〇五］。

＊45 村に残っている成人男性が家屋の建築や修繕に携わることがあるが、これは一日あたり五〇ディルハム（一ディルハム、約一三円）程度の報酬を受けて行う。

＊46 スワーサの帰省時の村人の話題や情報交換の内容などを正面から取り上げ詳細に論じた論考として［堀内 一九九〇a］がある。

＊47 その一方で、一九七〇年代以降の就学生数の急激な増加や「貧困層」の教育問題などへの対応策としてマドラサが政策的に温存されてもきた［Eickelman 2007: 145-146］。

＊48 スース・ウラマー協会のメンバーのご教示に基づく［二〇〇二年五月二三日］。

＊49 ［二〇〇二年五月二四日、インズッガーン］。

＊50 ［二〇〇一年五月、アガディール市］。

＊51 この集会をムーセムと呼ぶのは主催者の表現に倣っている。

＊52 世帯ごとの村落のモスクを預かるフキーのための食事当番をもちまわっているが、この当番への参加や、同じくフキーへの謝礼の支払いに関与することなどがある。

＊53 アホワーシュは、シュルーフが婚礼などの際に好んで行う民俗歌舞である［齋藤 二〇一〇d］。

＊54 ホフマンは、こうした都市出稼ぎ民の語りが、故郷における社会生活の実質的な困難に対する関心を捨象したものであることに着目し、現地に取り残された女性は、こうした理想化された故郷像とは裏腹に、故郷での暮らしを「苦役（*tmmāra* [ta.]）」に満ちたものとしてしばしばとらえていることに関心を注いでいる［Hoffman 2002］。実際、筆者自身もI村出身の複数の未婚女性から、「故郷での生活は大変（*tamazirt tshqqa* [ta.]）」であるという言明や、可能であるならば都市に生活をしている男性のもとに嫁ぎたいという希望、あるいは都市生活への渇望にも似た憧れをしばしば耳にした。

第四章

＊55 ローゼンは、モロッコ人が他者について語る際に、相手がなにを考えているのかということよりもむしろ、相手の行動と発話に注意を払い、もっぱらそれらをめぐって人々の会話がなされる点に注意を払っている［Rosen 1984: 50］。私見によれば、このような言葉と行動への過剰な関心の背後には、推論によって相手の考えを推し量ったとしても、それは相手の人物評価をする上での適切

のものに可能な限り推論が入りこむ余地がなくなることが選好されているのである。

な指標とはなり得ないという考えがあるからである。情報そのものが断片化された形でしか入手することができないので、情報そ

第五章

＊56 本章と次章に関連する調査は、筆者が現地滞在をしていた期間のうち一九九九年夏から二〇〇二年夏のあいだに断続的に行ったものである。とりわけ集中的に調査を実施したのは、イミ・ン・タトゥルトで開催されるベン・ヤアコーブのムーセムに参加した前後の二〇〇一年三月から五月にかけてである。また、話を聞かせてもらった方々の大半は、ベン・ヤアコーブのクライアント部族ともいえるインドゥッザルに属する。

＊57 「クトゥブ」とは、スーフィーの中でも傑出した資質を有する最高の人物のことを指し、各時代ごとに一名のクトゥブが世界に存在するとされるが、スース地方出身者の中には、本章に登場する人物ではスィディ・アフマド・ウ・ムーサーが一五―一六世紀当時のクトゥブであったという者もいる。

＊58 ベン・ヤアコーブ自身の経歴については、主にスースィーによるものとベン・ヤアコーブの孫弟子にあたるタマナルティーが記した聖者伝『恵みの見本』を用いてゆくほか、彼が行った奇蹟などに関しては筆者が現地で得た情報を用いてゆく。

＊59 ラジーによれば、ベン・ヤアコーブの出生地は、水が豊富で耕作に適した肥沃なタムトゥルガ（Tamturga）という地であるという［Rājī 1998: 47］。

＊60 シャリーフを主張するということは、とりもなおさずその人物の出自がアラブであるということも同時に意味するわけだが、スース地方を含むモロッコ南部、西サハラ、モーリタニアなどのアラブ化・イスラーム化一般に関しては、一一世紀から一三世紀の間にアラビア半島から到来したイエメン起源のアラブ系遊牧民マアーキルやその流れをくむバニー・ハッサーン（Banī Hassān）の到来を契機とすると考えられている。このようなアラブの流入を背景として、現地のベルベル人の間にもシャリーフの血筋を引くとされる部族や家系がスース地方の各地に存在することとなったのである。

＊61 本章では、スースィーが記した『蜜の書』全二〇巻中、ヤアコービイーンに関する記述がまとまって出てくる第一六巻、同時代のスース東部地域の他の著名な「聖者」を取り扱った一七、一八巻、そしてスース地方におけるナースィリー教団の普及に大きく貢献し、かつヤアコービイーンたちとも密接な関係をもっていたティムギジュシュティイーンについての記述を主に活用した。また一五、一六世紀当時のモロッコおよびスース南部の状況に関しては、［Abun-Nasr 1987 ; al-Hajjī 1978 ; al-Sūsī 1966, 1984, 1987］などを主に参照した。スーフィズムに関しては［Cornell 1998］によるものを主に用いた。

＊62　ウ・ムーサーの生涯や彼にまつわる逸話、子孫の活躍、ウ・ムーサーを中心としたスースの歴史などに関しては、［al-Fāsī 1994 ; Justinard 1933 ; Pascon 1984 ; Roux 1952 ; al-Sūsī 1966 ; 堀内 一九九〇b］などを参照されたい。

＊63　ナースィリー教団に関しては［Drague 1951: 185-224 ; Hammoudi 1980a ; al-Khamlīshī 1997 ; 坂井 二〇〇二］を参照した。

＊64　なお、シャーズィリーのもとからは、アフマド・ザッルーク（Aḥmad al-Zarrūq、一四九四年没）という大スーフィーがジャズーリーと時を同じくして一五世紀に輩出していた。堀内によるならば、このジャズーリーとザッルークが、その後のモロッコにおけるスーフィズムの流れを二分する巨頭であり、前者がより大衆的なタリーカを生み出したのに対して、後者はより高踏的な流れを生み出したとされる［堀内 一九八五：三二六—三二七］。

＊65　地政学上重要な拠点にザーウィヤを築く傾向は、とりわけ大教団に見出されるものであり、上記の二者以外にも、タフィラルトのアラウィー家、中部モロッコのシャルカーウィー教団、そして北部のワッザーニー教団などがこの例に含まれる［Elboudrari 1985 ; Eickelman 1976］。

＊66　スース地方におけるダルカーウィー教団の歴史とムーセムについては［齋藤 二〇〇四b］を参照。

＊67　地図5のワルザザートからタムグルート一帯にかけての地域は、ナースィリー教団の勢力基盤でもある。

第六章

＊68　奉納物の内訳について、私が滞在したI村の古老は、部族から供出される大麦は全部で一五キロ、これ以外に各世帯（*takāt*）代表者が供出する物資や金銭の目安として、車代五ディルハム、奉納などに使用する金銭として一〇ディルハムのほか、油〇・五リットル、蜂蜜一リットルなどとなると指摘してくれた。奉納物なので、これを供出しなければなんらかの罰則を与えられたりするということはない。村落内で「村役（*muqaddem* [dr.]）」がこれをまとめて徴収するということもなされておらず、本文で記したように、各人がスークに向かった際に任意に持参をしていた。ただし、ドラム缶が設営されたところには記帳をする係の者がいるため、寄進者が誰であるかは、ある程度把握されているものと思われる。部族長はとくに金銭を携行し、アンムッガル開催地においてはそれをベン・ヤアコーブの子孫のみならず、スース地方各地からアンムッガルにやって来て部族長に挨拶に訪れたフキーたちにも「心づけ（*baraka*）」として与えていた。

これと似たような事象として、村にあるモスクを預かるフキーへの宗教大祭などの際の寄進を挙げることができる。犠牲祭の折に、村のはずれにある礼拝用の広場（*muṣallā*）で集団礼拝を済ませた後に村人はモスクの前に集まり、一枚の布を地面に引いて、日頃から村での礼拝を先導するフキーへの寄進を募る。この場合も、村人一人一人の心づけ次第であって、金額は定められていない。

布を囲むようにして集まった男性たち各自が思い思いに支払いたい額を布の上に投げ込むという方法がとられていた。こうした方法ではとくに罰則はないものの、いくら寄進をしたのかが公の目にさらされるので、後日、寄進した額の多少が人々の間で話題となる可能性はある。いわば噂などの形を通した「社会的制裁」が生まれる可能性は否定できない。

＊69 筆者は二〇〇一年四月一五日（日）から二〇〇一年四月二〇日（金）に開催されたアンムッガルに参加した。

＊70 ただし、ここでこの分割にあずかるのはザーウィヤにいる者のみであり、スース地方東部全域に散ったベン・ヤアコーブの子孫全員で奉納物が分割されることはない。

＊71 ベン・アトマーンには、彼と関連する廟が二つある。一つはインドゥッザルの地にあるものである。もう一つは、ワルザザートとタルーダントの間にあるタリウィーン近郊、スクターナと呼ばれる地域のタガルグースト村に埋葬されている［al-Sūsī 1960-63 vol.16: 68］。スースィーによれば、ベン・アトマーンの子孫は、インドゥッザルの地よりもむしろ、このタガルグーストの地によっており、アンムッガルの際にはそこからも子孫たちがやってくる［ibid.］。

＊72 筆者は、二〇〇二年三月二四日（日）のアンムッガルにも参加をした。

＊73 アーシュラーでは、ラバトなど都市においても水掛けをする若者がいた。

＊74 村での日常生活に必要な食料品などを購入する主だった機会はこのスークであるため、村人は大量の食材などを買い込む。これらの品物を村まで持ち帰る際に、ロバを利用する者もいれば、トラックに相乗りして持ち帰る者もいる。トラックの運転手は近隣の村落の者で、村とスークの間の人や物資の輸送を生業としている。他にも、村と都市をつなぐ「乗り合いタクシー」を生業としている者もいる。また、村ではしばしば家屋の改築や新築をするための資材の買い入れも必要になるがこうした資材の搬送にもトラックは利用される。生活物資とあわせて建築資材の搬入は、村落において日常的に頻繁に見かける光景であった。

＊75 むしろ村人が集まるのは、インドゥッザルの部族民が共同で管理する、アウザール廟の脇にあるモスクが付設されたマドラサである。

＊76 ハラームは、正確にはイスラーム法上「非合法」とされたもののことである。

＊77 一方で、青年たちの廟参詣否定にみられるようなイスラーム復興的動きは、一九七〇年代を通じて少数ながらも見出されるものであったが一九八〇年代以降、その流れは一層強いものとなったという。

＊78 彼の教えを受けた者の中には、スィディ・ハーッジ・ハビーブ・バシュワーリー（Sīdī al-Ḥājj Ḥabīb al-Bashwārī）［齋藤 二〇〇四c］のほか、ハーッジ・アリー・ダルカーウィー（al-Ḥājj Alī al-Darqāwī）［齋藤 二〇〇三b、二〇〇四b、二〇一四b］、ハーッジ・マスウーディー・ワフカーウィー（al-Ḥājj Masʿūdī al-Wafqāwī）、スィディ・ターヒル・イフラーニー（Sīdī Ṭāhir al-Ifrānī）など一九世紀スース地方の名だたる知識人やスーフィー、教育者、詩人たちが多数含まれている［al-Sūsī 1960-63, vol.6: 152-153］。

＊79　インドゥッザルの故郷からみて北西部にある村落。タルーダント南東部に位置し、現在ではインドゥッザルの故郷とタルーダントを結ぶ中継地の一つでもある。

＊80　彼のマドラサにインドゥッザルが集団で参詣に訪れることはない。

第七章

＊81　モロッコではとくに預言者ムハンマドが存命していた頃の初期イスラーム共同体のあり方を社会の模範として仰ぎ、当時実施されていた宗教的規範を厳格に遵守することを通じた社会的・政治的改革の達成を希求する「イスラーム主義」の担い手に対して「同胞者（ikhwānī）」という呼称が用いられ、一般のムスリムと差異化をされることがある。ハーッジの家族のメンバーの中にはこうした「イホワーニー」と深く関係している者は一人もいなかった。彼らはそうした政治的に先鋭化しうる運動よりもむしろ、より穏健な宗教回帰の動きを示すイスラーム復興の潮流の影響下に聖者信仰を「迷信」として忌避する傾向を有しているものと考えられる。

＊82　ハーッジは、それまでにも顔面麻痺、ろれつが回らなくなるなどの症状に加えて右脚、右手などの大きな痙攣が起床中に止まることなく続いていたこともあり、左脚にまで問題がおよんだことに大きなショックを受けたと家族の者は述懐してくれた。

＊83　ラリヤーフとは、神経過敏な状態が昂じて起きる精神疾患の症状をさす。

＊84　水場は、通常ジンが好んで生息する場とされている。また火曜および金曜はイスラームにおいて特別な日として認識されている曜日である。火曜日は預言者ムハンマドが亡くなった日とされており、金曜日は集団礼拝が行われるなど、イスラームにおける「聖日」とでも言うべき位置づけにある日である。フキーがこのような場、曜日を対象化している背景には、後述するように、ハーッジが「ジンによって触れられた（*itchīr* [ta.]）」可能性があるとフキーが想定していることを暗に意味している。

＊85　ここでは、「アッラーに、彼の身元から快癒をもたらしてくださるようにお願いしましょう（*i rbbi ad-yāwī shifā gh dār-s* [ta.]）」というものである。通常、祈願に際しては、両前腕を、手のひらを上向きにした上で、体の前の方に水平に差し出すという身体動作が伴うが、ここでのお願いにあたってはそのような行動はとられず、口頭での祈願の表明のみが行われていた。

＊86　邪視や呪術に対して用いられるもので、故郷において雨季の後に生えてくる草（*algim* [ta.]）を材料としてつくられる、ペースト状のものである。

＊87　アラビア語モロッコ方言でいう「フィージュル」とは、ミカン科の植物ヘンルーダのことである。

＊88　フキーは、ハーッジの名前などを記した紙とあわせてもう一枚の紙片にも文言を書き記している。

＊89　彼もまたシュルーフであるが、ハーッジと同一部族に属してはいない。

＊90　ラハルティートとはセリ科オオウイキョウ属の植物であり、痙攣止めなどに用いられる。正則アラビア語では“halṭīt”と呼ばれる。

＊91　以上のような香草などの処方が与えられるにあたって、参加者の中から、「なぜ、そうした香草が選択されるのか」「どういう効能があるのか」などといった点については、一切質問が投げかけられることはなかった。しかしながら同時に、そのうちのいくつかについては、その効能が広くモロッコ社会で知られたものであることも事実である。こうした効能については、フキーに直接尋ねなくとも、それらを販売している香草屋（ʻaṭṭār［dr.］）に行けば、確認がとれることも、質問が投げかけられない背景にあるといえるかもしれない。

＊92　文中にある“shghl”とはアラビア語モロッコ方言に由来する単語で通常は「仕事」を意味する。そもそも諺は、それが用いられる文脈に応じて、そこに込められた意味合いが柔軟に変化しうるものであり得る。そのため、ここでいう「仕事」という語の具体的な意味内容も、諺が置かれた文脈に対応して確定される多義的なものとなる。たとえば、本文における会話の文脈において、この語は「呪術」を暗に意味するものと解されたことを後に参加者は述懐してくれた。つまり、この文言は「誰があなたに呪術をかけたんだい。それはあなたにフキーのところに行けと勧めた当の本人さ」と解され得ることになる。

こうした解釈に従うならば、ハーッジがフキーについて尋ねた友人の存在が主題として挙がってくる可能性もあるが、まずフキーはその可能性について明確には一言も言及していないほか、ハーッジはじめ参加者も誰一人としてその可能性を一言でもほのめかしてはいなかった。さらに治療後もハーッジの病がジンによるものであるという解釈はハーッジの家族の間ではとられておらず、友人に対して疑念が生じるということも起きていない。

＊93　ハーッジャもこの諺を知っていた。

＊94　筆者はここで、アッラーをめぐる返事の後に、唐突にジンについてのフキーの返事を書き記しているが、これはフキーが述べたままに訳したものである。

＊95　ここでいう「もの」という表現には、実際は“l-khīr-ād［ta.］”という用語が用いられている。直訳するならばそれは、「この良きもの」となる。

＊96　シルクとは偶像崇拝などの多神教、多神崇拝を意味する。その原義は、「神と同列にほかのなにかを置くこと」にある［大塚ほか編二〇〇二：五〇七］。本文の例では、ジンの仕業であると明言することが、フキー自らをアッラーと同列におく行為であるとして忌避されている。

＊97　ここでいう「私がしてきた〈こと〉」という表現に際してもフキーは「良きこと」という表現を用い、それが「価値中立的」な行為

ではないことを喚起している。

＊98 "sabab"とは、字義通りには「理由」「原因」「動機」などを意味する［Wehr 1976: 392］。モロッコでは、何事かの実現を願ってなんらかの行動をとった上で、しかしその結果が獲得されるかどうかが定かでない状態にあるときに、しばしば「きっかけは作った（*drna l-sabab*［dr.］）」という言明がなされる。そしてこの言明は、本文中にもあるように、暗に「結果はアッラーにお委ねする」という姿勢の表明を意味している。

＊99 これは、セリ科の多年草、ヒメウイキョウのことである。その種子は、正則アラビア語では"habba sawdā'"という名で知られている。

＊100 フキーが部屋を離れたのにあわせてムハンマドも部屋を出、家の戸口を出た段階でフキーに「ほんの少しのバラカですが」といいつつ、謝礼を人目につかないように右手の平に紙幣を握りこんで手渡している。

＊101 「アッラーの御名において」の意。

＊102 第四章でも言及したように、モロッコでは名前に地名、職業名、部族名、著名な祖先名、あるいは帰属教団名を付加するニスバと呼ばれる名称体系が知られている。このニスバで帰属教団名を自らの呼称の一つとして用いている者がいる場合には、当人のニスバを聞いただけで相手の人は、当該人物が教団となんらかの形で関係を有していることを想定することが可能になる。ところが、ハーッジの治療においては、フキーのニスバは全く話題にのぼりさえもしなかった。

＊103 イスラームにおいては「呪術」は明確に悪い行為としてとらえられている。また通常、呪術師はシャイターンやジンとの関係を有しているとみなされる。

＊104 モロッコにおける呪術については［Doutté 1994（1908）; 斎藤 一九九九］などを参照。

＊105 ただし、サハラ以南アフリカや東アフリカにおける妖術の事例などでよく知られているような「妖術師告発」に相当する行為が彼らに対して行われたり、あるいは彼らが排斥の対象となったりすることはなく、あくまでも疑念のまなざしをもってとらえられるという程度にとどまるものである。

＊106 既存の人類学的研究においては、バラカが善なるものであるのと同時に、呪術に対して効果を発揮しうる点に注意が払われてきた［Westermarck 1926, vol.1: 222; 鷹木 一九八八：二五三—二五四］。しかし、聖者を呪術と同一視するまなざしが聖者信仰の存立根拠となることを積極的に提示したものではない。

＊107 ただし、聖者とみなされる人物に常に廟が建設されるわけでは必ずしもない。たとえばスース地方におけるダルカーウィー教団普及の立役者である大シャイフ・ハーッジ・アリー・ダルカーウィーは聖者であるともみなされているが、その墓には墓碑すら建てられていない［斎藤 二〇〇四 b］。

あとがき

本書は、二〇〇七年度に東京都立大学大学院社会科学研究科に提出した博士論文『奇蹟・知識・篤信――モロッコ・シュルーフ社会における聖者、知識人、民衆をめぐる人類学的研究』と、その前後に発表した論文や原稿などをもとに編まれている。

博士論文提出以前のものも含めた各章の初出は以下の通りである。

序章　書き下ろし

第一章

第一節　博士論文第二章二節「民衆イスラーム論の批判的検討」および第三節「知識人イスラーム／民衆イスラーム論の問題点」をもとに大幅に加筆修正。

第二節　「モロッコの聖者信仰と参詣―文化人類学の視点から」（「四国遍路と世界の巡礼」研究会『二〇一三年度　四国遍路と世界の巡礼　公開講演会・公開シンポジウム　プロシーディングズ』愛媛大学、四一―四九頁、二〇一四年）をもとに加筆修正。

第三節　「聖者信仰の『本質化』を越えて――モロッコにおけるフキーの治療の事例から」（『アジア・アフリカ言語文化研究』八〇巻、六一―九六頁、二〇一〇年）の一部をもとに加筆修正。

第二章　「〈先住民〉としてのベルベル人？――モロッコ、西サハラ、モーリタニアのベルベル人とベルベル文化運動の展開」（堀内正樹・松井健編『講座世界の先住民族――ファースト・ピープルズの現在　〇四　中東』

明石書店、五九―九七頁、二〇〇六年）および二〇一〇年五月一九日に神戸大学で開催された第四九回神戸人類学研究会における発表原稿「〈先住民化〉という隘路を超えて――モロッコにおけるアマズィーグ運動とマドラサ復興のゆくえ」をもとに加筆修正。

第三章　「モロッコの出稼ぎ民と故郷での生活――ベルベル系シュルーフの事例から」（池谷和信・佐藤廉也・武内進一編『アフリカI――朝倉世界地理講座　一一　大地と人間の物語』朝倉書店、三〇〇―三一八頁、二〇〇七年）をもとに加筆修正。

第四章　「商いと人――モロッコのベルベル人に学ぶ非境界」（堀内正樹・西尾哲夫編『〈断〉と〈続〉の中東――非境界的世界を游ぐ』悠書館、一一三―一四九頁、二〇一五年）および「出稼ぎ民の社会的ネットワークと故地――モロッコ・シュルーフ社会にみる社会関係構築の論理をめぐって」（『アラブ世界におけるネットワーク型社会システムの維持メカニズム――地域的人間関係の生成・持続・変容に関する実証的研究』文部省科学研究費補助金（基盤研究（A））成果報告書、一〇二―一一八頁、二〇〇七年）の一部をもとに加筆修正。

第五章　「スィディ・ムハンマド・ベン・ヤアコーブとその子孫――モロッコ南部スース地方におけるムスリム〈聖者〉のネットワーク」（『日本中東学会年報』一九巻一号、九七―一二四頁、二〇〇三年）をもとに一部修正。

第六章　二〇〇三年三月七日に京都大学で開催された「スーフィズムとタリーカの諸相研究会」における発表原稿「聖者信仰の重層的構造――モロッコ南部の事例から」をもとに大幅に加筆修正。

第七章　「聖者信仰の『本質化』を越えて――モロッコにおけるフキーの治療の事例から」（『アジア・アフリカ言語文化研究』八〇巻、六一―九六頁、二〇一〇年）をもとに一部修正。

終章　書き下ろし

各章の中でも、第六章について、若干の補足説明を付しておきたい。第六章は、「紀行文」の文体を用いて書かれている。序章にも記したが、家島彦一先生や三木亘先生が注目しているように、さまざまな人びとが離合集散を繰り返す中東・アラブ世界においては、現地で生活を営んできた人びと自身が、移動や旅に関心を持ち、多数の「リフラ」と呼ばれる旅行記、巡礼記が書き残されてきている。

第六章の執筆に際しての筆者の目論見は、まず、観察対象としてリフラをとらえるという突き放した視線ではなく、モロッコという場に彷徨いこんだ一個人の視点によりつつ、参詣について描き出すことであった。これに加えて、私自身が聖者にまつわる逸話や語りを現地の人びとに（そして本書を手に取られた読者に）伝える媒介者となることにも眼を向け、現地に巻き込まれた状況のなかで参詣について描いてみたいと考えたこと、地べたに張り付いた視座から移動が開く世界を描くことなどにあった。こうした目論見に対して、「紀行文＝リフラ」の文体が適しているのではないかと考えたことが、第六章のような形で結実することとなった。第五章が、研究対象として、たとえば現地人たるムフタール・スースィーの手になる人名録や旅行記をとらえ、聖者の末裔のネットワークを「俯瞰的」に描いたのとは対照的に、「虫瞰的」に、現地の人の動きや逸話などの流れを追う形を採ることで、第五章と第六章の議論を通じて「立体的」にスース地方東部における人びとと聖者や廟とのかかわり方を描き出せればとも考えた。

こうした点とあわせて、「紀行文＝リフラ」は、個人がより剥き出しになるという特性を併せ持つ。三木先生の教えを強く受けている堀内正樹先生（成蹊大学）や西尾哲夫先生（国立民族学博物館）は、人びとの出会いや生活、そして「等身大の個」を重視しているが、［西尾 二〇一五；堀内 一九九〇a］、筆者もそうした考えに賛同するものであり、一つの試みとして、第六章は本文にあるような形を採った。もっとも、筆者のいう「紀行文」の文体は、アラブ世界における「リフラ」の伝統に見出される叙述形式の作法にのっとったものではもちろんない。

本書のもととなる現地調査は、一九九八年一二月から一九九九年一一月末、二〇〇〇年一月から二〇〇一年八月、二〇〇一年九月から二〇〇二年一二月に実施した長期調査を中心として、その後もほぼ毎年二週間から一ヶ月程度の短期調査を実施してきた。調査地は、スース地方のタルーダント県とラバト市が中心であり、その他にアガディール県、ティズニート県、カサブランカ市などをはじめとした諸都市などでも行ってきた。

筆者のこれまでの研究は、東京都立大学大学院社会科学研究科社会人類学専攻博士課程に入学して以来ご指導いただいた大塚和夫先生の厳しくも温かいご指導とお支えなしにはあり得ない。二〇〇九年にご逝去された大塚先生より賜った数々のご指導の思い出は尽きることなく溢れてくる。とてつもない激務の最中にあっても常に院生の論文草稿が鞄の中にあり、帰宅時のプラットフォームや電車の中で「これから〇〇の原稿を読まないといけないんだ」と大塚先生が嬉しそうに笑いながら鞄をたたいたりしていらっしゃったことが今も目に焼きついている。どんなに忙しくても、主宰されていた研究会を毎月欠かさず開催され、中東、イスラーム、人類学に関心のある学生を広く受け入れられていたこと、深更まで私たちに付き合って、さまざまな話をして下さっていたことの有り難さを、改めて身に沁みて感じる。学生を育てることに心血を注がれていた大塚先生の下で博士課程以降、ご指導を受けつづけることができたのはこの上もなく幸せなことであった。未熟なことこの上ない私が研究を続けてこられたのは、大塚先生が常に気にかけて下さっていたお蔭以外のなにものでもない。大塚先生のご厚意に対する感謝の気持ちを表す言葉は見つからない。

本書では、博士論文の原稿を大幅に加筆修正して大塚先生の民衆イスラーム論の批判を展開した。博士論文執筆時には拙いものであったのにもかかわらず、民衆イスラーム論の批判を展開したことを喜んで下さった。本書の出版の準備がほぼ終わりつつある今、改めて感じるのは、筆者の批判を受け入れて下さった大塚先生の懐の深さである。今回加筆修正を施した議論については、大塚先生はどのようにお受け止めになるだろうか。

東京都立大学大学院在学時には、大塚先生と共に博士論文の審査にあたって下さった伊藤眞先生（首都大学東京名誉教授）、鄭大均先生（首都大学東京名誉教授）はじめ、松園万亀雄先生（首都大学東京名誉教授）、渡邊欣雄先生（首都大学東京名誉教授）、棚橋訓先生（お茶の水大学）、高桑史子先生（首都大学東京名誉教授）、何彬先生（首都大学東京名誉教授）をはじめとした先生方より厳しくも温かいご指導を賜ったことに心から感謝申し上げる。また社会人類学研究室の先輩、同輩、後輩の皆さんとの切磋琢磨をした時間が今の私を形作ってくれている。研究室の皆さんに、そして事務方として温かく私たちを支えて下さっていた井上田鶴子さんに感謝の念は尽きない。

大塚先生とあわせて、私のモロッコ研究やフィールドワークを導いて下さったのが、堀内正樹先生である。本書には、大塚先生、堀内先生の教えの影響が至るところに刻印されている。修士課程に入学したての頃、広島市立大学にいらっしゃった堀内先生のもとに初めてお伺いした。その時以来、直接の指導学生ではなかったのにもかかわらず、常にご支援をいただき、科研班、共同研究などに加えていただいたほか、公私さまざまな面でいつも気にかけていただいていることに感謝してもしきれない。

二〇〇九年に大塚先生がご逝去された後には、堀内先生は大塚先生のご指導を受けていた大川真由子さん（神奈川大学）や池田昭光さん（東京外国語大学アジア・アフリカ言語文化研究所）など中東をフィールドとする私たちを共同研究会に加えて下さり、妥協を許さない議論を毎回私たちに「ふっかけて」下さった。堀内先生ご本人から直接お伺いしたことはないが、学生を育てることを使命とされていた大塚先生のご遺志を汲まれ、私たちを鍛えるべく「ひきとって」下さったのだと私は思っている。対照的な議論を展開される大塚先生と堀内先生の謦咳に接することで、自分なりの立ち位置を時間をかけて考えることができたのは、本当に幸せなことであったと思う。大塚先生と堀内先生に心からの感謝をお捧げする。

ところで、モロッコのベルベル人を対象とした国内の研究者としては、言語学者の中野暁雄先生（東京外国語大学アジア・アフリカ言語文化研究所・名誉教授）がパイオニアであり、堀内正樹先生と堀内里香先生がその後を継がれている。二〇一七年の一〇月には、中野暁雄先生がラフセン・アフーシュ氏から聞き取ったタシュリヒートによるインタヴューを起こした三巻本、*Ethnographical Texts in Moroccan Berber (1-3) (Dialect of Anti-Atlas)*（東京：東京外国語大学アジア・アフリカ言語文化研究所、一九九四年、一九九五年、一九九八年刊）が、中野先生の教え子でいらっしゃる堀内里香先生の手によって日本語に翻訳され『モロッコのベルベル語による民族誌的語り』と題して刊行された［中野二〇一七］。ベルベル人の故郷における生活の詳細を言語学調査の一環として聞き取った「民族誌的語り」の内容は、貴重な言語学的・民族誌的資料であるだけでなく、シュルーフ人の日常生活の仔細が描かれていて読んでいて純粋に面白い。日本語への翻訳の労をとられた堀内里香先生による重厚な序論「『モロッコのベルベル語による民族誌的語り』刊行に寄せて」は、前掲書とは別に東京外国語大学アジア・アフリカ言語文化研究所情報資源利用研究センターの、以下のURLから閲覧できる（https://irc.aa.tufs.ac.jp/wp-content/uploads/2017/12/berbere_horiuchi_2017_1205_fix-1.pdf　二〇一七年一二月時点）。日本におけるベルベル語研究の第一人者である堀内里香先生は、制度的な点からするとテニュアの研究職に就かれてはいないが、中野先生との師弟関係を大切にされ、ご家庭の切り盛りと平行してベルベル語の研究を多年にわたって地道に、かつ徹底的なまでに突き詰めて続けてこられている。そうした堀内里香先生の姿勢に、学問や研究、師弟関係のあるべき姿を純粋な形で示していただいていると感じている。

現地に暮らす人びとのについて謙虚に学び続けている偉大な先達となる先生方の後塵を拝することができる有り難さを、堀内里香先生の労作を通じても痛感している。筆者としては、今回の自著の出版を一つの通過点としつつ、今後、大塚先生、堀内先生、堀内里香先生はじめ、教えをさまざまな形で授けて下さった先生方のお姿を拝しつつ、先生方が見据えていらっしゃる研究の方向性を自分なりに吸収し、さらに研究を進めてゆきたいと願っている。

修士課程在学時に私の学問的基礎を培って下さったのは、南山大学大学院の文化人類学専攻で教えを授けて下さった杉本良男先生（国立民族学博物館名誉教授）、坂井信三先生（南山大学）、倉田勇先生（南山大学名誉教授）、クネヒト・ペトロ先生（南山大学名誉教授）、森部一先生（南山大学名誉教授）、山田隆治先生（南山大学名誉教授）である。とくに杉本先生が主宰され、毎月開催されていた研究会、通称「たこ研」は、私にとってかけがえのない修行と学びの場であった。その場において、あるいはその後の懇親会において杉本良男先生、杉本星子先生（京都文教大学）、坂井信三先生、馬場雄司先生（京都文教大学）はじめ、先輩方の議論に触れることで学問の楽しさを肌身で感じることができたのは、今に至るまで筆者の大切な糧となっている。その折に杉本先生、坂井先生はじめ先生方、先輩諸氏の皆さんに言っていただいたことは、今も私の中にあって、私を形作っていると感じている。心からの感謝を杉本先生、坂井先生はじめ皆様にお捧げする。

博士課程在学時には大塚先生と堀内先生の対照的な議論や「論戦」が私なりに立ち位置を考えるうえでの「座標軸」となったが、修士課程において杉本先生と坂井先生の議論のぶつかり合いを目の当たりにしたことが、同じような意味で私にとってはかけがえのない財産である。

はじめての職場となった東京外国語大学アジア・アフリカ言語文化研究所では、当時所長をされていた大塚和夫先生をはじめ、深澤秀夫先生、三尾裕子先生（現慶応大学）、真島一郎先生（現東京外国語大学）、床呂郁哉先生、西井凉子先生、飯塚正人先生、黒木英充先生、高松洋一先生、近藤信彰先生、小田淳一先生、椎野若菜さん、錦田愛子さんなどに大変お世話になった。記して厚くお礼申し上げる。

二〇一〇年に神戸大学大学院国際文化学研究科に着任後は、吉岡政德先生（神戸大学名誉教授）、柴田佳子先生、岡田浩樹先生、窪田幸子先生、梅屋潔先生、そして吉岡先生ご退職後には、新たに着任された石森大知先生にお世話になっている。研究を進めるうえでの刺激を日々与えていただいていることに深く感謝申し上げる。

とくに吉岡先生には、大塚先生、堀内先生とあわせて出版について筆者の神戸大学着任時より一貫してご心配をいただいた。大塚先生がご逝去されて以降、大塚先生のご遺志を汲んで下さり、腰が重い筆者に対して粘り強く、そして時に厳しくご叱正してくださる吉岡先生のお力添えがなければ、本書が日の目を見ることはなかった。吉岡先生には、ただただ感謝の念で一杯である。

現地調査と研究成果発表をするうえでは、この他にも数多くの先生方にお世話になった。スーフィズム・聖者信仰研究を進めていらっしゃる赤堀雅幸先生（上智大学）、東長靖先生（京都大学）には本書第六章の基となる研究成果発表の場を与えていただいただけでなく、科研班に加えていただいたり、発表や論文公刊、現地調査の機会を与えていただいたり、研究についてのご批判やご助言をいただいてきた。大稔哲也先生（早稲田大学）には、「『アラブの春』の社会史的研究」に関する科研班に加えていただいたほか、本書第一章の参詣にかかわる部分の発表に際して、貴重なご助言をいただいた。私市正年先生（上智大学）には筆者が修士課程在学時に「マグリブ研究会」に呼んで下さって以来気にかけていただいてきた。田中雅一先生（京都大学）には、「〈ジェンダーに基づく暴力複合〉の文化人類学的研究」に関する科研班などに加えていただきつづけている。宮治一雄先生（恵泉女学園大学名誉教授）、宮治美江子先生（東京国際大学名誉教授）には、マグレブ研究について忌憚のないご意見をご教示いただいた。西尾哲夫先生には中東地域における民衆文化の資源化にかかわる科研班に加えていただいているほか、二〇一六年度から開始された人間文化研究機構のネットワーク型基幹研究プロジェクト地域推進事業の一つである「現代中東地域研究」の民博拠点において大変お世話になっている。先生方に深く感謝申し上げる。

二〇一五年一〇月からは筆者を研究代表者とする国立民族学博物館共同研究「個―世界論――中東から広がる移動と遭遇のダイナミズム」において、西尾先生、堀内先生、水野信男先生（兵庫教育大学名誉教授）、宇野昌樹先生（広島市立大学）、小田淳一先生、奥野克己先生（京都文教大学）、佐藤健太郎先生（北海道大学）、嶺崎寛子さん（愛知教育大学）、苅谷康太さん（東京外国語大学アジア・アフリカ言語文化研究所）、椿原敦子さん（龍谷大学）、大坪玲子さん（東京大学）、相島葉月さん（国立民族学博物館）、鳥山純子さん（桜美林大学）、池田昭光さんにお世話になっている。メンバーの皆さんとの議論は筆者の研究を進めるうえでも大きな刺激となっている。忌憚のない議論を繰り広げて下さる研究班の皆様に厚くお礼申し上げる。

モロッコ滞在中も数え切れないほどの人にお世話になった。なによりもまず、本書にも登場するハーッジとハーッジャ、そしてハーッジのご家族の皆さんに心からの感謝を捧げたい。ハーッジとの出会いは筆者にとって、研究と生活双方において決定的な意味を持つ。礼拝と店と家族を大切にし、ユーモアを交えて人と話の花を咲かせるのが大好きであったハーッジからは、日々の生活の中で多くのことを、ただ一緒にいるだけで教えていただいたと感じている。

一緒に田舎に行ったときのことなど、ハーッジとの思い出も尽きない。ハーッジをはじめとしたご家族の皆さんには筆者が研究・調査に惜しみない協力を今に至るまでいただき続けている。ただただ心からの感謝の念で一杯である。

Ｉ村ではラフセンさんご一家はじめ村の人に大変お世話になった。ラフセンさんたちのご協力ぬきには現地での生活を送ることもままならなかった。深くお礼を申し上げる。また、Ｉ村、アイト・アルバイント、インドゥッザルの人びとにも温かく筆者を迎えいれてくれたことに感謝の気持ちで一杯である。

現地における調査・研究を進めるうえでは、ムハンマド五世大学のムハンマド・アアフィフ先生に多大なるご助力をいただいたほか、メフディー・サイーディー先生（イブン・ゾフル大学、アガディール）、アフマド・サイーディーさん（エルラシディア大学）、ヤズィード・ラディー先生（イブン・ゾフル大学、アガディール）、アフマド・ハーシミー先生（イブン・ゾフル大学、アガディール）、ムハンマド・ハーティミー先生（イブン・ゾフル大学、アガディール）、さらにスース地方のマドラサに集うウラマーや学生（トルバ）の皆さんなど多くの方々にお世話になった。アマズィグ運動についてはムハンマド・シャフィーク氏、イブラーヒーム・アヒッヤート氏、アフマド・アスィード氏をはじめ運動展開にかかわる人々にご協力をいただいた。現地の皆さんにもただただ感謝の念で一杯である。

在モロッコ日本大使館専門調査員としていらっしゃった庄司光一さんをはじめとした当時モロッコに滞在していた日本人の方々にも惜しみないご支援をいただいた。記してお礼申し上げる。

本書の出版にあたっては、昭和堂の松井久見子さんに言葉では言い尽くせないほどお世話になった。厳しさと温かさをもって、しかしタイトなスケジュールのなかで出版に向けて惜しみない助力を与え続けて下さった松井さんに、心から感謝申し上げる。また、福本事務所の木村しのぶさんにも大変なご助力をいただいていることに、深くお礼申し上げる。

長期の現地調査は、講談社野間アジア・アフリカ奨学金によって実現可能とほか、その後の調査は、日本学術振興会特別研究員研究奨励費、文部科学省科学研究費補助金・若手研究（B）、基盤研究（C）などの助成により実現可能となった。また本書の刊行は、文部科学省科学研究費補助金（研究成果公開促進費）により可能となった。記して感謝申し上げる。

本書の準備、とくに第一章第一節「民衆イスラーム論の批判的検討」および、第六章の改稿は、「神戸大学若手教員長期海外派遣制度」によりフランスに滞在していた二〇一四年秋から二〇一五年夏までの期間がなければ、進めることはできなかった。快く筆者を送り出してくれた国際文化学研究科の教職員の皆さんと、研究に専念する機会を与えてくれた神戸大学に深くお礼申し上げる。

筆者の生活を支えてくれている友人や知人、それにこれまでに筆者の講義に参加をしてくれた学生の皆さんにも感謝申し上げる。多くの方々のさまざまな形での支えを受けて、本書を書き上げることが可能となったことに、ただただ感謝の一念しかない。

最後に、私事ではあるが、博士論文の執筆準備段階以降、本書の完成に至るまで献身的にサポートをしつづけてくれている妻に心からの感謝をおくりたい。まだ幼い子供たちは、疲労困憊して帰宅する筆者が力を取り戻すための源である。大学院進学時より今に至るまで惜しみなく応援をし続けてくれている両親にも特別な感謝の気持ちを抱いている。

博士論文提出後、本書をまとめるまでの間に、私の研究と生活を支えてくれるかけがえのない存在であった大塚和夫先生、ハーッジ、そして母が亡くなった。筆者の研究の中間報告として、感謝とお礼の気持ちを込めて、大塚先生、ハーッジ、そして母に、謹んで本書を捧げたい。

二〇一七年一二月

筆者識

索　引

人名索引

民族名・部族名・家名・教団名・地名索引

事項索引

か行

さ行

た行

な行

は行

ま行

参照文献

アラビア語文献

ʻAmālik, Aḥmad ibn Muḥammad (2006) *Jawānib min Ta'rīkh al-Zāwiya al-Nāṣirīya* (3vols.). al-Ribāṭ: Dār Abī Raqrāq li al-Tibā'a wa al-Nashr.

al-Fāsī, Muḥammad al-Mahdī (d.1109h./ 1697-98) (1994) *Mumti'a al-Asmā' fī al-Jazūla wa al-Tubā'a wa mā la-humā min Atbā'*. (Revision: 'Abd al-Majīd 'Amrāwī & 'Abd al-Karīm Murād), al-Dār al-Bayḍā': Maṭba'a al-Najāḥ al-Jadīda.

al-Ḥajjī, Muḥammad (1978) *al-Ḥaraka al-Fikrīya bi al-Maghrib fī 'Ahd al-Sa'adīyīn* (2vols.). al-Muḥammadiya: Maṭba'a Faḍāla.

al-Hāshimī, A. and Horiuchi, M. (2001) Ḥiwār Maghribī Yābānī ḥawla al-Islām fī Sūs bi al-Maghrib. 『日本中東学会年報』16: 49-85。

al-Ilghī, al-Faqīh Ṣāliḥ ibn 'Abdallāh. (1998) *al-Madrasa al-'Ūlā: Waṣfun Shāmilun li al-Ta'alīm al-Awwalī bi al-Madrasa al-Qur'ānīya fī Sūs, Namūdhaj Madrasa Ilgh*. al-Dār al-Bayḍā': Maṭba'a al-Najāḥ al-Jadīda.

Jama'īya Adūz (1996) *al-Madāris al-'Ilmīya al-'Atīqa*. al-Muḥammadiya: Maṭba'a Faḍāla.

Jama'īya 'Ulamā' Sūs (1994, 1999, 2000) *Munjiza Jamīya 'Ulamā' Sūs (vol.1, 2, 3)*. al-Dār al-Bayḍā': Maṭba'a al-Najāḥ al-Jadīda.

al-Khamlīshī, 'Abd al-'Azīz (1997) Zāwiya Tamgrūt wa al-Makhzan (1642-1914), *al-Ribāṭ wa al-Zawāyā fī Ta'rīkh al-Maghrib*. al-Ribāṭ: Jāmi'a Muḥammad al-Khāmis, pp.121-177.

Liqā' Ait Wāfqā (1996) *al-Madāris al-'Ilmīya wa Khidmati-hā li al-'Ulūm al-'Arabīya wa al-Islāmīya*. al-Ribāṭ: Maṭba'a al-Ma'ārif al-Jadīda.

al-Rāḍī, Yazīd (2007) *Shi'ar al-Jashtīmīyīn (al-Dirāsa)*. Agādīr: Jāmi'a Ibn Zuhr bi Agādīr.

Rājī, Khadīja (1998) al-Arḍ min khilāl ba'ad al-Manāqib al-Sūsīya li al-Qarn 10h./16m. *Wāḥāt Bānī : al-'Umq al-Ta'rīkh wa al-Tanmīya*. Agādīr: Jāmi'a Ibn Zuhr bi Agādīr, pp.39-49.

al-Sa'īdī, al-Mahdī bin Muḥammad (2006) *al-Madāris al-'Atīqa wa Ish'ā'i-hā al-Adāb wa al-'Ulūm bi al-Maghrib: al-Madrasa al-Ilghīya bi Sūs Namūdhajan*. al-Muḥammadiya: Maṭba'a Faḍāla.

al-Sāḥilī, al-Mutawakkil 'Umar (1985) *al-Ma'ahad al-Islāmī bi Tarudant: al-Madāris al-'Ilmīya al-'Atīqa bi Sūs (vol.1)*. al-Dār al-Bayḍā': Dār al-Nashr al-Maghribīya.

al-Sūsī, Mukhtār (1959) *Khilāl Jazūla*. Tiṭwān: Maṭba'a al-Mahdīya.

——— (1960-63) *al-Ma'asūl*. al-Dār al-Bayḍā': Maṭba'a al-Najāḥ.

——— (1966) *Ilīgh: Qadīman wa Ḥadīthan*. al-Ribāṭ: al-Maṭba'a al-Malakīya.

——— (1984) *Sūs al-'Alima*. al-Dār al-Bayḍā': Mu'assasa li al-Tibā'a wa al-Nashr.

——— (1987) *Madāris Sūs al-'Atīqa: Nidhāmu-hā – Asātidhatu-hā*. Tānja: E.T.E.I.

——— (1989) *Rijālāt al-'Ilm al-'Arabī fī Sūs: Min al-Qarn al-Khāmis al-Hijrī ilā Muntaṣaf al-Qarn al-Rābi'a 'Ashar*. Tānja: E.T.E.I.

al-Tamanartī, Abī Zayd 'Abdrrahmān (d.1070h./ 1660) (1999) *al-Fawā'id al-Jamma fī Isnād 'Ulūm al-Umma*. (Revision: Yazīd al-Rāḍī), al-Dār al-Bayḍā': Maṭbū'āt al-Santīsī.

al-'Uthmānī, Muḥammad (2004) *Alwāḥ Jazūla li Tashri'u al-Islamī: Dirāsa li al-'Urf Qabā'il fī Awwalī al-Tashrī'ī al-Islāmī*. Manshurāt Wizāra al-Awqāf wa al-Shu'ūn al-Islāmīya.

al-Waskhīnī, 'Amḥammad (1993) *Manār al-Sa'ūd 'an Tafrawt al-Mallūd wa Madrasat-hā al-'Atīqa*. al-Dār al-Bayḍā' Maṭba'a al-Najāḥ al-Jadīda.

Wa'azī al-Ḥusain (2000) *Nash'a al-Ḥaraka al-Thaqāfīya al-Amāzīghīya bi al-Maghrib*. al-Ribāṭ: al-

Maṭbaʻa al-Maʻārif al-Jadīda.
al-Wallālī, ʻAbd al-ʻAbbās Aḥmad ibn Muḥammad ibn Yaʻaqūb (d.1128h./ 1717) (1999) *Mabāḥith al-Anwār fī Akhbār baʻad al-Akhyār*. (Revision: ʻAbd al-ʻAzīz Būṭālib), al-Ribāṭ: Jāmiʻa Muḥammad al-Khāmis.

欧文献

Abu-Lughod, J. (1980) *Rabat: Urban Apartheid in Morocco*. Princeton: Princeton University Press.
Abun-Nasr, J. (1987) *A History of the Maghreb in the Islamic Period*. London: Cambridge U.P.
Adam, A. (1973) Berber migrants in Casablanca. In Gellner, E. and C. Micaud (eds.), *Arabs and Berbers: From Tribe to Nation in North Africa*. Duckworth, pp.325-343.
Ageron, C.-R. (1979) *Histoire de l'Algérie contemporaine (tome II)*. Paris: PUF.
Ait Mous, F. (2006) Le reseau associatif amazigh: emergence et diffusion. In H. Rachik (ed.), *Usage de l'identité Amazighe au Maroc*. pp.129-161.
Ambroggi, R. & Bourgin, R. (1952): *Vallée du Souss. (Extrait de l'hydrogeologie du Maroc: No.97 des notes et mémoires du service géologique du Maroc)*. Rabat.
Ben-Layashi, S. (2007) Secularism in the Moroccan Amazigh Discourse. In *The Journal of North African Studies* 12 (2): 153-171.
Bensadoun, M. (2007) The (Re) Fashioning of Moroccan National Identity. In B. Maddy-Weitzman and D. Zisenwine (eds.) *The Maghrib in the New Century*. pp.13-35.
Bernes, L.-A. et al. (eds.) (2018) *Migration in the Western Mediterranean: Space, Mobility and Borders*. New York: Routledge.
Berque, J. (1955) *Structures sociales du Haut-Atlas*. Paris: PUF.
——— (1967) Quelques problèmes de l'Islam maghrébin. *Archives de Sociologie des Religions* 3: 3-20.
Boogert, Nico, Van den (1997) *The Berber Literary Tradition of the Sous: With an Edition and Translation of the 'The Ocean of Tears' by Muhammad Awzal (d. 1749)*. Leiden: Nederlands Institut Voor Het Nabije Oosten.
Boubrik, R. (1999) *Saints et société en Islam: La confrérie ouest-sharienne Fâdiliyya*. Paris: CNRS Editions.
Bougchiche, L. (1997) *Langues et litteratures berbères des origins à nos jours: bibliographie internationale*. Paris: Ibis Press.
Bourdieu, P. (1977) *Outline of a Theory of Practice*. Richard Nice (trans.), Cambridge: Cambridge U. P.
Bowen, J. (2007) *Why the French don't like Headscarves: Islam, the State, and Public Space*. Princeton: Princeton University Press.
——— (2010) *Can Islam be French ?: Pluralism and Pragmatism in a Secularist State*. Princeton: Princeton University Press.
——— (2012) *A New Anthropology of Islam*. Cambridge: Cambridge University Press.
Boukous, Ahmed (2003) L'Amazigh dans l'éducation et la formation: pour un enseignement intégrateur et émancipateur. In A. KICH (ed.) *L'Amazighité: bilan et perspectives*. pp.47-62.
Brett, M. and E. Fentress (1996) *The Berbers*. Cambridge: Blackwell.
Brown, Kenneth (1972) The impact of the Dahir Berbère in Salé. In E. Gellner and C. Micaud (eds.) *Arabs and Berbers*. pp.201-215.
Brunel, R. 1988 (1926) *Essai sur la confrérie religieuse des Aissaouas au Maroc*. Casablanca: Edition Afrique Orient.
Buitelaar, M. (1993) *Fasting and Feasting in Morocco: Women's Participation in Ramadan*. Oxford:

BERG.
Camps, G. et al. (1984) *Encyclopédie Berbère*. (tome. 1) Aix-en-Provence: Edisud.
Caton, S. (1987) Power, Persuasion,and Language: A Critique of the Segmentary Model in the Middle East. *International Journal of Middle East Studies* 19 (1): 77-102.
Chlyeh, A. (1998) *Les Gnaoua du Maroc: Itineraires initiatiques transe et possession*. Casablanca: Editions le Fennec.
Combs-Schilling, M. E. (1985) Family and Friend in a Moroccan Boom Town: The Segmentary Debate Reconsidered. *American Ethnologist* 12: 659-675.
Cornell, V. J. (1998) *Realm of the Saint: Power and Authority in Moroccan Sufism*. Austin: U. of Texas Press.
Crapanzano, V. (1973) *The Hamadsha: A Study in Moroccan Ethnopsychiatry*. Berkeley: University of California Press.
Crawford, D. (2001) *Work and Identity in the Moroccan High Atlas*. UMI Dissertation Services.
——— (2002) Morocco's Invisible Imazighen. *The Journal of North African Studies* 17 (1): 53-70.
——— (2005a) Royal Interest in Local Culture: Amazigh Identity and the Moroccan State. In M. Shatzmiller (ed.) *Nationalism and Minority Identities in Islamic Societies*. Montreal: McGill-Queen's University Press, pp.164-194.
——— (2005b) Labor of the Undead: Segmentarity, Globalization and the Temporality of Inequality. *Prologues: La revue maghrébine du livre*. pp. 24-35.
——— (2008) *Moroccan Households in the World Economy: Labor and Inequality in a Berber Village*. Baton Rouge: Louisiana State University Press.
Crawford, D. and K. E. Hoffman (2000) Essentially Amazigh: Urban Berbers and the Global Village. In K. Lacey (ed.) *The Arab-African and Islamic World*. pp.117-131.
Depont, O. and V. Coppolani. (1897) *Les confréries religieuses musulmanes*. Paris: Maisonneuve et Geuthner.
Dermenghem, E. (1982[1954]) *Le culte des saints dans l'Islam maghrebin*. Paris: Editions Gallimard.
Doutté E. (1900) *Notes sur l'Islam maghribin: Les marabouts*. Paris: E. Leroux.
——— (1994[1908]) *Magie et religion dans l'Afrique du Nord*. Paris: J. Maisonneuve et P. Geuthner S. A.
Drague, G. (1951) *Esquisse d'histoire religieuse au Maroc*. Paris: J. Peyronnet.
Drouin, J. (1975) *Un cycle oral hagiographique dans le Moyen-Atlas marocain*. Paris: Université de Paris V René-Descartes.
Eickelman, D. F. (1976) *Moroccan Islam: Tradition and Society in a Pilgrimage Center*. Austin & London: University of Texas Press.
——— (1982) The Study of Islam in Local Contexts. *Contributions to Asian Studies*, 17: 1-16.
——— (1985) *Knowledge and Power in Morocco: The Education of a Twentieth-Century Notable*. Princeton: Princetion University Press.
——— (2002) *The Middle East and Central Asia: An Anthropological Approach, 4th edition*. Upper Saddle River NJ: Prentice Hall.
——— (2007) Madrasa in Morocco: Their Vanishing Public Role. In R. W. Hefner and M. Q. Zaman (eds.) *Schooling Islam: The Culture and Politics of Modern Muslim Education*. pp.131-148.
——— (2013) Tribus et mouvements islamiques en Afrique du Nord et au Moyen-Orient. In Hosham Dawod (ed.), *La Constant 'tribu', variations arabo-musulmanes*. Paris: Éditions Demopolis, pp.17-48.

Eickelman, D. F. and J. Piscatori (1990) Social Theory in the Study of Muslim Societies. In D. F. Eickelman and J. Piscatori (eds.), *Muslim Travellers: Pilgrimage, Migration, and the Religious Imagination*. pp.3-25, Berkeley: University of California Press.
Eickelman, D. F. and J. Piscatori (eds.) (1990) *Muslim Travellers: Pilgrimage, Migration, and the Religious Imagination*. Berkeley: University of California Press.
Elboudrari, H. (1985) Quand les saints font les villes: Lecture anthropologique de la pratique sociale d'une saint marocaine de XVII[è] siecle. *Annales E.S.C.* 3: 489-508.
Ensel, R. (1999) *Saints and Servants in Southern Morocco*. Leiden: Brill.
Ferchiou, S. (ed.) (1996) *L'Islam pluriel au Maghreb*. Paris: CNRS Editions.
Geertz, C (1968) *Islam Observed: Religious Development in Morocco and Indonesia*. Chicago & London: The University of Chicago Press.
Geertz, C. (1979) Suq: The Bazzar Economy of Sefrou. In C. Geertz, H. Geertz, and L. Rosen *Meaning and Order in Moroccan Society*. Cambridge: Cambridge University Press, pp.123-310.
Geertz, H. (1979) The Meanings of Family Ties. In C. Geertz, H. Geertz, and L. Rosen *Meaning and Order in Moroccan Society*. Cambridge: Cambridge University Press, pp.315-379.
Geertz, C., H. Geertz, and L. Rosen (1979) *Meaning and Order in Moroccan Society*. Cambridge: Cambridge University Press.
Gellner, E. (1969) *Saints of the Atlas*. Chicago: The University of Chicago Press.
——— (1981) *Muslim Society*. Cambridge: Cambridge U.P.
——— (1995a) *Anthropology and Politics: Revolutions in the Sacred Grove*. Oxford: Blackwell.
——— (1995b) Segmentation: Reality or Myth? *The Journal of the Royal Anthropological Institute* 1 (4): 821-829.
Gellner, E. & Charles Micaud (eds.) (1973) *Arabs and Berbers: From Tribe to Nation in North Africa*. Duckworth.
Gilsenan, M. (1973) *Saints and Sufis in Modern Egypt: An Essay in the Sociology of Religion*. Oxford: Clarendon Press.
——— (1979) Lying, Honor, and Contradiction. In B. Kapferer (ed.) *Transaction and Meaning: Directions in the Anthropology of Exchange and Symbolic Behavior.* Philadelphia: Institute for the Study of Human Issues, pp.191-219.
Grunebaum, G. von (1955) The Problem: Unity in Diveristy. In G. E. von Grunebaum (ed.) *Unity and Variety in Muslim Civilization*. Chicago: The University of Chicago Press. pp.17-37.
Gulick, J. (1976) *The Middle East: An Anthropological Perspective*. New York: University Press of America.
Haenni, P. and R. Voix (2007) God by All Means... Eclectic Faith and Sufi Resurgence among the Moroccan Bourgeoisie. In M. van Bruinessen and J. D. Howell (eds.) *Sufism and the 'Modern' in Islam*. I. B. Tauris. pp.241-256.
Hammoudi, A. (1980a) Saintété, pouvoir et société: Tamgrout aux XVIIIe siècles. *Annales E.S.C.* pp.615-641.
——— (1980b) Segmentarity, Social Stratification, Political Power and Sainthood: Reflections on Gellner's Thesis. *Economy and Society* 9: 279-303.
——— (1997) *Master and Disciple: The Cultural Foundations of Moroccan Authoritarianism*. Chicago: The University of Chicago Press.
Hart, D. (1981) *Dadda 'Atta and His Forty Grandsons: The Socio-Political Organisation of the Ait 'Atta of Southern Morocco*. Middle East and North African Studies Press.
——— (1989) Rejoinder to Henry Munson, Jr.. *American Anthropologist* 91: 765-769.

Hoffman, B. (1967) *The Structure of Traditional Moroccan Rural Society*. Heague: Mouton & Co.
Hoffman, K. E. (2000a) *The Place of Language: Song, Talk and Land in Southwestern Morocco*. UMI Dissertation Services.
——— (2000b) Administering Identities: State Decentralization and Local Identification in Morocco. *Journal of North African Studies* 5 (3): 185-200.
——— (2002) Moving and Dwelling: Building the Moroccan Ashelhi homeland. *American Ethnologist* 29 (4): 928-962.
——— (2006) Berber Language Ideologies, Maintenance, and Contraction: Gendered Variation in the Indigenous Margins of Morocco. *Language and Communication* 26: 144-167.
——— (2008) *We Share Walls: Language, Land, and Gender in Berber Morocco*. Oxford: Blackwell Publishing.
Hoffman, K. E. and S. G. Miller (eds.) (2010) *Berbers and Others: Beyond Tribe and Nation in the Maghreb*. Bloomington: Indiana University Press.
Houtsonen, J. (1994) Traditional Quranic Education in a Southern Moroccan Village. *International Journal of Middle East Studies*. 26: 489-500.
Itagaki, Y. (2001) Middle Eastern Dynamics of Identity Complex: A Teaching Scheme with Illustrational Materials. *Annals of Japan Association for Middle East Studies*. 16: 1-26.
Jamous, R. (1981) *Honneur & baraka: Les structures sociales traditionnelles dans le Rif*. Paris: Editions de la Maison des Sciences de l'homme.
Justinard, L. (1933) Notes sur l'histroire du Sous aux XVIe siècle: Sidi Ahmed ou Moussa. *Archives Marocaines* 29 (8).
Kapchan, D. (2007) *Traveling Spirit Masters: Moroccan Gnawa Trance and Music in the Global Marketplace*. Middletown: Wesleyan University Press.
——— (2008) The Festive Sacred and the Fetish of Trance: Performing the Sacred at the Essaouira Gnawa Festival. *Revue d'anthropologie et d'histoire des art*. 7: 52-67.
Kraus, W. (1998) Contestable Identities: Tribal Structures in the Moroccan High Atlas. *Journal of the Royal Anthropological Institute* 4 (1): 1-22.
Lafuente, G. (1999) *La politique berbère de la France et le nationalisme marocaine*. Paris: L'Harmattan.
Lakhsassi, A. (2002) *Ziyara to a Pilgrimage Center in Morocco: The Case of Sidi Hmad u-Musa (SHM)*. Tokyo: Islamic Area Studies Project.
Lévi-Provençal, E. (1991[1922]) *Les historiens des chorfa*. Casablanca: Editions Afrique Orient.
Lorcin, P. M. E. (1999) *Imperial Identities: Stereotyping, Prejudice and Race in Colonial Algeria*. New York: I. B. Tauris.
Maddy-Weitzman, B. (2007) Berber/ Amazigh "Memory Work". In B. Maddy-Weitzman and D. Zisenwine (eds.) *The Maghrib in the New Century: Identity, Religion, and Politics*. Miami: University Press of Florida, pp.50-71.
——— (2011) *The Berber Identity Movement and the Challenge to North African States*. Austin: University of Texas Press.
Marcus, M. (1985) The Saint Has Been Stolen: Sanctity and Social Change in a Tribe of Eastern Morocco. *American Ethnologist* 12 (3): 455-467.
Montagne, R. (1973) *The Berbers: Their Social and Political Organisation*. (trans. David Seddon), London: Frank Cass.
——— (1989) (1930) *Les Berbères et le makhzen dans le sud du Maroc*. Casablanca: Editions Afrique Orient.

Morsy, M. (1972) *Les Ahansala: Examen du rôle historique d'une famille maraboutique de l'Atlas marocain au XVIIIe siécle*. Paris: Maison des Sciences de l'Homme and Mouton & Co.
Munson, H. Jr. (1993a) *Religion and Power in Morocco*. New Haven and London: Yale University Press.
——— (1993b) Rethinking Gellner's Segmentary Analysis of Morocco's Ayt 'Atta. *Man* 28: 267-280.
——— (1995) Reply to Gellner 1995. *Journal of Royal Anthropological Institute* 1: 829-832.
Naamouni, K. (1995) *Le culte de Bouya Omar*. Casablanca: Editions EDDIF.
Noin, D. (1970) *La population rurale du Maroc (tome. 2)*. Paris: P. U. F.
Ohtsuka, K. (1990) How is Islamic Knowledge Acquired in Modern Egypt?: 'Ulama, Sufis, Fundamentalists and Common People. T. Umesao, C. C.Lewis and Y. Kurita (eds.) *Japanese Civilization in the Modern World 5: Culturedness*. Osaka: National Museum of Ethnology, pp.67-82.
Paques, V. (1991) *La religion des esclaves: Recherches sur la confrérie marocaine des Gnawa*. Bergamo: Moretti & Vitali Editori.
Pascon, Paul. (1984) *La maison d'Illigh et l'histoire sociale du Tazerwalt*. Casablanca: Najah al-Jadida.
Rachik, H. (1990) *Sacré et sacrifice: Dans le Haut Atlas marocain*. Casablanca: Afrique Orient.
——— (1992) *Le sultan des autres: Rituel et politique dans le Haut Atlas*. Casablanca: Afrique Orient.
——— (2006) Construction de l'identité amazighe. In H. Rachik (ed.) *Usage de l'identite Amazighe au Maroc*. Casablanca: Imprimerie Najah el Jadida, pp.13-66.
Rachik, H. (ed.) (2006) *Usage de l'identite Amazighe au Maroc*. Casablanca: Imprimerie Najah el Jadida.
Radi, S. (1996) Croyance et référence: l'utilisation de l'islam par le faqih et la shouwafa à Khenifra (Maroc). In S. Ferchiou (ed.) *L'Islam pluriel au Maghreb*. Paris: CNRS Éditions, pp.189-199.
Reysoo, F. (1991) *Pèlerinages au Maroc: Fête, politique et échange dans l'Islam populaire*. Neuchâtel: Editions de l'Institut d'Ethnologie.
Rinn, L. (1884) *Marabouts et khouan: Étude sur l'Islam en Algérie*. Alger: Adolphe Jourdan.
Rosen, L. (1984) *Bargaining for Reality: The Construction of Social Relations in a Muslim Community*. Chicago: The University of Chicago Press.
Roux, A. (1952) Les aventures extraoridinaires de Sidi Hmad-u-Musa: Patron du Tazrwalt. *Hesperis* 39: 75-96.
Royaume du Maroc (1993) *Études démographiques: Migration et urbanization au Maroc*. Direction de la Statistique.
——— (1994) *Recensement général de la Population et de L'Habitat*. (CD-ROM). Rabat: Direction de la Statistique.
——— (1999) *Recueil des manifestations à caractère touristique, économique, religieux, culturel, et sportif 1999*. Ministère de l'Interieur, Sécretariat Général, Direction de la Coordination des Affaires Économiques.
——— (2000) *Recueil des manifestations à caractère touristique, économique, religieux, culturel, et sportif 2000*. Ministère de l'Interieur, Sécretariat Général, Direction de la Coordination des Affaires Économiques.
Sabour, M. (1993) La Baraka: Capital et pouvoir symbolique. In R. Bourqia and Mokhtar al-Harras (eds.) *Westermarck et la société marocaine*. Rabat: Imprimerie El-Maarif Al-Jadida, pp.125-129.

Scheele, J. (2007) Recycling *Baraka*: Knowledge, Politics and Religion in Contemporary Algeria. *Comparative Studies in Society and History*. 49 (2): 304-328.

——— (2012) *Smugglers and Saints of the Sahara: Regional Connectivity in the Twentieth Century*. Cambridge: Cambridge University Press.

Silverstein, P. (2005) Immigrant Racialization and the New Savage Slot: Race, Migration, and Immigration in the New Europe. *Annual Review of Anthropology* 34: 363-284.

Spadola, E. (2014) *The Calls of Islam: Sufis, Islamists, and Mass Meditation in Urban Morocco*. Bloomington: Indiana University Press.

Tonaga, Yasushi (ed.) (2017) *Bibliography of Sufism, Tariqa, and Saint Cult Studies in Japan* (revised edition). Kyoto: Kyoto Kenan Rifai Sufi Studies / Graduate School of Asian and African Studies.

Trimingham, J. S. (1971) *The Sufi Orders in Islam*. Oxford: Oxford University Press.

Waardenburg, J. (1978) Official and Popular Religion in Islam. *Social Compass* 35 (3-4): 315-341.

——— (1979) Official and Popular Religion as a Problem in Islamic Studies. In P. H. Vrijhof & J. Waardenburg (eds.) *Official and Popular Religion*. The Hague: Mouton.

Waterbury, J. (1970) *The Commander of the Faithful: The Moroccan Political Elite—A Study in Segmented Politics*. London: Weidenfeld and Nicolson.

——— (1972) *North for the Trade: The Life and Times of a Berber Merchant*. Berkley: University of California Press.

——— (1973) Tribalism, trade and politics: the transformation of the Swasa of Morocco. In E. Gellner and Charles Micaud (eds.) *Arabs and Berbers: From Tribe to Nation in North Africa*. Tronto and London: Lexington Books, pp.231-257.

Wehr, H. (1976) *A Dictionary of Modern Written Arabic*. New York: Spoken Language Services, Inc.

Werbner, P. (1995) Powerful Knowledge in a Global Sufi Cult: Reflections on the Poetics of Travelling Theories. In W. James (ed.) *The Pursuit of Certainty: Religious and Cultural Formulations*. London: Routledge, pp.134-160.

Westermarck, E. (1926) *Ritual and Belief in Morocco (2 vols.)*. London: Macmillan and Co., limited.

el-Zein, A. (1977) Beyond Ideology and Theology: The Search for the Anthropology of Islam. *Annual Review of Anthropology*. 6: 227-254.

和文献

アイケルマン、D. F.（1988）『中東――人類学的考察』大塚和夫訳、東京：岩波書店。

赤堀雅幸（1994）「アスル――エジプト地中海沿岸のベドウィンに見る祖先と自己の関係の表現」『民族學研究』58巻4号、307–333頁。

———（1995）「聖者が砂漠にやってくる――知識と恩寵と聖者の外来性について」『オリエント』38巻2号、103–120頁。

———（2003）「ムスリム民衆研究の可能性」佐藤次高編『イスラーム地域研究の可能性』東京：東京大学出版会、185–210頁。

———（2004）「イスラームの聖者と聖者のイスラーム――民衆信仰論の一環として『宗教研究』341巻、229–250頁。

———（2005a）「スーフィズム・聖者信仰複合への視線」赤堀雅幸・東長靖・堀川徹編『イスラームの神秘主義と聖者信仰』東京大学出版会、1–19頁。

———（2005b）「聖者信仰研究の最前線――人類学を中心に」赤堀雅幸・東長靖・堀川徹編『イスラームの神秘主義と聖者信仰』、東京：東京大学出版会、23–40頁。

———（2008a）「民衆のイスラームを理解するために」赤堀雅幸編『民衆のイスラーム――スーフィー・聖者・精霊の世界』山川出版社、3–12頁。

――――（2008b）「聖者崇敬の祭り、精霊信仰の集い――モロッコとエジプトを舞台に」赤堀雅幸編『民衆のイスラーム――スーフィー・聖者・精霊の世界』山川出版社、103–129頁。

――――（2008c）「民衆イスラームの時代」赤堀雅幸編『民衆のイスラーム――スーフィー・聖者・精霊の世界』山川出版社、200–209頁。

――――（2010）「イスラームとグローバル化、イスラームのグローバル化」私市正年・寺田勇文・赤堀雅幸編『グローバル化のなかの宗教――衰退・再生・変貌』上智大学出版、65–90頁。

赤堀雅幸編（2008）『民衆のイスラーム――スーフィー・聖者・精霊の世界』東京：山川出版社。

アンダーソン、B.（1997）『増補　想像の共同体――ナショナリズムの起源と流行』白石さや・白石隆訳、NTT出版。

イブン・ハルドゥーン（2001）『歴史序説』森本公誠訳、岩波書店。

アサド、T.（2004）『宗教の系譜――キリスト教とイスラムにおける権力の根拠と訓練』中村圭志訳、岩波書店。

アブー＝ルゴド、J.（2014）『ヨーロッパ覇権以前――もうひとつの世界システム（上・下）』佐藤次高、斯波義信、高山博、三浦徹訳、東京：岩波書店。

阿部年晴（1997）「日常生活の中の呪術」『民族學研究』62巻3号、342–359頁。

綾部恒雄（2006）「序文　先住少数民族について」綾部恒雄監修、松井健・堀内正樹編『講座世界の先住民族　4　中東』東京：明石書店、3–11頁。

磯前順一（2012）『宗教概念あるいは宗教学の死』東京：東京大学出版会。

磯前順一、タラル・アサド編（2006）『宗教を語りなおす――近代的カテゴリーの再考』東京：みすず書房。

磯前順一、山本達也編（2011）『宗教概念の彼方へ』京都：法蔵館。

板垣雄三・川床睦夫編（1981）『シンポジウム「アラブとは何か」』東京：中近東文化センター。

板垣雄三・後藤明編（1993）『イスラームの都市性』東京：日本学術振興会。

板垣雄三ほか（1984）「座談会 1 イスラム世界を考える」上岡弘二・中野暁雄・日野舜也・三木亘編『イスラム世界の人びと 1 総論』東京：東洋経済新報社、227–302頁。

伊豫谷登士翁（2002）『グローバリゼーションとは何か――液状化する世界を読み解く』東京：平凡社。

――――（2007）「方法としての移民――移動から場をとらえる」伊豫谷登士翁編『移動から場所を問う――現代移民研究の課題』東京：有信堂高文社、3–23頁。

上杉富之（2009）「『グローカル研究』の構築に向けて――共振するグローバリゼーションとローカリゼーションの再対象化」『日本常民文化紀要』27巻、43–75頁。

――――（2011）「グローカリゼーションと越境――グローカル研究で読み解く社会と文化」上杉富之編『グローカリゼーションと越境』東京：成城大学民俗学研究所グローカル研究センター、3–19頁。

――――（2014）「グローバル研究を越えて――グローカル研究の構想と今日的意義について」『グローカル研究』1巻、1–20頁。

臼杵　陽（2011）『アラブ革命の衝撃――世界でいま何が起きているのか』青土社。

大塚和夫（1980）「民衆イスラームの社会人類学的考察にむけて」『民博通信』10巻、43–50頁。

――――（1985）「イスラムと民衆（3）――民間信仰・エジプト」藤本勝次・末尾至行・岡崎正孝編『中東をめぐる諸問題』晃洋書房、68–83頁。

――――（1988）「社会関係における匿名性と実名性――中東の事例を中心とした覚書」小川正恭・渡邊欣雄・小松和彦編『社会人類学の可能性 2 象徴と権力』東京：弘文堂、123–140頁。

――――（1989a）『異文化としてのイスラーム――社会人類学的視点から』東京：同文舘。

――――（1989b）「社会人類学的宗教理解の諸前提」松原正毅編『人類学とは何か――言語、儀礼、象徴、歴史』東京：日本放送出版協会。

――――（1990）「エジプトのマウリド」『季刊民族学』54：84–101 頁。

――――（1991）「近・現代エジプトにおけるイスラーム的知識の獲得――ウラマー、スーフィー、原理主義者、そして民衆」梅棹忠夫・栗田靖之編『知と教養の文明学』中央公論社、155–193 頁。

――――（1992a）「ムスリムの聖者信仰とその批判をめぐって――アラブの事例を中心に」『東洋学術研究』31 巻 2 号、92–108 頁。

――――（1992b）「書評：後藤　明著『メッカ』における〈部族〉概念をめぐって」『日本中東学会年報』7 号、505–521 頁。

――――（1994a）「ファンダメンタリズムとイスラーム」井上順孝・大塚和夫編『ファンダメンタリズムとは何か――世俗主義への挑戦』東京：新曜社、70–88 頁。

――――（1994b）「部族・民族と宗教」佐々木宏幹・村武精一編『宗教人類学――《宗教文化を解読する》』東京：新曜社、139–150 頁。

――――（1995）「イスラームと近代――一つの覚書」杉本良男編『宗教・民族・伝統』名古屋：南山大学人類学研究所、237–268 頁。

――――（1998a）「部族・宗派・民族――北スーダンの事例から」原尻英樹編『世界の民族――「民族」形成と近代』東京：放送大学教育振興会、212–230 頁。

――――（1998b）「アラブとイスラーム――民族・歴史・地域」大塚和夫編『暮らしがわかるアジア読本　アラブ』東京：河出書房新社、12–20 頁。

――――（1999a）「イスラームと〈地域〉」高谷好一編『〈地域間研究〉の試み（上）――世界の中で地域をとらえる』京都：京都大学学術出版会、173–193 頁。

――――（1999b）「男女隔離の世界？――アラブ　ナイル沿岸の農民　スーダン」佐藤浩司編『住まいにつどう』京都：学芸出版社、157–172 頁。

――――（2000a）『近代・イスラームの人類学』東京：東京大学出版会。

――――（2000b）『イスラーム的――世界化時代の中で』東京：日本放送出版協会。

――――（2002）「イスラームにおける話すことと書くこと――人類学的視点から」『思想』941 号、47–68 頁。

――――（2003a）「人類学とイスラーム地域研究」佐藤次高編『イスラーム地域研究の可能性』東京：東京大学出版会、77–100 頁。

――――（2003b）「身内がヨメにくると――アラブ社会の父方平行イトコ婚をめぐって」田中真砂子ほか編『縁組と女性――家と家のはざまで［新装版］』東京：早稲田大学出版部、31–53 頁。

――――（2004）『イスラーム主義とは何か』東京：岩波書店。

――――（2007）「知識を共有する、秘匿する、隠ぺいする、忘却する――記憶と記録をめぐる覚書」クリスチャン・ダニエルス編『資源人類学 3 知識資源の陰と陽』東京：弘文堂、161–218 頁。

――――（2008）「宗教／政治運動と民衆／大衆――戦間期におけるムスリム同胞団の事例を中心に」『メトロポリタン史学』4 巻、59–84 頁。

――――（2015）『イスラーム的――世界化時代の中で』東京：講談社。

大塚和夫ほか編（2002）『岩波イスラーム辞典』東京：岩波書店。

大稔哲也（1995）「〈聖者〉と〈聖者崇拝〉」三浦徹・東長靖・黒木英充編『イスラーム研究ハンドブック』東京：栄光教育文化研究所。

――――（2010）「エジプト死者の街の参詣における参詣と参詣書」愛媛大学「四国遍路と世界の巡礼」研究会編『2009 年度　四国遍路と世界の巡礼　国際シンポジウム・プロシー

ディングズ』愛媛：愛媛大学、67–72頁。

小田　亮（1997）「ポストモダン人類学の代価――ブリコルールの戦術と生活の場の人類学」『国立民族学博物館研究報告』21巻4号、807–875頁。

片倉もとこ（1995）『「移動文化」考――イスラームの世界をたずねて』東京：日本経済新聞社。

上岡弘二・中野暁雄・日野瞬也・三木亘編（1984）『イスラム世界の人びと 1 総論』東京：東洋経済新報社。

川田順造（2006）「文化人類学とは何か」『文化人類学』71巻3号、311–346頁。

川田牧人（2003）『祈りと祀りの日常知――フィリピン・ビサヤ地方バンタヤン島民族誌』福岡：九州大学出版会。

――――（2012）「ささやかならぬ『日常』の呪術論」白川千尋・川田牧人編『呪術の人類学』京都：人文書院、47–80頁。

私市正年（1996）『イスラム聖者――奇跡・予言・癒しの世界』東京：講談社。

――――（2004）『サハラが結ぶ南北交流』東京：山川出版社。

――――（2005）「マグリブ中世史料にみえるバラカ概念の変化と聖者崇拝の発展」『東洋史研究』64巻1号、150–179頁。

――――（2009）『マグリブ中世社会とイスラーム聖者崇拝』東京：山川出版社。

クラパンザーノ、V.（1991）『精霊と結婚した男――モロッコ人トゥハーミの肖像』大塚和夫・渡部重行訳、東京：紀伊國屋書店。

後藤　明（1999）「イスラム巡礼総論」歴史学研究会編『地中海世界史 4 巡礼と民衆信仰』東京：青木書店、194–223頁。

湖中真哉（2010）「序『グローバリゼーション』を人類学的に乗り越えるために」『文化人類学』75巻1号、48–59頁。

齋藤　剛（2002a）「ベルベル」綾部恒雄編『世界民族事典』弘文堂、604–605頁。

――――（2002b）「モロッコの聖者の祭り」地中海学会編『地中海の暦と祭り』東京：刀水書房、130–133頁。

――――（2003a）「スィディ・ムハンマド・ベン・ヤアコーブとその子孫――モロッコ南部スース地方におけるムスリム＜聖者＞のネットワーク」『日本中東学会年報』19巻1号、97–124頁。

――――（2003b）「アブドゥッラー・ハムーディー著『師と弟子――モロッコ的権威主義の文化的創造』」『イスラム世界』61巻、93–99頁。

――――（2004a）「夏は故郷で宴三昧――モロッコ南部ベルベル人の婚宴と共食」渡邊欣雄編『世界の宴』東京：勉誠出版、124–134頁。

――――（2004b）「非祝祭的祭――モロッコにおけるイスラーム神秘主義教団の聖者祭と宗教的実践」『社会人類学年報』31巻、145–160頁。

――――（2004c）「聖者祭としてのズィクラー（追悼会）――モロッコにおける現代聖者ハッジ・ハビーブをめぐる事例から」『オリエント』47巻1号、127–147頁。

――――（2006）「〈先住民〉としてのベルベル人？――モロッコ、西サハラ、モーリタニアのベルベル人とベルベル文化運動の展開」綾部恒雄（監修）、堀内正樹・松井健編『講座世界の先住民族――ファースト・ピープルズの現在 4 中東』東京：明石書店、59–97頁。

――――（2007a）「モロッコの出稼ぎ民と故郷での生活――ベルベル系シュルーフの事例から」池谷和信・佐藤廉也・武内進一編『アフリカ――朝倉世界地理講座 11 大地と人間の物語』東京：朝倉書店、300–318頁。

――――（2007b）「恵みに満ちた社会？」私市正年・佐藤健太郎編『モロッコを知るための65章』明石書店、164–168頁。

――――（2007c）「ムーセムとモロッコの祭り」私市正年・佐藤健太郎編『モロッコを知る

ための65章』明石書店、190–194頁。

――――（2010a）「バラカ概念再考――モロッコをフィールドとした人類学的ムスリム聖者信仰研究の批判的検討」『イスラム世界』74巻、1–32頁。

――――（2010b）「聖者信仰の「本質化」を超えて――モロッコにおけるフキーの治療の事例から」『アジア・アフリカ言語文化研究』80巻、61–96頁。

――――（2010c）「＜先住民化＞という隘路を超えて――モロッコにおけるアマズィーグ運動とマドラサ復興のゆくえ」第49回神戸人類学研究会発表原稿（2010年5月19日）。

――――（2010d）「人生の喜びと楽しみを求めて――モロッコのベルベル人と民俗歌舞アホワーシュ」、齋藤剛『フィールドプラス』（東京外国語大学アジア・アフリカ言語文化研究所）、1巻3号、20–21頁。

――――（2013）「書評Katherine E. Hoffman & Susan Gilson Miller (eds.), *Berbers and Others: Beyond Tribe and Nation in the Maghrib*」『日本中東学会年報』29巻1号、199–202頁。

――――（2014a）「ムフタール・スースィーと『治癒をもたらす妙薬』――モロッコ南部ベルベル人とイスラーム的知の伝統」柳橋博之編『イスラーム　知の遺産』東京：東京大学出版会、297–338頁。

――――（2014b）「聖者、精霊、女性――モロッコにおける廟参詣の一断面」『季刊民族学』38巻3号、54–61頁。

――――（2015a）「商いと人――モロッコのベルベル人に学ぶ非境界」堀内正樹・西尾哲夫編『〈断〉と〈続〉の中東――非境界的世界を遊ぐ』東京：悠書館、113–149頁。

――――（2015b）「メタ情報としての人への関心――バザール的知とハディース学的知の共振」堀内正樹・西尾哲夫編『〈断〉と〈続〉の中東――非境界的世界を遊ぐ』東京：悠書館、150–153頁。

――――（2018）「先住民化の隘路――モロッコのアマズィグ人に見る植民地遺産の継承と新たな民族観の創出」深山直子・木村真希子・丸山淳子編『先住民からみる現代世界』京都：昭和堂、143–162頁。

斎藤美津子（1999）「モロッコの占い師」『日本中東学会年報』14巻、249–273頁。

坂井信三（2002）「モロッコ辺境地域の農民・遊牧民・宗教者――ドラア川流域における紛争と調停のメカニズム」大塚和夫編『アラブ・ムスリム世界――地中海とサハラのはざまで』京都：世界思想社、167–204頁。

――――（2003）『イスラームと商業の歴史人類学――西アフリカの交易と知識のネットワーク』京都：世界思想社。

坂本　勉（2000）『イスラーム巡礼』岩波書店。

渋谷　努（2003）「国境を越えた名誉競争――在仏モロッコ移民と母村に残る人びとのつながり」『日本中東学会年報』18巻1号、109–136頁。

――――（2005）『国境を越える名誉と家族――フランス在住モロッコ移民をめぐる「多現場」民族誌』仙台：東北大学出版会。

杉本良男（2001）「儀礼の受難」杉島敬志編『人類学的実践の再構築――ポストコロニアル転回以後』京都：世界思想社、246–270頁。

鈴木　董（1993）『イスラムの家からバベルの塔へ――オスマン帝国における諸民族の統合と共存』東京：リブロポート。

スチュアート　ヘンリ（2002）『民族幻想論――あいまいな民族　つくられた人種』解放出版社。

セブティ、A.（2005）「シャリーフィズム、象徴、歴史」（斎藤剛・森本一夫訳）『イスラームの神秘主義と聖者信仰』堀川徹・赤堀雅幸・東長靖編、東京大学出版会、255–273頁。

関　一敏（1993）『聖母の出現――近代フォーク・カトリシズム考』東京：日本エディタースクール出版部。

――――（2012）「呪術とは何か――実践論的転回のための覚書」白川千尋・川田牧人編『呪術の人類学』京都：人文書院、81–112頁。

関根康正（1995）『ケガレの人類学――南インド・ハリジャンの生活世界』東京：東京大学出版会。

ターナー、B.（1994）『ウェーバーとイスラーム』香西純一・筑紫建彦・樋口辰雄訳、東京：第三書館。

鷹木恵子（1985）「チュニジアにおける聖者崇拝の機能と変化――文化的レベルと社会的レベル」『民族學研究』50巻3号、294–313頁。

――――（1988）「アラブ・ムスリムにおけるバラカについて――マナとの比較から」『筑波大学地域研究』6号、245–258頁。

――――（1992）チュニジアの黒人儀礼集団スタンバーリー――奴隷交易の背景と今日の様態』平成2・3年度文部省科学研究費補助金研究調査報告書。

――――（2000a）『北アフリカのイスラーム聖者信仰――チュニジア・セダダ村の歴史民族誌』東京：刀水書房。

――――（2000b）「イスラームにおける二つの「知」の在り方と音文化――イスラームを手がかりに」『民族學研究』65（1）：9–24頁。

竹沢尚一郎（2001）『表象の植民地帝国――近代フランスと人文諸科学』世界思想社。

――――（2006）「〈聖なるもの〉の系譜学――デュルケーム学派からエリアーデへ」竹沢尚一郎編『宗教とモダニティ』京都：世界思想社、49–104頁。

――――（2007）「パリ／マルセイユ、2005.10–11――文化の名による統合と排除」『国立民族学博物館研究報告』32巻1号、1–61頁。

――――（2011）「移民のヨーロッパ――国際比較の視点から」竹沢尚一郎編『移民のヨーロッパ――国際比較の視点から』東京：明石書店、7–29頁。

東長　靖（1996）『イスラームのとらえ方』東京：山川出版社。

――――（1999）「「多神教」的イスラーム――スーフィー・聖者・タリーカをめぐって」歴史学研究会編『地中海世界史5 社会的結合と民衆運動』東京：青木書店、192–220頁。

――――（2002）「スーフィズムの分析枠組み」『アジア・アフリカ地域研究』2号、173–192頁。

――――（2005）「タサウウフ研究の最前線」赤堀雅幸・東長靖・堀川徹編『イスラームの神秘主義と聖者信仰』東京：東京大学出版会、95–114頁。

――――（2008）「イスラームの聖者論と聖者信仰――イスラーム学の伝統のなかで」赤堀雅幸編『民衆のイスラーム――スーフィー・聖者・精霊の世界』東京：山川出版社、13–39頁。

――――（2013）『イスラームとスーフィズム――神秘主義・聖者信仰・道徳』名古屋大学出版会。

外川昌彦（2009）『宗教に抗する聖者――ヒンドゥー教とイスラームをめぐる「宗教」概念の再構築』京都：世界思想社。

床呂郁哉（2010）「プライマリー・グローバリゼーション――もうひとつのグローバリゼーションに関する人類学的試論」『文化人類学』75巻1号、120–137頁。

中村光男（1987）「文明の人類学再考――イスラーム文明の場合」伊藤亜人・関本照夫・船曳建夫編『現代の社会人類学3 国家と文明への過程』東京：東京大学出版会、109–137頁。

中野暁雄（1980）「アンティ・アトラス山村における集団の機能と構造――南西モロッコ・ベルベル調査研究報告（1）」『アジア・アフリカ言語文化研究』19巻：1–14頁。

――――（2017）『モロッコのベルベル語による民族誌的語り』堀内里香編・訳、東京：東京外国語大学アジア・アフリカ言語文化研究所情報資源利用研究センター。

中野裕二ほか編（2015）『排外主義を問いなおす――フランスにおける排除・差別・参加』

勁草書房。

名和克郎（1992）「民族論の発展のために――民族の記述と分析に関する理論的考察」『民族學研究』57巻3号、297–317頁。

西尾哲夫（2015）『言葉から文化を読む――アラビアンナイトの言語世界』京都：臨川書店。

バウマン、Z.（2001）『リキッド・モダニティ――液状化する社会』森田典正訳、東京：大月書店。

羽田正（2005）『イスラーム世界の創造』東京：東京大学出版会。

平野千果子（2002）『フランス植民地主義の歴史』京都：人文書院。

深澤英隆（2006）『啓蒙と霊性――近代宗教言説の生成と変容』東京：岩波書店。

藤原聖子（2005）『「聖」概念と近代――批判的比較宗教学に向けて』東京：大正大学出版会。

ブルデュー、P.（1988）『実践感覚1』今村仁司・港道隆訳、東京：みすず書房。

ブルーベイカー、R.（2016）『グローバル化する世界と「帰属の政治」――移民・シティズンシップ・国民国家』佐藤成基・高橋誠一ほか編訳、東京：明石書店。

堀内正樹（1983a）「バラカの周辺（前）」『マグレブ』日本アルジェリア協会、104巻、92–99頁。

――――（1983b）「バラカの周辺（後）」『マグレブ』日本アルジェリア協会、105巻、98–108頁。

――――（1984）「中東民族誌の展開」『社会人類学年報』10巻、189–203頁。

――――（1985）「聖者崇拝の概要と事例」『民族學研究』50巻3号、322–333頁。

――――（1988）「モロッコの地方行政制度」『中東研究』317巻、21–35頁。

――――（1989a）「モロッコ――出稼ぎの構図」宮治一雄編『中東――国境を越える経済』アジア経済研究所、155–179頁。

――――（1989b）「都市の祭りと田舎の祭り――現代モロッコの聖者祭について」『イスラムの都市性・研究報告　研究報告編』48号、1–44頁。

――――（1989c）「聖者シャルキーの祝祭――中部モロッコのムーセム（聖者祭）について」『日本中東学会年報』4巻1号、1–43頁。

――――（1990a）「出会いと生活のテーマ――ベルベル人家族の移動について」『民族學研究』54巻4号、464–483頁。

――――（1990b）「聖者複合の構造――ザーウィヤ・シディ・アハマド・ウ・ムーサー」『イスラムの都市性・研究報告　研究会報告編』20号、22–40頁。

――――（1991）「モロッコにおける聖者をめぐる社会意識――聖者ブ・サレムの子孫たち」加納弘勝編『中東の民衆と社会意識』アジア経済研究所、85–125頁。

――――（1993）「移動を常態とする社会――マグレブの人々の生活と意識」梶田孝道編『ヨーロッパのイスラム――共存と相克のゆくえ』有信堂、285–304頁。

――――（1995）「実験的民族誌とタバカート――モロッコにおける二種類の記述」合田濤・大塚和夫編『民族誌の現在――近代・開発・他者』弘文堂、158–178頁。

――――（1998）「ドゥガディールへの道――モロッコの山村に知の源流を訪ねて」地中海学会編『地中海という広場』京都：淡交社、158–164頁。

――――（1999）「現代モロッコの廟参詣――「聖者」を「偉人」とする提案を添えて」歴史学研究会編『地中海世界史4 巡礼と民間信仰』、東京：青木書店、319–348頁。

――――（2002）「村の知識センターを再建しよう――モロッコに於ける伝統教育再生の軌跡」大塚和夫編『現代アラブ・ムスリム世界』京都：世界思想社、205–243頁。

――――（2005）「境界的思考から脱却するために――中東研究がもたらすもの」成蹊大学文学部国際文化学科編『国際文化研究の現在』東京：柏書房、19–50頁。

――――（2006）「解説　アラブ・イスラーム地域」堀内正樹・松井健編『講座世界の先住民族4 中東』明石書店、18–29頁。

――――（2010）「はじめに」『アラブの音文化――グローバル・コミュニケーションへのいざない』西尾哲夫・堀内正樹・水野信男編、東京：スタイルノート、7–18頁。

――――（2014）「世界のつながり方に関する覚え書き」『成蹊大学文学部紀要』49号、61–85頁。

――――（2015）「まえがき」堀内正樹・西尾哲夫編『〈断〉と〈続〉の中東――非境界的世界を游ぐ』東京：悠書館、iii–xxi頁。

堀内里香（2000）『タシュルヒート語彙集』東京外国語大学アジア・アフリカ言語文化研究所。

――――（2017）「『モロッコのベルベル語による民族誌的語り』刊行に寄せて」（東京外国語大学アジア・アフリカ言語文化研究所情報資源利用研究センター、https://irc.aa.tufs.ac.jp/wp-content/uploads/2017/12/berbere_horiuchi_2017_1205_fix-1.pdf）。

三尾裕子・床呂郁哉（2012）「なぜ『グローバリゼーションズ』なのか」三尾裕子・床呂郁哉編『グローバリゼーションズ――人類学、歴史学、地域研究の現場から』東京：弘文堂、1–30頁。

三木　亘（1998）『世界史の第二ラウンドは可能か――イスラム世界の視点から』東京：平凡社。

――――（2013a）「人間移動のカルチャー――中東の旅から」『三木亘著作選　悪としての世界史――中東をめぐって』三木亘著作選編集委員会、83–106頁。

――――（2013b）「「等身大」ということ」『三木亘著作選　悪としての世界史――中東をめぐって』三木亘著作選編集委員会、107–119頁。

――――（2013c）『三木亘著作選　悪としての世界史――中東をめぐって』三木亘著作選編集委員会。

宮治美江子（1997）「民族を超えるもの――イスラームの宗教共同体と民族」青木保・内堀基光ほか編『民族の生成と論理』東京：岩波書店、265–302頁。

森千香子（2016）『排除と抵抗の郊外――フランス〈移民〉集住地域の形成と変容』東京：東京大学出版会。

森本一夫（2005）「サイイド・シャリーフ研究の現状と展望」赤堀雅幸・東長靖・堀川徹編『イスラーム地域研究叢書7 イスラームの神秘主義と聖者信仰』東京：東京大学出版会、229–254頁。

家島彦一（1983）「マグリブ人によるメッカ巡礼記al-Rihlatの史料的性格をめぐって」『アジア・アフリカ言語文化研究』25巻、194–216頁。

――――（1991）『イスラム世界の成立と国際商業――国際商業ネットワークの変動を中心に』東京：岩波書店。

――――（2003）『イブン・バットゥータの世界大旅行――一四世紀イスラームの時空を生きる』東京：平凡社。

――――（2017）『イブン・バットゥータと境域への旅――『大旅行記』をめぐる新研究』名古屋：名古屋大学出版会。

山内昌之（1993）『民族と国家――イスラム史の視角から』東京：岩波書店。

レドフィールド、R.（1960）『文明の文化人類学――農村社会と文化』安藤慶一郎訳、東京：誠信書房。

レヴィ＝ストロース、C.（1973）「マルセル・モース論文への序文」M・モース『社会学と人類学1』有地亨、伊藤昌司、山口俊夫訳、東京：弘文堂、1–46頁。

渡邊欣雄（1990）『民俗知識論の課題――沖縄の知識人類学』東京：凱風社。

和辻哲郎（1979）『風土――人間学的考察』東京：岩波書店。

■著者紹介

齋藤　剛（さいとう つよし）
神戸大学大学院国際文化学研究科准教授。
専門は社会人類学。
おもな著作に『〈断〉と〈続〉の中東――非境界的世界を遊ぐ』（分担執筆、悠書館、2015年）、『イスラーム　知の遺産』（分担執筆、東京大学出版会、2014年）など。

地域研究ライブラリ 2
〈移動社会〉のなかのイスラーム
モロッコのベルベル系商業民の生活と信仰をめぐる人類学

2018 年 2 月 28 日　初版第 1 刷発行

著　者　齋藤　剛
発行者　杉田啓三

〒607-8494　京都市山科区日ノ岡堤谷町 3-1
発行所　株式会社　昭和堂
振替口座　01060-5-9347
TEL（075）502-7500／FAX（075）502-7501
ホームページ　http://www.showado-kyoto.jp

印刷　モリモト印刷

ISBN978-4-8122-1709-2